국립중앙도서관 출판시도서목록(CIP)

3단계 고사성어·숙어
감수: 최청화, 유향미— 서울 : 창, 2014 p. ; cm
ISBN 978-89-7453-219-2 13710 : ￦13000

고사 성어[古事成語]
한자 학습[漢字學習]

711.47-KDC5
495.78-DDC21 CIP2014022751

3단계 고사성어·숙어

2024년 1월 20일 5쇄 인쇄
2024년 1월 25일 5쇄 발행

감수자 | 최청화/유향미
펴낸이 | 이규인
펴낸곳 | 도서출판 **창**
등록번호 | 제15-454호
등록일자 | 2004년 3월 25일

주소 | 서울특별시 마포구 용강동 117-4 월명빌딩 1층
전화 | (02) 322-2686, 2687 / **팩시밀리** | (02) 326-3218
홈페이지 | http://www.changbook.co.kr
e-mail | changbook1@hanmail.net

ISBN 978-89-7453-219-2 13710

정가 13,000원
*잘못 만들어진 책은 〈도서출판 **창**〉에서 바꾸어 드립니다.

*이 책의 저작권은 〈도서출판 **창**〉에 있습니다.
저작권법에 의해 보호를 받는 저작물이므로 무단 전재와 복제를 금합니다.

3단계
고사성어 故事成語 + 숙어

최청화 · 유향미 감수

창
Chang Books

Foreword

머리말

여러분은 지금 국제화 시대에 살고 있습니다. 한자는 중국 등 한자문화권 국가와의 비즈니스 관계에 따라 영어와 마찬가지로 여러분과 떼려야 뗄 수 없는 불가분의 관계입니다. 지구상에 글자를 소리글자과 뜻글자로 크게 분류한다면 소리글자가 영어라면 뜻글자는 한자입니다. 현재 중국, 한국, 일본 등에서 쓰이고 있으며, 이러한 시대 상황을 고려하여 편집 · 제작된 '3단계 고사성어 · 숙어'는 교육부에서 발표한 21세기 한자 · 한문 교육의 내실을 기하며, 새로운 교육적 전망을 확립하기 위하여 만들어졌습니다. 고사성어(古事成語)란 옛날에 있었던 일에서 유래하여 관용적인 뜻으로 굳어 쓰이는 글귀이며, 사자성어(四字成語)는 네 개의 한자로 이루어져 관용적으로 쓰이는 글귀 즉, 한자 성어입니다.

본교재(本敎材)는 이러한 사자성어를 포함한 숙어를 수준별로 구성하여 단계적으로 학습할 수 있게 엮었다는 특징을 갖고 있습니다. 고사 성어와 숙어는 선인들이 우리에게 물려준 정신적 문화 유산이자 소중한 보물입니다. 따라서 한자 능력시험의 8급~1급까지의 기초한자 및 필수한자와 핵심한자 능을 포함해서 누구나 부담없이 공부할 수 있도록 단계별로 구성하였습니다. 또한 10년 이상 각종 시험자료에서 입증된 핵심한자를 수능시험에 다년간 출제된 고사성어를 1단계에 집중적으로 구성하였습니다. 우리글은 상당 부분을 한자에서 유래된 말이 많이 차지하고 있어 비록 복잡하지만 공부해보면 정말 신비하고 재미있는 철학이 담겨있다는 것을 알게 될 것입니다.

Foreword

 이 책의 구성을 살펴보면, 고사 성어를 단계별로 분류한 후, 찾기 쉽게 '가나다(ㄱ, ㄴ, ㄷ)'순으로 한 후 주요 한자순으로 배열·수록하였으며, 학생들이 학습에 필요한 고사성어와 숙어를 학습하고, 국가공인 한자자격증 시험을 준비하는 데 도움을 주고자 상용 한자 어휘의 자료를 충실히 반영하고, 그외 다양한 실생활과 학업에 필요한 고사성어·숙어를 총망라하여 약 2,500개를 열거하였습니다. 또한 보다 쉽고 찾기 쉬운 사전적 구성과 현대적 감각 출제 빈도가 높으면서 꼭 알고 반드시 숙지해야 할 고사성어를 사전적으로 구성하여 접근성을 높였습니다. 부록은 한자 학습에 꼭 필요한 알찬 내용만을 엄선하여 실었습니다. 아무쪼록 이 책을 통하여 고사성어가 한자지식을 넓히는 것은 물론, 인생의 지혜를 깨우쳐서 일상생활에서도 차원 높고 풍부한 어휘를 구사하여 삶의 지혜를 체득하는 지름길이 되었으면 합니다.

〈본문설명도〉

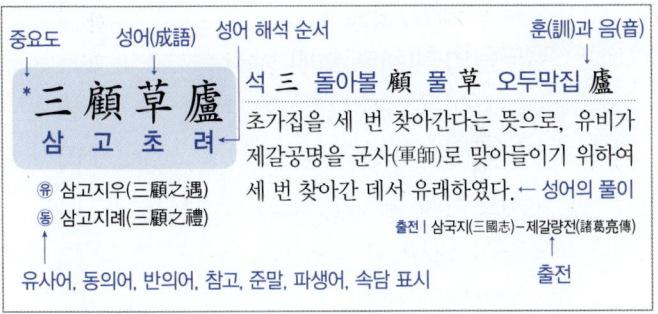

차례

- 머리말   4
- Part I 1단계 기본 고사성어·숙어   7
  (초급 단계)
- Part II 2단계 필수 고사성어·숙어   109
  (중급 단계)
- Part III 3단계 핵심 고사성어·숙어   291
  (고급 단계)

〈부록〉

- 한자(漢字)에 대하여   488
- 부수(部首)일람표   492
- 두음법칙(頭音法則) 한자   504
- 동자이음(同字異音) 한자   506
- 약자(略字)·속자(俗字)   510
- 기초한자(중·고등학교) 1800자   512
- 출전 해제   525
- 찾아보기(색인)   537

3단계

고사성어 故事成語 + 숙어

Part I

기본 500개

3단계 고사성어·숙어 1단계

*家家戶戶
가 가 호 호

㈜ 매가(每家), 매호(每戶)
가가문전(家家門前)

집 家 집 家 지게 戶 지게 戶
집집마다, 또는 모든 집이라는 뜻으로, 각 집과 각 호(戶)를 가리킴.

街談巷說
가 담 항 설

㈜ 도청도설(道聽塗說)
유언비어(流言蜚語)

거리 街 말씀 談 거리 巷 말씀 說
길거리나 항간에 떠도는 소문이라는 뜻으로, 세상의 하찮은 이야기나 뜬소문을 말함.

출전 | 한서(漢書)

街談巷語
가 담 항 어

㈜ 가담항설(街談巷說)
가설항담(街說巷談)

거리 街 말씀 談 거리 巷 말씀 語
항간의 뜬소문이라는 뜻으로, 거리나 사람들 사이에서 떠도는 소문을 말함.

출전 | 한서(漢書)

苛斂誅求
가 렴 주 구

㈜ 가정맹어호(苛政猛於虎)

가혹할 苛 거둘 斂 벨 誅 구할 求
가혹한 정치를 하거나 세금을 가혹하게 거두어들여 재물을 빼앗는다는 뜻으로, 혹정(酷政)을 가리킴.

출전 | 예기(禮記)-단궁편(檀弓篇)

*佳人薄命 (가인박명)

아름다울 佳 사람 人 엷을 薄 목숨 命

미인의 수명은 짧다는 뜻으로, 용모가 너무 아름답고 재주가 많으면 불행해지거나 명이 짧음을 말함.

출전 | 소식(蘇軾)-칠언율시(七言律詩)

유 미인박명(美人薄命)
　 다재다병(多才多病)

*刻骨痛恨 (각골통한)

새길 刻 뼈 骨 아플 痛 한할 恨

사무친 원한이란 뜻으로, 뼈에 사무치도록 깊이 맺힌 원한을 말함.

유 각골지통(刻骨之痛)
　 각골통상(刻骨痛傷)

刻舟求劍 (각주구검)

새길 刻 배 舟 구할 求 칼 劍

검이 물속에 떨어진 자리를 배에 새겨 그 검을 찾으려 한다는 뜻으로, 어리석음을 말함.

출전 | 여씨춘추(呂氏春秋)-찰금편(察今篇)

유 수주대토(守株待兎)
　 각선구검(刻船求劍)

*肝膽相照 (간담상조)

간 肝 쓸개 膽 서로 相 비출 照

간과 쓸개를 서로 내놓고 보인다는 뜻으로, 서로 속마음을 터놓고 가까이 사귐을 말함.

출전 | 장자(莊子)-덕충부(德充符)

유 문경지교(刎頸之交)
　 문경지우(刎頸之友)

看雲步月 (간운보월)

볼 看 구름 雲 걸음 步 달 月

구름을 바라보거나 달빛 아래를 거닌다는 뜻으로, 객지에서 가족이나 집 생각을 하는 것을 말함.

출전 | 두보(杜甫)의 시(詩)

유 망운지정(望雲之情)

渴而穿井
갈 이 천 정
- ㉠ 망양보뢰(亡羊補牢)
- ㉫ 견토방구(見兎防狗)

목마를 渴 말이을 而 뚫을 穿 우물 井
목이 말라서야 비로소 샘을 파기 시작한다는 뜻으로, 일을 미리미리 준비하지 않아 이미 때가 늦어서 이루지 못함을 말함.

출전 | 설원(說苑)

*甘言利說
감 언 이 설
- ㉠ 아부(阿附), 아종(阿從)
- ㉫ 고언(苦言)

달 甘 말씀 言 이로울 利 말씀 說
달콤한 말과 이로운 이야기라는 뜻으로, 남을 꾀기 위해 꾸민 그럴듯한 말을 가리킴.

*甘呑苦吐
감 탄 고 토
- ㉠ 염량세태(炎凉世態)
  부염기한(附炎棄寒)

달 甘 삼킬 呑 쓸 苦 뱉을 吐
달면 삼키고 쓰면 뱉는다는 뜻으로, 사리의 옳고 그름에는 관계없이 자기 비위에 맞으면 좋아하고 맞지 않으면 싫어함을 뜻함.

출전 | 이담속찬(耳談續纂)

*甲論乙駁
갑 론 을 박
- ㉣ 갑론을박하다

갑옷 甲 논할 論 새 乙 논박할 駁
서로 자기 의견을 주장하여 남의 의견을 반박한다는 뜻으로, 말다툼이 되어 논의가 되지 않음을 뜻함.

康衢煙月
강 구 연 월
- ㉠ 태평성대(太平聖代)
  고복격양(鼓腹擊壤)

편안할 康 네거리 衢 연기 煙 달 月
큰 길거리에서 달빛이 은은하게 연기에 비친다는 뜻으로, 태평한 시대의 평화로운 풍경. 태평성대(太平聖代)를 가리킴.

改過遷善 (개과천선)

고칠 改 허물 過 옮길 遷 착할 善

허물을 고치고 착해진다는 뜻으로, 예전의 잘못된 행동이나 습관을 고치고 착한 사람으로 거듭남을 말함.

출전 | 진서(晉書)-본전(本傳)

㈜ 개과자신(改過自新)

開卷有益 (개권유익)

열 開 책 卷 있을 有 더할 益

어떤 책이든 펼쳐 읽으면 그만한 이익이 있다는 뜻으로, 독서를 권장하여 일컫는 말.

출전 | 송서(宋書)

㈜ 개권유득(開卷有得)

蓋世之才 (개세지재)

덮을 蓋 세상 世 갈 之 재주 才

온 세상을 뒤덮을 만한 재주라는 뜻으로, 그런 재주를 가진 인재를 가리킴.

㈜ 개세지기(蓋世之氣)
발산개세(拔山蓋世)

居安思危 (거안사위)

살 居 편안 安 생각 思 위태할 危

살기 편안한 때에 어려움이 닥칠 때를 생각한다는 뜻으로, 재난에 대한 충분한 준비가 되어 있으면 화를 당하지 않는다는 뜻.

출전 | 춘추좌씨전(春秋左氏傳)

㈜ 유비무환(有備無患)
㈜ 망양보뢰(亡羊補牢)

車載斗量 (거재두량)

수레 車 재 載 차거 車 두 斗 량 量

물건을 수레에 싣고 말로 된다는 뜻으로, 물건이나 인재등이 아주 흔함을 일컫는 말.

출전 | 삼국지(三國志)-오지(吳志)

㈜ 차재두량(車載斗量)

乾坤一色 (건곤일색)

하늘 乾 땅 坤 한 一 빛 色

눈이 내린 뒤에 세상이 한 가지 빛깔이 되었다는 뜻으로, 천지가 온통 같은 빛깔임을 나타냄.

*乾坤一擲 (건곤일척)

⊕ 사생결단(死生決斷)
중원축록(中原逐鹿)

하늘 乾 땅 坤 한 一 던질 擲

하늘과 땅을 걸고 한 번 던진다는 뜻으로, 운명을 하늘에 맡기고 승부나 성패를 겨룬다는 말. 출전 | 한유(韓愈)-과홍구(過鴻溝)

建陽多慶 (건양다경)

⊕ 입춘대길(立春大吉)

세울 建 볕 陽 많을 多 경사 慶

새해가 시작됨에 경사스런 일이 많기를 바란다는 뜻으로, 입춘 날 좋은 복이 가득하기를 기원하는 말.

乞骸骨 (걸해골)

⊕ 청로(請老), 원사해골(願賜骸骨)

빌 乞 뼈 骸 뼈 骨

해골을 빌다는 뜻으로, 재상이 나이가 들어 조정에 나오지 못하게 되었을 때 관직에서 물러나기를 주청드리는 말.

출전 | 사기(史記)-항우본기(項羽本紀)

隔世之感 (격세지감)

⊕ 격세감(隔世感)
금석지감(今昔之感)

막힐 隔 세상 世 갈 之 느낄 感

매우 많이 변해서 마치 딴 세상에 온 것처럼 느껴진다는 뜻으로, 급격한 변화를 가리킴.

隔靴搔痒
격화소양

- ㈜ 격화파양(隔靴爬癢)
- ㈘ 마고소양(麻姑搔痒)

사이뜰 隔 가죽신 靴 긁을 搔 가려울 痒
신을 신은 채 가려운 데를 긁는다는 뜻으로, 어떤 일을 하느라고 애를 쓰는데 성에 차지 않음의 비유하는 말.

출전 | 속전등록(續傳燈錄)

見利忘義
견리망의

- ㈘ 견리사의(見利思義)

볼 見 날카로울 利 잊을 忘 옳을 義
눈앞에 이익이 보이면 의리를 저버린다는 뜻으로, 이익을 쫓아서 의리를 저버린다는 말.

見利思義
견리사의

- ㈘ 견리망의(見利忘義)

볼 見 이로울 利 생각 思 옳을 義
이로움을 보면 의리를 생각하라는 뜻으로, 이끗(이익이 되는 실마리)이 보일 때, 먼저 취하는 것이 의리에 합당한지를 생각하라는 말.

출전 | 논어(論語)

*犬馬之勞
견마지로

- ㈜ 견마지역(犬馬之役)
  한마지로(汗馬之勞)

개 犬 말 馬 갈 之 애쓸 勞
개나 말의 하찮은 수고로움이라는 뜻으로, 윗사람에게 바치는 자기의 노력을 낮추어 말할 때 쓰는 말.

출전 | 사기(史記)

犬馬之誠
견마지성

- ㈜ 견마지로(犬馬之勞)

개 犬 말 馬 갈 之 정성 誠
개나 말의 정성이라는 뜻으로, 윗사람에게 바치는 자기의 정성을 겸손하게 이르는 말.

見蚊拔劍
견 문 발 검
⊕ 노승발검(怒蠅拔劍)

볼 見 모기 蚊 뽑을 拔 칼 劍

모기 보고 칼 빼기라는 뜻으로, 작은 일에 지나치게 큰 대책을 세운다는 말이나 소견이 좁은 사람을 가리킴.

見善從之
견 선 종 지

볼 見 착할 善 좇을 從 갈 之

선한 것을 보면 그것을 따른다는 뜻으로, 착한 일을 보거든 이를 본받아 따른다는 말.

犬兔之爭
견 토 지 쟁
⊕ 어부지리(漁父之利)
전부지공(田父之功)

개 犬 토끼 兔 갈 之 다툴 爭

개와 토끼의 다툼이라는 뜻으로, 쓸데없이 다투는 싸움에서 제삼자가 이득을 보는 것을 말함.　　출전 | 전국책(戰國策)-(齊策)

結者解之
결 자 해 지
참 인과응보(因果應報)

맺을 結 놈 者 풀 解 갈 之

맺은 사람이 풀어야 한다는 뜻으로, 일을 저지른 사람이 그 일을 해결하여야 한다는 말.　　출전 | 순오지(旬五志)

結草報恩
결 초 보 은
⊕ 결초(結草)
각골난망(刻骨難忘)

매듭 結 풀 草 갚을 報 은혜 恩

풀을 묶어 은혜를 갚는다는 뜻으로, 아비의 혼령이 풀을 묶어 딸의 은인을 궁지에서 구하고 은혜를 갚는다는 말.

출전 | 춘추좌씨전(春秋左氏傳)

*輕擧妄動
경 거 망 동

- ㊕ 경거망행(輕擧妄行)
- ㊁ 은인자중(隱忍自重)

가벼울 輕 들 擧 망령될 妄 움직일 動

경솔하고 망령되게 행동한다는 뜻으로, 도리나 사정을 생각하지 않고 경솔하게 함부로 행동함을 가리킴.

출전 | 홍루몽(紅樓夢)

*傾國之色
경 국 지 색

- ㊕ 경성지색(傾城之色)
  단순호치(丹脣皓齒)

기울 傾 나라 國 갈 之 빛 色

나라를 위태롭게 할 정도로 아름다운 여자라는 뜻으로, 썩 빼어난 절세의 미인을 뜻함.

출전 | 한서(漢書)-외척전(外戚傳)

耕山釣水
경 산 조 수

밭갈 耕 메 山 낚시 釣 물 水

산에서 밭을 갈고 물에서 낚시질을 한다는 뜻으로, 속세를 떠나 자연을 벗삼으며 한가로운 삶을 즐긴다는 의미.

鯨戰蝦死
경 전 하 사

- ㊕ 경투하사(鯨鬪鰕死)
  간어제초(間於齊楚)

고래 鯨 싸움 戰 새우 蝦 죽을 死

고래싸움에 새우 등이 터진다는 뜻으로, 강한 자들 사이의 싸움에 약한 자가 끼여 피해를 입는 것을 말함.

출전 | 순오지(旬五志)

鷄口牛後
계 구 우 후

- ㊕ 합종연횡(合縱連衡)

닭 鷄 입 口 소 牛 뒤 後

닭의 부리가 될지언정 소의 꼬리는 되지 말라는 뜻으로, 큰 단체의 꼴찌보다는 작은 단체의 우두머리가 되라는 말.

출전 | 사기(史記)-소진열전(蘇秦列傳)

鷄卵有骨 계란유골

㊟ 도둑을 맞으려면 개도 안 짖는다.

닭 鷄 알 卵 있을 有 뼈 骨

계란에도 뼈가 있다는 뜻으로, 재수가 없으면 좋은 기회를 만나도 되는 일이 하나도 없다는 말.

출전 | 송남잡지(松南雜識)

鷄肋 계륵

㊟ 양수집병(兩手執餠)

닭 鷄 갈빗대 肋

닭의 갈빗대를 가리키며 먹을 건 없는데 버리긴 아깝다는 뜻으로, 조조가 한중이라는 땅을 두고 인용한 말.

출전 | 후한서(後漢書)-양수전(楊脩傳)

*鷄鳴狗盜 계명구도

㊟ 계명지객(鷄鳴之客)
함곡계명(函谷鷄鳴)

닭 鷄 울 鳴 개 狗 도적 盜

닭의 울음소리를 잘 내는 사람과 개의 울음소리 흉내를 잘 내는 좀도둑이라는 뜻으로, 천한 재주를 가진 사람도 때로는 요긴하게 쓸모가 있음을 비유한 말.

출전 | 사기(史記)-맹상군열전(孟嘗君列傳)

股肱之臣 고굉지신

㊟ 고장지신(股掌之臣).
고굉(股肱)

다리 股 팔 肱 갈 之 신하 臣

팔다리와 같이 중요한 신하라는 뜻으로, 임금이 가장 믿고 중히 여기는 신하.

출전 | 서경(書經)

膏粱子弟 고량자제

기름 膏 기장 粱 아들 子 아우 弟

좋은 음식만 먹고 귀염을 받으며 자라서 전혀 고생을 모르는 부귀한 집안의 젊은 이를 말함.

출전 | 천향루우득(天香樓偶得)

膏粱珍味 (고량진미)
살찔 膏 기장 粱 보배 珍 맛 味

기름지고 좋은 곡식의 진귀한 맛이라는 뜻으로, 기름진 고기와 맛좋은 곡식으로 만든 맛있는 음식을 말함.

㊀ 산해진미(山海珍味)
용미봉탕(龍味鳳湯)

孤立無援 (고립무원)
외로울 孤 설 立 없을 無 도울 援

고립되어 구원받을 데가 없다는 뜻으로, 외로운 신세로 의지할 데가 없음을 말함.

㊀ 고립무의(孤立無依)

孤立無依 (고립무의)
외로울 孤 설 立 없을 無 기댈 依

고립되어 의지할 데가 없다는 뜻으로, 외롭게 생활하고 의지할 데가 없다는 말.

㊀ 사고무친(四顧無親)
고성낙일(孤城落日)

鼓腹擊壤 (고복격양)
북 鼓 배 腹 칠 擊 흙덩이 壤

중국 요임금때 배를 두드리며 흙덩이를 가지고 평화롭게 논다는 데서 유래한 말로 태평한 시절을 가리킴.

㊀ 태평성대(太平聖代)
함포고복(含哺鼓腹)

출전 | 십팔사략(十八史略)-오제(五帝)

孤掌難鳴 (고장난명)
외로울 孤 손바닥 掌 어려울 難 울 鳴

손뼉도 마주 쳐야 소리 난다는 뜻으로, 혼자서는 일을 이루기 힘들다는 말.

출전 | 수호전(水滸傳)

㊀ 독장난명(獨掌難鳴)
독불장군(獨不將軍)

*苦盡甘來
고 진 감 래
반 흥진비래(興盡悲來)

괴로울 苦 다할 盡 달 甘 올 來
쓴 것이 다하면 달콤함이 온다는 뜻으로, 어려움을 견뎌내면 좋은 일이 생긴다는 말.

高枕安眠
고 침 안 면
유 고침이와(高枕而臥)
고침(高枕)

높을 高 베개 枕 편안할 安 잘 眠
베개를 높이 하여 편히 잘 수 있다는 뜻으로, 아무 근심없이 편안히 누워서 근심 없이 지냄.

출전 | 전국책 (戰國策)

古 稀
고 희
유 종심(從心), 칠순(七旬)
희수(稀壽)

예 古 드물 稀
70세라는 뜻으로, 두보의 시에 등장하는 표현으로, 인생에서 70세는 드물다는 뜻.

출전 | 두보(杜甫)의 시-곡강이수(曲江二首)

*曲學阿世
곡 학 아 세
유 어용학자(御用學者)

굽을 曲 배울 學 언덕 阿 인간 世
학문을 굽히어 세상에 아첨한다는 뜻으로, 정도를 벗어난 학문으로 세상 사람에게 아첨함을 이르는 말.

출전 | 사기(史記)-유림열전(儒林列傳)

空中樓閣
공 중 누 각
유 과대망상(誇大妄想)
신기루(蜃氣樓)

빌 空 가운데 中 다락 樓 집 閣
공중에 떠 있는 누각이라는 뜻으로, 아무런 근거나 현실적 토대가 없는 가공(架空)의 사물을 일컫는 말.

출전 | 심괄(沈括)-몽계필담(夢溪筆談)

*公平無私 (공평무사)

파 공평무사하다

공변 公 평평할 平 없을 無 사사로울 私
공평하게 처리하고 행한다는 뜻으로, 어느 한쪽에 치우치지 않게 바르고 사사로움이 없다는 말.

출전 | 전국책

*過猶不及 (과유불급)

유 교각살우(矯角殺牛)
　　과불급(過不及)

지나칠 過 오히려 猶 아닐 不 미칠 及
너무 지나치게 되면 오히려 도달하지 않은 것보다 못하게 된다는 뜻으로, 중용이 중요함을 이르는 말.

출전 | 논어(論語)-선진편(先進篇)

管鮑之交 (관포지교)

유 문경지교(刎頸之交)
반 시도지교(市道之交)

대롱 管 생선 鮑 갈 之 사귈 交
춘추 시대 제나라의 관중과 포숙아가 나눈 절친한 사귐이란 뜻으로, 우정이 돈독한 친구를 이르는 말.

출전 | 사기(史記), 열자(列子)

刮目相對 (괄목상대)

유 일진월보(日進月步)
　　일취월장(日就月將)

비빌 刮 눈 目 서로 相 대할 對
눈을 비비고 다시 본다는 뜻으로, 주로 손아랫사람의 학식이나 재주가 놀랍도록 향상된 경우에 쓰임.

출전 | 삼국지(三國志)-오지 여몽전주(吳志 呂蒙傳注)

怪力亂神 (괴력난신)

괴이할 怪 힘 力 어지러울 亂 귀신 神
괴이한 이야기와 폭력과 패란과 귀신이란 뜻으로, 곧 불가사의한 현상이나 존재를 말함.

출전 | 논어(論語)

기본 고사성어·숙어 – 1단계 | 19

巧言令色
교 언 영 색

- 반 성심성의(誠心誠意)
- 참 화언교어(花言巧語)

공교 巧 말씀 言 하여금 令 빛 色
발라 맞추는 말과 아첨하는 얼굴빛이란 뜻으로, 남의 비위를 맞추기 위해 말을 교묘히 꾸미고 표정을 좋게 한다는 뜻.

출전 | 논어(論語)-학이편(學而篇)

敎外別傳
교 외 별 전

- 유 이심전심(以心傳心)
  심심상인(心心相印)

가르침 敎 밖 外 나눌 別 전할 傳
선종에서 부처의 가르침을 말이나 글에 의하지 않고 바로 마음에서 마음으로 전하여 진리를 깨닫게 하는 법.

交友以信
교 우 이 신

사귈 交 벗 友 써 以 믿을 信
벗을 믿음으로써 사귀어야 한다는 뜻으로, 세속오계(世俗五戒)의 하나.

膠漆之心
교 칠 지 심

- 유 관포지교(管鮑之交)

아교 膠 옻 漆 갈 之 마음 心
아교와 옻처럼 끈끈한 사귐이라는 뜻으로, 아주 친밀하여 떨어질 수 없는 교분을 이르는 말.

敎學相長
교 학 상 장

- 유 효학상장(斅學上長)

가르칠 敎 배울 學 서로 相 긴 長
가르치고 배우면서 성장한다는 뜻으로, 가르치는 것과 배우는 것은 서로에게 도움이 된다는 뜻.

출전 | 예기(禮記)

九曲肝腸
구 곡 간 장
㊌ 구절양장(九折羊腸)

아홉 九 굽을 曲 간 肝 창자 腸
굽이굽이 깊이 서린 간과 창자라는 뜻으로, 깊은 마음 속, 또는 시름이 쌓인 마음 속을 비유하여 일컫는 말.

句句節節
구 구 절 절
㊌ 구절구절(句節句節)

글귀 句 글귀 句 마디 節 마디 節
모든 구절구절 구절마다라는 뜻으로, 말이나 글 따위의 전부를 가리킴.

求同存異
구 동 존 이

구할 求 같을 同 있을 存 다를 異
다른 점이 있어도 같음을 추구한다는 뜻으로, 같은 것을 구하고 다른 것은 그대로 놔둔다는 뜻.

*口蜜腹劍
구 밀 복 검
㊌ 면종복배(面從腹背)
　 표리부동(表裏不同)

입 口 꿀 蜜 배 腹 칼 劍
입에는 꿀을 바르고 뱃속에는 칼을 품는다는 뜻으로, 입으로 달콤한 말을 하면서 내심으로는 음해할 생각을 한다는 말.

출전 | 당서(唐書)

九死一生
구 사 일 생
㊌ 십생구사(十生九死)
　 백사일생(百死一生)

아홉 九 죽을 死 한 一 날 生
아홉 번 죽어 한 번 살아난다는 뜻으로, 죽을 고비를 여러 번 넘기고 간신히 살아난다는 말.

출전 | 사기(史記)

口尙乳臭
구 상 유 취
㉨ 황구유취(黃口乳臭)

입口 오히려尙 젖乳 냄새臭

입에서 아직도 젖내가 난다는 뜻으로, 말과 하는 짓이 유치한 것을 비유하여 일컫는 말.

출전 | 사기(史記)

九折羊腸
구 절 양 장
㉨ 구곡양장(九曲羊腸)
구곡간장(九曲肝腸)

아홉九 꺾을折 양羊 창자腸

꼬불꼬불하게 굽어진 양의 창자라는 뜻으로, 세상이 복잡하여 살아가기 어려움을 비유한 말.

群鷄一鶴
군 계 일 학
㉨ 계군일학(鷄群一鶴)
계군고학(鷄群孤鶴)

무리群 닭鷄 한一 학鶴

닭 무리 중에 섞여 있는 한 마리 학이라는 뜻으로, 여러 평범한 사람들 가운데 뛰어난 한 사람을 일컫는 말.

출전 | 진서(晉書)-혜소전(嵆紹傳)

君臣有義
군 신 유 의

임금君 신하臣 있을有 옳을義

오륜의 하나로 임금과 신하의 도리는 의리에 있음을 가리킴.

오륜(五倫) : 부자유친(父子有親) 군신유의(君臣有義) 부부유별(夫婦有別) 장유유서(長幼有序) 붕우유신(朋友有信)

君爲臣綱
군 위 신 강
㉨ 부위자강(父爲子綱)

임금君 할爲 신하臣 벼리綱

임금은 신하의 벼리중심체라는 뜻으로, 신하는 임금을 섬기는 것이 근본이라는 말.

君子三樂
군 자 삼 락

- 유 익자삼요(益者三樂)
- 반 손자삼요(損者三樂)

임금 **君** 아들 **子** 석 **三** 즐길 **樂**

군자의 세 가지 즐거움이라는 뜻으로, 부모가 살아계시고, 형제가 무고하고, 하늘과 사람에게 부끄러움이 없고, 그리고 천하의 영재를 얻어서 가르치는 것을 말함.

출전 | 맹자(孟子)-진심편(盡心編)

*勸善懲惡
권 선 징 악

- 유 권징(勸懲)
  창선징악(彰善懲惡)

권할 **勸** 착할 **善** 혼날 **懲** 악할 **惡**

선을 권하고 악을 벌한다는 뜻으로, 착한 행실을 널리 권장하고 악한 행실을 벌준다는 말.

출전 | 춘추좌씨전(春秋左氏傳)

*捲土重來
권 토 중 래

- 유 사회부연(死灰復燃)
- 반 일패도지(一敗塗地)

말 **捲** 흙 **土** 무거울 **重** 올 **來**

흙을 말아 올릴 기세로 다시 쳐들어온다는 뜻으로, 한 번 실패한 자가 힘을 길러 흙먼지를 일으키며 다시 찾아온다는 말.

출전 | 두목(杜牧)-제오강정(題烏江亭)

克己復禮
극 기 복 례

- 유 극복(克復)

이길 **克** 몸 **己** 돌아올 **復** 예도 **禮**

자기 자신을 극복하고, 예로 돌아간다는 뜻으로, 지나친 욕망을 누르고 예의범절을 좇게 한다는 뜻.

출전 | 논어(論語)

*近墨者黑
근 묵 자 흑

- 유 근주자적(近朱者赤)
- 반 마중지봉(麻中之蓬)

가까울 **近** 먹 **墨** 놈 **者** 검을 **黑**

먹을 가까이 하면 검어진다는 뜻으로, 나쁜 사람을 가까이 하면 물들기 쉽다는 말.

출전 | 송남잡지(松南雜識)

*金科玉條
금 과 옥 조

쇠 金 과목 科 구슬 玉 가지 條

금옥(金玉)과 같은 법률이라는 뜻으로, 금과 옥같이 소중히 여기고 지켜야 할 규칙이나 교훈을 가리킴. **출전** | 양웅(揚雄)

金蘭之契
금 란 지 계

유 관포지교(管鮑之交)
금석지교(金石之交)

쇠 金 난초 蘭 갈 之 맺을 契

금과 난 같은 맺음이라는 뜻으로, 사이좋은 벗끼리 마음을 합치면 단단한 쇠도 자를 수 있고, 우정의 아름다움은 난의 향기와 같다는 말로 아주 친밀한 친구 사이를 가리킴. **출전** | 역경(易經)

*金蘭之交
금 란 지 교

유 금란지계(金蘭之契)
지란지교(芝蘭之交)

쇠금 金 초 蘭 갈 之 사귈 交

금처럼 견고하고 난초처럼 향기로운 사귐이라는 뜻으로, 굳게 맺은 우정을 가리킴. **출전** | 역경(易經)

錦上添花
금 상 첨 화

반 설상가상(雪上加霜)
전호후랑(前虎後狼)

비단 錦 윗 上 더할 添 꽃 花

비단 위에 꽃을 더한 것이라는 뜻으로, 좋은 일이나 상황이 연달아 일어남을 가리킴. **출전** | 왕안석시(王安石詩)-즉사(卽事)

今昔之感
금 석 지 감

유 격세지감(隔世之感)

이제 今 옛 昔 갈 之 느낄 感

지금과 옛날을 비교할 때 차이가 매우 심하여 느껴지는 세월의 무상함을 가리킴.

金石之交
금석지교

㈌ 단금지교(斷金之交)
　　금란지계(金蘭之契)

쇠 金 돌 石 갈 之 사귈 交

쇠와 돌의 사귐이라는 뜻으로, 쇠와 돌처럼 변함없는 굳은 사귐을 말함.

출전 | 문선(文選)

*錦衣夜行
금의야행

㈌ 수의야행(繡衣夜行)
㈙ 금의환향(錦衣還鄕)

비단 錦 옷 衣 밤 夜 갈 行

비단 옷을 입고 밤길을 간다는 뜻으로, 아무도 알아주지 않아 별 보람이 없는 행동을 하는 것을 말함.

출전 | 사기(史記) 항우본기(項羽本紀)

錦衣還鄕
금의환향

㈌ 금의주행(錦衣晝行)
㈙ 금의야행(錦衣夜行)

비단 錦 옷 衣 돌아올 還 시골 鄕

출세나 성공을 해서 비단옷을 입고 고향에 돌아온다는 뜻으로, 입신출세(立身出世)한 후, 떳떳하게 고향에 돌아옴을 가리키는 말.

출전 | 남사(南史)

金枝玉葉
금지옥엽

㈌ 경지옥엽(瓊枝玉葉)
㈙ 병지잡엽(竝枝雜葉)

쇠 金 가지 枝 구슬 玉 잎사귀 葉

황금빛 나뭇가지와 옥빛 나는 잎사귀라는 뜻으로, 임금의 자손이나 집안, 귀여운 자식. 또는 아름답고 상서로운 구름을 비유하는 말.

출전 | 고금주(古今注)

*起死回生
기사회생

㈌ 구사일생(九死一生)
　　백사일생(百死一生)

일어날 起 죽을 死 돌아올 回 날 生

죽음에서 삶을 회복한다는 뜻으로, 절망적인 상태에서 다시 살아난다는 말.

출전 | 사기(史記)

杞人之憂
기 인 지 우

㊤ 기인우천(杞人憂天)
　의심암귀(疑心暗鬼)

나라이름 杞 사람 人 갈 之 근심 憂

하늘이 무너질까 두려워하던 기나라 사람의 걱정근심이라는 뜻으로, 쓸데없는 걱정과 근심을 하는 것을 말함.

출전 | 열자(列子)-천서(天瑞編)

騎虎之勢
기 호 지 세

㊤ 기호난하(騎虎難下)
　기수지세(騎獸之勢)

말탈 騎 범 虎 갈 之 세력 勢

호랑이를 타고 달리는 기세라는 뜻으로, 중도에 포기할 수 없는 상태로 일단 시작한 일은 기세를 타고 그대로 밀고 나가는 것을 말함.

출전 | 수서(隋書)-독고황후전(獨孤皇后傳)

奇貨可居
기 화 가 거

㊤ 기화(奇貨)

기이할 奇 재화 貨 옳을 可 살 居

기이한 재물이니 차지할 만하다는 뜻으로, 진귀한 재물이니 잡아두면 훗날 큰 이익을 얻을 만하다는 말.

출전 | 사기(史記)-여불위전(呂不韋傳)

難兄難弟
난 형 난 제

㊤ 백중지간(伯仲之間)
　막상막하(莫上莫下)

어려울 難 맏 兄 어려울 難 아우 弟

형이라 하기도 어렵고 아우라 하기도 어렵다는 뜻으로, 두 사물이 서로 엇비슷하여 낫고 못함을 가리기 어려움을 뜻함.

출전 | 세설신어(世說新語)-덕행편(德行篇)

南柯之夢
남 가 지 몽

㊤ 일장춘몽(一場春夢)
　남가일몽(南柯一夢)

남녘 南 가지 柯 갈 之 꿈 夢

당나라 소설 《남가태수전》에 실린, 남가군을 다스린 꿈이란 뜻으로, 한때의 헛된 부귀영화를 말함.

출전 | 대평광기(大平廣記)

南橘北枳
남 귤 북 지

㊗ 귤화위지(橘化爲枳)
　근묵자흑(近墨者黑)

남녘 南 귤 橘 북쪽 北 탱자 枳

남쪽 지방의 귤나무를 북쪽에 옮겨 심으면 탱자나무가 된다는 뜻으로, 환경에 따라(때와 장소) 기질이 변한다는 말.

출전 | 안자춘추(晏子春秋)

男女老少
남 녀 노(로) 소

㊗ 대소남녀(大小男女)

사내 男 계집 女 늙을 老 적을 少

남자와 여자와 늙은이와 젊은이라는 뜻으로, 모든 사람을 가리킴.

*男負女戴
남 부 여 대

㊗ 풍찬노숙(風餐露宿)
　조진모초(朝秦暮楚)

사내 男 짐질 負 계집 女 일 戴

남자는 등에 지고 여자는 머리에 인다는 뜻으로, 가난한 사람들이 정착할 곳을 찾아 이리저리 떠돌아다닌다는 말.

*囊中之錐
낭 중 지 추

㊗ 학립계군(鶴立鷄群)
　추처낭중(錐處囊中)

주머니 囊 가운데 中 갈 之 송곳 錐

주머니 속의 송곳이란 뜻으로, 재능이 뛰어난 사람은 숨어 있어도 그 재능이 드러나게 된다는 말.

출전 | 사기(史記)

內憂外患
내 우 외 환

㊗ 근우원려(近憂遠慮)
　내우외란(內憂外亂)

안 內 근심 憂 바깥 外 근심 患

안팎으로 근심과 걱정이 있다는 뜻으로, 내우는 재앙·내란이며, 외환은 외적에 의한 불안과 환난으로 나라 안팎의 근심거리를 가리키는 말.

출전 | 춘추좌씨전(春秋左氏傳)

기본 고사성어·숙어 – 1단계 | **27**

*老馬之智
노(로) 마 지 지

㈜ 노마지도(老馬知途)
　 노마식도(老馬識途)

늙을 老 말 馬 갈 之 지혜 智

늙은 말의 지혜라는 뜻으로, 연륜이 깊은 사람에게는 어려움을 헤쳐나갈 지혜가 있다는 말.　　　　　　　　　　출전 | 한비자(韓非子)

*勞心焦思
노 심 초 사

㈜ 초로(焦勞),
　 초심고려(焦心苦慮)

힘쓸 勞 마음 心 애탈 焦 생각할 思

애를 쓰고 속을 태운다는 뜻으로, 성적이 나쁜 자식을 생각하는 부모의 고뇌를 말함.　　　　　　　　　　　　출전 | 맹자(孟子)

*論功行賞
논 공 행 상

㈜ 신상필벌(信賞必罰)
　 상공(賞功)

논할 論 공 功 다닐 行 상줄 賞

공을 따져 상을 준다'는 뜻으로, 공(功)이 있고 없음이나 크고 작음을 따져 거기에 알맞은 상을 준다는 말.

출전 | 삼국지(三國志)-위지(魏志)

壟斷
농(롱) 단

언덕 壟 끊을 斷

깎아세운 듯이 높이 솟아 있는 언덕이라는 뜻으로, 재물을 독차지함, 즉 이익을 독점함을 말함.　　　　　　　출전 | 맹자(孟子)

弄瓦之慶
농 와 지 경

㈜ 농와지희(弄瓦之喜)
㈜ 농장지경(弄璋之慶)

희롱할 弄 반쪽홀 璋 갈 之 경사 慶

딸을 낳은 즐거움이라는 뜻으로, 중국에서 딸을 낳으면 흙으로 만든 실패를 장난감으로 주었던 데서 유래함.

출전 | 시경(詩經)

弄瓦之喜
농(롱) 와 지 희
- 유 농와지경(弄瓦之慶)
- 참 농장지경(弄璋之慶)

희롱할 弄 기와 瓦 갈 之 기쁠 喜
딸을 낳은 즐거움의 뜻으로, 중국에서 딸을 낳으면 흙으로 만든 실패를 장난감으로 주었던 데서 유래한 말.

출전 | 시경(詩經)

*累卵之危
누 란 지 위
- 유 누란지세(累卵之勢)
  위여누란(危如累卵)

포갤 累 알 卵 갈 之 위험할 危
쌓아올린(포개 놓은) 새알이라는 뜻으로, 쌓아올린 새알처럼 매우 불안정하고 위험한 상태를 말함.

출전 | 사기(史記)-범저열전(范雎列傳)

*多岐亡羊
다 기 망 양
- 유 망양지탄(亡羊之嘆)
  기로망양(岐路亡羊)

많을 多 갈림길 岐 잃을 亡 양 羊
갈래 길이 많아 양을 잃는다는 뜻으로, 학문의 길이 다방면으로 갈라져 있어 어느 것을 택할지 망설이게 된다는 말.

출전 | 열자(列子)-설부(說符)

*多多益善
다 다 익 선
- 유 다다익판(多多益辦)

많을 多 많을 多 더할 益 좋을 善
많으면 많을수록 좋다는 뜻으로, 병력을 몇 명이나 지휘할 능력이 있느냐는 한나라 유방의 질문에 장수인 한신이 답한 말.

출전 | 사기(史記)-회음후전(淮陰侯傳)

多事多難
다 사 다 난
- 유 다사다망(多事多忙)
- 반 무사식재(無事息災)

많을 多 일 事 많을 多 어려울 難
일도 많고 어려움도 많다는 뜻으로, 일이 바쁘게 많거나 어렵고 복잡하게 일어난다는 뜻.

斷金之交
단 금 지 교
⊕ 단금지계(斷金之契)
  관포지교(管鮑之交)

끊을 斷　쇠 金　갈 之　사귈 交
쇠붙이를 끊을 수 있을 만큼 단단한 교분이라는 뜻으로, 친구 사이의 매우 두터운 우정을 이르는 말.　출전 | 역경(易經)

斷機之戒
단 기 지 계
⊕ 맹모단기(孟母斷機)
  단기지교(斷機之敎)

끊을 斷　틀 機　갈 之　경계할 戒
짜고 있던 베틀의 날실을 자르면서 훈계했다는 뜻으로, 학문을 하다가 중도에 그만두면 아무 쓸모가 없다는 말.
출전 | 후한서(後漢書)

單刀直入
단 도 직 입
⊕ 일침견혈(一針見血)

홀 單　칼 刀　곧을 直　들 入
단칼로 쳐들어간다는 뜻으로, 곧바로 요점이나 본론으로 들어간다는 말.
출전 | 전등록(傳燈錄)

簞食瓢飲
단 사 표 음
⊕ 누항단표(陋巷簞瓢)
  단표누항(簞瓢陋巷)

밥그릇 簞　밥 食　바가지 瓢　마실 飲
대그릇의 밥과 표주박의 물이라는 뜻으로, 청빈한 생활을 비유한 말.
출전 | 논어(論語)

斷腸
단　　장
⊕ 단장지사(斷腸之思)
  구회지장(九回之腸)

끊을 斷　창자 腸
창자가 끊어졌다는 뜻으로, 창자가 끊어질 정도로 마음이 몹시 슬픔을 말함.
출전 | 세설신어(世說新語)

堂狗風月
당 구 풍 월

㊎ 당구삼년폐풍월(堂狗三年吠風月)

집堂 개狗 바람風 달月
서당 개 3년이면 풍월을 읊는다는 뜻으로, 무식한 사람도 유식한 사람들과 오래 사귀면 자연 견문이 생긴다는 말.

黨同伐異
당 동 벌 이

㊎ 동당벌이(同黨伐異)
   당벌(黨閥)

무리黨 같을同 칠伐 다를異
일의 옳고 그름을 가리지 않고 뜻이 맞는 사람들끼리 한패가 되고, 그렇지 않은 사람은 배척한다는 말. 출전 | 주방언(周邦彦)

螳螂拒轍
당 랑 거 철

㊎ 당랑지부(螳螂之斧)
   당랑규선(螳螂窺蟬)

사마귀螳 사마귀螂 막을拒 바퀴자국轍
사마귀가 팔을 벌려 수레바퀴를 막는다는 뜻으로, 자기의 힘을 헤아리지 못하고 무모하게 강자에게 덤빈다는 말.

출전 | 회남자(淮南子)-인간훈(人間訓)

大器晚成
대 기 만 성

㊎ 대기난성(大器難成)
   대재만성(大才晚成)

큰大 그릇器 늦을晚 이룰成
큰 그릇은 늦게 만들어진다는 뜻으로, 크게 될 사람은 늦게 성공한다는 말. 과거에 낙방한 선비를 위로하는 말.

출전 | 노자(老子)

*大悟覺醒
대 오 각 성

㊎ 대오대철(大悟大徹)
   대오철저(大悟徹底)

큰大 깨달을悟 깨달을覺 깰醒
진실을 깊이 깨닫고 올바르게 정신을 가다듬는다는 말.

大義名分
대 의 명 분
윤 춘추대의(春秋大義)

큰大 옳을義 이름名 나눌分

큰 정의와 명분이라는 뜻으로, 인륜의 큰 의를 밝히고 분수를 지켜 정도에 어긋나지 않도록 하는 것을 말함.

桃園結義
도 원 결 의
윤 결의형제(結義兄弟)

복숭아桃 동산園 맺을結 옳을義

복숭아 동산에서 유비·관우·장비가 의형제를 맺었다는 뜻으로, 서로 의기투합해서 함께 사업이나 일을 추진함을 비유하는 말.

출전 | 삼국지(三國志)

道聽塗說
도 청 도 설
윤 가담항설(街談巷說)
유언비어(流言蜚語)

길道 들을聽 진흙塗 말說

길에서 들은 것을 길에서 말한다는 뜻으로, 길거리에 퍼져 돌아다니는 뜬소문을 가리키는 말.

출전 | 논어(論語)-양화편(陽貨篇)

塗炭之苦
도 탄 지 고
윤 가렴주구(苛斂誅求)
반 태평성대(太平聖代)

진흙塗 숯炭 갈之 쓸苦

진흙 구렁에 빠지고 숯불에 타는 괴로움이라는 뜻으로, 가혹한 정치로 인한 백성의 고통을 말함.

출전 | 서경(書經)

獨不將軍
독 불 장 군
윤 고장난명(孤掌難鳴)
순망치한(脣亡齒寒)

홀로獨 아닐不 장수將 임금軍

혼자서는 장군이 되지 못한다는 뜻으로, 남의 의견을 묵살하고 저혼자 모든 일을 처리하는 사람이나 따돌림을 받는 사람.

讀書三昧
독서삼매
참 독서삼도(讀書三到)
독서삼여(讀書三餘)

읽을 讀 글 書 석 三 어두울 昧
오직 책 읽기에만 골몰한 경지를 가리키는 말. 또는 한 곳에 정신을 집중하는 것을 뜻함.

讀書尚友
독서상우

읽을 讀 글 書 오히려 尚 벗 友
책을 읽음으로써 옛날의 현인들과 벗이 될 수 있음을 일컫는 말.
출전 | 맹자(孟子)

冬去春來
동거춘래
유 고진감래(苦盡甘來)

겨울 冬 갈 去 봄 春 올 來
겨울이 가고 봄이 온다는 뜻으로, 고생 끝에 낙이 온다는 말.

*東問西答
동문서답
유 문동답서(問東答西)

동녘 東 물을 問 서녘 西 답할 答
동을 물었는데 서를 답한다는 뜻으로, 묻는 내용과는 전혀 관련이 없는 엉뚱한 대답을 하는 것을 말함.
출전 | 송남잡지(宋南雜識)

*同病相憐
동병상련
유 오월동주(吳越同舟)
초록동색(草綠同色)

같을 同 병들 病 서로 相 불쌍히 여길 憐
같은 병자끼리 불쌍히 여긴다는 뜻으로, 어려운 처지에 놓인 사람들끼리 서로를 돕는다는 말.
출전 | 오월춘추(吳越春秋)-합려내전(闔閭內傳)

*同床異夢
동 상 이 몽
㊇ 동상각몽(同床各夢)
표리부동(表裏不同)

같을 同 평상 床 다를 異 꿈 夢
같은 침상에서 서로 다른 꿈을 꾼다는 뜻으로, 겉으로는 같이 행동하면서 속으로는 각기 딴 생각을 함. 여주원 회비서를 비유하는 말.

冬溫夏淸
동 온 하 정
㊇ 온정정성(溫淸定省)
동정(冬淸)

겨울 冬 따뜻할 溫 여름 夏 서늘할 淸
추운 겨울에는 따뜻하게, 더운 여름에는 서늘하게 한다는 뜻으로, 부모를 잘 섬기어 효도함을 이르는 말. 출전 | 예기(禮記)

*登高自卑
등 고 자 비
㊇ 천리길도 한 걸음부터

오를 登 높을 高 스스로 自 낮을 卑
높은 곳에 오르려면 낮은 곳에서부터 시작해야 한다는 뜻으로, 지위가 높아질수록 스스로를 낮추는 것을 가리킴. 출전 | 중용(中庸)

登龍門
등 용(룡) 문
㊇ 입신출세(立身出世)
㊊ 용문점액(龍門點額)

오를 登 용 龍 문 門
잉어가 용문에 올라 용이 되다(등용문이라 읽음)라는 뜻으로, 입신출세할 수 있는 관문을 말함. 출전 | 후한서(後漢書)

燈下不明
등 하 불 명
㊇ 등대부자조(燈臺不自照)

등잔 燈 아래 下 아닐 不 밝을 明
등잔 밑이 어둡다는 뜻으로, 가까이 있는 것을 찾기가 오히려 힘들거나 남의 일은 잘 알아도 제 일은 모른다는 말.

출전 | 이담 속찬(耳談續纂)

燈火可親
 등 화 가 친

㊎ 추고마비(秋高馬肥)
　　천고마비(天高馬肥)

등잔불 燈 불 火 옳을 可 친할 親
등잔불을 가까이 한다는 뜻으로, 등불을 가까이 하여 글 읽기에 아주 좋다는 말.

출전 | 한유(韓愈)

燈火之喜
 등 화 지 희

㊎ 등상생화(燈上生花)

등불 燈 불 火 갈 之 기쁠 喜
등화가 핀 기쁨이라는 뜻으로, 불을 켜 놓은 심지 끝에 불덩어리가 생기면 길조가 있을 조짐이라는 뜻.

출전 | 한서(漢書)

橙黃橘綠
 등 황 귤 록

등나무 橙 누를 黃 귤나무 橘 푸를 綠
등나무잎은 누렇고 귤은 푸르게 열려 있는 초겨울의 풍경을 말함.

출전 | 소식(蘇軾)-시(詩)

麻姑搔痒
 마 고 소 양

㊎ 마고파양(麻姑爬痒)

삼 麻 할미 姑 긁을 搔 가려울 痒
마고라는 손톱이 긴 선녀가 가려운 데를 긁는다는 뜻으로, 일이 뜻대로 됨을 비유한 말.

출전 | 신선전(神仙傳)

摩拳擦掌
 마 권 찰 장

㊎ 각골지통(刻骨之痛)
㊌ 각골동상(刻骨痛傷)

문지를 摩 주먹 拳 비빌 擦 손바닥 掌
주먹과 손바닥을 비빈다는 뜻으로, 기운을 잔뜩 모아 돌진할 때를 기다린다는 말.

磨斧作針
마 부 작 침

⊕ 마저작침(磨杵作針)
　 철저성침(鐵杵成針)

갈 磨　도끼 斧　만들 作　바늘 針

도끼(쇠공이)를 갈아서 바늘을 만든다는 뜻으로, 아무리 어려운 일이라도 끝까지 노력하면 성공할 수 있음을 말함.

출전 | 당서(唐書)-문원전(文苑傳)

馬牛襟裾
마 우 금 거

⊕ 목후이관(沐猴而冠)

말 馬　소 牛　옷깃 襟　자락 裾

말이나 소에 옷을 입혔다는 뜻으로, 학식이 없거나 예의를 모르는 사람을 조롱하는 말.

출전 | 한유(韓愈)-시(詩)

馬耳東風
마 이 동 풍

⊕ 우이독경(牛耳讀經)
　 오불관언(吾不關焉)

말 馬　귀 耳　동쪽 東　바람 風

말 귀에 부는 동풍이라는 뜻으로, 따뜻한 봄바람이 귀에 불어와도 말은 그것을 알지 못한다는 말.

출전 | 이태백집(李太白集)

麻中之蓬
마 중 지 봉

⊕ 근묵자흑(近墨者黑)
　 근주자적(近朱者赤)

삼 麻　가운데 中　갈 之　쑥대 蓬

삼밭에서 자라는 쑥이라는 뜻으로, 좋은 사람들 사이에 있으면 그 영향으로 좋은 사람이 됨을 일컫는 말.

출전 | 순자(荀子)

*莫逆之間
막 역 지 간

⊕ 막역간(莫逆間)

없을 莫　거스를 逆　갈 之　사이 間

거스름이 없는 사이라는 뜻으로, 체면 따위를 차리지 않아도 거슬림이 없을 정도로 친한 사이라는 말.

출전 | 장자(莊子)

36 | 3단계 고사성어·숙어

*晩時之歎
만 시 지 탄

[유] 후시지탄(後時之歎)
실우치구(失牛治廐)

저물 晩 때 時 갈 之 읊을 歎

때늦은 한탄이라는 뜻으로, 시기가 늦어 기회를 놓친 것이 원통해서 탄식함을 가리킴.

*望洋之歎
망 양 지 탄

[유] 다기망양(多岐亡羊)
망양지탄(望洋之歎)

바랄 望 바다 洋 갈 之 탄식할 歎

넓은 바다를 보고 탄식한다는 뜻으로, 남의 위대함에 감탄하고 자신의 미흡함을 부끄러워함을 가리킴.

출전 | 장자(莊子)–추수편(秋水篇)

*望雲之情
망 운 지 정

[유] 망운지회(望雲之懷)
백운고비(白雲孤飛)

바랄 望 구름 雲 갈 之 뜻 情

멀리 구름을 바라보는 정이라는 뜻으로, 구름을 바라보며 타향에서 어버이를 그리워하는 정을 말함.

출전 | 구당서(舊唐書)

亡子計齒
망 자 계 치

[속] 죽은 자식 불알 만지기

잃을 亡 아들 子 셈 計 이 齒

죽은 자식 나이 세기라는 뜻으로, 이미 지나간 쓸데없는 일을 생각하며 애석히 여김을 일컫는 말.

梅蘭菊竹
매 란 국 죽

[유] 사군자(四君子)

매화 梅 난초 蘭 국화 菊 대나무 竹

매화와 난초와 국화와 대나무라는 뜻으로, 사군자(四君子)를 가리킴.

*麥秀之嘆
맥 수 지 탄

㊤ 망국지탄(亡國之歎)
맥수서유(麥秀黍油)

보리 麥 빼어날 秀 갈 之 탄식할 嘆
보리 이삭이 더부룩하게 자란 모습을 한탄한다는 뜻으로, 고국의 멸망을 탄식함을 일컫는 말.

출전 | 사기(史記)-송미자세가(宋微子世家)

*孟母三遷
맹 모 삼 천

㊤ 삼천(三遷)
삼천지교(三遷之敎)

맏 孟 어미 母 석 三 옮길 遷
맹자의 어머니가 세 번 이사 간다라는 뜻으로, 맹자의 어머니가 맹자의 교육을 위해 세 번이나 이사를 한 가르침을 말함.

출전 | 열녀전(烈女傳)

盲人摸象
맹 인 모 상

㊤ 군맹평상(群盲評象)

눈멀 盲 사람 人 더듬을 摸 코끼리 象
눈먼 장님(앞 못 보는 사람) 코끼리 만지기라는 뜻으로, 사물의 일면만을 보고서 떠들어대는 모습에 비유한 말.

출전 | 열반경(涅槃經)

*面從腹背
면 종 복 배

㊤ 양봉음위(陽奉陰違)
동상이몽(同床異夢)

낯 面 좇을 從 배 腹 등 背
낯(얼굴)으로는 따르지만 뱃속으로는 등지다는 뜻으로, 겉으로는 복종하는 체하면서 속으로는 배반함을 말함.

明明白白
명 명 백 백

㊣ 확고부동(確固不動)

밝을 明 밝을 明 흰 白 흰 白
의심의 여지가 없이 매우 뚜렷하다는 뜻으로 명백하다는 말.

明眸皓齒
명 모 호 치

[유] 단순호치(丹脣皓齒)
주순호치(朱脣皓齒)

밝을 明 눈동자 眸 흴 皓 이 齒

맑은 눈동자와 하얀 이라는 뜻으로, 미인의 아름다움을 가리키는 말.

출전 | 두보(杜甫)의 시(詩)

名山大川
명 산 대 천

[참] 명산대찰(名山大刹)
금수강산(錦繡江山)

이름 名 메 山 큰 大 내 川

이름난 산과 큰 내라는 뜻으로, 경치 좋고 이름난 산천의 자연을 일컫는 말.

출전 | 서경(書經)

名實相符
명 실 상 부

[반] 명실상반(名實相)

이름 名 열매 實 서로 相 부신 符

이름과 실상이 서로 꼭 들어맞고, 알려진 것과 실제의 상황이나 능력에 차이가 없음을 뜻함.

明若觀火
명 약 관 화

[유] 청천백일(青天白日)
명명백백(明明白白)

밝을 明 만약 若 볼 觀 불 火

밝기가 불을 보는 것과 같다는 뜻으로, 불 보듯 환하게 분명하고 명백하다는 것을 말함.

출전 | 서경(書經)

明主好同
명 주 호 동

밝을 明 주인 主 좋을 好 같을 同

사리에 밝은 군주는 함께 하기를 좋아하고 어리석은 지도자는 혼자 하기를 좋아한다는 말.

毛遂自薦
모 수 자 천
㉴ 우각지가(牛角之歌)

털毛 드디어遂 스스로自 천거할薦
자기(모수)가 자신을 천거한다는 뜻으로, 재주를 가지고 있는데도 남이 추천해 주지 않아 자기가 스스로 자신을 천거한다는 말. 출전 | 사기(史記)-평원군 열전(平原君 列傳)

目不識丁
목 불 식 정
㉴ 일자무식(一字無識)
어로불변(魚魯不辨)

눈目 아닐不 알識 고무래丁
한자 고무래 정(丁)자를 알아보지 못한다는 뜻으로, 글자를 전혀 모르거나 그런 사람을 비유하여 일컫는 말.

출전 | 송남잡지(松南雜識)

*目不忍見
목 불 인 견
㉴ 불인견(不忍見)
불인정시(不忍正視)

눈目 아닐不 참을忍 볼見
눈으로 차마 볼 수 없다라는 뜻으로, 몹시 참혹하여 차마 눈뜨고 볼 수 없음을 일컫는 말.

猫頭懸鈴
묘 두 현 령
㉴ 묘항현령(猫項懸鈴)

고양이猫 머리頭 매달懸 방울鈴
고양이 목에 방울 달기라는 뜻으로, 가능하지 않은 허황한 이론이나 논의를 말함.

출전 | 순오지(旬五志)

*武陵桃源
무 릉 도 원
㉴ 도원경(桃源境)
별천지(別天地)

호반武 언덕陵 복숭아桃 근원源
무릉 사람이 발견한 복숭아 꽃이 만발한 곳이라는 뜻으로, 사람들이 화목하고 행복하게 살 수 있다는 이상향을 가리킴.

출전 | 도연명(陶淵明)-도화원기(桃花源記)

無不通知
무 불 통 지

㊀ 무불통달(無不通達)
무소부지(無所不至)

없을 無 아니 不 통할 通 알 知
통해서 알지 못하는 것이 없다는 뜻으로, 두루 통하여 모든 것을 잘 아는 것을 의미함.

無所不爲
무 소 불 위

㊀ 무소불능(無所不能)

없을 無 바 所 아니 不 할 爲
하지 못하는 것이 없다는 뜻으로, 무엇이든지 마음껏 할 수 있다는 뜻.

無爲徒食
무 위 도 식

㊀ 낭유도식(浪遊徒食)
㊂ 유의유식(遊衣遊食)

없을 無 할 爲 무리 徒 밥 食
하는 일 없이 다만 먹기만 한다는 뜻으로, 아무 하는 일 없이 한갓 먹고 놀기만 한다는 뜻.

無汗不成
무 한 불 성

없을 無 땀 汗 아니 不 이룰 成
땀이 없으면 아무 일도 이룰 수 없다는 뜻으로, 땀흘리지 않고는 아무 것도 이룰 수 없다는 말.

출전 | 한서(漢書)

墨守
묵 수

㊀ 고수(固守)
묵적지수(墨翟之守)

먹 墨 지킬 守
묵적(墨翟)이 성을 지킨다는 뜻으로, 옛습관이나 자기주장 의견 등을 굳게 지키거나 지나치게 완고해 변동성이 없음을 가리킴.

출전 | 사기(史記)

*刎頸之交
문 경 지 교

㈜ 관포지교(管鮑之交)
　 금석지교(金石之交)

목자를 刎 목 頸 갈 之 사귈 交

목을 벨 수 있는 벗이라는 뜻으로, 생사를 함께 할 수 있는 소중한 친구를 말함.

출전 | 사기(史記)

文房四友
문 방 사 우

㈜ 문방사보(文房四寶)
　 지필연묵(紙筆硯墨)

글월 文 방 房 넉 四 벗 友

글방의 네가지 친구라는 뜻으로, 종이, 붓, 벼루, 먹을 가리킴.

勿失好機
물 실 호 기

㈜ 시불가실(時不可失)

말라 勿 잃을 失 좋을 好 베틀 機

좋은 기회를 놓치지 말라는 뜻으로, 때를 놓쳐서는 안 된다는 말, 좋은 시기를 잃어버려서는 안 된다는 말.

美辭麗句
미 사 여 구

참 문불가점(文不加點)

아름다울 美 말 辭 고울 麗 구절 句

아름답고 고운 말과 구절이라는 뜻으로, 아름다운 말과 훌륭한 글귀를 의미함.

米　壽
미　　수

㈜ 백수(白壽), 희수(喜壽)

쌀 米 목숨 壽

'미(米)'자를 분해하면 팔십팔(八十八)이 되기 때문에 미수(米壽)는 여든 여덟 살(88세)의 다른 이름을 가리킴.

未曾有 (미증유)

아닐 未 일찍 曾 있을 有

아직까지 한 번도 있어 본 적이 없었다는 뜻으로, 벌어진 상황이나 사건이 뜻밖이었음을 말함.

참 | 전대미문(前代未聞), 파천황(破天荒)

密雲不雨 (밀운불우)

빽빽할 密 구름 雲 아니 不 비 雨

구름은 빽빽하나 비는 오지 않는 상태라는 뜻으로, 여건은 조성됐으나 일이 성사되지 않은 상황을 뜻함.

출전 | 역경(易經)

博而不精 (박이부정)

넓을 博 말이을 而 아닐 不 깨끗할 精

널리 알기는 하지만 정밀하지는 못하다는 뜻으로, 많이 알지만 정통하지 못함을 가리킴.

유 | 박이과요(博而寡要)

反求諸己 (반구제기)

돌이킬 反 구할 求 갈 諸 몸 己

돌이켜 자신에게서 찾는 뜻으로, 어떤 일을 자기 자신에게 돌려서 반성하여 자신을 책망함을 일컫는다.

출전 | 맹자(孟子), 명심보감(明心寶鑑)

유 | 반궁자문(反躬自問), 반궁자성(反躬自省)

*半信半疑 (반신반의)

반 半 믿을 信 반 半 의심할 疑

믿음과 의심이 반반이란 뜻으로, 반쯤은 믿고 반쯤은 의심함을 말함.

유 | 차신차의(且信且疑)

*反哺之孝 반포지효

돌이킬 反 먹일 哺 갈 之 효도 孝
까마귀 새끼가 자란 뒤에 늙은 어미에게 먹을 것을 물어다 주는 효라는 뜻으로, 자식이 커서 부모를 봉양함을 말함.

출전 | 양무제(梁武帝)-부(賦)

㈜ 반의지희(斑衣之戲)
혼정신성(昏定晨省)

拔本塞源 발본색원

뽑을 拔 근본 本 막을 塞 근원 源
뿌리를 뽑고 근원을 막는다는 뜻으로, 잘못된 것의 근본적인 원인을 찾아 뿌리째 없애 버린다는 뜻.

출전 | 춘추좌씨전(春秋左氏傳)-소공(昭公)

㈜ 전초제근(剪草除根)
삭주굴근(削株堀根)

拔山蓋世 발산개세

뺄 拔 메 山 덮을 蓋 세상 世
산을 뽑고 세상을 덮는다는 뜻으로, 힘이 산이라도 뽑아던질 만하고 세상을 덮을 정도로 그 기력이 웅대함을 말함.

출전 | 사기(史記)-항우본기(項羽本記)

㈜ 역발산 기개세(力拔山氣蓋世)

*傍若無人 방약무인

곁 傍 같을 若 없을 無 사람 人
곁에 사람이 없는 것과 같다는 뜻으로, 곁에 사람이 없는 것처럼 아무 거리낌 없이 함부로 말하고 행동함을 말함.

출전 | 사기(史記)-자객열전(刺客列傳)

㈜ 오안불손(傲岸不遜)
안중무인(眼中無人)

蚌鷸之爭 방휼지쟁

조개 蚌 도요새 鷸 갈 之 다툴 爭
제삼자를 이롭게 하는 다툼이라는 뜻으로, 방합과 도요새가 다투는데 어부가 와서 다 거두어 갔다는 고사에서 유래한 말.

출전 | 전국책(戰國策)

참 어부지리(漁父之利)
㈜ 견토지쟁(犬兔之爭)

背水之陣 (배수지진)

㉨ 제하분주(濟河焚舟)
배수진(背水陣)

등 背 물 水 갈 之 진치다 陣

비장한 각오로 물을 등지고 진을 친다는 뜻으로, 어떤 일을 이루기 위해 더 이상 물러설 수 없음을 비유적으로 이르는 말.

출전 | 사기(史記)－회음후열전(淮陰侯列傳)

杯中蛇影 (배중사영)

㉨ 의심암귀(疑心暗鬼)
기인우천(杞人憂天)

잔 杯 속 中 뱀 蛇 그림자 影

술잔 속에 비친 뱀 그림자라는 뜻으로, 쓸데없는 일, 아무것도 아닌 일로 근심하여 속을 썩이는 것을 가리킴.

출전 | 진서(晉書)－악광전(樂廣傳)

*百年大計 (백년대계)

㉨ 백년지계(百年之計)

일백 百 해 年 큰 大 꾀 計

백년에 걸치는 큰 계획이라는 뜻으로, 먼 장래를 내다보고 긴 안목에서 세우는 중요한 계획을 말함.

*百年河清 (백년하청)

㉨ 하청난사(河清難俟)
천년일청(千年一清)

일백 百 해 年 황하 河 맑을 清

백년을 기다린다 해도 황하의 물이 맑아지지 않는다는 뜻으로, 아무리 기다려도 바라는 것이 이루어지기 어렵다는 말.

출전 | 춘추좌씨전(春秋左氏傳)

白壽 (백수)

㉧ 미수(米壽), 희수(喜壽)

흰 白 목숨 壽

아흔아홉 살을 달리 이르는 말로 한자의 '百'자에서 '一'을 빼면 '白'자가 되는 데에서 나온 말.

伯牙絶絃
백 아 절 현

[유] 백아파금(伯牙破琴)
고산유수(高山流水)

맏 伯 어금니 牙 끊을 絶 악기줄 絃

백아가 거문고 줄을 끊었다는 뜻으로, 서로 마음 속 깊이 이해하는 절친한 친구의 죽음을 슬퍼함을 가리킴.

출전 | 열자(列子)–탕문편(湯問篇)

白眼視
백 안 시

[유] 반목질시(反目嫉視)
[반] 청안시(靑眼視)

흰 白 눈 眼 볼 視

눈의 흰자만 보이게 본다는 뜻으로, 남을 업신여기거나 냉대하여 흘겨본다는 말.

출전 | 진서(晉書)–완적전(阮籍傳)

百折不屈
백 절 불 굴

[유] 백절불요(百折不撓)
불요불굴(不撓不屈)

일백 百 꺾을 折 아닐 不 굽힐 屈

백 번 꺾여도 굴하지 않는다는 뜻으로, 어떠한 어려움에도 결코 굽히지 않음을 일컫는 말.

*百尺竿頭
백 척 간 두

[유] 간두지세(竿頭之勢)
누란지세(累卵之勢)

일백 百 자 尺 장대 竿 머리 頭

백 자나 되는 높은 장대 끝이라는 뜻으로, 높은 장대 끝에 오른 것처럼 매우 위태롭고 어려운 상황을 말함. 출전 | 전등록(傳燈錄)

步武堂堂
보 무 당 당

[유] 호보당당(虎步堂堂)

걸음 步 호반 武 집 堂 집 堂

걸음이 씩씩하고 당당하다는 뜻으로, 행진하는 걸음걸이가 씩씩하고 위엄이 있다는 말.

封庫罷職 봉고파직
참 봉고(封庫)

봉할 封 곳집 庫 파할 罷 맡을 職
부정을 저지른 관리를 파면시키고 관고(官庫)를 봉하여 잠그는 일이라는 뜻을 말함.

夫婦有別 부부유별
참 오륜(五倫)

지아비 夫 지어미 婦 있을 有 다를 別
남편과 아내는 구별이 있어야 한다는 뜻으로, 과거 오륜(五倫)의 하나로 엄격한 구별이 있어야 하는 내외 간의 도리를 말함.

負薪入火 부신입화

질 負 섶 薪 들 入 불 火
섶을 지고 불에 뛰어든다는 뜻으로, 어떤 일에 한술 더 떠서 사태를 더욱 걷잡을 수 없게 만든다는 말.

夫爲婦綱 부위부강
참 삼강(三綱) : 父爲子綱, 君爲臣綱, 夫爲婦綱.

지아비 夫 할 爲 지어미 婦 벼리 綱
남편은 아내의 벼리가 된다는 뜻으로, 남편이 아내의 모범이 되어야 한다는 부부간에 관한 유교 도덕의 기본 가치 덕목을 말함.

父爲子綱 부위자강
참 삼강(三綱) : 父爲子綱, 君爲臣綱, 夫爲婦綱.

아비 父 할 爲 아들 子 벼리 綱
아버지가 자식의 벼리가 된다는 뜻으로, 아버지가 아들의 모범이 되어야 한다는 부자간에 관한 유교 도덕의 기본 가치 덕목을 말함.

父子有親
부 자 유 친
참 오륜(五倫)

아비 父 자식 子 있을 有 친할 親
아버지와 자식간에는 친함이 있어야 한다는 뜻으로, 부자간의 도리는 사랑과 공경의 친애함에 있다는 인간의 기본 도리인 오륜(五輪) 중의 하나.

不進則退
부 진 칙 퇴

아니 不 나아갈 進 곧 則 물러날 退
나아가지 않으면 후퇴한다는 뜻으로, 학문을 계속하지 않으면 퇴보한다는 말.

*附和雷同
부 화 뇌 동
유 부부뇌동(附付雷同)
경거망동(輕擧妄動)

붙을 附 화합할 和 천둥 雷 함께 同
천둥이 치면 함께 움직인다는 뜻으로, 뚜렷한 소신이나 주관 없이 남의 의견이나 행동을 따라 한다는 말. 출전 | 예기(禮記)

*焚書坑儒
분 서 갱 유
유 갱유분서(坑儒焚書)
진화(秦火)

불사를 焚 글 書 구덩이 坑 선비 儒
책을 불사르고 선비를 구덩이에 파묻는다는 뜻으로, 진나라의 시황제가 책을 불태우고 학자를 생매장한 사건을 가리킴.
출전 | 사기(史記)-진시황본기(秦始皇本記)

*不俱戴天
불 구 대 천
유 불공재천(不共戴天)

아닐 不 함께 俱 일 戴 하늘 天
함께 하늘을 받들 수 없는 원수 사이라는 뜻으로, 세상을 함께 살 수 없을 정도의 원수를 가리킴. 출전 | 예기(禮記)-곡례(曲禮)

不問可知
불문가지

㊞ 불언가상(不言可想)
　명약관화(明若觀火)

아닐 不 물을 問 옳을 可 알 知

묻지 않아도 알 수 있다는 뜻으로, 옳고 그름을 묻고 확인하지 않아도 알 수 있음을 말함.

不用萎縮
불용위축

아니 不 쓸 用 시들 萎 줄일 縮

사용하지 않으면 마르고 시들어서 오그라지고 쪼그라든다는 뜻으로, 몸이든 머리든 쓰지 않으면 쇠퇴함을 말함.

不　肖
불　초

㉠ 불초자(不肖子)
㊞ 무사(無似)

아닐 不 닮을 肖

자기의 부모를 닮지 않았다는 말로 매우 어리석은 사람을 말하며 자식이 부모에게 자신을 낮추어 부를 때 쓰는 말.

출전 | 맹자(孟子)

朋友有信
붕우유신

㊞ 붕우춘회곡(朋友春懷曲)

벗 朋 벗 友 있을 有 믿을 信

친구 사이에는 믿음이 있어야 한다는 뜻으로, 인간 사이의 윤리인 오륜(五倫)의 하나.

悲憤慷慨
비분강개

㊞ 비가강개(悲歌慷慨)
　함분축원(含憤蓄怨)

슬플 悲 분할 憤 슬플 慷 슬플 慨

슬프고 분한 마음을 느낀다는 뜻으로, 의롭지 못하거나 잘못 되어 가는 일에 대해 슬프고 분한 마음을 느낀다는 말.

*髀肉之嘆
비 육 지 탄

㈜ 비리생육(髀裏生肉)

넓적다리 髀 고기 肉 갈 之 탄식할 嘆
영웅이 전쟁에 나가지 못하고 넓적다리만 살찜을 한탄한다는 뜻으로, 곧 성공하지 못하고 한갓 세월만 보내는 일을 탄식함을 말함. **출전** | 삼국지(三國志)-촉지(蜀志)

非一非再
비 일 비 재

㈜ 수두룩하다, 흔하다

아닐 非 한 一 아닐 非 두번 再
한두 번도 아니고 많다는 뜻으로, 한둘이 아니고 많음을 가리킴.

氷山一角
빙 산 일 각

얼음 氷 메 山 한 一 뿔 角
빙산의 한 모서리라는 뜻으로, 대부분이 숨겨져 있고 외부로 나타나 있는 것은 극히 일부에 지나지 않는다는 말.

辭簡意深
사 간 의 심

말씀 辭 간략할 簡 뜻 意 깊을 深
말은 간결하나 뜻이 깊다는 뜻으로, 말은 간결해도 담긴 뜻이 깊어야 좋은 글이라는 말.

*四顧無親
사 고 무 친

㈜ 고립무원(孤立無援)
　　고성낙일(孤城落日)

넉 四 돌아볼 顧 없을 無 친할 親
사방을 돌아보아도 친한 사람이 없다라는 뜻으로, 의지할 만한 사람이 전혀 없음을 가리킴.

3단계 고사성어·숙어

舍己從人 (사기종인)

버릴 舍 몸 己 따를 從 사람 人

자신을 버리고 남을 따른다는 뜻으로, 자신의 욕심을 버리고 남의 의견을 따른다는 말.

출전 | 퇴계집(退溪集)

四端 (사단)

㈌ 인의예지(仁義禮智)
자유지정(自有之情)

넉 四 끝 端

네 실마리라는 뜻으로, 인간의 마음 속에 선천적으로 내재된 네 가지 본성인 인의예지(仁義禮智)를 의미함.

사단(四端) : 측은지심(惻隱之心) 수오지심(羞惡之心) 사양지심(辭讓之心) 시비지심(是非之心)

출전 | 맹자(孟子)-공손추상(公孫丑上)

四面楚歌 (사면초가)

㈌ 고립무원(孤立無援)
진퇴양난(進退兩難)

사방 四 방면 面 초나라 楚 노래 歌

사방에서 들리는 초나라의 노래라는 뜻으로, 사방을 적이 둘러싸고 있어서 완전히 고립된 상태를 말함.

출전 | 사기(史記)-항우본기(項羽本紀)

思無邪 (사무사)

생각할 思 없을 無 간사할 邪

생각에 간사함이 없다는 뜻으로, 공자가 한 말로 시경의 '시'에는 생각에 사특함이 없다는 뜻.

출전 | 논어(論語)

事不如意 (사불여의)

㈘ 사사여의(事事如意)

일 事 아니 不 같을 如 뜻 意

일이 뜻같지 않다는 뜻으로, 일이 뜻대로 되지 아니함을 가리킴.

砂上樓閣 (사상누각)
㈜ 공중누각(空中樓閣)

모래 砂 위 上 다락 樓 다락 閣
모래 위의 누각이라는 뜻으로, 기초가 튼튼하지 못하여 오래 견디지 못할 일이나 물건을 비유하는 헛된 것을 의미함.

師弟同行 (사제동행)

스승 師 아우 弟 한가지 同 갈 行
스승과 제자가 함께 행동한다는 뜻으로, 스승과 제자가 같이 학문에 힘쓴다는 말.

社稷之臣 (사직지신)
㈜ 주석지신(柱石之臣)

토지의 신 社 기장 稷 갈 之 신하 臣
사직(왕조)을 지탱할 만한 신하라는 뜻으로, 매우 중요한 신하라는 말.

事親以孝 (사친이효)

일 事 어버이 親 써 以 효도 孝
부모 섬기기를 효도로써 한다는 뜻으로, 세속오계(世俗五戒)의 하나.
세속오계(世俗五戒) : 사군이충(事君以忠) 사친이효(事親以孝) 교우이신(交友以信) 임전무퇴(臨戰無退) 살생유택(殺生有擇)

四通八達 (사통팔달)
㈜ 사통오달(四通五達)
사달오통(四達五通)

넉 四 통할 通 여덟 八 이를 達
길이나 교통망, 통신망 등이 이리저리 막힘없이 통한다는 뜻으로, 길이 여러 군데로 막힘없이 통한다는 말. 출전 | 진서(晉書)

*事必歸正 (사필귀정)

㈜ 사필귀도(事必歸道)
사불범정(邪不犯正)

일 事 반드시 必 돌아갈 歸 바를 正
모든 일은 바르게 되돌아간다는 뜻으로, 무릇 모든 일은 결국에 가서는 바르게 시비가 가려지게 된다는 말.

山高水長 (산고수장)

㈜ 독야청청(獨也靑靑)

메 山 높을 高 물 水 길 長
산은 높고 물은 유유히 흐른다는 뜻으로, 군자의 덕이 높고 큼을 일컫는 말.

출전 | 문장궤범(文章軌範)

山戰水戰 (산전수전)

㈜ 백전노장(百戰老將)

메 山 싸움 戰 물 水 싸움 戰
산에서의 싸움과 물에서의 싸움이라는 뜻으로, 세상의 온갖 고난을 다 겪어 세상일에 경험이 많음을 일컫는 말.

殺身成仁 (살신성인)

㈜ 살신입절(殺身立節)
사생취의(捨生取義)

죽일 殺 몸 身 이룰 成 어질 仁
자신을 죽여서라도 인(仁)을 이룬다는 뜻으로, 바른 일을 위해 자기를 희생한다는 말.

출전 | 논어(論語)-위령공(衛靈公)

*三顧草廬 (삼고초려)

㈜ 군신수어(君臣水魚)
수어지교(水魚之交)

석 三 돌아볼 顧 풀 草 오두막집 廬
초가집을 세 번 찾아간다는 뜻으로, 유비가 제갈공명을 군사로 맞아들이기 위하여 세 번 찾아간 데서 유래하였다.

출전 | 삼국지(三國志)-제갈량전(諸葛亮傳)

三馬太守
삼 마 태 수

석 三 말 馬 클 太 지킬 守
세 마리의 말만 거느린 태수라는 뜻으로, 조선 중종때 송흠이 행차때 겨우 말 세 필만 거느렸다고 하는 데서 나온 말.

三思一言
삼 사 일 언

석 三 생각 思 하나 一 말씀 言
세 번 생각하고 한 번 말하라는 뜻으로, 말조심하라는 말.

三旬九食
삼 순 구 식

㊌ 상루하습(上漏下濕)
부중생어(釜中生魚)

석 三 열흘 旬 아홉 九 밥 食
서른 날에 아홉 끼니를 먹는다는 뜻으로, 집안이 몹시 가난함을 이르는 말.

*三人成虎
삼 인 성 호

㊌ 삼인성시호(三人成市虎)
증삼살인(曾參殺人)

석 三 사람 人 이룰 成 범 虎
세 사람이 하는 똑같은 말이면 호랑이도 만든다는 뜻으로, 근거 없는 말도 여러 사람이 같은 말을 하면 사실로 된다는 말.

출전 | 전국책(戰國策)

三日天下
삼 일 천 하

㊌ 오일경조(五日京兆)
백일천하(百日天下)

석 三 날 日 하늘 天 아래 下
사흘 동안 천하를 얻는다는 뜻으로, 아주 짧은 기간 동안 정권을 잡았다가 무너짐을 가리킴.

三尺童子 (삼척동자)

석 三 자 尺 아이 童 아들 子
키가 석 자밖에 안 되는 아이라는 뜻으로, 철부지 어린아이를 일컫는 말.

출전 | 맹자(孟子)

三遷之敎 (삼천지교)

㊌ 맹모삼천(孟母三遷)
단기지교(斷機之敎)

석 三 옮길 遷 갈 之 가르칠 敎
세 번 이사하여 가르쳤다는 뜻으로, 맹자의 어머니가 아들의 교육을 위해 세 번 이사를 함을 말함.

傷弓之鳥 (상궁지조)

㊌ 징갱취제(懲羹吹虀)
경궁지조(驚弓之鳥)

상할 傷 활 弓 갈 之 새 鳥
화살에 상처 입은 새라는 뜻으로, 한 번 화살에 상처를 입은 새는 구부러진 나무만 보아도 놀란다는 말.

출전 | 전국책(戰國策)

相扶相助 (상부상조)

㊌ 상애상조(相愛相助)

서로 相 도울 扶 서로 相 도울 助
서로서로 돕는다는 뜻.

*桑田碧海 (상전벽해)

㊌ 창해상전(滄海桑田)
상해지변(桑海之變)

뽕나무 桑 밭 田 푸를 碧 바다 海
뽕나무 밭이 바다로 변한다는 뜻으로, 세상 일이 덧없이 변천함을 일컫는 말.

출전 | 갈홍(葛洪) 신선전(神仙傳)

上火下澤 (상화하택)

윗 上 불 火 아래 下 못 澤
위에는 불 아래는 물이라는 뜻으로, 물과 불처럼 서로 상극하여 이반(離反)하고 분열하는 현상을 말함.

塞翁之馬 (새옹지마)

⊕ 전화위복(轉禍爲福)
새옹마(塞翁馬)

변방 塞 늙은이 翁 갈 之 말 馬
변방 늙은이의 말이라는 뜻으로, 길흉화복이 시시각각으로 변화함을 가리킴.

출전 | 회남자(淮南子)-인간훈(人間訓)

先見之明 (선견지명)

⊕ 독견지명(獨見之明)

먼저 先 볼 見 갈 之 밝을 明
앞을 내다보는 안목이란 뜻으로 닥쳐올 일을 미리 아는 슬기로움을 말함.

*先公後私 (선공후사)

⊕ 지공무사(至公無私)

먼저 先 공평할 公 뒤 後 개인 私
공공의 일과 이익을 앞세우고 개인의 일과 이익은 나중으로 돌린다는 는 뜻.

*先憂後樂 (선우후락)

⊕ 선의후리(先義後利)

먼저 先 근심할 憂 뒤 後 즐길 樂
세상 근심은 남보다 먼저 걱정하고, 즐거움은 남보다 나중 기뻐한다라는 뜻으로, 군자의 마음가짐을 일컫는 말.

출전 | 고문진보(古文眞寶)

先則制人
선 즉 제 인

[유] 진승오광(陳勝吳廣)
선발제인(先發制人)

먼저 先 곧 卽 마를 制 사람 人

남을 앞질러 일을 하면 남을 누르게 된다는 뜻으로, 어떤 일에서나 남에게 선수를 빼앗겨서는 안 된다는 말. 출전 | 사기(史記)

雪膚花容
설 부 화 용

[유] 경국지색(傾國之色)

눈 雪 살갗 膚 꽃 花 얼굴 容

눈처럼 흰 살결과 꽃처럼 아름다운 얼굴이라는 뜻으로, 아름다운 여인의 용모를 형용하는 말.

*雪上加霜
설 상 가 상

[유] 설상가설(雪上加雪)
[반] 금상첨화(錦上添花)

눈 雪 위 上 더할 加 서리 霜

눈 위에 서리가 더해진다는 뜻으로, 어려운 일이나 상황이 거듭해서 발생함을 말함. 출전 | 전등록(傳燈錄)

*說往說來
설 왕 설 래

[유] 언왕설래(言往說來)
언거언래(言去言來)

말씀 說 갈 往 말씀 說 올 來

말이 가고 말이 온다라는 뜻으로, 옳고 그름을 따지느라고 서로 옥신각신함을 일컫는 말.

小鹽多酸
소 염 다 산

작을 小 소금 鹽 많을 多 초 酸

소금은 적게 먹고 산을 많이 먹으라는 뜻으로, 염분 섭취를 적게 하고 식초를 많이 먹어야 건강에 좋다는 말.

*小貪大失
소탐대실

[유] 이주탄작(以珠彈雀)
과유불급(過猶不及)

작을 小 탐할 貪 큰 大 잃을 失

작은 것을 탐내다가 오히려 큰 것을 잃는다는 뜻으로, 욕심을 부리지 말라는 말.

출전 | 여씨춘추(呂氏春秋)

*束手無策
속수무책

[약] 속수(束手)

묶을 束 손 手 없을 無 꾀 策

손이 묶여 대책이 없다는 뜻으로, 손이 묶인 것처럼 뾰족한 방법이나 대책이 없어서 꼼짝 못한다는 말.

送舊迎新
송구영신

[유] 송고영신(送故迎新)
송영(送迎)

보낼 送 예 舊 맞을 迎 새 新

옛 것을 보내고 새 것을 맞이한다는 뜻으로, 묵은 해를 보내고 새 해를 맞음. 또는 전임자를 보내고 신임자를 맞는다는 뜻.

*首丘初心
수구초심

[유] 호사수구(狐死首丘)
호마망북(胡馬望北)

머리 首 언덕 丘 처음 初 마음 心

여우가 죽을 때는 자기가 살던 언덕 쪽으로 머리를 향한다는 뜻으로, 고향을 그리는 마음을 비유한 말.

출전 | 예기(禮記)–단궁상편(檀弓上篇)

首尾一貫
수미일관

[유] 시종여일(始終如一)
종시일관(終始一貫)

머리 首 꼬리 尾 한 一 꿸 貫

처음과 끝이 한결같다는 뜻으로, 일 따위를 처음부터 끝까지 한결같이 한다는 말.

壽福康寧
수 복 강 녕

⊕ 만수무강(萬壽無疆)
　수산복해(壽山福海)

목숨 壽 복 福 편안 康 편안 寧

장수하고 행복하고 건강하고 평안하다는 뜻으로, 탈없이 오래도록 건강과 행복을 누리도록 기원함을 말함.

*手不釋卷
수 불 석 권

⊕ 수불폐권(手不廢卷)
　독서삼매(讀書三昧)

손 手 아닐 不 풀 釋 책 卷

책을 손에서 떼지 않는다는 뜻으로, 부지런히 학문에 힘쓴다는 의미. 즉 책을 늘 가까이 한다는 말.　　　　출전 | 오지(吳志)

漱石枕流
수 석 침 류

⊕ 침류수석(枕流漱石)
　아전인수(我田引水)

양치질 漱 돌 石 베개 枕 흐를 流

돌로 양치질하고, 흐르는 물을 베개 삼는다는 뜻으로, 잘못된 주장을 억지로 꿰어 맞추려는 행동을 일컫는 말.

출전 | 진서(晉書)-손초전(孫楚傳)

*袖手傍觀
수 수 방 관

⊕ 오불관언(吾不關焉)

소매 袖 손 手 곁 傍 볼 觀

팔짱을 끼고 그냥 보고만 있다라는 뜻으로, 간섭하거나 거들지 않고 그저 옆에서 보고 있기만 하는 것을 말함.

水魚之交
수 어 지 교

⊕ 유어지유수(猶魚之有水)
　관포지교(管鮑之交)

물 水 물고기 魚 갈 之 사귈 交

물과 물고기의 사귐이라는 뜻으로, 물고기가 물을 떠나서 살 수 없듯이 떨어질 수 없는 아주 가까운 사이를 가리킴.

출전 | 삼국지(三國志)

水滴穿石
수 적 천 석

㊌ 점적천석(點滴穿石)
우공이산(愚公移山)

물 水 방울 滴 뚫을 穿 돌 石
물방울이 돌을 뚫는다는 뜻으로, 아주 작은 물방울도 끊임없이 떨어지면 돌을 뚫는다는 말.

출전 | 송나라의 나대경(羅大經)의 학림옥로(鶴林玉露)

*守株待兎
수 주 대 토

㊌ 각주구검(刻舟求劍)
미생지신(尾生之信)

지킬 守 그루터기 株 기다릴 待 토끼 兎
그루터기를 지켜 토끼를 기다린다는 뜻으로, 융통성 없이 옛 관습만 따진다는 말.

출전 | 한비자(韓非子)-오두편(五蠹篇)

隨處作主
수 처 작 주

따를 隨 곳 處 만들 作 주인 主
머무르는 곳마다 주인이 되라는 뜻으로, 어느 곳에 있든지 주인된 마음으로 임하면 바로 그곳이 참된 자리가 된다는 말.

출전 | 임제록(臨濟錄)

宿虎衝鼻
숙 호 충 비

㊌ 숙호충본(宿虎衝本)
타초경사(打草驚蛇)

잘 宿 범 虎 찌를 衝 코 鼻
자는 범의 코를 찌른다는 뜻으로, 스스로 화를 불러들이는 일을 비유하여 일컫는 말.

출전 | 동언고략(東言考略)

*脣亡齒寒
순 망 치 한

㊌ 순치지국(脣齒之國)
거지양륜(車之兩輪)

입술 脣 잃을 亡 이 齒 찰 寒
입술을 잃으면 이가 시리다는 뜻으로, 가까운 사이의 한쪽이 망하면 다른 한쪽도 그 영향을 받아 온전치 못함을 말함.

출전 | 춘추좌씨전(春秋左氏傳)

是是非非 (시시비비)
㈜ 비리곡직(非理曲直)

이 是 이 是 아닐 非 아닐 非
옳은 것은 옳고 그른 것은 그르다는 뜻으로, 특정의 입장에 얽매이지 않고 사물의 옳고 그른 것을 판단한다는 말.

출전 | 순자(荀子)

始終如一 (시종여일)
㈜ 시종일관(始終一貫)
 수미일관(首尾一貫)

비로소 始 마칠 終 같을 如 한 一
처음과 끝이 한결같다는 뜻으로, 처음부터 끝까지 변하지 않고 한결같음을 가리키는 말.

*識字憂患 (식자우환)

알 識 글자 字 근심할 憂 근심 患
글자를 아는 것이 근심이라는 뜻으로, 문자를 배워 학문을 하게 되면 갖가지 노고와 근심을 부르게 된다는 말.

출전 | 삼국지(三國志)

*信賞必罰 (신상필벌)
㈜ 애석(愛惜幣袴)

믿을 信 상줄 賞 반드시 必 벌줄 罰
어김없이 상을 주고 꼭 벌을 준다는 뜻으로, 상과 벌을 공정하고 엄중히 하는 일을 일컫는다.

출전 | 후한서(後漢書)

*身言書判 (신언서판)

몸 身 말씀 言 글 書 판단할 判
신수와 말씨, 그리고 글씨와 판단력이라는 뜻으로, 당나라 시대에 관리를 뽑을 때 인물을 평가하던 네 가지 기준을 말함.

출전 | 당서(唐書)

心心相印 (심심상인)
㊌ 이심전심(以心傳心)
　　교외별전(敎外別傳)

마음 心 마음 心 서로 相 도장 印
마음과 마음이 서로 도장찍은 것 같다는 뜻으로, 묵묵한 가운데 마음과 마음이 서로 통함을 뜻함.

*十伐之木 (십벌지목)
㊌ 마부위침(磨斧爲針)
　　마부작침(磨斧作針)

열 十 칠 伐 갈 之 나무 木
열 번 찍어 안 넘어가는 나무 없다라는 뜻으로, 무슨 일이든지 꾸준히 노력하면 성공하게 된다는 말.

*十匙一飯 (십시일반)
㊌ 고장난명(孤掌難鳴)

열 十 숟가락 匙 한 一 밥 飯
열 사람이 한 술씩만 보태어도 한 사람이 먹을 밥은 된다는 뜻으로, 여러 사람이 힘을 합하면 한 사람쯤은 구제하기 쉬움을 말함.

十中八九 (십중팔구)
㊌ 십상팔구(十常八九)

열 十 가운데 中 여덟 八 아홉 九
열 중 여덟이나 아홉이라는 뜻으로, 거의 예외없이 그러할 것이라는 추측을 말함.

雙鯉魚出 (쌍리어출)

두 雙 잉어 鯉 물고기 魚 날 出
잉어 두 마리가 잡힌다는 뜻으로, 후한의 강시와 진의 왕상은 겨울에 어머니에게 드릴 잉어를 구할 때 효심이 매우 두터웠기 때문에 얼음 속에서 두 마리의 잉어가 뛰어 나왔다 함.

阿鼻叫喚
아 비 규 환

㊤ 아비지옥(阿鼻地獄)
규환지옥(叫喚地獄)

언덕 阿 코 鼻 울부짖을 叫 부를 喚

아비지옥과 규환지옥이라는 뜻으로, 고통 속에서 헤어나려 울부짖고 괴로워하는 상황을 말함.

출전 | 법화경(法華經)

阿修羅場
아 수 라 장

阿修羅(아수라):추악하다

언덕 阿 닦을 修 비단 羅 마당 場

아수라가 제석천(帝釋天)을 상대로 싸우는 곳이라는 뜻으로, 모진 싸움으로 처참하게 된 곳이라는 말.

*我田引水
아 전 인 수

㊤ 견강부회(牽强附會)
㊥ 역지사지(易地思之)

나 我 밭 田 당길 引 물 水

나의 밭에 물을 끌어댄다는 뜻으로, 자기에게 이로울 대로만 일을 굽혀서 말하거나 행동함을 가리키는 말.

*安貧樂道
안 빈 낙 도

㊤ 안분지족(安分知足)
청빈낙도(淸貧樂道)

편안할 安 가난할 貧 즐길 樂 길 道

가난을 편히 여겨 도를 즐긴다는 뜻으로, 가난한 생활을 불편하게 여기지 않고 즐기는 마음으로 살아간다는 말.

雁書
안 서

㊤ 안찰(雁札)

기러기 雁 글 書

철따라 이동하는 기러기가 먼곳에 소식을 전한다는 뜻으로, 편지를 일컫는 말.

출전 | 한서(漢書)-소무전(蘇武傳)

*眼下無人
안 하 무 인
㊊ 안중무인(眼中無人)
오안불손(傲岸不遜)

눈 眼 아래 下 없을 無 사람 人
눈 아래에 사람이 없다는 뜻으로, 방자하고 교만하여 다른 사람을 업신여긴다는 뜻.
출전 | 역경(易經)

*暗中摸索
암 중 모 색
㊊ 암중모착(暗中摸捉)
암색(暗索)

어두울 暗 가운데 中 본뜰 摸 찾을 索
어둠 속에서 더듬어 찾다라는 뜻으로, 물건을 어둠속에서 더듬어 찾음. 어림짐작으로 무엇을 찾아내려 한다는 말.
출전 | 수당가화(隋唐佳話)

*哀而不悲
애 이 불 비
㊊ 애이불상(哀而不傷)

슬플 哀 말 이을 而 아니 不 슬플 悲
슬프기는 하지만 겉으로 슬픔을 나타내지 않는다는 뜻으로, 슬픔을 드러내지 않는다는 말.

愛人如己
애 인 여 기
㊊ 애린여기(愛隣如己)

사랑 愛 사람 人 같을 如 몸 己
남을 사랑하기를 제 몸같이 한다는 뜻으로, 남을 자기 몸처럼 사랑한다는 말.

愛之重之
애 지 중 지
㊊ 부육(傅育)

사랑 愛 갈 之 무거울 重 갈 之
매우 사랑하고 소중히 여긴다는 뜻으로, 어떤 사람이나 물건을 무척 아끼고 소중히 여긴다는 말.

野壇法席 야단법석

법석(法席): 불법(佛法)을 펴는 자리

들 野 단 壇 법 法 자리 席
불교에서 야외에서 베푸는 강좌라는 뜻으로, 부처님의 설법을 듣고자 온 사람들이 매우 많아 북적거린다는 말.

藥房甘草 약방감초

㈜ 무불간섭(無不干涉)

약 藥 방 房 달 甘 풀 草
한방에 꼭 들어가는 약재인 감초라는 뜻으로, 어떤 일에나 빠짐없이 끼어드는 사람. 또는 그 사물을 일컫는 말.

良禽擇木 양금택목

㈜ 양금상목서(良禽相木棲)

어질량 良 새 禽 가릴 擇 나무 木
현명한 새는 좋은 나무를 가려서 둥지를 친다는 뜻으로, 현명한 사람은 훌륭한 사람을 가려서 섬길 줄 앎을 비유한 말.

출전 | 춘추좌씨전(春秋左氏傳)

*羊頭狗肉 양두구육

㈜ 표리부동(表裏不同)
양질호피(羊質虎皮)

양 羊 머리 頭 개 狗 고기 肉
양의 머리를 내걸고 개고기를 판다는 뜻으로, 양겉과 속이 일치하지 않거나, 겉은 훌륭하게 보이나 속은 변변치 않음을 말함.

출전 | 안자춘추(晏子春秋)

*梁上君子 양상군자

㈜ 녹림호걸(綠林豪傑)
무본대상(無本大商)

들보 梁 위 上 임금 君 아들 子
대들보 위의 군자라는 뜻으로, 도둑을 빗대어 일컫거나 천정의 쥐를 재미있게 표현한 말.

출전 | 후한서(後漢書)

魚頭肉尾
어 두 육 미

⊕ 어두봉미(魚頭鳳尾)
　어두일미(魚頭一味)

물고기 魚 머리 頭 고기 肉 꼬리 尾
물고기 머리와 짐승고기 꼬리라는 뜻으로, 물고기는 머리 쪽이 맛있고 짐승의 고기는 꼬리 쪽이 맛있다는 뜻.

*漁夫之利
어 부 지 리

⊕ 어인지공(漁人之功)
　방휼지세(蚌鷸之勢)

고기잡을 漁 사내 夫 갈 之 이익 利
어부의 이익이라는 뜻으로, 둘이 다투고 있는 사이에 엉뚱한 사람이(어부가) 애쓰지 않고 이익을 얻게 된다는 말.

출전 | 전국책(戰國策)

語不成說
어 불 성 설

⊕ 만불성설(萬不成說)
　언어도단(言語道斷)

말씀 語 아닐 不 이룰 成 말 說
말이 안 된다는 뜻으로, 하는 말이 조금도 사리에 맞지 아니한다는 말.

於異阿異
어 이 아 이

갈 於 다를 異 언덕 阿 다를 異
'어' 다르고 '아' 다르다는 뜻으로, 말을 하더라도 어떻게 표현하는가에 따라 상대가 받아들이는 기분이 다를 수 있다는 말.

출전 | 동언해(東言解)

億兆蒼生
억 조 창 생

⊕ 억만창생(億萬蒼生)
　만호중생(萬戶衆生)

억 億 일조 兆 푸를 蒼 날 生
수많은 백성이라는 뜻으로, 수많은 세상 사람들을 가리킴.

言中有骨
언 중 유 골

㊤ 언중유향(言中有響)
　 언중유언(言中有言)

말씀 言 가운데 中 있을 有 뼈 骨
말 속에 뼈가 있다는 뜻으로, 평범한 말 속에 비범한 뜻이 담겨 있다는 말.

與民同樂
여 민 동 락

㊤ 여민해락(與民偕樂)

더불 與 백성 民 같을 同 즐거울 樂
백성과 더불어 즐거움을 같이한다는 뜻으로, 백성과 동고동락하는 임금의 자세를 말함.

출전 | 맹자(孟子)

*易地思之
역 지 사 지

㊤ 아전인수(我田引水)
㊥ 타산지석(他山之石)

바꿀 易 땅 地 생각 思 갈 之
처지를 바꾸어 생각하라는 뜻으로, 자신의 생각이나 판단에 앞서 상대의 입장을 염두에 두라는 뜻.

*緣木求魚
연 목 구 어

㊤ 지천석어(指天射魚)
　 사어지천(射魚指天)

말미암을 緣 나무 木 구할 求 물고기 魚
나무에 올라가 물고기를 구한다는 뜻으로, 불가능한 일을 하려 함. 또는 잘못된 방법으로 일을 꾀한다는 말.

출전 | 맹자(孟子)-양혜왕(梁惠王)

煙霞痼疾
연 하 고 질

㊤ 연하지벽(煙霞之癖)
　 천석고황(泉石膏肓)

연기 煙 놀 霞 고질 痼 병 疾
자연의 아름다운 경치를 몹시 사랑하고 즐기는 마음이 강하다는 뜻으로, 마치 고치지 못할 병이 든 것 같음을 비유한 말.

출전 | 당서(唐書)

기본 고사성어·숙어 – 1단계 | **67**

*炎凉世態
염 량 세 태
㊤ 감탄고토(甘呑苦吐)
부염기한(附炎棄寒)

불탈 炎 서늘할 凉 세상 世 모양 態
뜨거웠다가 차가워지는 세태라는 뜻으로, 권세가 있을 때는 아부하고, 몰락하면 푸대접하는 세상 인심을 일컫는 말.

拈華微笑
염 화 미 소
㊤ 염화시중(拈華示衆)
이심전심(以心傳心)

집을 拈 꽃 華 작을 微 웃을 笑
연꽃을 들어 미소 짓는다는 뜻으로, 말로 하지 않고 마음에서 마음으로 전하는 일을 뜻하는 말. **출전** | 전등록(傳燈錄)

*拈華示衆
염 화 시 중
㊤ 염화미소(拈華微笑)
이심전심(以心傳心)

집을 拈 빛날 華 보일 示 무리 衆
꽃을 따서 무리에게 보인다는 뜻으로, 말로 통하지 않고 마음에서 마음으로 전하는 일을 말함.
출전 | 대범천왕문불결의경(大梵天王問佛決疑經)

榮枯盛衰
영 고 성 쇠
㊤ 흥망성쇠(興亡盛衰)

영화 榮 마를 枯 성할 盛 쇠할 衰
영화롭고 쇠하며, 융성하고 쇠락하다는 뜻으로, 성함과 쇠함이 무상하여 일정하지 않음과 같이 성함과 쇠함이 서로 뒤바뀌면서 세상의 변화가 무상함을 일컬음.

禮儀相先
예 의 상 선
㊤ 예의염치(禮義廉恥)

예도 禮 거동 儀 서로 相 먼저 先
예의를 서로 먼저 지키려고 한다는 뜻으로, 스승과 학생 사이엔 마땅히 예의를 앞세워야 한다는 말.

五里霧中
오 리 무 중
⊕ 오리무(五里霧)

다섯 五 단위 里 안개 霧 가운데 中
사방 오 리에 걸친 깊은 안개 속이라는 뜻으로, 사물의 행방이나 사태의 추이가 어디에 있는지 찾을 길이 없음을 일컫는 말.

출전 | 후한서(後漢書)-장해전(張楷傳)

五餠二魚
오 병 이 어

다섯 五 떡 餠 두 二 고기 魚
떡 5개와 물고기 2마리라는 뜻으로, 예수가 떡 5개와 물고기 2마리로 5천 명을 먹였다는 기적적인 사건을 가리킴.

*吾不關焉
오 불 관 언
⊕ 마이동풍(馬耳東風)
   수수방관(袖手傍觀)

나 吾 아니 不 빗장 關 어찌 焉
나는 그 일에 상관하지 않는다는 뜻으로, 어떤 일에도 상관하지 아니함을 말함.

吾鼻三尺
오 비 삼 척
⊕ 오비체수삼척(吾鼻涕垂三尺)

나 吾 코 鼻 석 三 자 尺
내 코가 석 자다라는 뜻으로, 내 일도 힘들어 타인을 돌볼 여유가 없다는 말.

출전 | 순오지(旬五志)

烏飛梨落
오 비 이 락

까마귀 烏 날 飛 배 梨 떨어질 落
까마귀 날자 배 떨어진다는 뜻으로, 공교롭게 우연의 일치로 어떤 일이 일어나 의심을 받게 됨을 말함.

출전 | 순오지(旬五志)

기본 고사성어 · 숙어 – 1단계 | 69

*傲霜孤節 오상고절
🔵 세한고절(歲寒孤節)

거만할 傲 서리 霜 외로울 孤 마디 節
서릿발이 심한 속에서도 굴하지 아니하고 외로이 지키는 절개라는 뜻으로, '국화'를 비유적으로 이르는 말.

五十步百步 오십보백보
🔵 대동소이(大同小異)
오십소백(五十笑百)

다섯 五 열 十 걸음 步 일백 百 걸음 步
오십 걸음과 백 걸음이라는 뜻으로, 오십 보나 백보나 비슷한 처지에서 남을 비웃는다는 말.   출전 | 맹자(孟子)-양혜왕편(梁惠王篇)

*吳越同舟 오월동주
🔵 동주상구(同舟相救)
동주제강(同舟濟江)

오나라 吳 월나라 越 한가지 同 배 舟
적대 관계에 있는 오나라 사람과 월나라 사람이 같은 배를 타고 있다는 뜻으로, 서로 적이지만 일시적으로 협력함을 가리킴.   출전 | 손자(孫子)-구지편(九地篇)

*溫故知新 온고지신
🔵 기문지학(記問之學)
구이지학(口耳之學)

따뜻할 溫 예 故 알 知 새 新
옛 것을 익히고 새 것을 안다는 뜻으로, 옛 지식을 통해 현재에도 적용할 수 있는 새 지혜를 얻는다는 말.   출전 | 논어(論語)-위정편(爲政篇)

溫柔敦厚 온유돈후
🔵 온후독실(溫厚篤實)

따뜻할 溫 부드러울 柔 도타울 敦 두터울 厚
온화하고 부드럽고 돈독하고 두텁다는 뜻으로, 마음이 따뜻하고 인정이 많다는 말.   출전 | 예기(禮記)

臥薪嘗膽
와 신 상 담

[유] 회계지치(會稽之恥)
[반] 불념구악(不念舊惡)

누울 臥 땔나무 薪 맛볼 嘗 쓸개 膽

섶에 누워 잠을 자고 쓸개를 맛본다는 뜻으로, 어떤 목적을 이루거나 원수를 갚기 위해 괴로움을 참고 견딘다는 말.

출전 | 사기(史記)

完璧
완 벽

[유] 화씨지벽(和氏之璧)
완벽귀조(完璧歸趙)

완전 完 둥근옥 璧

흠이 없는 구슬이라는 뜻으로, 결점없이 훌륭함, 빌려온 물건을 온전히 돌려보냄을 가리킴.

출전 | 사기(史記)－상여전(相如傳)

王兄佛兄
왕 형 불 형

임금 王 맏 兄 부처 佛 맏 兄

살아서는 왕의 형이 되고 죽어서는 부처의 형이 된다는 뜻으로, 부러운 것이 없고 거리낌이 없음을 가리킴.

外柔內剛
외 유 내 강

[유] 내강외유(內剛外柔)
[반] 외강내유(外剛內柔)

바깥 外 부드러울 柔 안 內 굳셀 剛

겉은 부드러우나 속은 곧고 굳다는 뜻으로, 겉으로는 부드럽고 순해 보이나 속마음은 단단하고 굳세다는 말.

출전 | 역경(易經)

外華內貧
외 화 내 빈

바깥 外 빛날 華 안 內 가난 貧

겉은 화려하나 속은 빈약하다는 뜻으로, 겉모양이나 차림새만 화려하고 그 실체는 보잘 것 없고 빈약하다는 말.

樂山樂水
요 산 요 수

㊤ 지자요수(知者樂水)
　 인자요산(仁者樂山)

좋아할 樂 메 山 좋아할 樂 물 水
산을 좋아하고 물을 좋아한다는 뜻으로, 산수(山水 : 자연)를 좋아함을 말함.

출전 | 논어(論語)

*搖之不動
요 지 부 동

흔들 搖 갈 之 아닐 不 움직일 動
흔들어도 움직이지 않는다는 뜻으로, 아무리 힘이나 노력을 가하더라도 조금도 움직이거나 변하지 않음을 가리킴.

欲速不達
욕 속 부 달

㊤ 욕교반졸(欲巧反拙)

하고자할 欲 빠를 速 아닐 不 이를 達
빨리 하고자 하면 도달하지 못한다는 뜻으로, 너무 급하게 서두르다 보면 오히려 일을 그르치게 된다는 말.

출전 | 논어(論語)-자로편

龍頭蛇尾
용 두 사 미

㊤ 유두무미(有頭無尾)
㊥ 시종일관(始終一貫)

용 龍 머리 頭 뱀 蛇 꼬리 尾
머리는 용이고 꼬리는 뱀이라는 뜻으로, 처음은 좋으나 끝이 좋지 않음을 가리키는 말.

출전 | 전등록(傳燈錄)

用意周到
용 의 주 도

㊤ 주도면밀(周到綿密)

쓸 用 뜻 意 두루 周 이를 到
마음을 쓰는 것이 두루 미친다는 뜻으로, 마음의 준비가 두루 빈틈이 없음을 가리키는 말.

龍虎相搏 용호상박

㈜ 용양호박(龍攘虎搏)
양웅상쟁(兩雄相爭)

용龍 범虎 서로相 칠搏
용과 범이 서로 싸운다는 뜻으로, 역량과 세력이 비슷한 두 강자가 서로 어울려 싸움의 비유이다.

愚公移山 우공이산

㈜ 철저성침(鐵杵成針)
마부작침(磨斧作鍼)

어리석을愚 어른公 옮길移 메山
우공이 산을 옮긴다는 뜻으로, 노력하면 어떤 어려운 일도 이룰 수 있다는 말.

출전 | 열자(列子)-탕문편(湯問篇)

愚問愚答 우문우답

㈙ 우문현답(愚問賢答)

어리석을愚 물을問 어리석을愚 대답할答
어리석은 질문에 어리석은 대답이라는 뜻으로, 우문은 자기의 질문을 겸손하게 가리키는 말로도 씀.

迂餘曲折 우여곡절

㈜ 다사다난(多事多難)

멀迂 남을餘 굽을曲 꺾을折
멀리까지 굽고 꺾였다는 뜻으로, 여러 가지로 뒤얽힌 복잡한 사정이나 변화를 말함.

출전 | 유숭원(柳崇元)-문(文)

牛耳讀經 우이독경

㈜ 마이동풍(馬耳東風)
우이송경(牛耳誦經)

소牛 귀耳 읽을讀 경서經
쇠귀에 경 읽기라는 뜻으로, 아무리 가르치고 일러 주어도 알아듣지 못함의 비유하는 말.

출전 | 동언해(東言解)

雲泥之差
운 니 지 차

[유] 천양지차(天壤之差)
소양지간(霄壤之間)

구름 雲 진흙 泥 갈 之 어긋날 差

구름(하늘)과 진흙(땅)의 차이라는 뜻으로, 서로가 매우 동떨어져 있음의 비유하는 말.

출전 | 후한서(後漢書)

月下氷人
월 하 빙 인

[유] 월하노인(月下老人)
중매인(中媒人)

달 月 아래 下 얼음 氷 사람 人

달 아래 늙은이와 얼음 밑에 있는 사람이라는 뜻으로, 월하로(月下老)와 빙상인(氷上人)이 합쳐진 말로 중매인(中媒人)을 가리킴.

출전 | 속유괴록(續幽怪錄)

衛正斥邪
위 정 척 사

[유] 파사현정(破邪顯正)

지킬 衛 바를 正 자를 斥 간사할 邪

바른 것은 보호하고 간사한 것은 내친다는 뜻으로, 조선 후기에 유교적인 질서를 보존하고 외국 세력을 배척한 운동을 말함.

*韋編三絶
위 편 삼 절

[유] 삼절(三絶)

가죽 韋 엮을 編 석 三 끊을 絶

죽으로 맨 책의 끈이 세 번이나 닳아 끊어지다는 뜻으로, 독서에 힘씀을 이르는 말.

출전 | 사기(史記)

*有口無言
유 구 무 언

있을 有 입 口 없을 無 말씀 言

입은 있으나 말이 없다는 뜻으로, 변명할 말이 없다는 의미의 말.

有名無實 (유명무실)

있을 有 이름 名 없을 無 열매 實
소문난 잔치에 먹을 것 없다는 뜻으로, 명성은 높은데 실속은 없다는 말.

출전 | 한서(漢書)

⊕ 명존무실(名存無實)
허명무실(虛名無實)

*有備無患 (유비무환)

있을 有 갖출 備 없을 無 근심 患
미리 준비가 되어 있으면 근심할 것이 없다는 뜻으로, 모든 것은 갖춘 것이 있어야만 근심이 없게 된다는 말.

출전 | 서경(書經)-열명(說命)

⊕ 거안사위(居安思危)
⊖ 사후약방문(死後藥方文)

*唯一無二 (유일무이)

오직 唯 한 一 없을 無 두 二
오직 하나요 둘도 없다는 뜻으로, '유일(唯一)하다'의 강조어.

*隱忍自重 (은인자중)

숨을 隱 참을 忍 스스로 自 무거울 重
밖으로 드러내지 않고 참으면서 몸가짐을 신중히 한다는 뜻으로, 마음속으로 참으면서 몸가짐을 신중히 한다는 말.

⊖ 경거망동(輕擧妄動)

陰德陽報 (음덕양보)

그늘 陰 큰 德 볕 陽 갚을 報
남모르게 행한 덕은 드러나게 보답받는다는 뜻으로, 남모르게 덕을 쌓으면 보답을 받는다는 말.

출전 | 회남자(淮南子)

⊕ 적선여경(積善餘慶)

*吟風弄月
음 풍 농 월

[유] 음풍영월(吟風咏月)
풍월(風月)

읊을 吟 바람 風 희롱할 弄 달 月

바람을 읊조리며 달을 가지고 논다라는 뜻으로, 맑은 바람과 밝은 달에 대하여 시를 짓고 즐겁게 논다는 말. 출전 | 송사(宋史)

泣兒授乳
읍 아 수 유

울 泣 아이 兒 줄 授 젖 乳

우는 아이에게 젖을 준다는 뜻으로, 무엇이든 자기가 요구해야 얻을 수 있다는 뜻.

泣斬馬謖
읍 참 마 속

[유] 일벌백계(一罰百戒)

울 泣 벨 斬 말 馬 일어날 謖

울면서 마속의 목을 벤다는 뜻으로, 군율을 세우기 위해서는 사랑하고 아끼는 사람도 버린다는 말. 출전 | 십팔사략(十八史略)

意氣銷沈
의 기 소 침

[유] 의기저상(意氣沮喪)
[반] 의기양양(意氣揚揚)

뜻 意 기운 氣 녹일 銷 잠길 沈

의기가 쇠하여 사그라진다는 뜻으로, 의지와 용기가 쇠퇴하여 풀이 죽은 상황. 즉 기운이 쇠하여 활기가 없다는 말.

意氣揚揚
의 기 양 양

[유] 지고기양(趾高氣揚)
[반] 의기소침(意氣銷沈)

뜻 意 기운 氣 날릴 揚 날릴 揚

뜻한 바를 이루어 만족한 마음이 얼굴에 나타난 모양이라는 뜻으로, 자랑스럽게 행동하는 것을 뜻하는 말. 출전 | 사기(史記)

異口同聲 (이구동성)

다를 異 입 口 한 가지 同 소리 聲

입은 다르나 목소리는 같다는 뜻으로, 여러 사람이 같은 의견 또는 같은 입장을 표명한다는 말. 출전 | 송서(宋書)

㈜ 여출일구(如出一口)
이구동음(異口同音)

以德服人 (이덕복인)

써 以 큰 德 옷 服 사람 人

덕으로써 사람을 복종시킨다는 뜻으로, 무력이 아니라 사람된 도리로 상대방이 자신을 따르게 한다는 말.

以文會友 (이문회우)

써 以 글월 文 모일 會 벗 友

학문으로써 친구를 모은다는 뜻으로, 학문을 매개로 서로가 공유할 수 있는 진정한 벗을 만들고 관계를 이어가야 한다는 뜻. 출전 | 논어(論語)

以心傳心 (이심전심)

써 以 마음 心 전할 傳 마음 心

불도, 즉 부처의 마음이 제자인 가섭의 마음에 전해진다는 뜻으로, 마음에서 마음으로 전한다는 말. 출전 | 전등록(傳燈錄)

㈜ 심심상인(心心相印)
염화미소(拈華微笑)

以熱治熱 (이열치열)

써 以 더울 熱 다스릴 治 더울 熱

열로써 열을 다스린다는 뜻으로, 어떤 작용에 대하여 그것과 같은 수단으로 대응한다는 것을 비유한 말.

기본 고사성어·숙어 – 1단계 | **77**

李下不整冠
이 하 부 정 관

참 과전불납리(瓜田不納履)
과전이하(瓜田李下)

오얏 李 아래 下 아닐 不 정돈할 整 갓 冠

오얏 나무 밑에서 손을 들어 갓을 고치지 않는다는 뜻으로, 남에게 의심받을 짓은 삼가라는 말.

출전 | 문선(文選)

離合集散
이 합 집 산

유 합종연횡(合從連行)

떠날 離 합할 合 모을 集 흩어질 散

헤어졌다가 모였다가 하는 일이라는 뜻으로, 집단이나 개인의 이익에 따라 뭉치고 흩어짐을 뜻하는 말.

利害得失
이 해 득 실

참 이해타산(利害打算)

이로울 利 해로울 害 얻을 得 잃을 失

이로움과 해로움 및 얻음과 잃음이라는 뜻으로, 이득과 손해가 있음을 따진다는 말.

益者三友
익 자 삼 우

유 삼익우(三益友)
반 손자삼우(損者三友)

이익 益 사람 者 셋 三 벗 友

이로운 세 가지 친구라는 뜻으로, 정직한 사람, 도리를 지키는 사람, 학식이 많은 사람의 세 종류의 친구를 가리키는 말.

출전 | 논어(論語)

*因果應報
인 과 응 보

유 인과보응(因果報應)
자업자득(自業自得)

인할 因 실과 果 응할 應 갚을 報

원인과 결과라는 뜻으로, 좋은 원인에 좋은 결과가 나오고 나쁜 원인에 나쁜 결과가 나오듯, 반드시 그것에 상응하는 과보가 있다는 불교 용어.

출전 | 자은전(慈恩傳)

人之常情
인 지 상 정

사람 人 갈 之 떳떳할 常 뜻 情

사람의 보통 인정이라는 뜻으로, 사람이면 누구나 가지는 보통 마음이나 생각의 의미를 가리킴.

一刻千金
일 각 천 금

*일각(一刻):15분

한 一 새길 刻 일천 千 쇠 金

극히 짧은 시각도 그 귀중하고 아깝기가 천금과 같다는 뜻으로, 즐겁고 중요한 때가 금방 지나감을 아쉬워하는 말.

출전 | 소식(蘇軾)–시(詩)

*一擧兩得
일 거 양 득

[유] 일거양획(一擧兩獲)
[반] 일거양실(一擧兩失)

하나 一 들 擧 두 兩 얻을 得

하나를 노려서 두 개를 얻는다는 뜻으로, 한 가지 일로 두 가지 이득을 본다는 말.

출전 | 춘추후어(春秋後語)

一網打盡
일 망 타 진

[유] 망타(網打)

한 一 그물 網 칠 打 다할 盡

한 번의 그물질로 모든 것을 잡는다는 뜻으로, 범죄자나 어떤 무리를 한꺼번에 모조리 잡는다는 뜻.

출전 | 송사(宋史)–인종기(仁宗紀)

*一罰百戒
일 벌 백 계

[유] 징일여백(懲一勵百)
읍참마속(泣斬馬謖)

한 一 벌할 罰 일백 百 경계할 戒

한 사람을 벌주어 백 사람을 경계한다는 뜻으로, 다른 이에게 경각심을 불러일으키기 위하여 본보기로 중한 처벌을 내림.

一石二鳥
일 석 이 조

[유] 일거양득(一擧兩得)
일전쌍조(一箭雙鵰)

한 一 돌 石 두 二 새 鳥

한 개의 돌로 두 마리새를 잡는다는 뜻으로, 한 가지 일로 두 가지 이득을 얻는다는 말.

*一魚濁水
일 어 탁 수

[유] 일개어 혼전천(一箇魚 渾全川)

한 一 물고기 魚 흐릴 濁 물 水

한 마리의 물고기가 온물을 흐리게 한다라는 뜻으로, 한 사람의 잘못으로 여러 사람이 그 해를 입게 됨을 일컫는 말.

출전 | 순오지(旬五志)

一字無識
일 자 무 식

[유] 목불식정(目不識丁)
어로불변(魚魯不辨)

한 一 글자 字 없을 無 알 識

한 글자도 읽을 수 없을 정도로 아는 것이 없음. 또는 그런 사람을 가리키는 말.

*一進一退
일 진 일 퇴

한 一 나아갈 進 한 一 물러날 退

한 번 나아가고 한 번 물러섬의 뜻으로 상대와 경쟁을 벌이는 과정에서 전진과 후퇴를 반복한다는 말.

출전 | 순자(荀子)

*一觸卽發
일 촉 즉 발

[유] 누란지세(累卵之勢)
백척간두(百尺竿頭)

한 一 닿을 觸 곧 卽 펼 發

한 번 스치기만 하여도 곧 폭발한다는 뜻으로, 조그만 일로도 계기가 되어 크게 벌어질 수 있는 절박한 상황을 말함.

一寸光陰
일 촌 광 음

한 一 마디 寸 빛 光 그늘 陰

한 마디밖에 안 되는 시간이라는 뜻으로, 아주 짧은 시간을 가리키는 말.

출전 | 주자(朱子)

㈜ 광음여시(光陰如矢)
광음여유수(光陰如流水)

日就月將
일 취 월 장

날 日 나아갈 就 달 月 장차 將

날마다 달마다 성장하고 발전한다는 뜻으로, 학업이 날이 가고 달이 갈수록 진보, 발전함을 일컫는 말.

출전 | 시경(詩經)

㈜ 일장월취(日將月就)
괄목상대(刮目相對)

*一片丹心
일 편 단 심

한 一 조각 片 붉을 丹 마음 心

한 조각의 붉은 마음이라는 뜻으로, 변하지 않는 참된 마음을 의미하는 말.

㈜ 충성심(忠誠心)
정성(精誠)

*一喜一悲
일 희 일 비

한 一 기쁠 喜 한 一 슬플 悲

한편으로는 기뻐하고 또 한편으로는 슬퍼한다는 뜻으로, 기쁨과 근심이 번갈아 일어난다는 뜻.

㈜ 일비일희(一悲一喜)
일희일우(一喜一憂)

立身揚名
입(립) 신 양 명

설 립 立 몸 身 날릴 揚 이름 名

몸을 세상에 세우고 이름을 날린다는 뜻으로, 출세하여 세상에 명성을 떨친다는 말.

㈜ 입신출세(立身出世)
등용문(登龍門)

*立錐之地 (입추지지)

유 탄환지지(彈丸之地)
치추지지(置錐之地)

설 立 송곳 錐 갈 之 땅 地

송곳 하나 꽂을 만한 땅이라는 뜻으로, 매우 좁아 조금의 여유도 없음. 또는 매우 좁은 땅이라는 말.

출전 | 사기(史記)

自家撞着 (자가당착)

유 모순당착(矛盾撞着)
이율배반(二律背反)

스스로 自 집 家 칠 撞 붙을 着

자신이 친 것이 그대로 자신에게 붙는다는 뜻으로, 같은 사람의 언행이 앞뒤가 맞지 않아 전후가 모순됨을 말함.

출전 | 선림유취(禪林類聚)

*自强不息 (자강불식)

유 발분망식(發憤忘食)
자강불식(自彊不息)

스스로 自 굳셀 強 아닐 不 쉴 息

스스로 힘쓰며 쉬지 아니한다는 뜻으로, 스스로 쉬지 않고 끊임없이 노력함을 말함.

출전 | 역경(易經)

自過不知 (자과부지)

스스로 自 지나갈 過 아닐 不 알 知

자기의 잘못을 자기가 알지 못한다는 뜻으로, 사람은 대개 자신의 과실을 스스로 깨닫지 못한다는 말.

출전 | 맹자(孟子)

自欺欺人 (자기기인)

자기 自 속일 欺 속일 欺 사람 人

자신을 속이고 남을 속인다는 뜻으로, 자신도 믿지 않는 말이나 행동으로 남까지 속이는 행동이나 망언을 가리키는 말.

출전 | 주자어류(朱子語類)

*自繩自縛
자승자박

[유] 자가당착(自家撞着)

자기 自 줄 繩 자기 自 묶을 縛

자기가 꼰 새끼로 자기를 묶는다는 뜻으로, 스스로의 언행 때문에 자신이 얽매이게 된다는 말.

출전 | 후한서(後漢書)

子子孫孫
자자손손

[유] 자손만대(子孫萬代)
대대손손(代代孫孫)

아들 子 아들 子 손자 孫 손자 孫

자손의 여러 대라는 뜻으로, 후세에까지 대를 이어 줄곧 이어진다는 말.

출전 | 서경(書經)

作心三日
작심삼일

[유] 조령석개(朝令夕改)
조령모개(朝令暮改)

지을 作 마음 心 석 三 날 日

품은 마음이 삼 일을 못 간다는 뜻으로, 결심이 굳지 못함을 일컫는 말.

출전 | 맹자(孟子)

長幼有序
장유유서

[유] 오륜(五倫)

어른 長 어릴 幼 있을 有 차례 序

어른과 어린이는 차례가 있다는 뜻으로, 연장자와 연소자 사이에는 지켜야 할 차례가 있음을 이르는 오륜(五倫)의 하나.

*賊反荷杖
적반하장

[유] 주객전도(主客顚倒)
객반위주(客反爲主)

도둑 賊 도리어 反 멜 荷 지팡이 杖

도적이 도리어 몽둥이를 든다는 뜻으로, 잘못한 사람이 오히려 큰소리를 치며 잘한 사람을 탓하는 형세를 나타내는 말.

출전 | 순오지(旬五志)

*赤手空拳
적 수 공 권

유 도수공권(徒手空拳)
척수공권(隻手空拳)

붉을 赤 손 手 빌 空 주먹 拳
맨손과 맨주먹이라는 뜻으로, 자신의 힘 이외 아무것도 가진 것이 없음을 일컫는 말.

*電光石火
전 광 석 화

유 전광조로(電光朝露)

번개 電 빛 光 돌 石 불 火
번개와 부싯돌의 불꽃이라는 뜻으로, 번갯불이나 부싯돌의 불이 번쩍이는 것처럼 몹시 짧은 시간을 비유하는 말.

출전 | 회남자(淮南子)

前途有望
전 도 유 망

유 전도유위(前途有爲)

앞 前 길 途 있을 有 바랄 望
앞길에 희망이 있다는 뜻으로, 장래가 촉망되는 사람이나 장래가 유망함을 뜻하는 말.

*前人未踏
전 인 미 답

유 전인미도(前人未到)
파천황(破天荒)

앞 前 사람 人 아닐 未 밟을 踏
이제까지 아무도 가보지 않음이라는 뜻으로, 아무도 해보지 않은 새 분야를 가리키는 말.

*戰戰兢兢
전 전 긍 긍

반 포호빙하(暴虎憑河)
유 소심익익(小心翼翼)

떨 戰 떨 戰 조심할 兢 조심할 兢
겁먹고 떠는 모양과 몸을 조심하는 모양을 나타내는 뜻으로, 위기에 닥쳐 몹시 두려워하는 모습.

출전 | 시경(詩經)-소아(小雅)

*輾轉反側 (전전반측)

돌 輾 구를 轉 돌이킬 反 곁 側

누워서 이리저리 뒤척거린다는 뜻으로, 걱정 때문에 몸을 이리저리 뒤척이며 잠을 못 이룬다는 말.

출전 | 시경(詩經)

⊕ 전전불매(輾轉不寐)
　오매불망(寤寐不忘)

*轉禍爲福 (전화위복)

구를 轉 재앙 禍 할 爲 복 福

화가 바뀌어 오히려 복이 된다는 뜻으로, 불행이라고 생각했던 일이 나중에는 오히려 좋은 일로 바뀐다는 말.

출전 | 전국책(戰國策)-연책(燕策)

⊕ 새옹지마(塞翁之馬)
　반화위복(反禍爲福)

絶長補短 (절장보단)

끊을 絶 긴 長 도울 補 짧을 短

긴 것을 잘라 짧은 것에 보탠다는 뜻으로, 장점으로 부족한 점이나 나쁜 점을 보충한다는 말.

출전 | 맹자(孟子)

⊕ 단장보단(斷長補短)
　절장보단(截長補短)

*切磋琢磨 (절차탁마)

끊을 切 갈 磋 쪼을 琢 갈 磨

옥이나 돌 따위를 자르고 닦아 쪼으며 갈아 빛을 낸다는 뜻으로, 학문이나 인격을 갈고 닦음을 나타내는 말.

출전 | 시경(詩經)-위풍(衛風)

⊕ 절마(切磨)

*切齒腐心 (절치부심)

끊을 切 이 齒 썩을 腐 마음 心

이를 갈고 속을 썩인다는 뜻으로, 분을 이기지 못하며 몹시 노함을 가리키는 말.

출전 | 사기(史記)

⊕ 절치액완(切齒扼腕)

*漸入佳境 점입가경
윤 자경(蔗境), 가경(佳境)

차차 漸 빠져들 入 아름다울 佳 지경 境
갈수록 멋진 경치가 나온다는 뜻으로, 일이 진척될수록 상황이 점점 재미있어진다는 말.

출전 | 진서(晉書)

*頂門一針 정문일침
윤 정상일침(頂上一鍼)
촌철살인(寸鐵殺人)

정수리 頂 문 門 한 一 바늘 針
정수리에 침을 놓다는 뜻으로, 남의 잘못에 대한 따끔한 비판이나 타이름을 한다는 말.

출전 | 소식(蘇軾)-논(論)

正正堂堂 정정당당
참 정정방방(正正方方)

바를 正 바를 正 집 堂 집 堂
태도나 수단이 공정하고 떳떳하다는 뜻으로, 공명정대한 모습을 일컫는 말.

출전 | 손자(孫子)

糟糠之妻 조강지처
윤 조강(糟糠)

지게미 糟 겨 糠 갈 之 아내 妻
술지게미와 쌀겨로 이어가며 가난한 살림을 해온 아내라는 뜻으로, 가난할 때부터 함께 고생했던 아내를 가리킴.

출전 | 후한서(後漢書)-송홍전(宋弘傳)

*朝令暮改 조령모개
윤 조변석개(朝變夕改)
작심삼일(作心三日)

아침 朝 하여금 令 저물 暮 고칠 改
아침에 내린 명령을 저녁에 다시 바꾼다는 뜻으로, 일관성이 없이 법령이나 명령을 자주 바꿈을 일컫는 말.

출전 | 한서(漢書)

朝飯夕粥 (조반석죽)

아침 朝 밥 飯 저녁 夕 죽 粥
아침에는 밥을 먹고 저녁에는 죽을 먹는다라는 뜻으로, 몹시 가난한 살림살이를 일컫는 말.

朝變夕改 (조변석개)

ⓤ 조령모개(朝令暮改)
조석변개(朝夕變改)

아침 朝 바꿀 變 저녁 夕 고칠 改
아침저녁으로 뜯어 고친다는 뜻으로, 결정이나 계획을 자주 바꾼다는 말.

朝三暮四 (조삼모사)

ⓤ 조삼(朝三)
조사모삼(朝四暮三)

아침 朝 석 三 저녁 暮 넉 四
아침에 세 개 저녁에 네 개라는 뜻으로, 간사한 꾀로 남을 속인다는 말.

출전 | 열자(列子)-황제(黃帝), 장자(莊子)-제물론(齊物論)

助長 (조장)

ⓤ 조장발묘(助長拔錨)

도울 助 길 長
곡식이 자라는 것을 도와준다는 뜻으로, 의도적으로 어떤 경향이 더 심해지도록 도와서 복돋는다는 말.

출전 | 맹자(孟子)-공손추(公孫丑)

鳥足之血 (조족지혈)

ⓤ 구우일모(九牛一毛)
대해일속(大海一粟)

새 鳥 발 足 갈 之 피 血
새 발의 피라는 뜻으로, 필요한 양에 비해 턱없이 아주 적은 분량을 비유하는 말.

출전 | 순오지(旬五志)

*坐不安席
좌 불 안 석

앉을 坐 아닐 不 편안할 安 자리 席

자리에 편안히 앉지 못한다는 뜻으로, 마음에 불안이나 근심 등이 있어 한 자리에 오래 앉아 있지 못함을 말함.

座右銘
좌 우 명

[유] 좌우지명(座右之銘)

자리 座 오른쪽 右 새길 銘

자리 오른쪽에 붙여 놓고 반성의 자료로 삼는다는 뜻으로, 늘 가까이 적어 두고 일상의 경계로 삼는 말이나 글을 말함.

坐井觀天
좌 정 관 천

[유] 정저지와(井底之蛙)
감중지와(坎中之蛙)

앉을 坐 우물 井 볼 觀 하늘 天

우물 속에 앉아 하늘을 쳐다본다는 뜻으로, 견문이 매우 좁음을 일컫는 말.

출전 | 한유(韓愈) – 서(書)

*主客顚倒
주 객 전 도

[유] 본말전도(本末顚倒)
객반위주(客反爲主)

주인 主 손 客 뒤바뀔 顚 넘어질 倒

주인과 손님이 뒤바뀌다라는 뜻으로, 사물의 경중이나 완급, 중요성에 비춘 앞뒤가 서로 뒤바뀜을 나타내는 말.

晝耕夜讀
주 경 야 독

[유] 주경조독(晝耕朝讀)
청경우독(晴耕雨讀)

낮 晝 밭갈 耕 밤 夜 읽을 讀

낮에는 농사를 짓고 밤에는 글을 읽는다는 뜻으로, 바쁘고 어려운 중에도 꿋꿋이 공부함을 이르는 말.

*走馬加鞭 주마가편
- 유 동충서돌(東衝西突)

달릴 走 말 馬 더할 加 채찍 鞭
달리는 말에 채찍을 가한다는 뜻으로, 열심히 하는 사람을 더 부추기거나 몰아친다는 말.

출전 | 순오지(旬五志)

走馬看山 주마간산
- 유 주마간화(走馬看花)

달릴 走 말 馬 볼 看 메 山
달리는 말 위에서 산천을 구경한다는 뜻으로, 시간 들여 찬찬히 훑어보지 않고 서둘러 대충 보고 지나친다는 말.

*酒池肉林 주지육림
- 유 육산주지(肉山酒池)
- 육산포림(肉山脯林)

술 酒 못 池 고기 肉 수풀 林
술은 못을 이루고 고기는 숲을 이룬다는 뜻으로, 호화스럽게 차려놓고 흥청망청하는 잔치를 일컫는 말.

출전 | 사기(史記)-은본기(殷本紀)

竹馬故友 죽마고우
- 유 죽마구우(竹馬舊友)
- 죽마지우(竹馬之友)

대 竹 말 馬 옛 故 벗 友
대나무로 만든 말을 타던 옛 벗이라는 뜻으로, 어릴 적부터 같이 놀며 자란 오랜 벗을 일컬음.

출전 | 진서(珍書)-은호전(殷浩傳)

*竹杖芒鞋 죽장망혜

대 竹 지팡이 杖 까끄라기 芒 신 鞋
대지팡이와 짚신이라는 뜻으로, 먼 길을 떠날 때의 아주 간편한 차림을 일컫는 말.

출전 | 한서(漢書)

*衆口難防 중구난방

㊤ 방민지구심어방천 (防民之口甚於防川)

무리 衆 입 口 어려울 難 막을 防
뭇사람의 말을 이루 다 막기가 어렵다는 뜻으로, 여러 명이 말을 마구 뱉어냄을 표현하는 말.　　　　출전 | 십팔사략(十八史略)

*知己之友 지기지우

㊤ 막역지우(莫逆之友)
문경지교(刎頸之交)

알 知 몸 己 갈 之 벗 友
자신을 알아주는 벗이라는 뜻으로, 자기의 진심과 진가를 알아주는 참다운 친구를 일컬음.

之東之西 지동지서

㊤ 지남지북(之南之北)

갈 之 동녘 東 갈 之 서녘 西
동쪽으로 갔다가 서쪽으로 갔다가 한다는 뜻으로, 줏대없이 이리저리 갈팡질팡한다는 말.

芝蘭之交 지란지교

㊤ 백아절현(伯牙絶絃)
㊥ 시도지교(市道之交)

지초 芝 난초 蘭 갈 之 사귈 交
쇠붙이를 끊을 수 있을 만큼 단단한 교분이라는 뜻으로, 친구 사이의 매우 두터운 우정을 이르는 말.

*指鹿爲馬 지록위마

㊤ 이록위마(以鹿爲馬)

가리킬 指 사슴 鹿 할 爲 말 馬
사슴을 가리켜 말이라고 우긴다는 뜻으로, 교묘한 꾀로 윗사람을 농락하며 권세를 마음대로 휘두름을 나태내는 말.

출전 | 사기(史記)-진시황본기(秦始皇本紀)

志在千里
지 재 천 리
⊕ 심모원려(深謀遠慮)

뜻 志 있을 在 일천 千 마을 里
뜻이 천리에 있다는 뜻으로, 품은 뜻이 원대하다는 말. 출전 | 세설신어(世說新語)

咫尺之地
지 척 지 지
⊕ 지척지(咫尺地)

길이 咫 자 尺 갈 之 땅 地
아주 좁은 땅이라는 뜻으로, 매우 가까운 곳이란 뜻. 출전 | 사기(史記)

知 天 命
지 천 명
⊕ 지명지년(知命之年)
  오십천명(五十天命)

알 知 하늘 天 목숨 命
하늘의 뜻을 안다는 뜻으로, 오십 세를 달리 이르는 말.

知彼知己
지 피 지 기
⊕ 지적지아(知敵知我)

알 知 저 彼 알 知 몸 己
적을 알고 나를 안다는 뜻으로, 상대를 제대로 알고 자신을 제대로 파악한다면, 아무리 싸우더라도 위태롭지 않다는 뜻.
출전 | 손자(孫子)-모공(謀攻)

紙筆硯墨
지 필 연 묵
⊕ 문방사보(文房四寶)
  문방사우(文房四友)

종이 紙 붓 筆 벼루 硯 먹 墨
종이·붓·벼루·먹이라는 뜻으로, 문방사우(文房四友)를 이르는 말. 출전 | 당서(唐書)

指呼之間
지 호 지 간

㊌ 지호간(指呼間)
　 지척지간(咫尺之間)

손가락 指 부를 呼 갈 之 사이 間
가리켜 부를 만한 사이라는 뜻으로, 손짓을 하여 부를 만한 가까운 거리의 뜻.

珍羞盛饌
진 수 성 찬

㊌ 산해진미(山海珍味)
　 고량진미(膏粱珍味)

보배 珍 음식 羞 성할 盛 반찬 饌
진귀한 음식과 성대한 반찬이라는 뜻으로, 썩 좋은 맛과 맛 좋은 음식이나 보기 드물게 잘 차려진 좋은 음식을 가리키는 말.

*進退兩難
진 퇴 양 난

㊌ 진퇴유곡(進退維谷)

나아가다 進 물러날 退 둘 兩 어려울 難
나아가기도 어렵고 물러서기도 어렵다는 뜻으로, 궁지에 몰려 매우 난처한 처지에 놓여 있음을 일컫는 말.

*進退維谷
진 퇴 유 곡

㊌ 진퇴양난(進退兩難)

나아갈 進 물러날 退 맬 維 골 谷
앞으로 나아갈 수도 없고, 뒤로 물러설 수도 없다는 뜻으로, 궁지에 몰려 있음을 일컫는 말.

출전 | 시경(詩經)

集小成大
집 소 성 대

㊌ 진합태산(塵合泰山)
　 적수성연(積水成淵)

모을 集 작을 小 이룰 成 클 大
작은 것을 모아서 큰 것을 이룬다는 뜻으로, 작은 것도 모이면 큰 것이 된다는 뜻

借廳借閨 (차청차규)

빌릴 借 대청 廳 빌릴 借 안방 閨

대청을 빌리면 안방도 빌리고자 한다는 뜻으로, 인간의 욕심은 끝이 없다는 말.

출전 | 청장관전서(靑莊館全書)

㈜ 차청입실(借廳入室)
거어지탄(車魚之歎)

滄海一粟 (창해일속)

큰바다 滄 바다 海 한 一 조 粟

큰 바다에 있는 좁쌀 한 톨이라는 뜻으로, 아주 미약한 존재라는 말.

출전 | 소식(蘇軾) - 적벽부(赤壁賦)

㈜ 창해일적(滄海一滴)
대해일속(大海一粟)

天崩之痛 (천붕지통)

하늘 天 무너질 崩 갈 之 아플 痛

하늘이 무너지는 듯한 슬픔이라는 뜻으로, 제왕이나 부모의 상사를 당한 큰 슬픔을 가리키는 말.

㈜ 망극지통(罔極之痛)
고분지탄(鼓盆之嘆)

泉石膏肓 (천석고황)

샘 泉 돌 石 살찔 膏 명치끝 肓

산수(山水)를 즐기고 사랑하는 것이 정도에 지나쳐 마치 고치기 어려운 깊은 병과 같음을 이르는 말.

출전 | 당서(唐書)

㈜ 연하고질(煙霞痼疾)
연하지벽(煙霞之癖)

天衣無縫 (천의무봉)

하늘 天 옷 衣 없을 無 꿰맬 縫

꿰맨 흔적이 없는 하늘의 옷이라는 뜻으로, 완벽하거나 작은 흠점도 없는 경우를 일컫는 말.

출전 | 태평광기(太平廣記)

天長地久 천장지구

㊌ 천양무궁(天壤無窮)
천지장구(天地長久)

하늘 天 길 長 땅 地 오랠 久

하늘과 땅은 영원하다는 뜻으로, 하늘과 땅처럼 오래고 변함이 없다는 말로 흔히 장수를 비는 말로 쓰임. 출전 | 노자(老子)

*千載一遇 천재일우

㊌ 천세일시(千歲一時)
천재일시(千載一時)

일천 千 실을 載 한 一 만날 遇

천 년에 한 번 만난다는 뜻으로, 좀처럼 얻기 어려운 좋은 기회나 어쩌다가 혹 한 번 만남을 일컫는 말.

출전 | 원굉(袁宏)-삼국명신서찬(三國名臣序贊)

千篇一律 천편일률

㊌ 일률천편(一律千篇)

일천 千 책 篇 한 一 법칙 律

천 가지 작품이 한 가지 율조를 지닌다는 뜻으로, 여러 시문의 격조가 변화가 없이 똑같다는 말. 출전 | 예원호언(藝苑巵言)

鐵面無私 철면무사

쇠 鐵 낯 面 없을 無 개인 私

얼굴에 철면을 깔고 사사로움을 없앤다는 뜻으로, 사사로운 정에 구애되지 않는다는 말.

鐵面皮 철면피

㊌ 후안무치(厚顔無恥)
면장우피(面張牛皮)

쇠 鐵 낯 面 가죽 皮

철로 만든 것처럼 두꺼운 낯가죽이라는 뜻으로, 염치가 없고 뻔뻔스러운 사람을 얕잡아 이르는 말. 출전 | 북몽쇄언(北蒙瑣言)

清白吏 (청백리)
- 윤 염리(廉吏)
- 반 탐관오리(貪官汚吏)

맑을 淸 흰 白 벼슬아치 吏

청렴하고 결백한 관리라는 뜻으로, 재물에 대한 욕심이 없고 곧고 깨끗한 관리를 일컫는 말.

출전 | 장자(莊子)

靑松綠竹 (청송녹죽)
- 윤 창송취죽(蒼松翠竹)

푸를 靑 소나무 松 푸를 綠 대나무 竹

푸른 소나무와 푸른 대나무라는 뜻으로, 변하지 않는 절개를 뜻하는 말.

靑雲之志 (청운지지)
- 윤 청운지교(靑雲之交)
- 반 능운지지(凌雲之志)

푸를 靑 구름 雲 갈 之 뜻 志

청운의 뜻이라는 뜻으로, 고결하여 속세를 벗어나고 싶은 마음 또는 큰 공을 세우거나 출세하려는 마음을 나타내는 말.

출전 | 장구령(張九齡)-조경견백발(照鏡見白髮)

*靑天霹靂 (청천벽력)
- 준 청천비벽력(靑天飛霹靂)

푸를 靑 하늘 天 벼락 霹 벼락 靂

맑게 갠 하늘의 날벼락이란 뜻으로 뜻밖에 일어난 큰 변동, 전혀 예상치 못한 재난이나 변고를 일컫는 말.

출전 | 육유(陸游)-시(詩)

*靑出於藍 (청출어람)
- 윤 출람지예(出藍之譽)
- 준 출람(出藍)

푸를 靑 나올 出 갈 於 쪽 藍

쪽에서 나온 푸른 물감이 쪽빛보다 더 푸르다는 뜻으로, 스승이나 선배보다 제자나 후배가 더 뛰어나다는 말.

출전 | 순자(荀子)-권학편(勸學篇)

清風明月
청 풍 명 월

[유] 강호연파(江湖煙波)
산명수려(山明水麗)

맑을 清 바람 風 밝을 明 달 月

맑은 바람과 밝은 달이라는 뜻으로, 풍자와 해학으로 세상사를 비판하거나 결백하고 온건한 성격을 비유하는 말.

출전 | 남사(南史)

*草綠同色
초 록 동 색

[유] 동병상련(同病相憐)

풀 草 초록색 綠 같을 同 색 色

풀과 녹색은 서로 같은 색이라는 뜻으로, 사람은 같은 처지에 있는 사람끼리 어울리거나 편들게 마련이라는 말.

출전 | 이담속찬(耳談續纂)

初志不變
초 지 불 변

처음 初 뜻 志 아닐 不 변할 變

처음의 뜻이 변하지 않는다는 뜻으로, 처음 계획한 뜻이 끝까지 바뀌지 않는다는 말.

*寸鐵殺人
촌 철 살 인

[유] 정문일침(頂門一針)
정상일침(頂上一鍼)

마디 寸 쇠 鐵 죽일 殺 사람 人

한 치밖에 안 되는 칼로 사람을 죽인다는 뜻으로, 간단한 경구(警句)나 단어로 사람의 마음을 찔러 감동시킴을 이르는 말.

출전 | 나대경(羅大經)–학림옥로(鶴林玉露)

秋高馬肥
추 고 마 비

[유] 천고마비(天高馬肥)

가을 秋 높을 高 말 馬 살찔 肥

가을의 하늘은 높고 말은 살찐다는 뜻으로, 하늘이 맑고 곡식이 결실을 맺는 좋은 계절이라는 말.

출전 | 한서(漢書)

推己及人
추 기 급 인
㊥ 혈구지도(絜矩之道)
기소불욕물시어인
(己所不欲勿施於人)

밀 推 몸 己 미칠 及 사람 人
자신을 미루어 다른 사람에게까지 미친다는 뜻으로, 자신의 처지를 미루어 다른 사람의 형편을 헤아린다는 말.

追遠報本
추 원 보 본
㊥ 보본추원(報本追遠)

쫓을 追 멀 遠 갚을 報 근본 本
조상의 덕을 추모하는 제사를 지내고 자기의 태어난 근본을 잊지 않고 은혜를 갚는다는 말.

秋風落葉
추 풍 낙 엽

가을 秋 바람 風 떨어질 落 잎사귀 葉
가을바람에 흩어져 떨어지는 낙엽이라는 뜻으로, 세력 같은 것이 시들어 우수수 떨어짐의 비유하는 말. 출전 | 사기(史記)

出嫁外人
출 가 외 인
㊌ 백년지객(百年之客)

날 出 시집갈 嫁 바깥 外 사람 人
시집을 간 바깥사람이라는 뜻으로, 시집간 딸은 자기 집 사람이 아니고 남이나 다름없다는 말.

出告反面
출 고 반 면
㊥ 출필곡반필면
(出必告反必面)

나갈 出 아뢸 告 돌이킬 反 낯 面
나갈 때는 아뢰고 돌아오면 뵌다는 뜻으로, 부모님께 나갈 때는 갈 곳을 아뢰고 들어와서는 얼굴을 보여 인사드린다는 말. 출전 | 소학(小學)

忠言逆耳
충 언 역 이

- ⊕ 간언역이(諫言逆耳)
  양약고구(良藥苦口)

충성 忠 **말씀** 言 **거스를** 逆 **귀** 耳
바른말은 귀에 거슬린다는 뜻으로, 충직한 말은 귀에 거슬리어 불쾌하다는 말.

출전 | 공자가어(孔子家語)

七去之惡
칠 거 지 악

- ⊕ 칠거(七去)
- ⊖ 삼불거(三不去)

일곱 七 **갈** 去 **갈** 之 **악할** 惡
예전에, 아내를 내쫓을 수 있는 이유가 되었던 일곱 가지 허물.
시부모에게 불손함, 자식이 없음, 행실이 음탕함, 투기함, 몹쓸 병을 지님, 말이 지나치게 많음, 도둑질을 함.

출전 | 의례(儀禮)

*七步之才
칠 보 지 재

- ⊕ 의마지재(倚馬之才)
  칠보재(七步才)

일곱 七 **걸을** 步 **어조사** 之 **재주** 才
일곱 걸음을 걸을 동안에 시를 짓는 재주라는 뜻으로, 아주 뛰어난 글재주를 이르는 말.

출전 | 세설신어(世說新語)

七顚八倒
칠 전 팔 도

- ⊕ 십전구도(十顚九倒)

일곱 七 **꼭대기** 顚 **여덟** 八 **넘어질** 倒
일곱 번 구르고 여덟 번 넘어진다는 뜻으로, 수없이 실패를 거듭하거나 몹시 고생함을 이르는 말.

출전 | 주자어록(朱子語錄)

*針小棒大
침 소 봉 대

- ⊕ 허장성세(虛張聲勢)

바늘 針 **적을** 小 **몽둥이** 棒 **큰** 大
바늘만한 것을 몽둥이만 하다고 한다는 뜻으로, 작은 일을 크게 허풍떤다는 말.

*他山之石
타 산 지 석

[유] 절차탁마(切磋琢磨)
공옥이석(攻玉以石)

다를 他 메 山 갈 之 돌 石

남의 산에 있는 하찮은 돌도 자기의 옥(玉)을 가는 데 쓰인다는 뜻으로, 타인의 사소한 언행도 수양에 도움이 된다는 말.

출전 | 시경(詩經)–소아편(小雅篇)

*卓上空論
탁 상 공 론

[유] 궤상공론(机上空論)
지상병담(紙上兵談)

책상 卓 위 上 빌 空 논의할 論

탁상 위에서만 펼치는 헛된 논설이란 뜻으로 현실성이 없는 허황한 이론이나 논의를 이르는 말.

貪官汚吏
탐 관 오 리

[반] 청백리(淸白吏)

탐낼 貪 벼슬 官 더러울 汚 관리 吏

탐관과 오리라는 뜻으로, 탐욕이 많고 행실이 깨끗하지 못한 관리를 일컫는 말.

*泰山北斗
태 산 북 두

[유] 산두(山斗), 태두(泰斗)
여태산북두(如泰山北斗)

클 泰 메 山 북녘 北 말 斗

중국 제일의 명산인 태산과 북두칠성이라는 뜻으로, 세상 사람들로부터 가장 우러러 존경받는 사람을 일컫는 말.

출전 | 당서(唐書)–한유전(韓愈傳)

*兎死狗烹
토 사 구 팽

[유] 교토사양구팽(狡兎死良狗烹)
야수진엽구팽(野獸盡獵狗烹)

토끼 兎 죽을 死 개 狗 삶을 烹

토끼를 잡으면 사냥하던 개를 삶아 먹는다는 뜻으로, 필요할 때 요긴하게 쓰던 것이 필요 없어지면 버린다는 뜻.

출전 | 사기(史記)

破瓜之年
파 과 지 년
준 파과(破瓜)

깨뜨릴 破 오이 瓜 갈 之 해 年
참외를 깨는 나이라는 뜻으로, 여자의 나이 16세를 가리키는 말.

출전 | 사문유취(事文類聚)

破邪顯正
파 사 현 정
유 위정척사(衛正斥邪)
파현(破顯)

깨뜨릴 破 간사 邪 나타날 顯 바를 正
사악한 것을 깨뜨리고 올바른 도리를 뚜렷이 드러낸다는 뜻으로, 불교에서는 이것을 목표로 함.

출전 | 삼론현의(三論玄義)

*破顔大笑
파 안 대 소
유 파안일소(破顔一笑)
가가대소(呵呵大笑)

깨뜨릴 破 얼굴 顔 큰 大 웃을 笑
얼굴에 활짝 웃음이 피어올라 얼굴빛을 환하게 하여 한바탕 크게 웃는다는 의미.

*破竹之勢
파 죽 지 세
유 세여파죽(勢如破竹)
요원지화(燎原之火)

깨뜨릴 破 대나무 竹 갈 之 형세 勢
대나무를 쪼개는 기세라는 뜻으로, 세력이 강대하여 적을 거침없이 물리치고 쳐들어가는 당당한 기세를 일컫는 말.

출전 | 진서(晉書)-두여전(杜予傳)

*敝袍破笠
폐 포 파 립
유 폐의파관(敝衣破冠)
봉두구면(蓬頭垢面)

해질 敝 핫옷 袍 깨뜨릴 破 삿갓 笠
해진 옷과 부서진 갓이라는 뜻으로, 너절하고 구차한 차림새를 비유적으로 이르는 말.

炮烙之刑 (포락지형)

통째구울 炮 지질 烙 갈 之 형벌 刑

산 사람을 굽고 지지는 형벌이라는 뜻으로, 가혹한 형벌을 비유하는 말.

㈜ 포락(炮烙)

출전 | 사기(史記)

*飽食煖衣 (포식난의)

배부를 飽 먹을 食 따뜻할 煖 옷 衣

배부르게 먹고 따뜻하게 입는다는 뜻으로, 생활이 넉넉함을 이르는 말.

㈜ 호의호식(好衣好食)
난의포식(暖衣飽食)

출전 | 순자(荀子)

抱炭希凉 (포탄희량)

안을 抱 숯 炭 바랄 希 서늘할 凉

숯불을 안고 서늘하기를 바란다는 뜻으로, 행동과 목적이 상치됨을 이르는 말.

출전 | 위지(魏志)

*表裏不同 (표리부동)

겉 表 속 裏 아닐 不 한가지 同

겉과 속이 같지 않다는 뜻으로, 사람이 음충맞아서 표면과 내심이 같지 않음을 가리키는 말.

㈜ 동상이몽(同床異夢)
㈜ 표리일체(表裏一體)

風飛雹散 (풍비박산)

바람 風 날 飛 우박 雹 흩어질 散

우박이 바람에 날려 흩어진다는 뜻으로, 사방으로 날아 흩어짐을 가리킴.

㈜ 풍지박산(風地雹散)
풍산(風散)

*風樹之嘆 (풍수지탄)

유 풍수지감(風樹之感)
풍목지비(風木之悲)

바람 風 나무 樹 갈 之 탄식할 嘆
나무는 고요히 있기를 원하나 바람이 부는 것에 대한 한탄이라는 뜻으로, 부모를 봉양코자 하나 이미 돌아가심을 한탄하는 말.

출전 | 한시외전(漢詩外傳)

風前燈火 (풍전등화)

유 풍전등촉(風前燈燭)
풍전지진(風前之塵)

바람 風 앞 前 등잔 燈 불 火
바람 앞의 등불이라는 뜻으로, 매우 위급한 처지에 있거나 사물의 덧없음을 말함.

출전 | 법원주림(法苑珠林)

匹夫匹婦 (필부필부)

유 갑남을녀(甲男乙女)
선남선녀(善男善女)

짝 匹 지아비 夫 짝 匹 지어미 婦
한 사람의 남자와 한 사람의 여자라는 뜻으로, 평범한 사람이나 미천한 남녀, 또는 미천한 남자를 가리킴.

*必有曲折 (필유곡절)

유 필유사단(必有事端)

반드시 必 있을 有 굽을 曲 꺾을 折
반드시 곡절이 있다는 뜻으로, 반드시 무슨 까닭이 있음을 가리키는 말.

鶴首苦待 (학수고대)

유 학수(鶴首), 학망(鶴望)

학 鶴 머리 首 쓸 苦 기다릴 待
학처럼 목을 빼고 기다린다는 뜻으로, 몹시 애타게 기다린다는 말.

學如不及 (학여불급)
㊞ 학불가이(學不可已)

배울 學 같을 如 아닐 不 미칠 及
배움은 미치지 못하는 것 같이 해야 한다는 뜻으로, 배움이란 모자라는 듯이 열심히 해야 한다는 말.
출전 | 논어(論語)

學如逆水 (학여역수)

배울 學 같을 如 거스를 逆 물 水
배움은 물을 거슬러 올라가는 것과 같이 해야 한다는 뜻으로, 배움을 멈추면 마치 배가 물살에 떠밀려 내려가는 것처럼 뒤처지게 된다는 말.

涸轍鮒魚 (학철부어)
㊞ 철부지급(轍鮒之急)
우제지어(牛蹄之魚)

마를 涸 바퀴자국 轍 붕어 鮒 고기 魚
수레바퀴 자국의 괸 물에 있는 붕어라는 뜻으로, 아주 위급한 처지에 있거나 고단하고 생활이 어려운 사람을 일컫는 말.
출전 | 박택편(泊宅編)

漢江投石 (한강투석)
㊞ 홍로점설(紅爐點雪)
배수거신(杯水車薪)

한수 漢 강 江 던질 投 돌 石
한강에 돌 던지기라는 뜻으로, 아무리 해도 헛될 일을 하는 어리석은 행동을 가리킴.

*邯鄲之夢 (한단지몽)
㊞ 일취지몽(一炊之夢)
한단침(邯鄲枕)

땅이름 邯 땅이름 鄲 갈 之 꿈 夢
노생이 한단에서 여옹의 베개를 베고 자다 꾼 꿈이라는 뜻으로, 인생의 부귀영화가 덧없음을 비유한 말.
출전 | 심기제(沈旣濟)-침중기(枕中記)

*含哺鼓腹
함 포 고 복

- 준 함포(含哺)
- 유 고복격양(鼓腹擊壤)

머금을 含 먹일 哺 북 鼓 배 腹

실컷 먹고 배를 두드린다는 뜻으로, 먹을 것이 풍족하여 즐겁게 지냄을 이르는 말.

출전 | 십팔사략(十八史略)

咸興差使
함 흥 차 사

- 유 종무소식(終無消息)
  일무소식(一無消息)

다 咸 일 興 보낼 差 하여금 使

한번 가기만 하면 깜깜소식이란 뜻으로, 심부름 간 사람이 돌아오지 않거나 소식이 없음을 일컫는 말.

출전 | 축수편(逐睡篇)

行雲流水
행 운 유(류) 수

- 반 정운지수(停雲止水)

갈 行 구름 雲 흐를 流 물 水

떠가는 구름과 흐르는 물이라는 뜻으로, 일처리가 막힘이 없거나, 마음씨가 시원하고 씩씩함. 또는 어떤 것에도 구애됨이 없는 자유로운 삶의 비유한 말.

출전 | 송사(宋史)

*虛張聲勢
허 장 성 세

- 유 호왈백만(號曰百萬)
  공성계(空城計)

헛될 虛 펼칠 張 소리 聲 기세 勢

헛되이 목소리만 돋운다는 뜻으로, 실력은 없으면서 거짓으로 부풀려 큰소리친다는 말.

*孑孑單身
혈 혈 단 신

- 유 고혈단신(孤孑單身)
  단독일신(單獨一身)

외로울 孑 외로울 孑 홑 單 몸 身

외롭고 외로운 홀몸이라는 뜻으로, 아무에게도 의지할 곳이 없는 홀몸을 가리키는 말.

螢雪之功
형 설 지 공
㊌ 손강영설(孫康映雪)
　 차윤성형(車胤盛螢)

반딧불 螢 눈 雪 갈 之 공 功

반딧불과 눈[雪] 빛으로 공부한 공이라는 뜻으로, 온갖 고생을 하며 공부해서 얻은 성공을 일컫는 말.

출전 | 진서(晉書)-차윤전(車胤傳)

兄弟投金
형 제 투 금

맏 兄 아우 弟 던질 投 쇠 金

형제가 금을 강물에 던져버렸다는 뜻으로, 갑자기 생긴 금으로 인해 형제끼리 싸우게 되자 그 금을 강물에 던져버렸다는 말.

形形色色
형 형 색 색
㊌ 각양각색(各樣各色)
　 다종다양(多種多樣)

형상 形 형상 形 빛 色 빛 色

모양의 종류가 다른 여러 가지라는 뜻으로, 다채롭고 다양한 모양을 가리킴.

狐假虎威
호 가 호 위
㊌ 가호위호(假虎爲狐)
　 차호위호(借虎威狐)

여우 狐 빌릴 假 범 虎 세력 威

여우가 호랑이의 위엄을 빌어 제 위엄으로 삼는다는 뜻으로, 남의 힘에 의지해 위세를 부린다는 말.

출전 | 전국책(戰國策)-초책(楚策)

糊口之策
호 구 지 책
㊌ 구식지계(口食之計)
　 호구지계(糊口之計)

풀칠할 糊 입 口 갈 之 책략 策

입에 풀칠하는 꾀라는 뜻으로, 겨우 생계를 유지할 수 있을 정도의 일을 말함.

출전 | 열자(列子)-설부편(說符篇)

虎死留皮 호사유피

유 표사유피(豹死留皮)
인사유명(人死留名)

범 虎 죽을 死 머무를 留 가죽 皮
호랑이는 죽어서 가죽을 남긴다는 뜻으로, 사람은 죽어서 명성을 남김을 비유적으로 이르는 말.

출전 | 오대사(五代史)-왕언장전(王彦章傳)

浩然之氣 호연지기

유 정대지기(正大之氣)
호기(浩氣)

넓을 浩 그럴 然 갈 之 기운 氣
하늘과 땅 사이에 가득 찬 넓고도 큰 기운이라는 뜻으로, 사물에서 해방되어 자유스럽고 유쾌한 마음을 뜻함.

출전 | 맹자(孟子)-공손추(公孫丑)

胡蝶之夢 호접지몽

유 장주지몽(莊周之夢)
물심일여(物心一如)

오랑캐 胡 나비 蝶 갈 之 꿈 夢
나비가 된 꿈이라는 뜻으로, 현실과 꿈이 뒤섞여서 무엇이 현실이고 무엇이 꿈인지를 분간하기 어려움의 비유한 말.

출전 | 장자(莊子)-제물론(齊物論)

昏定晨省 혼정신성

유 반포보은(反哺報恩)
반포지효(反哺之孝)

어두울 昏 정할 定 새벽 晨 살필 省
저녁에는 잠자리를 정하고 이른 아침에는 살핀다는 뜻으로, 아침저녁으로 어버이의 안부를 물어서 살핌을 뜻함.

출전 | 예기(禮記)

畵龍點睛 화룡(용)점정

유 입안(入眼)
참 대불개안(大佛開眼)

그림 畵 용 龍 점 點 눈동자 睛
용을 그리고 나서 마지막으로 눈동자를 그려 완성한다는 뜻으로, 가장 중요한 부분을 마무리함으로써 일을 완성시키고 일 자체가 돋보이는 것을 비유한 말.

출전 | 수형기(水衡記)

*畵蛇添足
화 사 첨 족

[유] 사족(蛇足)
상상안상(牀上安牀)

그림 畵 뱀 蛇 더할 添 발 足

뱀을 그리고 발을 더하여 원래 모양과 다르게 되었다는 뜻으로, 쓸데없는 군일을 하다가 도리어 실패함. 무용지물(無用之物)의 비유한 말.

출전 | 전국책(戰國策)

*畵中之餠
화 중 지 병

[유] 귀화병(歸畵餠)

그림 畵 가운데 中 갈 之 떡 餠

그림의 떡이라는 뜻으로, 볼 수만 있을 뿐 실제 얻거나 쓸 수는 없다는 말.

출전 | 삼국지(三國志)

*膾炙人口
회 자 인 구

[준] 회자(膾炙)

회칠 膾 고기구울 炙 사람 人 입 口

사람의 입에 오르내린다는 뜻으로, 널리 칭찬을 받아 사람들의 입에 오르내린다는 말.

출전 | 맹자

*會者定離
회 자 정 리

[반] 거자필반(去者必反)
[유] 생자필멸(生者必滅)

모일 會 놈 者 반드시 定 떠날 離

만나는 사람은 반드시 헤어질 운명에 있다는 뜻으로, 인생의 무상함을 일컫는 말.

출전 | 유교경(遺敎經)

*橫說竪說
횡 설 수 설

[유] 횡수설거(橫竪說去)
중언부언(重言復言)

가로 橫 말씀 說 더벅머리 竪 말씀 說

이리저리 멋대로 말한다는 뜻으로, 조리가 없는 말을 되는 대로 지껄임을 가리키는 말.

출전 | 조정사원(祖庭事苑)

*後生可畏
후 생 가 외

뒤 後 날 生 옳을 可 두려울 畏

젊은 후배들은 두려워할 만하다는 뜻으로, 젊은이는 장차 얼마나 큰 역량을 나타낼지 모르기 때문에 함부로 대하기가 어렵다는 말. 출전 | 논어(論語)-자한편(子罕篇)

*厚顏無恥
후 안 무 치

[유] 철면피(鐵面)
[반] 순정가련(純情可憐)

두터울 厚 얼굴 顏 없을 無 부끄러울 恥

얼굴 거죽이 두꺼워 자신의 부끄러움도 돌아보지 않는다는 뜻으로, 뻔뻔스러워 부끄러워할 줄을 모름을 일컫는 말.

興亡盛衰
흥 망 성 쇠

[유] 영고성쇠(榮枯盛衰)

흥할 興 망할 亡 성할 盛 쇠할 衰

흥하고 망하고 성하고 쇠한다는 뜻으로, 사람의 운수는 돌고 돌아 늘 변한다는 말.

*興盡悲來
흥 진 비 래

[반] 고진감래(苦盡甘來)

흥할 興 다할 盡 슬플 悲 올 來

즐거운 일이 다하면 슬픈 일이 닥쳐온다는 뜻으로, 세상이 돌고 돌아 순화됨을 가리키는 말.

*喜怒哀樂
희 로(노) 애 락(낙)

[유] 환락애정(歡樂哀情)

기쁠 喜 성낼 怒 슬플 哀 즐길 樂

기쁨, 성냄, 슬픔, 즐거움이라는 뜻으로, 인간이 살아가면서 느끼는 온갖 감정을 가리킴. 출전 | 중용(中庸)

3단계

고사성어 故事成語 ＋ 숙어

Part II

필수 900개

3단계 고사성어·숙어 2단계

呵呵大笑 가가대소

⊕ 파안대소(破顔大笑)
  박장대소(拍掌大笑)

껄껄 웃을 呵 껄껄웃을 呵 큰 大 웃을 笑
껄껄 크게 웃는다는 뜻으로, 너무 우습거나 기쁜 일로 인해 크게 소리내어 웃는 웃음을 말함. 출전 | 전등록(傳燈錄)

家鷄野雉 가계야치

⊕ 가계야목(家鷄野鶩)
  중요경근(重遙輕近)

집 家 닭 鷄 들 野 꿩 雉
집에서 키우는 닭보다 들에 있는 꿩을 탐낸다는 뜻으로, 집안에 있는 귀한 것을 버리고 밖에 있는 쓸데없는 것을 탐함을 비유한 말. 출전 | 진중여서(晉中與書)

可高可下 가고가하

옳을 可 높을 高 옳을 可 아래 下
어진 사람은 높은 지위에 있어도 교만하지 않고, 낮은 지위에 있어도 떳떳함을 잃지 않는다는 말. 출전 | 국어(國語)

家徒壁立 가도벽립

⊕ 가도사벽(家徒四壁)
  가도벽립(家道壁立)

집 家 무리 徒 바람벽 壁 설 立
사면의 벽뿐이라는 뜻으로, 살림이 매우 가난하여 궁핍하다는 말.
  출전 | 한서(漢書)-사마상여전(司馬相如傳)

110 | 3단계 고사성어·숙어

街童走卒
가 동 주 졸

*주졸(走卒):하인

거리 街 아이 童 달릴 走 군사 卒
길거리에서 노는 철없는 아이라는 뜻으로, 일정한 목적이나 상식 없이 그저 돌아다니는 철부지를 가리킴.

假弄成眞
가 롱(농) 성 진

㈜ 농가성진(弄假成眞)

거짓 假 희롱할 弄 이룰 成 참 眞
실없이 한 말이 참말 된다는 뜻으로, 처음에 장난삼아 실없이 한 말이 진심으로 한 것 같이 정말로 된다는 말.

家貧思妻
가 빈 사 처

㈜ 조강지처(糟糠之妻)

집 家 가난할 貧 생각 思 아내 妻
집안이 가난해지면 살림을 알뜰하게 꾸려주던 어진 아내를 생각하게 된다는 뜻으로, 곤란한 일에 처하면 그것을 도와줄 사람을 기다리게 된다는 말.

家貧親老
가 빈 친 로

집 家 가난할 貧 어버이 親 늙을 老
집이 가난하고 어버이가 늙었을 때는 그 봉양을 위해 마땅치 않은 벼슬자리라도 해야 한다는 말.

출전 | 공자가어(孔子家語)

苛政猛於虎
가 정 맹 어 호

㈜ 가렴주구(苛斂誅求)

가혹할 苛 정사 政 사나울 猛 갈 於 범 虎
가혹한 정치는 범보다 무섭다는 뜻으로, 혹독한 정치의 폐해가 크다는 말.

출전 | 예기(禮記)-단궁편 하(檀弓篇 下)

刻苦勉勵
각 고 면 려

ⓤ 각고면학(刻苦勉學)
　 각고정려(刻苦精勵)

새길 **刻** 괴로울 **苦** 힘쓸 **勉** 힘쓸 **勵**
어떤 일에 고생을 무릅쓰고 몸과 마음을 다한다는 뜻으로, 무척 애를 쓰면서 부지런히 노력함을 일컬음.

刻鵠類鶩
각 곡 유 목

ⓤ 각곡유아(刻鵠類鵝)
ⓑ 화호유구(畵虎類狗)

새길 **刻** 고니 **鵠** 무리 **類** 집오리 **鶩**
고니를 그리려다가 잘못되어도 집오리는 된다는 뜻으로, 학문에 열중하면 그만큼 정진이 있다는 말. 출전 | 후한서(後漢書)

刻骨難忘
각 골 난 망

ⓤ 결초보은(結草報恩)
　 백골난망(白骨難忘)

새길 **刻** 뼈 **骨** 어려울 **難** 잊을 **忘**
뼈에 사무치도록 못 잊는다는 뜻으로, 입은 은혜에 대한 고마움을 뼈에 새기어 결코 잊지 아니한다는 말. 출전 | 후한서(後漢書)

刻骨銘心
각 골 명 심

ⓤ 누골명심(鏤骨銘心)

새길 **刻** 뼈 **骨** 새길 **銘** 마음 **心**
뼈에 새기고 마음에 새겨 둔다는 뜻으로, 영원히 잊어버리지 않는다는 말.
출전 | 후한서(後漢書)

各樣各色
각 양 각 색

ⓤ 각색각양 (各色各樣)
　 종종색색 (種種色色)

제각기 **各** 모양 **樣** 제각기 **各** 빛 **色**
다른 모양과 다른 빛깔이라는 뜻으로, 여러 가지, 가지가지를 말함.

各自圖生
각 자 도 생

제각기 **各** 스스로 **自** 꾀할 **圖** 날 **生**
각자의 자기의 삶을 꾀한다는 뜻으로, 인생은 제각기 살아나갈 방도를 꾀한다는 말.

角者無齒
각 자 무 치

뿔 **角** 놈 **者** 없을 **無** 이 **齒**
뿔이 있는 짐승은 날카로운 이가 없다는 뜻으로, 한 사람이 모든 재주나 복을 다 가질 수 없다는 말.

各自爲政
각 자 위 정

제각기 **各** 스스로 **自** 할 **爲** 정사 **政**
저마다 스스로 정치를 한다는 뜻으로, 사람이 각자 자기 멋대로 행동하면 전체의 조화나 타인과의 협력이 어렵다는 말.

출전 | 춘추좌씨전(春秋左氏傳)

艱難辛苦
간 난 신 고

⊕ 간신(艱辛), 신고(辛苦)

어려울 **艱** 어려울 **難** 매울 **辛** 쓸 **苦**
매우 어렵고, 맵고, 쓰다는 뜻으로, 몹시 힘들고 고생스러움을 일컫는다.

肝腦塗地
간 뇌 도 지

⊕ 일패도지(一敗塗地)

간 **肝** 뇌 **腦** 진흙 **塗** 땅 **地**
간장과 뇌수를 땅바닥에 칠한다는 뜻으로, 끔찍하게 죽은 모습, 또는 나라를 위하여 목숨을 돌보지 아니함을 가리킴.

출전 | 사기(史記)

필수 고사성어·숙어 – 2단계 | **113**

簡單明瞭 (간단명료)

편지 簡 홑 單 밝을 明 밝을 瞭
간단하고 분명함을 말함.

⊕ 간명(簡明)

肝膽楚越 (간담초월)

간 肝 쓸개 膽 초나라 楚 월나라 越
간과 쓸개가 초나라와 월나라 사이만큼 멀다는 뜻으로, 보는 것에 따라서 비슷한 것일지라도 서로 전혀 다르게 보이고, 가까운 것일지라도 아주 멀리 보인다는 말.

출전 | 장자(莊子)

⊕ 간담호월(肝膽胡越)

竿頭之勢 (간두지세)

장대 竿 머리 頭 갈 之 기세 勢
장대 끝의 기세라는 뜻으로, 매우 위험한 지경에 처한 것을 말함.

⊕ 누란지위(累卵之危)
　백척간두(百尺竿頭)

簡髮而櫛 (간발이즐)

가릴 簡 머리털 髮 어조사 而 빗질할 櫛
머리카락을 한 가닥씩 골라서 빗질은 한다는 뜻으로, 본래의 목적에서 벗어나 자질구레한 일에 얽매이는 것을 가리키는 말.

출전 | 장자(莊子)

揀佛燒香 (간불소향)

가릴 揀 부처 佛 불사를 燒 향기 香
부처를 골라 향을 피운다는 뜻으로, 사람을 차별한다는 말.

間不容髮 간불용발
⊕ 간불용식(間不容息)

사이 間 아니 不 얼굴 容 머리털 髮
머리카락 한 올이 들어갈 만한 틈이 없다는 뜻으로, 매우 치밀하여 빈틈이 없다는 말.   출전 | 문선(文選)

干城之材 간성지재
⊕ 구국간성(救國干城)
동량지기(棟梁之器)

방패 干 성 城 갈 之 재목 材
방패와 성의 구실을 하는 인재라는 뜻으로, 나라를 지키는 믿음직한 인재를 일컫는 말.

奸臣賊子 간신적자
⊕ 난신적자(亂臣賊子)
무부무군(無父無君)

간사할 奸 신하 臣 도둑 賊 아들 子
간사한 신하와 불효한 자식이라는 뜻으로, 간사한 신하와 어버이의 뜻을 거스르는 자식을 가리키는 말.

奸惡無道 간악무도
⊕ 극악무도(極惡無道)
흉악무도(凶惡無道)

간사할 奸 악할 惡 없을 無 길 道
간사하고 악하면서 무지막지하다는 뜻으로, 사악하고 무례한 사람이나 그 일을 가리킴.

間於齊楚 간어제초
⊕ 경전하사(鯨戰蝦死)

사이 間 어조사 於 제나라 齊 초나라 楚
제나라와 초나라 사이에 끼어 있다는 뜻으로, 약자가 강자 사이에 끼어 당하는 괴로움을 말함.   출전 | 맹자(孟子)

干將莫耶
간 장 막 야
⑨ 오간지검(吳干之劍)
웅검(雄劍)

막을 干 장수 將 없을 莫 그런가 耶
간장과 막야가 만든 칼이라는 뜻으로, 명검도 사람의 손이 가야 빛나듯이 사람도 교육을 통해서 역량을 발휘할 수 있음을 가리키는 말.
출전 | 오월춘추(吳越春秋)

渴民待雨
갈 민 대 우

목마를 渴 백성 民 기다릴 待 비 雨
백성들이 비를 몹시 기다린다는 뜻으로, 아주 간절히 기다린다는 말.

竭忠報國
갈 충 보 국
⑨ 진충보국(盡忠報國)

다할 竭 충성 忠 갚을 報 나라 國
충성을 다하여 나라의 은혜를 갚는다는 뜻으로, 몸과 마음을 다하여 나라의 은혜에 보답한다는 말.

竭澤而魚
갈 택 이 어
⑨ 갈택분수(竭澤焚藪)

다할 竭 못 澤 어조사 而 고기잡을 魚
연못의 물을 퍼내어 고기를 잡는다는 뜻으로, 눈앞의 이익만을 추구하여 먼 장래를 생각지 않는다는 말.
출전 | 여씨춘추(呂氏春秋)

感慨無量
감 개 무 량
⑨ 감개읍하(感慨泣下)

느낄 感 탄식할 慨 없을 無 양 量
감개가 한이 없다는 뜻으로, 지난 일이나 자취에 대해 느끼는 회포가 한량없이 깊고 크다는 말.

甘棠之愛 감당지애

달 甘 팥배나무 棠 갈 之 사랑 愛

임금의 덕을 우러러 사모한다는 뜻으로, 주(周)나라 소공(召公)의 선정(善政)에 감격한 백성들이 그가 잠시 쉬었던 팥배나무를 소중히 가꾸었다는 고사에서 비롯된 말.

출전 | 시경(詩經)

敢不生心 감불생심

감히 敢 아닐 不 날 生 마음 心

감히 마음이 생겨나지 못한다는 뜻으로, 감히 엄두도 못내 하려는 마음을 먹을 수도 없다는 뜻.

㋈ 감불생의(敢不生意)
　　언감생심(焉敢生心)

減死島配 감사도배

덜 減 죽일 死 섬 島 귀양보낼 配

죽일 죄인을 죽이지 않고 죄를 감하여 섬에 귀양 보낸다는 말.

㋠ 감사정배(減死定配)

甘井先竭 감정선갈

달 甘 우물 井 먼저 先 마를 竭

물맛이 좋은 우물이 먼저 마른다는 뜻으로, 뛰어난 재능이나 지력(知力)을 자랑하는 자는 곧 남에게 이용당하기 쉽다는 말.

출전 | 묵자(墨子)

㋈ 감천선갈(甘泉先竭)
　　감천필갈(甘泉必竭)

坎井之蛙 감정지와

구덩이 坎 우물 井 갈 之 개구리 蛙

우물 안 개구리라는 뜻으로, 견문이나 식견이 좁은 사람을 가리키는 말.

출전 | 순자(荀子)

㋈ 정저지와(井底之蛙)

感之德之
감 지 덕 지

느낄 感 갈 之 덕 德 갈 之
이를 감사하게 생각하고 이를 덕으로 생각한다는 뜻으로, 대단히 고맙게 여긴다는 말.

甘旨奉養
감 지 봉 양

㊌ 감지공친(甘旨供親)

달 甘 뜻 旨 받들 奉 기를 養
맛있는 음식으로 부모를 봉양한다는 말.

憾天動地
감 천 동 지

흔들 憾 하늘 天 움직일 動 땅 地
천지를 뒤흔든다는 뜻으로, 활동이 매우 활발하고 눈부심을 일컫는 말.

匣劍帷燈
갑 검 유 등

갑(상자) 匣 칼 劍 휘장 帷 등불 燈
갑 속의 검과 휘장 안의 등불이라는 뜻. 또는 칼날의 날카로움과 등불의 밝음은 감출 수 없다는 뜻으로, 명확한 사실은 감출 수 없다는 말.

甲男乙女
갑 남 을 녀

㊌ 장삼이사(張三李四)
장삼여사(張三呂四)

아무개 甲 남자 男 저것 乙 여자 女
이 남자와 저 여자라는 뜻으로, 신분이나 이름이 알려지지 아니한 평범한 사람을 일컫는 말.

慷慨之士
강개지사

강개할 慷 분개할 慨 갈 之 선비 士
세상의 옳지 못한 일에 대하여 의분을 느끼고 탄식하는 선비를 가리키는 말.

强弩之末
강노지말

굳셀 强 쇠뇌 弩 갈 之 끝 末
힘찬 활에서 튕겨나간 화살도 힘이 다한다는 뜻으로, 아무리 강력한 것일지라도 시간이 지나면 힘을 잃고 쇠해진다는 말.
출전 | 사기(史記)

强顔女子
강안여자

강할 强 얼굴 顔 여자 女 아들 子
얼굴 가죽이 두꺼운 여자라는 뜻으로, 수치를 모르는 여자라는 말.
출전 | 신서(新序)

유 철면피(鐵面皮)
후안무치(厚顔無恥)

江湖之樂
강호지락

강 江 호수 湖 갈 之 즐길 樂
자연을 벗 삼아 살아가는 즐거움을 말함.

改過不吝
개과불린

고칠 改 지날 過 아닐 不 인색할 吝
허물을 고침에 인색하지 않다는 뜻으로, 잘못이 있으면 고치는 데 주저하지 않는다는 말.
출전 | 서경(書經)

蓋棺事定
개 관 사 정
⊕ 개관사시정(蓋棺事始定)

덮을 蓋 관 棺 일 事 정할 定
관을 덮은 뒤 일이 결정된다는 뜻으로, 사람은 죽은 후에야 비로소 그 사람 살아 생전의 가치를 알 수 있다는 말.

출전 | 두보(杜甫)의 시(詩)

改頭換面
개 두 환 면
참 조삼모사(朝三暮四)

고칠 改 머리 頭 바꿀 換 낯 面
머리는 고치지 않고 얼굴만 바꾼다는 뜻으로, 일의 근본을 고치지 않고 사람만 바꾸어 그대로 시킨다는 말.

출전 | 고금풍요(古今風謠)

開門納賊
개 문 납 적
⊕ 개문읍도(開門揖盜)

열 開 문 門 들일 納 도둑 賊
대문을 열어 도둑을 들게 한다는 뜻으로, 스스로 화를 불러들인다는 말.

출전 | 전국책(戰國策)

改善匡正
개 선 광 정
⊕ 개과천선(改過遷善)

고칠 改 착할 善 바로잡을 匡 바를 正
착한 것으로 고쳐 바로잡아 고친다는 뜻으로, 모든 잘못된 것을 바로잡아 착한 것으로 고친다는 뜻.

凱旋將軍
개 선 장 군

즐길 凱 돌 旋 장수 將 군사 軍
전쟁에서 이기고 돌아온 장군, 또는 어떤 일에 크게 성공한 사람을 비유하는 말.

客反爲主
객 반 위 주

[유] 적반하장(賊反荷杖)
주객전도(主客顚倒)

손 客 돌이킬 反 할 爲 주인 主

손(객)이 도리어 주인 행세한다는 뜻으로, 사물의 경중이나 중요성에 비추어 차례가 서로 뒤바뀌었다는 말.

客窓寒燈
객 창 한 등

손 客 창 窓 찰 寒 등불 燈

객지의 창에 쓸쓸한 등불이란 뜻으로, 객지의 외로움을 나타낸 말.

居官留犢
거 관 유 독

살 居 벼슬 官 머무를 留 송아지 犢

벼슬아치란 재임 중에 낳은 송아지조차도 물러날 때에는 가지고 돌아가지 않는다는 뜻으로, 청렴결백한 관리를 비유한 말.

출전 | 삼국지(三國志)

擧國一致
거 국 일 치

들 擧 나라 國 한 一 이룰 致

온 나라의 국민들이 한마음 한 뜻으로 일치단결(一致團結)함을 일컫는 말.

去頭截尾
거 두 절 미

[유] 단도직입(單刀直入)

없앨 去 머리 頭 끊을 截 꼬리 尾

머리와 꼬리를 잘라 버린다는 뜻으로, 앞뒤의 설명을 빼고 요점만을 말한다는 말.

1단계 2단계 3단계

擧世皆濁 거세개탁

들 擧 세상 世 다 皆 흐릴 濁

온 세상이 다 흐리다는 뜻으로, 지위 고하를 막론하고 모든 사람이 다 올바르지 아니하다는 말.

출전 | 굴원(屈原)-어부사(漁父辭)

擧案齊眉 거안제미

들 擧 소반 案 가지런할 齊 눈썹 眉

밥상을 눈썹 높이까지 들어올린다는 뜻으로, 아내가 남편을 지극히 공경하여 받들어 올린다는 말.

출전 | 후한서(後漢書)-일민열전(逸民列傳)

去者莫追 거자막추

㈜ 거자물추(去者勿追)
㈙ 내자물거(來者勿拒)

갈 去 놈 者 없을 莫 따를 追

가는 사람은 쫓지 말라는 뜻으로, 이미 마음이 멀어진 사람은 되돌릴 수가 없다는 말.

출전 | 춘추(春秋)-공양전(公羊傳)

去者日疎 거자일소

㈜ 거자일소(去者日疏)

갈 去 놈 者 날 日 성길 疎

죽은 사람에 대해서는 날이 갈수록 점점 잊게 된다는 뜻으로, 서로 멀리 떨어져 있으면 사이가 소원해짐을 일컫는 말.

출전 | 문선(文選)

居中調整 거중조정

있을 居 가운데 中 고를 調 가지런할 整

둘 사이에 들어서 알맞게 조정한다는 뜻으로, 제3국이 분쟁국 사이에서 마찰을 원만히 해결한다는 말.

乾畓直播 건답직파

마를 乾 논 畓 곧을 直 뿌릴 播
마른 논에 물을 대지 않고 볏모를 옮겨 심지 않고 그대로 씨를 뿌리는 일을 말함.

乾木水生 건목수생

마를 乾 나무 木 물 水 날 生
마른 나무에서 물이 나게 한다는 뜻으로, 엉뚱한 곳에서 불가능한 일을 이루려 한다는 말.

㈜ 연목구어(緣木求魚)
강목수생(剛木水生)

桀犬吠堯 걸견폐요

해 桀 개 犬 짖을 吠 요임금 堯
폭군인 걸왕의 개가 요임금을 보고 짖는다는 뜻으로, 개는 상대가 아무리 훌륭해도 주인만 따른다는 말.

㈜ 척구폐요(跖狗吠堯)

출전 | 사기(史記)-회음후열전(淮陰侯烈傳)

乞不竝行 걸불병행

빌 乞 아닐 不 아우를 竝 갈 行
도둑질은 여럿이 함께 하지 않는다는 뜻으로, 요구하는 바가 많으면 하나도 얻기 어려움을 가리키는 말.

乞人憐天 걸인연천

빌 乞 사람 人 불쌍히 여길 憐 하늘 天
거지가 하늘을 불쌍히 여긴다는 뜻으로, 자신과 관계가 없는 엉뚱한 일을 걱정한다는 말.

㈜ 칠실지우(漆室之憂)

출전 | 순오지(旬五志)

黔驢之技 검려지기
유 검려기궁(黔驢技窮)

검을 黔 당나귀 驢 갈 之 재주 技
검단 노새의 재주라는 뜻으로, 겉치레뿐이고 실속이 보잘 것 없는 솜씨를 가리키는 말.

출전 | 유종원(柳宗元)

格物致知 격물치지
준 격치(格致)

이를 格 만물 物 이룰 致 알 知
사물에 이르러 앎에 이른다는 뜻으로, 실제적인 사물의 이치를 깊이 있게 연구해서 지식의 완성에 이르는 유가사상의 학문 수양을 가리킴.

출전 | 대학(大學)-팔조목(八條目)

擊壤老人 격양노인

부딪칠 擊 흙 壤 늙은이 老 사람 人
태평한 생활을 즐거워하여 노인이 땅을 치며 노래한다는 말.

牽强附會 견강부회
유 추주어륙(推舟於陸)
아전인수(我田引水)

끌 牽 굳셀 强 붙일 附 모을 會
억지로 끌어다 갖다 붙인다는 뜻으로, 가당치 않은 말을 억지로 끌어다 붙여서 조건이나 이치에 맞추려고 우겨댄다는 말.

출전 | 주자어류(朱子語類)

見金如石 견금여석

볼 見 쇠 金 같을 如 돌 石
'황금 보기를 돌같이 한다'는 뜻으로, 지나친 욕심을 절제하라는 말.

출전 | 용재총화(慵齋叢話)

見機而作
견 기 이 작
참 견기(見機)

볼 見 틀 機 말이을 而 지을 作

기미를 보고 행동한다는 뜻으로, 일의 기미를 보고 미리 그 일에 조처를 한다는 의미.

犬馬之年
견 마 지 년
유 견마지치(犬馬之齒)
견마지령(犬馬之齡)

개 犬 말 馬 갈 之 해 年

개나 말처럼 헛되게 먹은 나이라는 뜻으로, 남에게 자기 나이를 낮추어 겸손하게 이르는 말.
출전 | 조식(曹植)

見物生心
견 물 생 심
유 이목지욕(耳目之慾)

볼 見 물건 物 날 生 마음 心

물건을 보고 마음이 생긴다는 뜻으로, 사람의 마음에 실물을 보면 욕심이 생긴다는 뜻.

堅白同異
견 백 동 이
유 견석백마(堅石白馬)
백마비마론(白馬非馬論)

굳을 堅 흴 白 같을 同 다를 異

단단하고 흰 돌은 눈으로 보아 흰 것을 알 수 있으나 단단한지는 모르며, 손으로 만져 보았을 때는 그 단단한 것을 알뿐 빛이 흰지는 모른다는 말.
출전 | 순자(荀子)

犬齧枯骨
견 설 고 골

개 犬 물 齧 마를 枯 뼈 骨

개가 말라빠진 뼈를 핥는다는 뜻으로, 음식이 아무 맛도 없음을 가리키는 말.

犬牙相制 견아상제
㊐ 견아상착(犬牙相錯)

개 犬 어금니 牙 서로 相 마를 制

개의 어금니가 서로 맞지 않는다는 뜻으로, 땅의 경계가 서로 어긋나고 뒤섞여 일직선이 되지 않는다는 말. 출전 | 사기(史記)

堅如金石 견여금석
㊐ 견여반석(堅如盤石)
금성철벽(金城鐵壁)

굳을 堅 같을 如 쇠 金 돌 石

굳기가 쇠나 돌같다는 뜻으로, 서로 맺은 언약이나 맹세가 금석같이 굳다는 말.

犬猿之間 견원지간
㊐ 불구대천(不俱戴天)
빙탄지간(氷炭之間)

개 犬 원숭이 猿 갈 之 사이 間

개와 원숭이의 사이라는 뜻으로, 서로 사이가 나쁜 두 사람의 관계를 가리키는 말.

見危致命 견위치명
㊐ 견위수명(見危授命)

볼 見 위태할 危 이룰 致 목숨 命

위태로움을 만나면 목숨을 다하라는 뜻으로, 나라가 위태로울 때 자기의 목숨을 나라에 바친다는 말. 출전 | 논어(論語)

堅忍不拔 견인불발
㊐ 지조견고(志操堅固)

굳을 堅 참을 忍 아닐 不 뺄 拔

의지·절조가 굳고, 괴로움도 참고 견딘다는 뜻으로, 굳게 참고 견디어 마음이 흔들리지 않는다는 말. 출전 | 삼국지(三國志)

決死報國 결사보국

결단할 決 죽을 死 갚을 報 나라 國
죽기를 각오하고 있는 힘을 다하여 나라의 은혜에 보답함을 가리키는 말.

結義兄弟 결의형제

⊕ 도원결의(桃園結義)
  맹형제(盟兄弟)

맺을 結 옳을 義 맏 兄 아우 弟
의로써 형제의 관계를 맺음, 또는 그렇게 관계를 맺은 형제를 말함.

決河之勢 결하지세

⊕ 파죽지세(破竹之勢)

결단할 決 물 河 갈 之 기세 勢
큰물이 둑을 터뜨리고 넘쳐흐르는 기세라는 뜻으로, 걷잡을 수 없는 세찬 기세의 비유한 말.

출전 | 회남자(淮南子)

兼事兼事 겸사겸사

⊕ 겸지겸지(兼之兼之)

겸할 兼 일 事 겸할 兼 일 事
한꺼번에 여러 가지 일을 아울러 하는 모양을 가리킴.

謙讓之德 겸양지덕

⊕ 양례지주(讓禮之主)

겸손할 謙 사양할 讓 갈 之 덕 德
겸손한 태도로 남에게 양보하거나 사양하는 아름다운 마음씨나 행동을 말함.

兼人之勇 (겸인지용)

겸할 兼 사람 人 갈 之 날랠 勇

남을 아우를만한 용기라는 뜻으로, 혼자서 몇 사람을 상대할 만한 용기를 말함.

㈜ 겸인지력(兼人之力)

傾蓋如舊 (경개여구)

기울 傾 덮을 蓋 같을 如 옛 舊

우연히 만나 수레를 멈추고 깁양산을 기울여 잠시 이야기한다는 뜻으로, 처음으로 잠시 만났는데도 오래 사귄 친구와 같다는 말.

㈜ 경개여고(傾蓋如故)
㈜ 백두여신(白頭如新)

출전 | 사기(史記)

耿耿不寐 (경경불매)

빛날 耿 빛날 耿 아닐 不 잠잘 寐

마음에 염려되고 잊혀지지 아니하여 잠을 이루지 못한다는 말.

經國之才 (경국지재)

다스릴 經 나라 國 갈 之 재주 才

나랏일을 경영할 만한 능력. 또는 그런 능력을 가진 사람을 말함.

㈜ 경세지재(經世之才)

耕當問奴 (경당문노)

밭갈 耕 마땅할 當 물을 問 종 奴

농사짓는 일은 머슴에게 물어봐야 한다는 뜻으로, 무슨 일이든 그 방면의 전문가에게 물어야 한다는 말.

㈜ 불치하문(不恥下問)

출전 | 송사(宋史)

傾城地味
경 성 지 미
㈜ 경국지색(傾國之色)
  절세미인(絶世美人)

기울 경 城 성 땅 地 맛 味
한 성을 기울어뜨릴 만한 미색(美色)을 말함.

經世濟民
경 세 제 민
㈜ 경국제세(經國濟世)
  경제(經濟)

날(경영할) 經 세상 世 건널 濟 백성 民
세상을 다스리고 백성을 구제한다는 뜻으로, 경제(經濟)의 어원인, 거두다·관리하다의 뜻.

輕衣肥馬
경 의 비 마
㈜ 경장비마(輕裝肥馬)

가벼울 輕 옷 衣 살찔 肥 말 馬
가벼운 비단옷과 살찐 말이라는 뜻으로, 호사스러운 차림새를 가리킴.

敬而遠之
경 이 원 지
㈜ 경귀신이원지(敬鬼神而遠之)
  경원(敬遠)

공경할 敬 어조사 而 멀 遠 갈 之
존경하기는 하되 가까이 하지는 아니한다는 뜻으로, 공경하는 체하면서 가까이 하지는 아니함. 또는 꺼리어 멀리한다는 말.
출전 | 논어(論語)

輕敵必敗
경 적 필 패
㈜ 교병필패(驕兵必敗)

가벼울 輕 원수 敵 반드시 必 패할 敗
적을 가볍게 보고 업신여기면 반드시 패한다는 말.
출전 | 전국책(戰國策)

耕田鑿井
경 전 착 정

밭갈 耕 밭 田 뚫을 鑿 우물 井

밭을 갈고 우물을 판다는 뜻으로, 백성들이 생업을 즐기며 평화롭게 지냄을 가리키는 말.

輕佻浮薄
경 조 부 박

㊎ 경박부허(輕薄浮虛)
경부(輕浮)

가벼울 輕 경박할 佻 뜰 浮 엷을 薄

언어행동이 경솔하고 신중하지 못하다는 뜻으로, 사람됨이 가벼워서 언어나 행동이 점잖지 못함을 말함.

慶弔相問
경 조 상 문

경사 慶 조상할 弔 서로 相 물을 問

서로 경사에 축하하고 흉사에 위문하여 줌을 말함.

鏡中美人
경 중 미 인

㊎ 화중지병(畵中之餠)

거울 鏡 가운데 中 아름다울 美 사람 人

거울에 비친 미인이라는 뜻으로, 실속 없는 일을 비유할 때 쓰는 말.

敬天勤民
경 천 근 민

㊎ 경천애인(敬天愛人)

공경할 敬 하늘 天 부지런할 勤 백성 民

하늘을 공경하고 백성을 다스리기에 부지런함을 말함.

驚天動地
경 천 동 지

㉙ 동천경지(動天驚地)
진천동지(震天動地)

놀랄 驚 하늘 天 움직일 動 땅 地
하늘을 놀라게 하고 땅을 뒤흔든다는 뜻으로, 세상을 깜짝 놀라게 한다는 말.

출전 | 주자가어(朱子家語)

敬天愛人
경 천 애 인

㉙ 경천근민(敬天勤民)

공경할 敬 하늘 天 사랑 愛 사람 人
하늘을 공경하고 사람을 사랑한다는 뜻으로, 하늘을 절대적 가치로 숭배하고 만민을 모두 사랑한다는 의미.

출전 | 남주유훈(南州遺訓)

經天緯地
경 천 위 지

㉙ 경천위지지재(經天緯地之才)
동량지재(棟樑之材)

날(경영할) 經 하늘 天 씨 緯 땅 地
온 천하를 경륜하여 다스린다는 뜻으로, 온 세상을 통솔력을 가지고 잘 다스린다는 뜻.

출전 | 국어(國語)

鏡花水月
경 화 수 월

거울 鏡 꽃 花 물 水 달 月
거울 속에 비친 꽃이나 물에 비친 달이란 뜻으로, 눈에는 보이나 손으로 잡을 수 없는 것을 비유하여 일컫는 말.

출전 | 시가직설(詩家直說)

京華子弟
경 화 자 제

서울 京 빛날 華 아들 子 아우 弟
번화한 서울에서 곱게 자란 젊은이란 뜻으로, 부잣집 자녀들을 일컫는 말.

필수 고사성어·숙어 – 2단계 | **131**

驚惶罔措
경황망조

놀랄 驚 두려울 惶 그물 罔 둘 措
마음이 급하여 놀라고 두려워서 어리둥절하며 어찌할 줄을 모르고 허둥지둥함.

稽古
계고

⊕ 최고(催告)

머무를 稽 옛 古
옛일을 생각한다는 뜻으로, 학문을 닦는 것을 가리킴.

鷄群一鶴
계군일학

⊕ 계군고학(鷄群孤鶴)
　군계일학(群鷄一鶴)

닭 鷄 무리 群 한 一 학 鶴
무리지어 있는 닭 가운데 한 마리의 학이라는 뜻으로, 평범한 여러 사람들 가운데 있는 뛰어난 한 사람을 일컫는 말.

출전 | 진서(晉書)-혜소전(嵇紹傳)

計窮力盡
계궁역진

셀 計 다할 窮 힘 力 다할 盡
꾀가 막히고 힘을 모두 써 버렸다는 뜻으로, 더 이상 어떻게 할 방법과 수단이 없다는 말.

桂玉之嘆
계옥지탄

⊕ 계옥지수(桂玉之愁)

계수나무 桂 옥 玉 갈 之 탄식할 嘆
계수나무보다도 비싼 장작과 옥보다도 귀한 밥으로 생활하는 어려움이라는 뜻으로, 도시에서 고학하는 어려움을 비유적으로 이르는 말.

출전 | 전국책(戰國策)

契酒生面
계 주 생 면

맺을 契 술 酒 날 生 낯 面
계모임에서 먹는 술로 얼굴을 내민다는 뜻으로, 남의 물건을 가지고 자신이 생색을 낸다는 말.　　　출전 | 동언해(東言解)

季布一諾
계 포 일 낙(락)

㈜ 남아일언중천금
　　(男兒一言重千金)

끝 季 베 布 한 一 승낙할 諾
계포의 믿을 수 있는 확실한 승낙이라는 뜻으로, 곧 '한 번 약속을 하면 반드시 지킨다'는 말.　　출전 | 사기(史記)-계포전(季布傳)

呱呱之聲
고 고 지 성

㈜ 고고성(呱呱聲)

울 呱 울 呱 갈 之 소리 聲
태어나면서 처음으로 우는 소리라는 뜻으로, 사물이 처음으로 이룩(시작)되는 기척을 비유하여 일컫는 말.

高官大爵
고 관 대 작

㊉ 미관말직(微官末職)

높을 高 벼슬 官 큰 大 작위 爵
지위가 높은 큰 벼슬자리라는 뜻으로, 높은 벼슬자리. 또는, 그 직위에 있는 사람을 가리키는 말.

孤軍奮鬪
고 군 분 투

㈜ 고전악투(孤戰惡鬪)
　　현군고투(縣軍孤鬪)

외로울 孤 군사 軍 떨칠 奮 싸움 鬪
외로운 군대가 힘겹게 적과 싸운다는 뜻으로, 홀로 여럿을 상대로 싸운다는 말.

固窮讀書 (고궁독서)

굳을 固 다할 窮 읽을 讀 글 書
가난함을 분수로 여기면서 글 읽기를 즐겨한다는 말.

孤根弱植 (고근약식)

외로울 孤 뿌리 根 약할 弱 심을 植
외로운 뿌리와 약한 식물이라는 뜻으로, 친척이나 돌보아주는 이가 없는 사람을 비유하여 일컫는 말.

古今東西 (고금동서)

⊕ 동서고금(東西古今)

옛 古 이제 今 동녘 東 서녘 西
예와 지금, 그리고 동쪽과 서쪽이라는 뜻으로, 때와 지역을 통틀어 일컫는 말로 시공(時空)을 아우르는 말.

古今天地 (고금천지)

옛 古 이제 今 하늘 天 땅 地
옛날부터 지금까지의 온 세상을 말함.

高談放言 (고담방언)

높을 高 이야기 談 놓을 放 말씀 言
남을 두려워하지 않고, 저 하고 싶은 대로 소리 높여 떠드는 것을 말함.

高談峻論 (고담준론)

높을 高 이야기 談 높을 峻 논할 論
고상하고 준엄한 언론이라는 뜻으로, 자만하고 과장하는 언론이다.

㋾ 고담준언(高談峻言)

高臺廣室 (고대광실)

높을 高 돈대 臺 넓을 廣 집 室
높은 댓돌 위에 있는 넓디넓은 집이라는 뜻으로, 굉장히 크고 좋은 집을 말함.

㋾ 고루거각(高樓巨閣)
㋙ 일간두옥(一間斗屋)

叩頭謝罪 (고두사죄)

두드릴 叩 머리 頭 사례할 謝 허물 罪
경의를 나타내기 위하여 머리를 조아려 사죄하는 것을 말함.

㋾ 고사(叩謝)

顧名思義 (고명사의)

돌아볼 顧 이름 名 생각 思 옳을 義
어떤 일을 당하여 명예를 더럽히는 일이 아닌지 돌이켜보고, 의리에 어긋나는 일이 아닌지 생각한다는 말.

枯木生花 (고목생화)

마를 枯 나무 木 날 生 꽃 花
마른 나무에 꽃이 핀다는 뜻으로, 곤궁한 사람이 뜻밖의 행운을 만나게 됨을 비유한 말.   출전 | 송남잡지(松南雜識)

㋾ 고수생화(枯樹生花)
고목발영(枯木發榮)

叩盆之嘆
고 분 지 탄

윤 고분지통(叩盆之痛)
고분이가(叩盆而歌)

두드릴 叩 물동이 盆 갈 之 한탄할 嘆
물동이를 두드리며 한탄한다는 뜻으로, 아내를 여읜 한탄을 일컫는 말.

출전 | 장자(莊子)

古色蒼然
고 색 창 연

참 창연(蒼然)

옛 古 빛 色 푸를 蒼 그러할 然
퍽 오래되어 예스러운 정치(情致)가 저절로 드러나 보이는 모양을 가리킴.

孤城落日
고 성 낙 일

윤 고립무의(孤立無依)
무원고립(無援孤立)

외로울 孤 성 城 떨어질 落 날 日
외로운 성에 지는 해라는 뜻으로, 세력이 다 하여 의지할 데가 없는 외로운 처지라는 말.

출전 | 당시선(唐詩選)

高聲放歌
고 성 방 가

높을 高 소리 聲 놓을 放 노래 歌
술에 취하여 거리에서 큰 소리를 지르거나 노래를 부른다는 말.

姑息之計
고 식 지 계

윤 동족방뇨(凍足放尿)
미봉책(彌縫策)

시어미 姑 자식 息 갈 之 꾀할 計
아녀자나 어린이가 꾸미는 계책이라는 뜻으로, 근본 해결책이 아닌 임시로 편한 것을 취하는 계책. 잠시 모면할 일시적인 방편을 가리킴.

출전 | 예기(禮記)

枯楊生稊
고 양 생 제

마를 枯 버들 楊 날 生 돌피 稊

시들었던 버드나무에 다시 싹이 돋아난다는 뜻으로, 늙은 남자가 젊은 아내를 얻어 자손을 얻을 수 있음의 비유한 말.

출전 | 역경(易經)

孤雲野鶴
고 운 야 학

참 한운야학(閑雲野鶴)

외로울 孤 구름 雲 들 野 학 鶴

외롭게 떠 있는 구름과 무리에서 벗어난 학이라는 뜻으로, 벼슬을 하지 않고 한가롭게 지내는 선비를 가리킴.

苦肉之計
고 육 지 계

유 고육책(苦肉策)
고육지책(苦肉之策)

쓸 苦 몸 肉 갈 之 꾀할 計

몸을 고통스럽게 하는 계책이란 뜻으로, 자기 자신의 다소간의 희생까지도 각오하고 상대방을 속이기 위해 꾸미는 계책의 의미.

출전 | 삼국지연의(三國志演義)

固定觀念
고 정 관 념

유 고착관념(固着觀念)

굳을 固 정할 定 볼 觀 생각할 念

그 사람의 마음속에 늘 자리하여 상황의 변화에도 흔들리지 아니하는 생각이나 견해를 말함.

固執不通
고 집 불 통

유 강려자용(剛戾自用)
옹고집(壅固執)

굳을 固 잡을 執 아니 不 통할 通

고집이 세서 조금도 융통성이 없음. 또는 그러한 사람을 가리킴.

孤枕單衾 (고침단금)

외로울 孤 베개 枕 홀 單 이불 衾
외로운 베개와 이불이라는 뜻으로, 젊은 여자가 홀로 쓸쓸하게 지내는 것을 일컫는 말.

㈜ 독수공방(獨守空房)

高枕肆志 (고침사지)

높을 高 베개 枕 방자할 肆 뜻 志
높은 베개를 베고 마음대로 한다는 뜻으로, 할일 없이 한가하게 마음대로 즐기며 지냄을 일컫는 말.

孤枕寒燈 (고침한등)

외로울 孤 베개 枕 찰 寒 등불 燈
외로운 베개와 쓸쓸한 등불이라는 뜻으로, 홀로 자는 쓸쓸한 밤을 말함.

孤子單身 (고혈단신)

외로울 孤 홀로 子 홑 單 몸 身
외로운 홀몸이라는 뜻으로, 혈육이 없어 의지할 곳이 없는 사람의 신세를 말함.

㈜ 혈혈단신(孑孑單身)
　　사고무친(四顧無親)

曲肱之樂 (곡굉지락)

굽을 曲 팔 肱 갈 之 즐길 樂
팔을 베개 삼아 누워 사는 가난한 생활이라도 도(道)에 살면 그 속에 즐거움이 있다는 뜻으로, 물질을 추구하며 살기보다는 정신을 중시해서 사는 편이 낫다는 말.

㈜ 안빈낙도(安貧樂道)

출전 | 논어(論語)

骨肉相殘
골 육 상 잔

㊥ 골육상쟁(骨肉相爭)
　동족상잔(同族相殘)

뼈 骨 몸 肉 서로 相 해칠 殘

같은 혈육끼리 서로 해친다는 뜻으로, 같은 민족끼리 해치며 싸우는 일을 말함.

骨肉之親
골 육 지 친

㊥ 혈육(血肉)
　혈육지친(血肉之親)

뼈 骨 몸 肉 갈 之 친할 親

부모와 자식 또는 형제자매 등의 가까운 혈족을 가리키는 말.

公明正大
공 명 정 대

㊥ 공정무사(公正無私)
　광명정대(光明正大)

공변될 公 밝을 明 바를 正 큰 大

하는 일이나 태도가 사사로움이나 그릇됨이 없이 아주 밝고 정당하고 떳떳함을 가리킴.

空山明月
공 산 명 월

빌 空 뫼 山 밝을 明 달 月

빈 산의 밝은 달이라는 뜻으로, 적적한 산에 외로이 비치는 밝은 달의 의미로 적막함을 나타냄.

公序良俗
공 서 양 속

㊥ 미풍양속(美風良俗)

공변될 公 질서 序 어질 良 풍속 俗

공공의 질서와 선량한 풍속이라는 뜻으로, 법률사상의 지도적 이념이다.

空前絶後 (공전절후)

빌 空 앞 前 끊을 絶 뒤 後
비교할 만한 것이 이전에도 없고 이후에도 없다는 뜻으로, 아주 독특하고 희귀하다는 말.

㊜ 전무후무(前無後無)
파천황(破天荒)

共存共榮 (공존공영)

함께 共 생존할 存 함께 共 번영할 榮
함께 살고 함께 번영함. 또는 함께 잘 살아간다는 말.

功虧一簣 (공휴일궤)

공로 功 이지러질 虧 한 一 삼태기 簣
산을 쌓아 올리는데 한 삼태기의 흙을 게을리 하여 완성을 보지 못함. 즉 완성되어 가던 일을 중단했기 때문에 모두 허사가 됨을 말함.

출전 | 서경(書經)-여오편(旅獒篇)

㊜ 구인공휴일궤(九仞功虧一簣)

過恭非禮 (과공비례)

허물 過 공손할 恭 아닐 非 예도 禮
지나치게 공손함은 예가 아니니라는 뜻으로, 지나친 공손은 오히려 예의에 벗어난다는 말.

誇大妄想 (과대망상)

자랑할 誇 큰 大 망령될 妄 생각할 想
자기의 위치를 사실보다 지나치게 높이 평가하는 망상이라는 뜻으로, 자기의 현재 상태를 턱없이 과장해서 사실인 것처럼 믿는 것을 말함.

㊜ 과대망상광(誇大妄想狂)

瓜田李下
과 전 이 하
㈛ 과전불납리(瓜田不納履)
　　이하부정관(李下不整冠)

오이 瓜 밭 田 오얏나무 李 아래 下
오이밭에서 신을 고쳐 신지 말고, 오얏나무 아래서 갓을 고쳐 쓰지 말라는 뜻으로, 남의 의심을 받기 쉬운 일은 하지 말라는 말.
출전 | 문선(文選)-악부편(樂府篇)

管見
관 견
㈛ 견일반지전표(見一斑知全豹)
　　단견(短見)

피리 管 볼 見
좁은 소견, 넓지 못한 식견, 소견의 겸사말로 대롱 구멍으로 세상을 보는 것처럼 소견머리가 없음을 말함.
출전 | 장자(莊子)

寬仁大度
관 인 대 도

너그러울 寬 어질 仁 큰 大 도량 度
남을 걱정하는 어진 마음이 깊고 생각하는 바가 넓다는 뜻으로, 마음이 너그럽고 인자하여 도량이 넓음을 말함.
출전 | 사기(史記)

官尊民卑
관 존 민 비
㉒ 민중군경(民重君輕)

벼슬 官 높을 尊 백성 民 낮을 卑
관리는 높고 귀하며, 백성은 낮고 천하다는 사고방식을 가리킴.

光明正大
광 명 정 대
㈛ 공명정대(公明正大)
　　지공무사(至公無私)

빛 光 밝을 明 바를 正 큰 大
말과 행동이 떳떳하고 정당함을 말함.

曠世之才 (광세지재)

밝을 曠 세상 世 갈 之 재주 才

세상에서 보기 드문 뛰어난 재주. 그런 재주를 가진 사람을 말함.

출전 | 구양수(歐陽脩)의 취옹정기(醉翁亭記)

光陰如流 (광음여류)

㊞ 일촌광음(一寸光陰)

빛 光 그늘 陰 같을 如 흐를 流

세월이 흐르는 물과 같다는 뜻으로, 세월이 물과 같이 빠르고 한번 지나면 되돌아오지 않는다는 말.

출전 | 안씨가훈(顔氏家訓)

光陰如箭 (광음여전)

㊞ 광음여류(光陰如流)
유수광음(流水光陰)

빛 光 그늘 陰 같을 如 화살 箭

세월이 쏜 화살과 같이 빠르고 한번 지나면 되돌아오지 않음을 비유하여 일컫는 말.

光風霽月 (광풍제월)

㊞ 제월광풍(霽月光風)
광제(光霽)

빛 光 바람 風 갤 霽 달 月

시원한 바람과 맑은 달이라는 뜻으로, 아무 거리낌이 없는 맑고 밝은 인품을 비유하여 일컫는 말.

출전 | 송사(宋史)

矯角殺牛 (교각살우)

㊞ 교왕과정(矯枉過正)
소탐대실(小貪大失)

바로잡을 矯 뿔 角 죽일 殺 소 牛

쇠뿔을 바로잡으려다가 소를 죽인다는 뜻으로, 결점이나 흠을 고치려는 일이 지나쳐 도리어 일을 그르칠 때 사용하는 말.

矯枉過直
교 왕 과 직

- 유 교왕과정(矯枉過正)
- 참 교각살우(矯角殺牛)

바로잡을 矯 굽을 枉 지날 過 곧을 直
구부러진 것을 바로잡으려다가 지나치게 곧게 한다는 뜻으로, 잘못을 바로잡으려다가 지나쳐서 오히려 나쁘게 됨을 말함.

출전 | 한서(漢書)

膠柱鼓瑟
교 주 고 슬

- 유 각주구검(刻舟求劍)
  수주대토(守株待兎)

아교 膠 기둥 柱 북 鼓 거문고 瑟
비파나 거문고의 줄을 아교풀로 고착시켜 버리면 한 가지 소리밖에 나지 않는다는 뜻으로, 융통성이 없이 소견이 꽉 막힌 사람을 일컫는 말.

출전 | 사기(史記)

膠漆之交
교 칠 지 교

- 유 금란지교(金蘭之交)
  관포지교(管鮑之交)

갖풀 膠 옻 漆 갈 之 사귈 交
아교와 옻의 사귐이라는 뜻으로, 서로 떨어질 수 없을 정도로 친밀한 교분을 비유적으로 이르는 말.

출전 | 사기(史記)

狡兎三窟
교 토 삼 굴

- 유 교토삼혈(狡兎三穴)

교활할 狡 토끼 兎 석 三 굴 窟
교활한 토끼는 굴 셋을 파놓는다는 뜻으로, 재난을 잘 피하거나 조심스럽게 몸을 숨기는 것을 일컫는 말.

출전 | 전국책(戰國策)-제책(齊策)

口角春風
구 각 춘 풍

입 口 뿔 角 봄 春 바람 風
수다스러운 말로 남을 칭찬하여 즐겁게 해준다는 뜻으로, 남을 칭찬하여 줌을 가리킴.

舊官名官
구 관 명 관

옛 舊 벼슬 官 이름 名 벼슬 官

경험이 많은 사람이 더 낫다는 뜻으로, 나중 사람을 겪어 봄으로써 먼저 사람이 좋은 줄 알게 된다는 말.

狗尾續貂
구 미 속 초

⊕ 속초지기(續貂之譏)

개 狗 꼬리 尾 이을 續 담비 貂

담비의 꼬리가 모자라 개꼬리로 잇는다는 뜻으로, 벼슬을 함부로 줌을 비유하여 일컬음.

출전 | 진서(晉書)

苟安偸生
구 안 투 생

⊕ 투안(偸安)

구차할 苟 편안할 安 훔칠 偸 날 生

잠시의 편안함을 위해 구차하게 산다는 뜻으로, 일시적인 안락함을 탐해서 헛되이 살아간다는 뜻.

출전 | 신서(新序)

九牛一毛
구 우 일 모

⊕ 조족지혈(鳥足之血)
창해일속(滄海一粟)

아홉 九 소 牛 한 一 터럭 毛

여러 마리 소 가운데 한 가닥의 털이라는 뜻으로, 대단히 많은 것 중의 아주 적은 보잘것없는 것.

출전 | 사기(史記)

口耳之學
구 이 지 학

⊕ 구이강설(口耳講說)
도청도설(道聽塗說)

입 口 귀 耳 갈 之 배울 學

입과 귀로만 하는 학문이라는 뜻으로, 귀로 들은 것은 이내 입으로 지껄이는 천박한 학문. 곧 자신을 이롭게 하지 못하는 학문의 의미.

출전 | 순자(荀子)

求田問舍 (구전문사)

구할 求 밭 田 물을 問 집 舍

논밭이나 살림할 집을 구하여 산다는 뜻으로, 논밭이나 집 따위 재산에만 마음을 쓸 뿐 원대한 뜻이 없음을 가리키는 말.

求全之毀 (구전지훼)

구할 求 온전할 全 갈 之 헐 毀

심신을 수양하여 온전하게 하려다가 뜻밖에 남으로부터 비방을 당함을 일컫는 말.

출전 | 맹자(孟子)

九重宮闕 (구중궁궐)

아홉 九 무거울 重 집 宮 대궐 闕

문이 겹겹이 달린 깊은 대궐이라는 뜻으로, 천자나 임금이 살고 있는 궁궐을 말함.

⊕ 구중심처(九重深處)
　궁성(宮城)

九尺長身 (구척장신)

아홉 九 자 尺 길 長 몸 身

아홉 자나 되는 큰 키라는 뜻으로, 아주 큰 키. 또는 그러한 사람을 말함.

舊態依然 (구태의연)

예 舊 모양 態 의지할 依 그러할 然

옛 모습 그대로라는 뜻으로, 변화와 발전이 없이 과거의 것을 그대로 답습한다는 말.

참 인순고식(因循姑息)

久旱甘雨
구 한 감 우

오랠 久 가물 旱 달 甘 비 雨
오랜 가뭄 끝에 내리는 단 비라는 뜻으로, 간절한 기다림 끝에 바라던 일이 이루어졌다는 의미.

口禍之門
구 화 지 문

입 口 재앙 禍 갈 之 문 門
입이 재앙을 불러들이는 문이 된다는 뜻으로, 말조심을 하라고 경계하는 말.

🔍 사불급설(駟不及舌)
구시화지문(口是禍之門)

출전 | 전당서(全唐書)

國利民福
국 리 민 복

나라 國 이로울 利 백성 民 복 福
나라의 이익과 국민의 행복을 가리킴.

國士無雙
국 사 무 쌍

나라 國 선비 士 없을 無 쌍 雙
천하제일의 인물이라는 뜻으로, 온 나라에서 둘도 없는 가장 뛰어난 사람이라는 말.

🔍 일세지웅(一世之雄)
태산북두(泰山北斗)

출전 | 사기(史記)-회음후열전(淮陰侯列傳)

跼天蹐地
국 천 척 지

구부릴 跼 하늘 天 살금살금 걸을 蹐 땅 地
머리가 하늘에 닿을까 염려하여 몸을 구부리고 땅이 꺼질까 염려하여 조심조심 걷는다는 뜻으로, 두려워 몸둘 바를 모르는 모양을 이르는 말.

🔍 국척(跼蹐), 국축(跼縮)

출전 | 시경(詩經)

國泰民安 (국태민안)

나라 國 태평할 泰 백성 民 편안할 安
나라가 태평하고 백성이 편안하다는 뜻으로, 국민의 살기가 편안하다는 말로 이상적인 국가를 말함.

群盲象評 (군맹상평)

⊕ 군맹무상(群盲撫象)
군맹평상(群盲評象)

무리 群 소경 盲 코끼리 象 평할 評
여러 명의 소경이 코끼리를 평한다는 뜻으로, 모든 사물을 자기 주관과 좁은 소견으로 잘못 판단함을 일컫는 말.

출전 | 불경(佛經)

君命不受 (군명불수)

임금 君 목숨 命 아닐 不 받을 受
임금의 명령도 받아들여지지 않을 때가 있다는 뜻으로, 전쟁을 수행 중인 장수는 경우에 따라 임금의 명령도 거역할 수 있음을 말함.

軍門梟首 (군문효수)

군사 軍 문 門 올빼미 梟 머리 首
지난날 죄인의 목을 베어 군영의 문에 높이 매달던 형벌을 가리킴.

群雄割據 (군웅할거)

⊕ 중원축록(中原逐鹿)

무리 群 수컷 雄 나눌 割 의거할 據
많은 영웅들이 각지에서 세력을 떨치며 서로 맞서는 일을 가리킴.

君子大路行 (군자대로행)

㈜ 행불유경(行不由徑)

임금 君 아들 子 큰 大 길 路 갈 行

군자는 큰 길을 택해서 간다는 뜻으로, 옳고 바르게 행동함으로써 남의 본보기가 된다는 말.

君子不器 (군자불기)

임금 君 아들 子 아니 不 그릇 器

군자는 일정한 용도로 쓰이는 그릇과 같은 것이 아니라는 뜻으로, 군자는 한 가지 재능에만 얽매이지 않고 두루 살피고 원만하다는 말.

출전 | 논어(論語)-위정편(爲政篇)

君子豹變 (군자표변)

㈜ 소인혁면(小人革面)

임금 君 아들 子 범 豹 변할 變

군자의 언행은 표범의 무늬처럼 선명하게 변한다는 뜻으로, 군자는 잘못을 깨달으면 곧바로 분명하게 고친다는 말.

출전 | 역경(易經)

掘墓鞭屍 (굴묘편시)

팔 掘 무덤 墓 채찍 鞭 주검 屍

묘를 파헤쳐 시체를 채찍질한다는 뜻으로, 가혹한 복수를 일컫는 말.

출전 | 오자서(伍子胥)

堀井取水 (굴정취수)

팔 堀 우물 井 취할 取 물 水

굴을 파서 물을 얻는다는 뜻으로, 굳센 의지로 땅을 뚫고 내려가듯이 한 가지 일에 몰두함을 일컫는 말.

窮寇莫追 (궁구막추)

다할 窮 도둑 寇 없을 莫 쫓을 追

막다른 곳에 이른 쥐를 쫓지 말라는 뜻으로, 곤란한 처지에 있는 사람을 너무 몰아붙이지 말라는 말.

출전 | 손자(孫子)

㈜ 곤수유투(困獸猶鬪)
  궁서막추(窮鼠莫追)

窮鼠齧猫 (궁서설묘)

다할 窮 쥐 鼠 물 齧 고양이 猫

궁지에 몰린 쥐가 고양이를 문다는 뜻으로, 아무리 약자라도 궁지에 몰리면 필사적으로 강적에게 대항한다는 말.

출전 | 염철론(鹽鐵論)

㈜ 곤수유투(困獸猶鬪)
  궁서설리(窮鼠齧狸)

窮餘一策 (궁여일책)

다할 窮 남을 餘 한 一 꾀 策

매우 궁한 나머지 짜낸 한 가지 방책이라는 뜻으로, 막다른 처지에서 짜내는 한 가지 계책을 가리킴.

㈜ 궁여지책(窮餘之策)

窮餘之策 (궁여지책)

궁할 窮 남을 餘 갈 之 책략 策

궁한 끝에 나는 꾀라는 뜻으로, 막다른 처지에서 생각다 못해 내는 계책을 말함.

㈜ 궁여일책(窮餘一策)

窮人謀事 (궁인모사)

다할 窮 사람 人 꾀할 謀 일 事

운수가 궁한 사람이 꾸미는 일은 실패한다는 뜻으로, 일이 잘 이루어지지 않음을 일컫는 말.

窮鳥入懷 (궁조입회)

다할 窮 새 鳥 들 入 품 懷
쫓기던 새가 사람의 품안으로 날아든다는 뜻으로, 궁지에 몰릴 때에는 적에게도 의지한다는 말.

출전 | 안씨가훈(顔氏家訓)

券讀終日 (권독종일)

문서 券 읽을 讀 끝날 終 해 日
하루 종일 책을 읽는다는 말.

權謀術數 (권모술수)

⊕ 권모술책(權謀術策)
권수(權數)

권세 權 꾀 謀 재주 術 셈 數
권세와 모략과 중상 등 온갖 수단과 방법을 쓴다는 뜻으로, 목적을 위해 남을 교묘하게 속이는 모략이나 술수를 일컫는 말.

출전 | 한비자(韓非子)

權不十年 (권불십년)

⊕ 세불십년(勢不十年)
화무십일홍(花無十日紅)

권세 權 아니 不 열 十 해 年
권세는 십 년은 넘지 못한다는 뜻으로, 권력이나 세도가 오래 가지 못하고 늘 변함을 가리킴.

歸去來辭 (귀거래사)

⊕ 귀거래(歸去來)

돌아올 歸 갈 去 올 來 말 辭
되돌아가는 길이라는 뜻으로, 벼슬에서 물러나 자신의 뜻에 따라서 자연을 사랑하는 생활로 되돌아감을 비유한 말.

출전 | 도연명(陶淵明)의 시(詩)

歸馬放牛 (귀마방우)

돌아갈 歸 말 馬 놓을 放 소 牛

전쟁에 썼던 말과 소를 놓아준다는 뜻으로, 더 이상 전쟁을 하지 아니함을 이르는 말.

출전 | 사기(史記)

龜毛兎角 (귀모토각)

거북 龜 털 毛 토끼 兎 뿔 角

거북의 털과 토끼의 뿔이라는 뜻으로, 절대로 있을 수 없는 일을 비유하여 일컫는 말.

출전 | 수신기(搜神記)

龜背刮毛 (귀배괄모)

㊌ 연목구어(緣木求魚)

거북 龜 등 背 긁을 刮 털 毛

거북의 등에서 털을 긁는다는 뜻으로, 불가능한 일을 무리하게 하려고 함을 비유하여 일컫는 말.

출전 | 순오지(旬五志)

橘化爲枳 (귤화위지)

㊌ 강남귤화위지(江南橘化爲枳)
남귤북지(南橘北枳)

귤나무 橘 될 化 할 爲 탱자나무 枳

회남(淮南)의 귤을 회북(淮北)으로 옮겨 심으면 탱자가 된다는 뜻으로, 환경과 조건에 따라 사물의 성질이 변함을 이르는 말.

출전 | 주례(周禮)

隙駒光陰 (극구광음)

㊌ 백구과극(白駒過隙)
광음여류(光陰如流)

틈 隙 망아지 駒 빛 光 그늘 陰

세월이 달리는 말을 문틈으로 보는 것과 같다는 뜻으로, 인생의 덧없고 짧음을 일컫는 말.

極樂往生 (극락왕생)

㊌ 극락정토(極樂淨土)
정토왕생(淨土往生)

다할 極 즐길 樂 갈 往 날 生
불교에서, 죽어서 극락정토(극락정토)에 가서 다시 태어남을 말한다(편안히 죽음).

極樂淨土 (극락정토)

㊌ 무량청정토(無量淸淨土)
안락정토(安樂淨土)

다할 極 즐길 樂 깨끗할 淨 흙 土
아미타불이 살고 있다는 정토. 곧 염불한 사람이 죽어서 가는 곳으로 안락하여 즐거움만 있다는 곳을 말함.

출전 | 불설무량수경(佛說無量壽經)

極惡無道 (극악무도)

㊌ 대악무도(大惡無道)
중악(重惡)

다할 極 악할 惡 없을 無 길 道
더할 나위 없이 악하고 도리에 완전히 어긋나 있는 것을 말함.

槿花一朝夢 (근화일조몽)

㊌ 인생조로(人生朝露)

무궁화 槿 꽃 花 한 一 아침 朝 꿈 夢
아침에 피었다가 저녁에 지는 무궁화아 같다는 뜻으로, 하루아침의 영화라는 말로 인간의 덧없는 영화를 일컫는 말.

출전 | 백거이(白居易)

錦鱗玉尺 (금린옥척)

비단 錦 비늘 鱗 구슬 玉 자 尺
비늘이 비단처럼 번쩍이는 옥 같은 큰 물고기라는 뜻으로, 싱싱하고 아름다운 큰 물고기를 비유하여 일컫는 말.

金石盟約
금석맹약

⑪ 금석상약(金石相約)
　 금석지약(金石之約)

쇠 金　돌 石　맹세할 盟　묶을 約
쇠나 돌 같은 맹세와 약속의 뜻으로, 굳고 단단한 깊은 맹세를 하는 약조의 의미.

金城湯池
금성탕지

⑪ 금성천리(金城千里)
　 금성철벽(金城鐵壁)

쇠 金　성 城　끓일 湯　못 池
끓어오르는 못에 둘러싸인 쇠로 만든 성이라는 뜻으로, 견고한 경비 태세를 갖춘 것을 말함.　　출전 | 한서(漢書)-괴통전(蒯通傳)

錦繡江山
금수강산

⑪ 삼천리금수강산(三千里錦繡江山)

비단 錦　수놓을 繡　강 江　뫼 山
비단에 수놓은 것 같은 강산이라는 뜻으로, 아름다운 자연을 일컫는 말.

琴瑟相和
금슬상화

⑪ 금슬지락(琴瑟之樂)

거문고 琴　비파 瑟　서로 相　조화 和
작은 거문고와 큰 거문고가 어울려서 좋은 소리를 낸다는 뜻으로, 부부의 정이나 형제의 사이가 매우 좋다는 말.

출전 | 시경(詩經)

琴瑟之樂
금슬지락

⑪ 금슬(琴瑟)
　 원앙지계(鴛鴦之契)

거문고 琴　비파 瑟　갈 之　즐거울 樂
거문고와 비파의 조화로운 소리라는 뜻으로, 부부 사이의 다정하고 화목한 즐거움을 말함.　　출전 | 시경(詩經)

今始初聞 금시초문

이제 今 비로소 始 처음 初 들을 聞

이제야 비로소 처음 듣는다는 뜻으로, 듣는 게 처음이라는 말.

㈜ 금시초문(今時初聞)

金烏玉兔 금오옥토

쇠 金 까마귀 烏 구슬 玉 토끼 兔

금까마귀와 옥토끼라는 뜻으로, 해 속에는 금까마귀 무늬가 있고 달 속에는 옥토끼 문양이 있는 듯 보여, 해와 달을 가리키는 말.

錦衣玉食 금의옥식

비단 錦 옷 衣 구슬 玉 밥 食

비단옷과 흰 쌀밥이라는 뜻으로, 사치스러운 의식이나 부유한 생활을 일컫는 말.

출전 | 송사(宋史)

㈜ 호의호식(好衣好食)
㈐ 악의악식(惡衣惡食)

急於星火 급어성화

급할 急 어조사 於 별 星 불 火

별똥의 불빛 같이 급하고 빠름을 가리킴.

掎角之勢 기각지세

끌 掎 뿔 角 갈 之 기세 勢

한 사람은 뒤에서 사슴의 다리를 붙잡고 한 사람은 앞에서 뿔을 붙잡는다는 뜻으로, 앞뒤로 적과 맞서는 태세를 일컫는 말.

㈜ 의각지세(犄角之勢)

氣高萬丈
기 고 만 장

㊞ 기염만장(氣焰萬丈)
　호기만장(豪氣萬丈)

기운 氣 높을 高 일만 萬 길이 丈
기운의 높이가 만 길이라는 뜻으로, 일이 뜻대로 잘 되어 기세가 대단하거나, 또 화를 낼 때 지나치게 자만하는 형세를 말함.

騎馬欲率奴
기 마 욕 솔 노

㊞ 득롱망촉(得隴望蜀)
　차청차규(借廳借閨)

말 탈 騎 말 馬 하고자 할 欲 거느릴 率 종 奴
말 타면 경마 잡히고 싶다는 뜻으로, 사람의 욕심이란 끝이 없음을 비유.

출전 | 순오지(旬五志)

驥服鹽車
기 복 염 거

㊞ 대기소용(大器小用)
　우도할계(牛刀割鷄)

천리마 驥 일할 服 소금 鹽 수레 車
천리마가 소금 수레를 끈다는 뜻으로, 매우 훌륭한 인재가 낮은 지위에 있거나 하찮은 일에 쓰임을 비유한 말.

출전 | 전국책(戰國策)

箕山之節
기 산 지 절

㊞ 기산지조(箕山之操)
　기산지지(箕山之志)

키 箕 뫼 山 갈 之 절개 節
기산의 절개라는 뜻으로, 굳은 절개나 신념에 충실을 가리키는 말.

출전 | 한서(漢書)-포선전

奇想天外
기 상 천 외

㊞ 기상묘상(奇想妙想)

기이할 奇 생각할 想 하늘 天 바깥 外
기이한 발상이 세상 밖이다라는 뜻으로, 보통으로는 생각할 수 없는 기발하고 엉뚱한 생각을 일컫는 말.

起承轉結
기 승 전 결

㊥ 기승전락(起承轉落)
　　기승전합(起承轉合)

일어날 起 이을 承 구를 轉 맺을 結
한시 구성 방식의 하나로 기(起)는 시의 (詩意)를 일으키고, 승(承)은 이어받아 전개하며, 전(轉)은 한 번 돌리어 변화를 주고, 결(結)은 마무리함을 말함.

旣往不咎
기 왕 불 구

㊥ 기왕물구(旣往勿咎)
　　불념구악(不念舊惡)

이미 旣 갈 往 아닐 不 허물 咎
이미 지난 일은 탓하지 아니한다는 뜻으로, 지난 잘못을 책망해도 소용없음을 가리킴.
출전 | 논어(論語)-팔일편(八佾篇)

氣盡脈盡
기 진 맥 진

㊥ 기진역진(氣盡力盡)

기운 氣 다할 盡 맥 脈 다할 盡
기운이 없어지고 맥이 풀렸다는 뜻으로, 온몸의 힘이 빠져버렸다는 말.

樂極哀生
낙(락) 극 애 생

㊥ 흥진비래(興盡悲來)

즐길 樂 다할 極 슬플 哀 날 生
즐거움이 다하면 슬픔이 생긴다는 뜻으로, 인생에는 기복이 있기 마련이라는 뜻.
출전 | 열녀전(烈女傳)

落膽喪魂
낙(락) 담 상 혼

㊥ 상혼낙담(喪魂落膽)

떨어질 落 쓸개 膽 죽을 喪 넋 魂
쓸개가 떨어지고 혼을 잃었다는 뜻으로, 크게 낙담하여 넋을 잃었다는 말.

落落長松
낙(락) 락 장 송
참 독야청청(獨也靑靑)

떨어질 落 떨어질 落 길 長 소나무 松
우뚝 크게 서 있는 소나무라는 뜻으로, 가지가 축축 늘어진 키가 큰 소나무처럼 주로 지조와 절개가 높은 사람을 비유함.

落木寒天
낙(락) 목 한 천
유 낙목공산(落木空山)

떨어질 落 나무 木 찰 寒 하늘 天
나뭇잎이 우수수 다 떨어진, 겨울의 춥고 쓸쓸한 풍경. 또는 그러한 계절을 일컫는 말.

落眉之厄
낙(락) 미 지 액
참 초미지급(焦眉之急)

떨어질 落 눈썹 眉 갈 之 액 厄
눈썹에 떨어진 액이라는 뜻으로, 뜻밖의 다급한 재앙을 일컫는 말.

樂生於憂
낙(락) 생 어 우
유 落木空山(낙목공산)

즐길 樂 날 生 어조사 於 근심 憂
즐거움은 언제나 근심하는 가운데에서 생긴다는 말.

출전 | 명심보감(明心寶鑑)

洛陽紙貴
낙(락) 양 지 귀
유 낙양지가귀(洛陽紙價貴)

도읍이름 洛 볕 陽 종이 紙 귀할 貴
낙양의 종이가 귀해진다는 뜻으로, 책이 호평을 받아 베스트셀러가 됨. 출판한 책이 잘 팔린다는 말.

출전 | 진서(晉書)-좌사전(左思傳)

樂而不淫
낙(락) 이 불 음

즐길 樂 어조사 而 아니 不 지나칠 淫
즐기기는 하나 음탕하지는 않게 한다는 뜻으로, 즐거움의 도를 지나치지 않음을 뜻함.

출전 | 논어(論語)

落井下石
낙(락) 정 하 석

⊕ 낙자압빈(落者壓鬢)
하정투석(下穽投石)

떨어질 落 우물 井 아래 下 돌 石
우물에 빠진 사람에게 돌을 던진다는 뜻으로, 어려움에 처한 사람에게 박해를 가한다는 말.

출전 | 순오지(旬五志)

落花流水
낙(락) 화 유 수

⊕ 유수낙화(流水洛花)

떨어질 落 꽃 花 흐를 流 물 水
떨어지는 꽃잎과 흐르는 물이라는 뜻으로, 지나가는 봄 경치나 서로 그리워하는 남녀의 관계. 또는 사람이나 사회가 영락(零落)하고 쇠퇴해 가는 것을 말함.

출전 | 백거역(白居易)-시(詩)

難攻不落
난 공 불 락(낙)

⊕ 금성탕지(金城湯池)

어려울 難 칠 攻 아니 不 무너질 落
공격하기가 어려워서 함락되지 않는다는 뜻으로, 천연의 요새나 쉽게 정복되지 않는 곳을 말함.

亂臣賊子
난(란) 신 적 자

참 간신적자(奸臣賊子)
무부무군(無父無君)

어지러울 亂 신하 臣 해칠 賊 아들 子
나라를 어지럽히는 무리라는 뜻으로, 임금을 해치는 신하와 어버이를 해치는 자식을 일컫는 말.

출전 | 맹자(孟子)

暖衣飽食
난 의 포 식

㈜ 금의옥식(錦衣玉食)
포식난의(飽食暖衣)

따뜻할 暖 옷 衣 물릴 飽 밥 食

따뜻이 입고 배불리 먹는다는 뜻으로, 의식에 부족함이 없이 편안하게 지낸다는 말.

출전 | 순자(荀子)

南男北女
남 남 북 녀(여)

남녘 南 사내 男 북녘 北 여자 女

남자는 남부지방에서 여자는 북부지방에서 잘난 사람이 많다는 뜻으로, 예부터 일컬어 오는 말.

濫觴
남 상

㈜ 효시(嚆矢)
시작(始作)

넘칠 濫 술잔 觴

배를 띄울 정도의 큰강물도 근원은 겨우 술잔을 띄울 정도로 작은 물이었다는 뜻으로 사물의 시발점이나 근원을 이르는 말.

출전 | 순자(荀子)

南船北馬
남 선 북 마

㈜ 동분서주(東奔西走)
남행북주(南行北走)

남녘 南 배 船 북녘 北 말 馬

옛날 중국에서, 남부에서는 강이 많아 배를 이용하고, 북부에서는 산이 많아 말을 이용한 데서 교통수단을 이르던 말.

출전 | 회남자(淮南子)

男兒須讀五車書
남 아 수 독 오 거 서

사내 男 아이 兒 모름지기 須 읽을 讀 다섯 五 수레 車 쓸 書

남자는 모름지기 다섯 수레 분량의 책을 읽어야 한다는 뜻으로 독서를 많이 하는 것이 중요하다는 말.

출전 | 두공부시집(杜工部詩集)

男尊女卑 (남존여비)

사내 **男** 높을 **尊** 여자 **女** 낮을 **卑**

남자는 높고 여자는 낮다는 뜻으로, 남자를 존중하고 여자를 비천하게 여기는 생각을 일컫는 말.

반 여존남비(女尊男卑)

狼子野心 (낭자야심)

이리 **狼** 아들 **子** 들 **野** 마음 **心**

이리와 같은 야심이라는 뜻으로, 엉큼한 심보를 비유하여 일컫는 말.

출전 | 춘추좌씨전(春秋左氏傳)

囊中取物 (낭중취물)

주머니 **囊** 가운데 **中** 취할 **取** 물건 **物**

주머니 속의 물건을 얻는다는 뜻으로, 손쉽게 얻을 수 있는 물건을 일컫는 말.

유 탐낭취물(探囊取物)
이여반장(易如反掌)

출전 | 삼국지(三國志)

內柔外剛 (내유외강)

안 **內** 부드러울 **柔** 바깥 **外** 굳셀 **剛**

안으로 부드럽고 겉으로 강하다는 뜻으로, 마음이 여리면서 겉으로는 강한 체하는 것을 가리킴.

유 외강내유(外剛內柔)
반 외유내강(外柔內剛)

출전 | 역경(易經)

內政干涉 (내정간섭)

안 **內** 정사 **政** 방패 **干** 건널 **涉**

다른 나라의 정치나 외교에 참여함으로써 그 주권을 속박하고 침해하는 일을 말함.

内助之功 (내조지공)

㈜ 내덕지조(內德之助)
내상(內相)

안 內 도울 助 갈 之 공로 功

안에서 도와주는 공이라는 뜻으로, 아내가 집안일을 잘 다스려 밖에서 사회활동을 하는 남편을 돕는 일을 말함.

출전 | 삼국지(三國志)

路柳墻花 (노(로)류(유)장화)

㈜ 매소부(賣笑婦)
매음녀(賣淫女)

길 路 버들 柳 담 墻 꽃 花

길가의 버들과 담 밑의 꽃이라는 뜻으로, 쉽게 꺾을 수 있는 길가의 버들과 담 밑의 꽃. 곧 기생이나 창녀를 일컫는 말.

魯盤之巧 (노반지교)

㈜ 묵적지수(墨翟之守)

노나라 魯 소반 盤 갈 之 공교로울 巧

노(魯)나라 공수반(公輸班)의 재주란 뜻으로 무엇이든 잘 만든다는 말.

출전 | 맹자(孟子)

怒發大發 (노발대발)

㈜ 노발충관(怒髮衝冠)
방발(放發)

성낼 怒 드러날 發 큰 大 드러날 發

몹시 노하여 펄펄 뛰며 크게 성내는 것을 가리킴.

怒髮衝冠 (노발충관)

㈜ 노발충천(怒髮衝天)
노발대발(怒發大發)

성낼 怒 터럭 髮 찌를 衝 갓 冠

심한 분노로 곤두선 머리털이 관을 추켜올린다는 뜻으로, 크게 성이 난 모습을 비유한 말.

출전 | 사기(史記)

怒蠅拔劍
노 승 발 검

⊕ 견문발검(見蚊拔劍)

성낼 怒 파리 蠅 뺄 拔 칼 劍
성가시게 구는 파리를 보고 칼을 뽑는다는 뜻으로, 사소한 일에 화를 내거나, 작은 일에 지나치게 대책을 세움.

奴顔婢膝
노 안 비 슬

⊕ 평두저신(平頭低身)
⊖ 독립자존(獨立自尊)

남자종 奴 얼굴 顔 여자종 婢 무릎 膝
남자 종의 아첨하는 얼굴과 여자 종의 무릎걸음이란 뜻으로, 즉 남과의 사귐에서 지나치게 굽실거리는 비굴한 태도.

출전 | 포박자(抱朴子)

勞而無功
노(로) 이 무 공

⊕ 도로무공(徒勞無功)
만사휴의(萬事休矣)

애쓸 勞 어조사 而 없을 無 공로 功
애는 썼으나 애쓴 보람이 없다는 뜻으로, 옳지 못한 것에 편들지 말라는 말.

출전 | 장자(莊子)

綠林豪傑
녹(록) 림 호 걸

⊕ 녹림호객(綠林豪客)
양상군자(梁上君子)

푸를 綠 수풀 林 호걸 豪 뛰어날 傑
푸른 숲의 호걸이라는 뜻으로, 도적떼의 소굴을 일컫는 말.

출전 | 후한서(後漢書)

綠陰芳草
녹(록) 음 방 초

⊕ 녹양방초(綠楊芳草)

푸를 綠 그늘 陰 꽃다울 芳 풀 草
나뭇잎이 푸르고 우거진 향기 좋은 풀이라는 뜻으로, 여름철의 푸른 자연 경치를 일컫는 말.

綠衣紅裳
녹(록) 의 홍 상

㊕ 화용월태(花容月態)
　단순호치(丹脣皓齒)

푸를 綠 옷 衣 붉을 紅 치마 裳

연두색 저고리와 다홍치마라는 뜻으로, 젊은 여인의 고운 옷차림을 일컫는 말.

弄假成眞
농 가 성 진

㊕ 가롱성진(假弄成眞)
　농가성진(弄仮成眞)

희롱할 弄 거짓 假 이룰 成 참 眞

거짓 장난이 진짜가 되었다는 뜻으로, 장난삼아 한 것이 참으로 한 것같이 되었다는 것을 뜻함.

籠鳥戀雲
농(롱) 조 연(련) 운

㊕ 월조소남지(越鳥巢南枝)
　호마의북풍(胡馬依北風)

대그릇 籠 새 鳥 사모할 戀 구름 雲

갇힌 새가 구름을 그리워한다는 뜻으로, 자유 없는 사람이 자유를 그리워함을 비유한 말.

출전 | 할관자

陵谷之變
능(릉) 곡 지 변

㊕ 상전벽해(桑田碧海)
　고안심곡(高岸深谷)

언덕 陵 골 谷 갈 之 변할 變

언덕과 골짜기가 뒤바뀐다는 뜻으로, 세상일의 변천이 극심함을 비유하여 일컫는 말.

출전 | 시경(詩經)

能手能爛
능 수 능 란(난)

㊕ 능소능대(能小能大)

능할 能 손 手 능할 能 빛날 爛

모든 일에 익숙하고 솜씨가 빼어남을 가리키는 말.

陵雲之志
능(릉) 운 지 지

유 청운지지(靑雲之志)
반 능운지지(凌雲之志)

언덕 陵 구름 雲 갈 之 뜻 志
언덕 위의 구름 같은 높고 고상한 뜻이라는 뜻으로 속세에 초연한 태도를 말함.

출전 | 후한서(後漢書)

陵遲處斬
능(릉) 지 처 참

참 부관참시(副棺斬屍)

언덕 陵 늦을 遲 곳 處 벨 斬
머리·몸·손·팔다리를 토막 쳐서 죽인다는 뜻으로, 대역(大逆) 죄인에게 내리던 극형을 말함.

多聞博識
다 문 박 식

유 다식군자(多識君子)
박학다식(博學多識)

많을 多 들을 聞 넓을 博 알 識
많이 듣고 널리 안다는 뜻으로, 견문이 많고 학식이 높다는 뜻.

多事多忙
다 사 다 망

유 다사분주(多事奔走)

많을 多 일 事 많을 多 바쁠 忙
일이 많아 몹시 바쁘다는 뜻으로, 눈코 뜰 사이 없이 바쁨을 말함.

多士濟濟
다 사 제 제

유 제제다사(濟濟多士)

많을 多 선비 士 많을 濟 많을 濟
훌륭한 인재가 많다라는 뜻으로, 여러 선비가 모두 다 뛰어나다는 말.

출전 | 시경(詩經)

多才多能
다 재 다 능
⊕ 다능다재(多能多才)

많을 多 재주 才 많을 多 능할 能
재주와 능력이 여러 가지로 많다는 말.

多才多病
다 재 다 병
⊕ 가인박명(佳人薄命)

많을 多 재주 才 많을 多 병 病
재주가 많은 사람이 몸이 약하고 잔병이 많음을 이르는 말.

多錢善賈
다 전 선 고
⊕ 장수선무(長袖善舞)
　 다재선고(多財善賈)

많을 多 돈 錢 착할 善 장사 賈
밑천이 많은 사람이 장사도 잘한다는 뜻으로, 자재(資材)가 많으면 일을 이루기 쉽다는 말.

출전 | 한비자(韓非子)

多情多感
다 정 다 감
⊕ 다감다정(多感多情)
　 다정불심(多情佛心)

많을 多 뜻 情 많을 多 느낄 感
인정이 많고 느낌이 많다는 뜻으로, 감수성이 예민하여 감동하기 쉽다는 말.

多情佛心
다 정 불 심
⊕ 다정다한(多情多恨)

많을 多 뜻 情 부처 佛 마음 心
정이 많아 자비스러운 부처님 같은 마음이라는 말.

丹脣皓齒
단 순 호 치

㊤ 주순호치(朱脣皓齒)
　명모호치(明眸皓齒)

붉을 丹　입술 脣　흴 皓　이 齒

붉은 입술과 흰 이라는 뜻으로, 여자의 아름다운 얼굴. 매우 아름다운 여인을 일컫는 말.

출전 | 초사(楚辭)

達人大觀
달 인 대 관

통달할 達　사람 人　큰 大　볼 觀

통달한 사람은 사물의 전체를 잘 헤아려 바르게 판단하고 그릇됨이 없다는 말.

출전 | 문선(文選)

談笑自若
담 소 자 약

㊤ 언소자약(言笑自若)
　태연자약(泰然自若)

말씀 談　웃을 笑　스스로 自　같을 若

놀랍거나 걱정스러운 일이 있어도 웃고 이야기하는 것이 평소와 다름이 없다는 말.

출전 | 삼국지(三國志)

談虎虎至
담 호 호 지

말씀 談　범 虎　범 虎　이를 至

호랑이도 제 말하면 온다는 뜻으로, 좌중에서 이야기에 오른 사람이 마침 그 자리에 나타났을 때 하는 말.

출전 | 이담속찬(耳談續纂)

螳螂在後
당 랑 재 후

㊤ 당랑규선(螳螂窺蟬)

사마귀 螳　버마재비 螂　있을 在　뒤 後

매미를 노리는 사마귀가 뒤에서 저를 노리는 참새가 있음을 모른다는 뜻으로, 눈앞의 욕심에만 눈이 어두워 장차 닥쳐올 재앙을 알지 못함을 비유.

출전 | 설원(說苑)

黨利黨略
당 리 당 략

무리 黨 이로울 利 무리 黨 지모 略

어느 한 당의 이익과 당파에서 쓰는 계략을 가리킴.

大奸似忠
대 간 사 충

[유] 대간사충(大姦似忠)

큰 大 범할 奸 같을 似 충성 忠

매우 간사한 사람은 아첨하는 수단이 아주 교묘하여 흡사 크게 충성된 사람과 같아 보인다는 말. 출전 | 송사(宋史)

大喝一聲
대 갈 일 성

[유] 사자후(獅子吼)

큰 大 꾸짖을 喝 한 一 소리 聲

크게 꾸짖듯이 소리를 지른다는 뜻으로, 크게 한 번 고함 소리를 질러 꾸짖는 것을 말함. 출전 | 수호전(水滸傳)

大驚失色
대 경 실 색

[유] 대경망극(大驚罔極)
대경실성(大驚失性)

큰 大 놀랄 驚 잃을 失 빛 色

크게 놀라 얼굴색을 잃는다는 뜻으로, 몹시 놀라 얼굴빛이 질린다는 뜻.

大巧若拙
대 교 약 졸

[참] 대간사충(大姦似忠)
대변여눌(大辯如訥)

큰 大 공교할 巧 같을 若 서투를 拙

아주 훌륭한 재주를 가진 사람은 그 재주를 자랑하지 아니하므로 언뜻 보기에는 서투른것 같다는 말. 출전 | 노자(老子)

代代孫孫
대 대 손 손

[유] 세세손손(世世孫孫)
자손만대(子孫萬代)

이을 代 이을 代 자손 孫 자손 孫

대대로 이어 내려오는 자손이라는 뜻으로, 세세손손, 자자손손을 말함.

출전 | 서경(書經)

大道無門
대 도 무 문

큰 大 길 道 없을 無 문 門

큰 길에는 문이 없다라는 뜻으로, 사람으로서 마땅히 지켜야 할 큰 도리나 바른 길. 또는 정도에는 거칠 것이 없다는 말.

출전 | 무문관(無門關)

大同團結
대 동 단 결

[유] 인화단결(人和團結)

큰 大 같을 同 둥글 團 맺을 結

크게 화합해 단결한다는 뜻으로, 많은 사람 또는 여러 당파가 큰 덩어리로 한데 뭉친다는 말.

大同小異
대 동 소 이

[유] 오십보백보(五十步百步)
소이대동(小異大同)

큰 大 같을 同 작을 小 다를 異

크게 보면 같고 작게 보면 다르다는 뜻으로, 큰 차이가 없이 거의 같고 조금 다를 뿐. 서로 비슷비슷하다는 말.

출전 | 장자(莊子)

大明天地
대 명 천 지

큰 大 밝을 明 하늘 天 땅 地

크게 밝은 하늘과 땅이라는 뜻으로, 아주 밝은 세상을 말함.

大書特筆 대서특필

㈜ 대서특기(大書特記)
특필대서(特筆大書)

큰 大 글 書 유다를 特 붓 筆
뚜렷이 드러나게 큰 글자로 쓴다는 뜻으로, 신문 따위의 출판물에서 어떤 기사에 큰 비중을 두어 다룸을 일컫는 말.

戴星之行 대성지행

일 戴 별 星 갈 之 갈 行
별을 이고 가는 길이라는 뜻으로, 객지에서 부모의 부음(訃音)을 받고 밤을 새워 집으로 돌아가는 일을 말함.

大聲痛哭 대성통곡

㈜ 방성대곡(放聲大哭)
방성통곡(放聲痛哭)

큰 大 소리 聲 아플 痛 울 哭
큰 소리로 몹시 슬프게 운다는 말.

大惡無道 대악무도

㈜ 극악무도(極惡無道)

큰 大 악할 惡 없을 無 길 道
아주 악독하고 도리에 벗어나 막된 것을 말함.

對牛彈琴 대우탄금

㈜ 우이독경(牛耳讀經)
마이동풍(馬耳東風)

대답할 對 소 牛 탄환 彈 거문고 琴
소를 마주 대하고 거문고를 탄다는 뜻으로, 어리석은 사람에게 깊은 이치를 말해 줘도 주어도 아무 소용이 없음을 비유.

출전 | 조정사원(祖庭事苑)

大義滅親
대 의 멸 친

㊒ 멸사봉공(滅私奉公)
왕척직심(枉尺直尋)

큰 大 의로울 義 멸할 滅 친할 親

대의를 위해서는 친족도 멸한다는 뜻으로, 국가의 대의를 위해서는 부모형제도 돌보지 아니한다는 말.

출전 | 춘추좌씨전(春秋左氏傳)

大人君子
대 인 군 자

㊣ 대인(大人)

큰 大 사람 人 임금 君 아들 子

말이나 행실이 바르고 점잖으며 덕이 높은 사람을 가리킴.

大慈大悲
대 자 대 비

㊒ 측은지심(惻隱之心)

큰 大 사랑할 慈 큰 大 불쌍히 여길 悲

그지없이 넓고 큰 자비라는 뜻으로, 관세음보살이 중생을 사랑하고 불쌍히 여기는 마음을 가리킴.

출전 | 법화경(法華經)

大旱不渴
대 한 불 갈

큰 大 가물 旱 아닐 不 목마를 渴

아무리 가물어도 물이 마르지 않는다는 뜻으로, 혼탁한 세상속에서 올바른 지도자가 나타나기를 바란다는 말.

徒勞無益
도 로 무 익

㊒ 도로무공(徒勞無功)
만사휴의(萬事休矣)

무리 徒 수고로울 勞 없을 無 이익 益

헛되이 수고만 하고 이익이 없다는 뜻으로, 헛된 노력으로 인해 아무런 이로움이 없다는 뜻.

道不拾遺
도 불 습 유
㊌ 노불습유(路不拾遺)

길道 아닐不 주을拾 남길遺
길에 떨어진 물건을 줍지 않는다는 뜻으로, 나라가 태평하고 풍습이 아름다워 백성이 길에 떨어진 물건을 주워가지도 아니함을 일컫는 말. 출전 | 공자가어(孔子家語)

桃三李四
도 삼 이 사

복숭아나무桃 석三 오얏나무李 넉四
복숭아는 3년, 오얏나무는 4년 길러야 수확한다라는 뜻으로, 무슨 일이든 이루어지는 데는 시간이 필요하다는 말.

到處春風
도 처 춘 풍
㊌ 사면춘풍(四面春風)

이를到 곳處 봄春 바람風
이르는 곳마다 봄바람이라는 뜻으로, 가는 곳마다 기분 좋은 얼굴로 남을 대하여 호감을 사려고 처신하는 사람을 일컫는 말.

讀書亡羊
독 서 망 양
㊌ 독서지양(讀書之羊)

읽을讀 글書 잃을亡 양羊
책을 읽다가 기르던 양을 잃어버린다는 뜻으로, 다른 일에 정신이팔려 본연의 임무를 잊는다는 말.

출전 | 장자(莊子)-병무편(騈拇篇)

讀書百遍義自見
독 서 백 편 의 자 현
㊌ 독서백편의자통(讀書百遍義自通)

읽을讀 쓸書 일백百 두루遍 옳을義 스스로自 나타날見
뜻이 어려운 글도 자꾸 되풀이하여 읽으면 그 뜻을 스스로 깨우쳐 알게 된다는 말.

출전 | 삼국지(三國志)

讀書三到
독 서 삼 도
㈜ 삼도(三到)

읽을 讀 글 書 석 三 이를 到
글을 읽어서 그 참뜻을 이해하려면 마음과 눈과 입을 오로지 글 읽기에 집중해야 한다는 말.
출전 | 훈학제규(訓學齊規)

讀書三餘
독 서 삼 여
㈜ 삼여(三餘)

읽을 讀 글 書 석 三 남을 餘
독서를 하기에 적당한 세 가지 여가(餘暇)라는 뜻으로, 독서하기에 제일 좋은 겨울과 밤, 그리고 비가 올 때를 가리키는 말.
출전 | 삼국지(三國志)

頓首再拜
돈 수 재 배
㈜ 고두사은(叩頭謝恩)
돈수백배(頓首百拜)

조아릴 頓 머리 首 두 再 절 拜
머리가 땅에 닿도록 두 번 절함. 또는 그렇게 하는 절을 말함.

同價紅裳
동 가 홍 상

같을 同 값 價 붉을 紅 치마 裳
같은 값이면 다홍치마라는 뜻으로, 이왕이면 보기 좋은 것을 골라잡는다는 말.
출전 | 송남잡지(松南雜識)

同苦同樂
동 고 동 락

한가지 同 쓸 苦 한가지 同 즐길 樂
고통과 즐거움을 같이 한다는 뜻으로, 서로 함께 고통과 즐거움을 나누면서 생활한다는 의미.

棟梁之材 (동량지재)

용마루 棟 들보 梁 갈 之 재목 材

마룻대와 들보로 쓸만한 재목이라는 뜻으로 한 집안이나 한 나라의 기둥이 될 만한 인물이라는 말.

㈜ 간성지재(干城之材)
동량지신(棟樑之臣)

同門修學 (동문수학)

같을 同 문 門 닦을 修 배울 學

어떤 사람이 다른 사람과, 또는 둘 이상의 사람이 한 스승 밑에서 같이 학문을 닦고 배운다는 말.

㈜ 동문동학(同門同學)
동문수학(同門受學)

東奔西走 (동분서주)

동녘 東 분주할 奔 서녘 西 달릴 走

동서로 분주하다는 뜻으로, 이리저리 바쁘게 돌아다님을 일컫는 말.

출전 | 역림(易林)

㈜ 동서분주(東西奔走)
남선북마(南船北馬)

凍氷寒雪 (동빙한설)

얼 凍 얼음 氷 찰 寒 눈 雪

얼어붙은 얼음과 차가운 눈이라는 뜻으로, 몹시 추운 겨울. 또는 곤궁에 처해 헐벗은 상태를 일컫는 말.

㈜ 화풍난양(和風暖陽)
동장군(冬將軍)

冬扇夏爐 (동선하로)

겨울 冬 부채 扇 여름 夏 화로 爐

겨울철 부채와 여름철 화로라는 뜻으로, 당장 소용이 없는 물건을 비유한 말.

출전 | 논형(論衡)

㈜ 동선(冬扇)
하로동선(夏爐冬扇)

東征西伐 동정서벌

동녘 東 칠 征 서녘 西 정벌할 伐

동서로 정벌한다는 뜻으로, 여러 나라를 이리저리 정벌한다는 말.

凍足放尿 동족방뇨

얼 凍 발 足 놓을 放 오줌 尿

언 발에 오줌 누기라는 뜻으로, 한 때 도움이 될 뿐 곧 효력이 없어져 더 나쁘게 되는 일을 일컫는 말. **출전** | 순오지(旬五志)

㈜ 미봉책(彌縫策)
고식지계(姑息之計)

同族相殘 동족상잔

같을 同 겨레 族 서로 相 해칠 殘

같은 겨레나 같은 혈족끼리 서로 싸우고 해침. 또는 자기들끼리 서로 싸우고 해치는 것을 말함.

㈜ 골육상쟁(骨肉相爭)
동족상쟁(同族相爭)

同舟相救 동주상구

한가지 同 배 舟 서로 相 건질 救

같은 배를 탄 사람끼리 서로 돕는다는 뜻으로, 같은 운명이나 처지에 놓이면 누구나 서로 돕게 됨을 이르는 말.

출전 | 손자(孫子)

㈜ 오월동주(吳越同舟)
동병상련(同病相憐)

杜門不出 두문불출

막을 杜 문 門 아닐 不 날 出

문을 닫아걸고 밖으로 나서지 않는다는 뜻으로, 집 안에만 들어앉아 있고 밖에 나다니지 아니함을 일컫는 말.

㈜ 폐칩(廢蟄)

得隴望蜀 (득롱망촉)

㈜ 평롱망촉(平隴望蜀)
차청입방(借廳入房)

얻을 得 언덕(농서땅) 隴 바랄 望 나라이름 蜀
농땅을 얻고는 촉땅을 바라본다는 뜻으로, 후한 광무제가 서역의 농땅을 평정한 후 다시 촉지역을 치려한 고사에서 유래해 사람의 욕심이 한이 없음을 가리킴.

출전 | 후한서(後漢書)

得魚忘筌 (득어망전)

㈜ 토사구팽(兎死狗烹)

얻을 得 고기 魚 잊을 忘 통발 筌
물고기를 잡고 나면 물고기 잡은 통발을 잊는다는 뜻으로, 목적이 달성되면 목적을 위해 사용한 도구를 잊는다는 말.

출전 | 장자(莊子)

馬革裹屍 (마혁과시)

말 馬 가죽 革 쌀 裹 주검 屍
말가죽으로 시체를 싼다라는 뜻으로, 전쟁터에 나가는 용사의 각오나 남아의 기개를 나타내는 말.

출전 | 후한서(後漢書)-마원전(馬援傳)

莫無可奈 (막무가내)

㈜ 막가내하(莫可奈何)
무가내하(無可奈何)

없을 莫 없을 無 옳을 可 어찌 奈
도무지 융통성이 없고 고집이 세어 어찌 할 수가 없음을 이르는 말.

莫上莫下 (막상막하)

㈜ 난형난제(難兄難弟)
춘란추국(春蘭秋菊)

없을 莫 위 上 없을 莫 아래 下
위도 아니요 아래도 아니다는 뜻으로, 낮고 못함을 가리기 어려울 정도로 차이가 거의 없다는 말.

莫逆之友
막 역 지 우

[유] 관포지교(管鮑之交)
[반] 시도지교(市道之交)

없을 莫 거스를 逆 갈 之 벗 友

거스름이 없는 벗이라는 뜻으로, 허물이 없이 매우 가까운 친구를 이르는 말.

출전 | 사기(史記)

輓歌
만 가

[유] 상여가(喪輿歌)
도가(悼歌)

당길 輓 노래 歌

상여를 메고 갈 때 부르는 노래로 죽은 사람을 애도하며 부르는 노래를 뜻하는 말.

출전 | 고금주(古今注)

萬壽無疆
만 수 무 강

[유] 만세무강(萬世無疆)
수고무강(壽考無疆)

일만 萬 목숨 壽 없을 無 지경 疆

수명이 한없이 길게 오래 산다는 뜻으로 장수를 이를 때 쓰는 말.

출전 | 시경(詩經)

網擧目隨
망 거 목 수

[유] 팽두이숙(烹頭耳熟)

그물 網 들 擧 눈 目 따를 隨

그물을 들면 그물눈도 따라 올라간다는 뜻으로, 한 가지 일이 되면 다른 일도 따라서 이루어진다는 말.

亡國之音
망 국 지 음

[유] 망국지성(亡國之聲)
정위지음(鄭衛之音)

망할 亡 나라 國 갈 之 소리 音

나라를 망칠 음악, 음란하고 사치하여 나라를 망칠 정도로 저속하고 잡스러운 음악을 일컫는 말.

출전 | 한비자(韓非子)

忘年之友
망년지우

㈜ 망년우(忘年友)
　　망년지교(忘年之交)

잊을 忘 해 年 갈 之 벗 友

나이를 잊은 벗이라는 뜻으로, 나이의 차를 초월하여 친밀하게 사귄다는 말.

출전 | 진서(晉書)

亡羊補牢
망 양 보 뢰

㈜ 망우보뢰(亡牛補牢)
㈜ 거안사위(居安思危)

잊을 亡 양 羊 고칠 補 우리 牢

양을 잃고 우리를 고친다는 뜻으로, 이미 일을 그르친 뒤에 뉘우쳐도 소용없음을 일컫는 말.

출전 | 전국책(戰國策)

忘憂之物
망 우 지 물

㈜ 망우(忘憂)

잊을 忘 근심 憂 갈 之 만물 物

시름을 잊어버리게 하는 물건이라는 뜻으로, 술을 마시면 근심을 잊는다는 데서 술을 일컫는 말.

출전 | 문선(文選)

賣官賣職
매 관 매 직

㈜ 매관육작(賣官鬻爵)
　　매관(賣官)

팔 賣 벼슬 官 팔 賣 벼슬 職

벼슬을 팔고 산다는 뜻으로 돈이나 재물을 받고 벼슬을 시키는 것을 이르는 말.

孟母斷機
맹 모 단 기

㈜ 단기지계(斷機之戒)
　　단기지교(斷機之敎)

맏 孟 어미 母 끊을 斷 베틀 機

맹자 어머니의 베틀을 자르는 경계의 뜻으로, 맹자가 학문을 중도에 포기하고 돌아왔을 때, 어머니가 짜던 베를 칼로 끊어 훈계하여 학업을 완성하게 했다는 말.

출전 | 열녀전(列女傳)

盲者丹青 (맹자단청)

㊎ 맹완단청(盲玩丹靑)
　 서과피지(西瓜皮舐)

소경 盲 놈 者 붉을 丹 푸를 靑

소경이 단청 구경을 한다는 뜻으로, 사물을 바로 감정할 능력이 없어 보이는 경우를 일컫는 말.　　출전 | 순오지(旬五志)

面壁九年 (면벽구년)

㊎ 구년면벽(九年面壁)
　 면벽수도(面壁修道)

맞댈 面 바람벽 壁 아홉 九 해 年

벽을 맞대고 구 년이나 지낸다는 뜻으로, 한 가지 일에 오랫동안 온 힘을 쏟음을 비유하여 일컫는 말.　　출전 | 전등록(傳燈錄)

面張牛皮 (면장우피)

㊎ 후안무치(厚顔無恥)
　 철면피(鐵面皮)

낯 面 베풀 張 소 牛 가죽 皮

얼굴에 쇠가죽을 발랐다는 뜻으로, 몹시 뻔뻔스러움을 일컫는 말.

面從後言 (면종후언)

㊎ 면종복배(面從腹背)

낯 面 좇을 從 뒤 後 말씀 言

앞에서 복종하는 체하면서 뒤에서 이러쿵저러쿵 비방한다는 말.　　출전 | 서경(書經)

滅私奉公 (멸사봉공)

㊎ 대의멸친(大義滅親)
　 왕척직심(枉尺直尋)

멸망할 滅 사사 私 받들 奉 공변될 公

사적인 것을 없애고 공적인 것을 받든다는 뜻으로, 대의를 위해 사사로운 것을 희생한다는 뜻.

明鏡止水 (명경지수)

밝을 明 거울 鏡 그칠 止 물 水

맑은 거울같이 조용히 멈춘 물이라는 뜻으로, 잔잔한 물처럼 맑고 고요한 심경을 일컫는 말. **출전** | 장자(莊子)-덕충부편(德充符篇)

㈜ 청정무구(淸淨無垢)
  운심월성(雲心月性)

名不虛傳 (명불허전)

이름 名 아니불 不 빌 虛 전할 傳

명성은 헛되이 퍼지지 않는다는 뜻으로, 이름이 널리 알려진 것은 그만한 까닭이 있음을 일컫는 말. **출전** | 삼국지(三國志)

㈜ 명불허득(名不虛得)
  명하불허사(名下不虛士)

命在頃刻 (명재경각)

목숨 命 있을 在 잠깐 頃 새길 刻

목숨이 경각에 있다라는 뜻으로, 거의 죽게 되어 숨이 곧 끊어질 지경에 이름을 나타내는 말.

㈜ 명재조석(命在朝夕)
  풍전등화(風前燈火)

明哲保身 (명철보신)

밝을 明 밝을 哲 보전할 保 몸 身

사리에 밝아 지혜로 자신을 보존한다는 뜻으로, 지혜가 뛰어나고 이치에 좇아 일을 처리하여 몸을 온전하게 한다는 뜻.

출전 | 시경(詩經)

矛盾 (모순)

창 矛 방패 盾

어떤 방패라도 뚫을 수 있는 창과 어떤 창이라도 막을 수 있는 방패라는 뜻으로, 말이나 행동의 앞뒤가 서로 맞지 않는다는 말. **출전** | 한비자(韓非子)-난(難)

㈜ 이율배반(二律背反)
  자가당착([自家撞着)

毛羽未成
모 우 미 성

㊒ 구상유취(口尙乳臭)

털 毛 깃 羽 아닐 未 이룰 成

새의 날갯죽지가 덜 자라서 아직 날지 못한다는 뜻으로, 사람이 아직 어림을 비유해서 하는 말.

目前之計
목 전 지 계

㊒ 고식지계(姑息之計)
미봉책(彌縫策)

눈 目 앞 前 갈 之 꾀 計

눈앞의 계책이란 뜻으로, 눈앞에 보이는 일시적인 꾀로 한때만을 생각하는 꾀라는 말.

妙技百出
묘 기 백 출

묘할 妙 재주 技 일백 百 날 出

절묘한 재주나 묘기가 연이어 많이 쏟아져 나온다는 말.

無告之民
무 고 지 민

㊒ 환과고독(鰥寡孤獨)

없을 無 고할 告 갈 之 백성 民

고할 데가 없는 백성이라는 뜻으로, 의지할 만한 일가붙이나 고민을 호소할 데가 없는 고독한 사람을 이르는 말.

출전 | 맹자(孟子)

無骨好人
무 골 호 인

없을 無 뼈 骨 좋을 好 사람 人

뼈 없이 좋은 사람이라는 뜻으로, 지극히 순하여 남의 비위에 두루 맞는 사람을 일컫는 말.

無念無想 (무념무상)

없을 無 생각할 念 없을 無 생각할 想

무아(無我)의 경지에 이르러 일체의 상념이 없음을 일컫는 말.

출전 | 백거이(白居易)-시(詩)

- ㈜ 무상무념(無想無念)
- ㈘ 천사만고(千思萬考)

無味乾燥 (무미건조)

없을 無 맛 味 하늘 乾 마를 燥

맛이 없고 메마르다는 뜻으로, 글이나 그림 또는 분위기 따위가 깔깔하거나 딱딱하여 운치나 재미가 없다는 말.

- ㈜ 건조무미(乾燥無味)

無法天地 (무법천지)

없을 無 법 法 하늘 天 땅 地

법이 없는 세상이라는 뜻으로, 제도나 질서가 문란하여 법이 없는 세상처럼 질서 없고 난폭한 행위가 행하여지는 형국을 말함.

巫山之夢 (무산지몽)

무당 巫 메 山 갈 之 꿈 夢

무산(巫山)의 꿈이라는 뜻으로, 남녀간의 밀회나 정교(情交)를 가리키는 의미를 말함.

출전 | 송옥(宋玉)-고당부(高唐賦)

- ㈜ 운우무산(雲雨巫山)
  조운모우(朝雲暮雨)

無我陶醉 (무아도취)

없을 無 나 我 질그릇 陶 취할 醉

자기의 존재를 완전히 잊고 무엇에 흠뻑 취함을 이르는 말.

無我之境
무 아 지 경

유 몰아지경(沒我之境)
　 무아몽중(無我夢中)

없을 無 나 我 갈 之 지경 境

정신이 한곳에 온통 쏠려 스스로를 잊고 있는 경지를 나타내는 말.

無用之物
무 용 지 물

유 무용장물(無用長物)

없을 無 쓸 用 갈 之 만물 物

쓸모없는 물건이란 뜻으로 아무 쓸모없는 물건 또는 사람을 이르는 말.

無用之用
무 용 지 용

반 무용지물(無用之物)

없을 無 쓸 用 갈 之 쓸 用

쓸모없는 것이 크게 쓰인다는 뜻으로, 언뜻 쓸모없는 것으로 간주되던 것이 도리어 큰 구실을 한다는 말.

출전 | 장자(莊子)-인간세편(人間世篇)

無爲而治
무 위 이 치

유 무위지치(無爲之治)

없을 無 할 爲 말 이을 而 다스릴 治

성인(聖人)의 덕이 커서 아무 일을 하지 않아도 유능한 인재를 얻어 천하가 저절로 잘 다스려짐을 이르는 말.

출전 | 논어(論語)

無主空山
무 주 공 산

없을 無 주인 主 빌 空 뫼 山

주인 없는 빈 산이라는 뜻으로, 임자 없는 산처럼 누구나 먼저 차지하는 사람이 주인이 된다는 말.

聞一知十
문 일 지 십

⑨ 거일명삼(擧一明三)
⑩ 득일망십(得一忘十)

들을 聞　한 一　알 知　열 十

하나를 듣고 열을 안다는 뜻으로, 아주 뛰어난 재능을 지니고 있음을 비유하는 말.

출전 | 논어(論語)-공야장편(公冶長篇)

門前成市
문 전 성 시

⑨ 문정여시(門庭如市)
⑩ 문외작라(門外雀羅)

문 門　앞 前　이룰 成　저자 市

대문 앞이 시장을 이룬다는 뜻으로, 찾아오는 손님이 많음을 이루는 말.

출전 | 한서(漢書)-정숭전(鄭崇傳)

文質彬彬
문 질 빈 빈

글월 文　바탕 質　빛날 彬　빛날 彬

문채와 본질이 서로 잘 어울려 빛난다는 뜻으로, 외형과 내면이 조화를 이루어 균형 잡힌 최상의 상태를 유지한 것을 말함.

출전 | 논어(論語)-옹야편(雍也篇)

彌縫策
미 봉 책

⑨ 고식(姑息)
　 고식지계(姑息之計)

기울 彌　꿰맬 縫　꾀 策

잘못된 부분만을 임시로 꿰매고 기운다는 뜻으로, 근본적 대책이 아닌 일시적인 방책을 이르는 말.

출전 | 춘추좌씨전(春秋左氏傳)-환공(桓公)

尾生之信
미 생 지 신

⑨ 수주대토(守株待兎)
　 포주지신(抱柱之信)

꼬리 尾　날 生　갈 之　믿을 信

너무 고지식해서 융통성이 없다는 뜻으로, 미련하고 우직하게 약속을 지킨다는 말.

출전 | 사기(史記)-소진전(蘇秦傳)

博覽强記
박 람 강 기

⊕ 박학다식(博學多識)
　 박문강기(博聞强記)

넓을 博　볼 覽　굳셀 强　적을 記
동서 고금의 여러 가지 서적을 널리 읽고,
그 내용을 잘 기억하고 있음을 말함.

薄利多賣
박 리 다 매

엷을 薄　이로울 利　많을 多　팔 賣
상품의 이익을 적게 보고 많이 팔아 이윤
을 올리는 것을 이르는 말.

拍掌大笑
박 장 대 소

⊕ 가가대소(呵呵大笑)
　 파안대소(破顔大笑)

칠 拍　손바닥 掌　큰 大　웃을 笑
손바닥을 치면서 크게 웃는다는 뜻으로,
너무 우습거나 기쁜 일로 인해 크게 웃는
모양을 가리킴.

博學多識
박 학 다 식

⊕ 무불통달(無不通達)
　 박학다문 (博學多聞)

넓을 博　배울 學　많을 多　알 識
널리 배우고 많이 안다는 뜻으로, 학식과
견문이 넓고 아는 것이 많음을 이르는 말.

盤根錯節
반 근 착 절

⊕ 반착(盤錯)

소반 盤　뿌리 根　섞일 錯　마디 節
서로 엉클어진 나무뿌리와 뒤얽힌 나무옹
이라는 뜻으로, 세력이 단단히 뿌리 박혀
흔들리지 않음을 비유하는 말.

출전 | 후한서(後漢書)-우후전(虞詡傳)

反面教師
반면교사
⊕ 타산지석(他山之石)

돌이킬 反 낯 面 가르칠 敎 스승 師
낯을 돌리는 스승이라는 뜻으로, 다른 사람이나 사물의 부정적인 측면에서 가르침을 얻는다는 말.

反目嫉視
반목질시
⊕ 백안시(白眼視)
⊖ 청안시(靑眼視)

돌이킬 反 눈 目 시기할 嫉 볼 視
서로 미워하고 시기하고 질투하는 눈으로 본다는 말.

伴食大官
반식대관
⊕ 반식재상(伴食宰相)

짝 伴 밥 食 큰 大 관리 官
음식에만 의지하는 대관이라는 뜻으로, 무위도식으로 자리만 차지하고 있는 무능한 대신을 일컫는 말.

反哺報恩
반포보은
⊕ 반포지효(反哺之孝)
혼정신성(昏定晨省)

되돌릴 反 먹을 哺 갚을 報 은혜 恩
자식이 부모가 길러 준 은혜에 보답하는 것을 뜻하는 말.

跋扈將軍
발호장군
⊕ 발호(跋扈)

뛰어넘을 跋 뒤따를 扈 장군 將 군사 軍
제멋대로 날뛰는 장군이라는 뜻으로, 통발을 뛰어넘는 큰 물고기처럼, 세력이 강해 제어할 수 없음을 일컫는 말.

출전 | 후한서(後漢書)

旁岐曲徑
방 기 곡 경
⊕ 반계곡경(盤溪曲徑)

곁 旁 갈림길 岐 굽을 曲 지름길 徑
옆으로 난 샛길과 구불구불한 길이라는 뜻으로, 일을 바른 길을 좇아서 정당하게 하지 않고 그릇되고 억지스럽게 함을 말함.

坊坊曲曲
방 방 곡 곡
⊕ 도처(到處)
면면촌촌(面面村村)

동네 坊 동네 坊 굽을 曲 굽을 曲
마을마다 고을마다라는 뜻으로, 한 군데도 빼놓지 아니한 모든 곳을 이르는 말.

方枘圓鑿
방 예 원 조
⊕ 방저원개(方底圓蓋)
원공방목(圓孔方木)

모 方 장부 枘 둥글 圓 뚫을 鑿
모난 자루는 둥근 구멍에 끼우지 못한다는 뜻으로, 사물이 서로 맞지 아니함을 이르는 말.

출전 | 사기(史記)

方底園蓋
방 저 원 개
⊕ 원조방예(圓鑿方枘)

모 方 밑 底 둥글 園 덮을 蓋
네모난 바닥에 둥근 뚜껑이란 뜻으로, 사물이 서로 맞지 아니함을 일컫는 말.

출전 | 안씨가훈(顔氏家訓)

蚌鷸之勢
방 휼 지 세
⊕ 어부지리(漁父之利)
휼방지세(鷸蚌之勢)

방합 蚌 도요새 鷸 갈 之 기세 勢
조개와 도요새의 싸움이라는 뜻으로, 조개와 도요새의 싸움에 어부가 득을 본다는 것에서 두 세력의 다툼에 다른 제삼자가 이득을 보게 되는 것을 말함.

1단계
2단계
3단계

倍達民族
배 달 민 족

[유] 배달족(倍達族)
한민족(韓民族)

곱 倍 통달할 達 백성 民 겨레 族

우리 민족을 예스럽게 또는 멋스럽게 일컫는 말.

背恩忘德
배 은 망 덕

[유] 인면수심(人面獸心)
견리망의(見利忘義)

등 背 은혜 恩 잊을 忘 큰 德

남에게서 입은 은혜와 덕택을 저버리고 배반하거나 그런 태도가 있음을 나타내는 말.

百家爭鳴
백 가 쟁 명

[유] 의론백출(議論百出)

일백 百 집 家 다툴 爭 울 鳴

문화 · 예술 · 학술상의 의견을 발표한다는 뜻으로, 많은 학자나 논객이 거리낌 없이 자유로이 논쟁하는 것을 말함.

百計無策
백 계 무 책

[유] 계무소출 (計無所出)

일백 百 셀 計 없을 無 꾀 策

어려운 일을 당하여 온갖 꾀를 써 보아도 방법이나 대책이 없어 해결을 하지 못함을 이르는 말.

白骨難忘
백 골 난 망

[유] 각골난망(刻骨難忘)
결초보은(結草報恩)

흰 白 뼈 骨 어려울 難 잊을 忘

죽어서 백골이 되어도 잊을 수 없다는 뜻으로, 남에게 큰 은덕을 입었을 때 고마움의 뜻으로 이르는 말.

출전 | 춘추좌씨전(春秋左氏傳)

白駒過隙
백 구 과 극

㈜ 구극(駒隙)
극구광음(隙駒光陰)

흰 白 망아지 駒 지날 過 틈 隙

흰 망아지가 문틈으로 빨리 지나간다는 뜻으로, 인생과 세월이 덧없이 빨리 흐르는 것을 일컫는 말. **출전** | 장자(莊子)

百金之士
백 금 지 사

일백 百 쇠 金 갈 之 선비 士

백금(白金)을 받은 용사라는 뜻으로, 매우 큰 공을 세운 용사를 이르는 말.

百年佳約
백 년 가 약

㈜ 백년가기(百年佳期)
백년언약(百年言約)

일백 百 해 年 아름다울 佳 약속할 約

백년을 함께 하자는 아름다운 약속이라는 뜻으로, 부부가 되어 한평생을 함께 살자는 약속을 일컫는 말.

百年之客
백 년 지 객

㈜ 백년가객(百年佳客)

일백 百 해 年 갈 之 손 客

언제나 깍듯이 대해야 하는 어려운 손이라는 뜻으로, 처가에서 사위를 일컫는 말. **출전** | 춘향전(春香傳)

百年偕老
백 년 해 로

㈜ 백년해락(百年偕樂)
해로동혈(偕老同穴)

일백 百 해 年 함께 偕 늙을 老

백년을 함께 늙는다는 뜻으로, 부부가 되어 한평생을 서로 사이좋고 화락하게 함께 늙음을 일컫는 말. **출전** | 시경(詩經)

白面書生 (백면서생)

흰白 낯面 글書 날生

얼굴이 흰 선비라는 뜻으로, 오로지 글만 읽고 세상일에 경험이 없는 사람이나 풋내기라는 말. 　출전 | 송서(宋書)

㈜ 백면랑(白面郎)
　백면서랑(白面書郎)

百聞一見 (백문일견)

흰百 들을聞 한一 볼見

백 번 듣는 것이 한 번 보는 것만 못하다는 뜻으로, 실지로 경험해 보아야 보다 분명하게 알 수 있음을 일컫는 말. 　출전 | 한서(漢書)

白眉 (백미)

흰白 눈썹眉

흰 눈썹이라는 뜻으로, 촉나라 마씨 오형제 중 눈썹이 흰 마량의 능력이 가장 뛰어난 데서 유래하여 가장 뛰어난 사람을 일컫는 말. 　출전 | 삼국지(三國志)-촉서(蜀書)

㈜ 군계일학(群鷄一鶴)
　낭중지추(囊中之錐)

百發百中 (백발백중)

일백百 쏠發 일백百 가운데中

백 번 쏘아 백 번 맞춘다는 뜻으로, 예상한 일이 꼭 들어맞아 하는 일마다 잘되는 것을 말함. 　출전 | 사기(史記)-주기(周紀)

㈜ 백전백승(百戰百勝)
　일발필중(一發必中)

百拜謝罪 (백배사죄)

일백百 절拜 사례할謝 죄罪

몹시 죄스러워서 여러 번 절을 하며 잘못한 일에 대해 거듭거듭 용서를 빈다는 말.

㈜ 백배돈수(百拜頓首)

白手乾達 (백수건달)

흰 白 손 手 하늘 乾 통달할 達

가진 것이 아무것도 없이 난봉을 부리고 건들거리고 돌아다니는 사람을 일컬어 말함.

白首北面 (백수북면)

흰 白 머리 首 북녘 北 낯 面

재주와 덕이 없는 사람은 늙어서도 북쪽을 향하여 스승의 가르침을 받음이 마땅하다는 뜻으로, 학문은 나이 제한없이 백발 노인이라도 배운다는 뜻.

출전 | 문중자(文中子)

白玉不彫 (백옥부조)

㊤ 단칠불문(丹漆不文)

흰 白 구슬 玉 아니 不 새길 彫

새하얀 옥은 새겨 넣지 않는다는 뜻으로, 아무런 장식도 하지 않은 있는 그대로의 아름다움, 즉 아름다운 옥은 아무런 장식을 하지 않아도 아름답다는 말.

白雲孤飛 (백운고비)

㊤ 망운지정(望雲之情)

흰 白 구름 雲 외로울 孤 날 飛

나그네 길에서 부모를 사모한다는 뜻으로, 멀리 떠나온 자식이 어버이를 그리워함을 이르는 말.

출전 | 당서(唐書)

伯兪之孝 (백유지효)

㊤ 백유읍장(伯兪泣杖)

맏 伯 점점 兪 갈 之 효도 孝

백유(伯兪)의 효도라는 뜻으로, 어버이에 대한 지극한 효심을 일컫는 말.

白衣民族 (백의민족)

흰 白 옷 衣 백성 民 겨레 族

흰옷을 입은 민족이라는 뜻으로, 한민족을 이르는 말로 예로부터 우리 민족이 흰옷을 즐겨 입은 데서 유래됨.

㊌ 백의동포(白衣同胞)
배달민족(倍達民族)

白衣從軍 (백의종군)

흰 白 옷 衣 따를 從 군사 軍

흰옷을 입고 전투에 나간다는 뜻으로, 벼슬이 없는 사람으로 군대를 따라 전쟁터로 나아감을 일컫는 말.

百戰老將 (백전노장)

일백 百 싸움 戰 늙을 老 장군 將

수없이 많은 전투를 치른 노련한 장수라는 뜻으로, 세상 일을 겪어서 여러 가지로 능란한 사람을 비유하는 말.

㊌ 산전수전(山戰水戰)

출전 | 손자(孫子)

伯仲之勢 (백중지세)

맏 伯 버금 仲 갈 之 기세 勢

맏형과 둘째형의 기세라는 뜻으로, 양자의 재능이 엇비슷하여 우열을 가릴 수가 없다는 말.

㊌ 난형난제(難兄難弟)
백중지간(伯仲之間)

출전 | 조비(曹丕)-전론(典論)

百八煩惱 (백팔번뇌)

일백 百 여덟 八 번거로울 煩 괴로워할 惱

불교에서 이르는 인간의 과거·현재·미래에 걸친 고락 등 108가지의 번뇌를 이르는 말.

㊌ 백팔(百八)

출전 | 최남선(崔南善)-시조집

百害無益 백해무익

일백 百 해로울 害 없을 無 더할 益

모두 해롭기만 하고 이익이 없다는 뜻으로, 해롭기만 할 뿐 조금도 이로울 것이 없다는 뜻.

⊕ 백해무일리(百害無一利)

百花齊放 백화제방

일백 百 될 花 가지런할 齊 놓을 放

온갖 꽃이 일제히 핀다라는 뜻으로, 갖가지 학문이나 예술이 함께 성함을 일컫는 말.

⊕ 백화난만(百花爛漫)

變化無常 변화무상

변할 變 될 化 없을 無 항상 常

사물의 모양이나 성질 따위가 바뀌고 달라지는 일이 많거나 일정하지 않아 종잡을 수 없음을 뜻함. 　　출전 | 장자(莊子)

⊕ 변화무궁(變化無窮)
　변화무쌍(變化無雙)

兵家常事 병가상사

군사 兵 집 家 항상 常 일 事

병법에서 흔히 있는 일이라는 뜻으로 선쟁에서 이기고 지는 일은 항상 흔히 있는 일이므로 실패하더라도 절망하지 말라는 뜻.

病入膏肓 병입고황

병 病 들 入 기름 膏 명치끝 肓

병이 고황(심장과 횡격막 사이)에 들었다는 뜻으로, 병이 몸 속 깊이 들어 고치기 어렵게 되었음 또는 고치기 힘든 오류를 비유하는 말. 　　출전 | 춘추좌씨전(春秋左氏傳)

⊕ 병입골수(病入骨髓)

病從口入
병 종 구 입

[유] 구시화지문(口是禍之門)

병 病 좇을 從 입 口 들 入

병은 입을 따라 들어온다는 뜻으로, 질병이나 재앙 등 모두가 입을 거치므로 입을 조심해야 한다는 말.

輔車相依
보 거 상 의

[유] 순망치한(脣亡齒寒)
고장난명(孤掌難鳴)

도울 輔 수레 車 서로 相 의지할 依

수레에서 덧방나무와 바퀴처럼 뗄 수 없다는 뜻으로, 서로 돕고 의지함을 이르는 말.

출전 | 좌전(左傳)

輔國安民
보 국 안 민

[참] 국태민안(國泰民安)

도울 輔 나라 國 편안할 安 백성 民

나라를 돕고 백성을 편안하게 한다는 뜻으로, 국정을 보필하여 백성들을 편안하게 한다는 뜻.

報怨以德
보 원 이 덕

갚을 報 원망할 怨 써 以 덕 德

덕으로써 원망을 갚는다는 뜻으로, 자신을 원망하더라도 덕으로 대하거나, 원한을 품더라도 복수하지 말라는 뜻.

출전 | 노자(老子)

覆水不收
복 수 불 수

[유] 복수난수(覆水難收)
복수불반분(覆水不返盆)

엎을 覆 물 水 아닐 不 거둘 收

한 번 엎지른 물은 다시 거둘 수 없다는 뜻으로, 한번 저지른 일은 다시 어찌할 수 없음을 이르는 말.

출전 | 습유기(拾遺記)

伏地不動
복 지 부 동

배 伏 땅 地 아닐 不 움직일 動

땅에 엎드려 움직이지 않는다는 뜻으로, 마땅히 해야 할 일을 하지 않고 남의 눈치만 살핌을 이르는 말.

㊤ 복지안동(伏地眼動)
무사안일(無事安逸)

本末顚倒
본 말 전 도

근본 本 끝 末 넘어질 顚 넘어질 倒

일의 처음과 나중이 뒤바뀐다는 뜻으로, 일의 근본을 잊고 사소한 부분에만 사로잡힘을 이르는 말.

㊤ 주객전도(主客顚倒)
㊥ 본말상순(本末相順)

本第入納
본 제 입 납

근본 本 차례 第 들 入 들일 納

본집으로 들어가는 편지라는 뜻으로, 자기 집에 편지를 부칠 때 편지 겉봉의 자기 이름 아래에 쓰는 말.

㊤ 본가입납(本家入納)

富貴榮華
부 귀 영 화

가멸 富 귀할 貴 영화 榮 빛날 華

부귀와 영화란 뜻으로, 재산이 많고 지위가 높으며 영화로움을 이르는 말.

㊤ 부귀공명(富貴功名)

不得要領
부 득 요 령

아닐 不 얻을 得 구할 要 옷깃 領

요령을 얻지 못한다는 뜻으로, 사물의 가장 중요한 것을 파악하지 못함을 비유하는 말.

출전 | 한서(漢書)

㊤ 요령부득(要領不得)

194 | 3단계 고사성어·숙어

俯仰不愧
부 앙 불 괴

구부릴 俯 우러를 仰 아닐 不 부끄러워할 愧
굽어보나 우러러보나 부끄러움이 없다는 뜻으로, 하늘을 우러러보나 세상을 굽어보나 양심에 부끄러움이 없다는 말.

출전 | 맹자(孟子)

釜中生魚
부 중 생 어

참 불폐풍우(不蔽風雨)
삼순구식(三旬九食)

가마솥 釜 가운데 中 날 生 물고기 魚
가마솥 안에서 물고기가 생긴다는 뜻으로, 오랫동안 밥을 짓지 못하여 솥 안에 물고기가 생길 정도로 매우 가난함을 비유하는 말.

출전 | 후한서(後漢書)-범염전(范苒傳)

釜中之魚
부 중 지 어

유 불면정조(不免鼎俎)
어유부중(魚遊釜中)

가마 釜 가운데 中 갈 之 고기 魚
가마솥 안에 든 물고기라는 뜻으로, 곧 삶아지는 것도 모르고 솥 안에서 헤엄치고 있는 물고기처럼 목숨이 위급할 처지에 있음을 이르는 말.

출전 | 자치통감-한기(漢記)

不知其數
부 지 기 수

유 기수부지(其數不知)

아닐 不 알 知 그 其 셀 數
그 수를 알 수 없다는 뜻으로, 주로 수를 헤아릴 수 없을 정도로 매우 많음을 일컫는 말.

夫唱婦隨
부 창 부 수

유 남창여수(男唱女隨)
여필종부(女必從夫)

지아비 夫 노래 唱 며느리 婦 따를 隨
지아비는 이끌고 지어미는 따른다는 뜻으로, 부부의 화합을 이르는 말.

출전 | 천자문(千字文)

北風寒雪 (북풍한설)

유 동빙한설(凍氷寒雪)
엄동설한(嚴冬雪寒)

북녘 北 바람 風 찰 寒 눈 雪
북풍과 차가운 눈이라는 뜻으로, 몹시 차고 추운 겨울 바람과 눈을 말함.

粉骨碎身 (분골쇄신)

유 견마지로(犬馬之勞)
분신쇄골(粉身碎骨)

가루 粉 뼈 骨 부술 碎 몸 身
뼈가 가루가 되고 몸이 부서진다는 뜻으로, 있는 힘을 다하여 노력하거나 그렇게 힘써 일한다는 말. 출전 | 선림유천(禪林類纂)

憤氣衝天 (분기충천)

유 분기등천(憤氣騰天)
분기탱천(憤氣撑天)

분할 憤 기운 氣 찌를 衝 하늘 天
분한 기운이 하늘을 찌른다는 뜻으로, 분한 마음이 하늘을 찌를 듯 격렬하게 북받쳐 오른다는 뜻.

不可思議 (불가사의)

유 무한량(無限量)
불가지해(不可知解)

아닐 不 옳을 可 생각할 思 의논할 議
말로 나타낼 수도 없고 마음으로 헤아릴 수도 없는 오묘한 이치 또는 상식으로는 생각할 수 없는 이상한 일을 이르는 말. 출전 | 자치통감(資治通鑑)

不可抗力 (불가항력)

참 천재지변(天災地變)

아닐 不 옳을 可 막을 抗 힘 力
천재지변, 우발사고 따위와 같이 사람의 힘으로는 어찌할 수 없는 힘이나 사태를 일컫는 말.

不老長生
불 로 장 생

㈜ 불로장수(不老長壽)
　 장생불로(長生不老)

아닐 不 늙을 老 길 長 날 生
늙지 않고 오래 산다는 뜻으로, 영원히 산다는 의미.

不問曲直
불 문 곡 직

㈜ 곡직불문(曲直不問)
　 불문곡절(不問曲折)

아닐 不 물을 問 굽을 曲 곧을 直
굽음과 곧음을 묻지 않는다는 뜻으로, 옳고 그름을 가리지 않고 함부로 일을 처리함.

不蜚不鳴
불 비 불 명

㈜ 복룡봉추(伏龍鳳雛)
　 불비불명(不飛不鳴)

아닐 不 날 蜚 아닐 不 울 鳴
날지도 않고 울지도 않는다는 뜻으로, 큰일을 하기 위해 오랫동안 조용히 때를 기다린다는 말.　　　　　출전 | 사기(史記)

不事二君
불 사 이 군

아닐 不 일 事 두 二 임금 君
두 임금을 섬기지 않는다는 뜻으로, 충신으로서 마땅히 행해야 할 도리.

출전 | 사기(史記)

不撓不屈
불 요 불 굴

㈜ 백절불굴(百折不屈)
　 백절불요(百折不撓)

아닐 不 휠 撓 아닐 不 굽을 屈
흔들리지도 않고 굽히지도 않는다는 뜻으로, 어려운 상황에서도 의지가 굳어 굽히지 않음.　　　　출전 | 한서(漢書)

不遠千里
불 원 천 리

[유] 불원만리(不遠萬里)

아닐 不 멀 遠 일천 千 마을 里

천리도 멀다고 여기지 않는다는 뜻으로, 천리 길도 개의치 않고 열심히 찾아가는 것을 말함.

출전 | 맹자(孟子)

不撤晝夜
불 철 주 야

[유] 야이계주(夜以繼晝)
주이계야(晝而繼夜)

아닐 不 거둘 撤 낮 晝 밤 夜

밤낮을 가리지 않는다는 뜻으로, 어떤 일에 골몰하여 쉴 새 없이 열심히 일한다는 뜻.

不恥下問
불 치 하 문

[유] 공자천주(孔子穿珠)
하문불치(下問不恥)

아니 不 부끄러워할 恥 아래 下 물을 問

지위나 나이, 학식 따위가 자기보다 못한 사람에게 묻는 것을 부끄러워하지 않는다는 말.

출전 | 논어(論語)

不快指數
불 쾌 지 수

[유] 온습지수(溫濕指數)

아닐 不 쾌할 快 손가락 指 셀 數

날씨에 따라 사람이 느끼는 쾌 · 불쾌의 정도를 기온과 습도의 관계로 나타내는 수치를 말함.

不偏不黨
불 편 부 당

[유] 무편무당(無偏無黨)

아닐 不 치우칠 偏 아닐 不 무리 黨

치우치지 않고 무리 짓지 않는다는 뜻으로, 어느 편에도 치우치지 않는 공평한 태도를 말함.

출전 | 여씨춘추(呂氏春秋)

鵬程萬里 (붕정만리)
윤 산천만리(山川萬里)

붕새 鵬 법도 程 일만 萬 마을 里
붕새가 날면 단번에 만 리를 난다는 뜻으로, 앞길이 매우 요원함을 일컫거나 또는 대자연에 직면하여 그 광대함을 형용하는 말.
출전 | 장자(莊子)-소요유(逍遙遊)

飛龍乘雲 (비룡승운)
윤 등사유무(騰蛇遊霧)

날 飛 용 龍 탈 乘 구름 雲
용이 구름을 타고 하늘을 난다는 뜻으로, 영웅이 때를 만나 자신의 재능을 십분 발휘함을 일컫는 말.
출전 | 한비자(韓非子)

非命橫死 (비명횡사)
윤 비명참사(非命慘死)

아닐 非 목숨 命 가로 橫 죽을 死
천명을 다하지 못하고 뜻밖에 죽는다는 뜻으로, 뜻밖의 사고로 제명대로 살지 못함을 뜻함.

非夢似夢 (비몽사몽)
윤 비몽사몽간(非夢似夢間)
사몽비몽(似夢非夢)

아닐 非 꿈 夢 같을 似 꿈 夢
꿈이 아니면서 꿈인 것 같다는 뜻으로, 꿈인지 생시인지 어렴풋하고 흐리멍덩한 상태를 말함.

牝鷄之晨 (빈계지신)
윤 빈계사신(牝鷄司晨)

암컷 牝 닭 鷄 갈 之 새벽 晨
암탉이 울어 새벽을 알린다는 뜻으로, 암탉이 울면 집안이 망한다는 것을 이르는 말.
출전 | 서경(書經)-목서(牧誓)

貧者一燈
빈 자 일 등

가난할 貧 놈 者 한 一 등잔 燈
가난한 자가 밝힌 하나의 등불이라는 뜻으로, 물질의 많고 적음보다 정성이 소중함을 이르는 말.

출전 | 불교의 경전-현우경(賢愚經)

憑公營私
빙 공 영 사

(유) 가공영사(假公營私)
(반) 멸사봉공(滅私奉公)

기댈 憑 공변될 公 경영할 營 사사 私
공적 일을 기대어 사적 이익을 만든다는 뜻으로, 관청이나 공적 일을 빙자해 개인의 이익을 꾀한다는 뜻.

氷炭不相容
빙 탄 불 상 용

(유) 견원지간(犬猿之間)
(반) 빙탄상용(氷炭相容)

얼음 氷 숯 炭 아닐 不 서로 相 얼굴 容
얼음과 숯의 성질이 전혀 다르다는 뜻으로, 둘 사이가 서로 용납되지 않음을 이르는 말.

출전 | 사기(史記)-골계전(滑稽傳)

氷炭相愛
빙 탄 상 애

(반) 빙탄불상용(氷炭不相容)

얼음 氷 숯 炭 서로 相 사랑 愛
얼음과 숯불이 서로 사랑한다는 뜻으로, 세상에 있을 수 없는 일이나, 얼음과 숯이 서로 본질을 보전한다는 의미에서 친구끼리 서로 훈계해 나감을 비유함.

출전 | 회남자(淮南子)-설산훈(說山訓)

氷炭之間
빙 탄 지 간

(유) 견원지간(犬猿之間)
대천지수(戴天之讐)

얼음 氷 숯 炭 갈 之 사이 間
얼음과 숯의 사이라는 뜻으로, 둘이 서로 어긋나 화합할 수 없는 사이를 이르는 말.

출전 | 초사(楚辭)

士農工商
사 농 공 상
참 반상서열(班常序列)

선비 士 농사 農 장인 工 장사 商
옛날 선비·농부·장인·상인의 뜻으로, 과거 계급제 사회의 신분을 나타낸 말.

私利私慾
사 리 사 욕
유 사리사복(私利私腹)

사사로울 私 이로울 利 사사로울 私 욕심 慾
사사로운 이익과 사사로운 욕심이라는 뜻으로, 공리(公利)를 버리고 자기 일신의 이익을 탐하는 행위. 출전ㅣ관자(管子)

四面春風
사 면 춘 풍
유 도처춘풍(到處春風)
사시춘풍(四時春風)

넉 四 방위 面 봄 春 바람 風
사면에 봄바람이라는 뜻으로, 누구에게나 다 좋도록 처세하는 일, 또는 그런 사람을 일컫는 말. 출전ㅣ동언해

斯文亂賊
사 문 난 적
*사문(斯文): 유교교리

이(이것) 斯 글월 文 어지러울 亂 도둑 賊
사문을 어지럽히는 적이라는 뜻으로, 유교사상에 어긋나는 언동을 하는 사람을 이르는 말. 출전ㅣ논어(論語)

沙鉢通文
사 발 통 문
참 통문(通文)

모래 沙 바리때 鉢 통할 通 글월 文
주동자가 누구인지 모르도록 발기인들의 이름을 둥글게 빙둘러 적은 통문을 이르는 말.

四分五裂 사분오열
㊦ 삼분오열(三分五裂)

넉 四 나눌 分 다섯 五 찢어질 裂
넷으로 나누어지고 다섯으로 갈라진다는 뜻으로 의견 등이 통일되지 못함을 나타내는 말.

출전 | 전국책(戰國策)

駟不及舌 사불급설
㊦ 언비천리(言飛千里)
구시화문(口是禍門)

사마 駟 아닐 不 미칠 及 혀 舌
네 말이 끄는 빠른 수레도 사람의 혀에는 못 미친다는 뜻으로, 소문이 삽시간에 퍼지는 것을 비유하여 말조심하라는 말.

출전 | 논어(論語)-안연편(顔淵篇)

私淑諸人 사숙제인

사사로울 私 맑을 淑 모든 諸 사람 人
존경하는 모든 사람이라는 뜻으로, 그들의 인격이나 학문을 본받아서 학문을 닦는다는 말.

출전 | 맹자(孟子)

蛇足 사족
㊥ 상상안상(牀上安牀)
화사첨족(畵蛇添足)

뱀 蛇 발 足
뱀의 다리를 그린다는 뜻으로, 쓸데없는 군더더기나 하지 않아도 되는 일을 하여 도리어 일을 그르침을 이르는 말.

출전 | 전국책(戰國策)-제책(齊策)

四海兄弟 사해형제
㊦ 사해동포(四海同胞)
호월일가(胡越一家)

넉 四 바다 海 맏 兄 아우 弟
뜻을 같이하고 마음이 일치한다면 누구라도 형제처럼 지낼수 있다는 뜻으로, 온 천하의 사람이 다 형제와 같다는 말.

출전 | 논어(論語)

死灰復燃 사회부연

죽을 死 재 灰 돌아올 復 사를 燃

사그라진 재가 다시 타오른다는 뜻으로, 세력을 상실한 사람[사물]이 다시 세력을 얻어 활동함을 이르는 말. 출전 | 사기(史記)

㊌ 권토중래(捲土重來)

削奪官職 삭탈관직

깎을 削 빼앗을 奪 벼슬 官 벼슬 職

죄지은 자의 벼슬과 품계를 빼앗고 이름을 사판(仕版)에서 없앤다는 뜻으로, 벼슬에서 쫓겨남을 이르는 말.

㊌ 삭탈관작(削奪官爵)
　 삭관(削官)

傘壽 산수

우산 傘 목숨 壽

산(傘)의 팔(八)과 십(十)을 팔십(八十)으로 간주하여 80세를 일컬음.

㊌ 팔순(八旬)

山紫水明 산자수명

뫼 山 자줏빛 紫 물 水 밝을 明

산색이 곱고 물이 맑다는 뜻으로, 산과 물의 경치가 썩 아름다움을 일컫는 말.

출전 | 뢰산양(賴山陽)

㊌ 산명수려(山明水麗)
　 산명수자(山明水紫)

山海珍味 산해진미

뫼 山 바다 海 보배 珍 맛 味

산과 바다의 진귀한 맛이라는 뜻으로, 온갖 귀한 재료로 만든 맛좋은 음식을 이르는 말.

㊌ 산진해미(山珍海味)
　 수륙진미(水陸珍味)

森羅萬象
삼 라 만 상

⑨ 만휘군상(萬彙群象)
　우주만물(宇宙萬物)

빽빽할 森 벌일 羅 일만 萬 코끼리 象
빽빽하게 벌려 있는 온갖 존재라는 뜻으로, 우주의 온갖 사물과 현상을 이르는 말.
출전 | 법구경(法句經)

三三五五
삼 삼 오 오

⑨ 삼오삼오(三五三五)

석 三 석 三 다섯 五 다섯 五
셋씩 또는 다섯씩이라는 뜻으로, 사람들이 무리지어 다니거나 무슨 일을 하는 모양을 일컫는 말.
출전 | 이백(李白)-채련곡(采蓮曲)

三水甲山
삼 수 갑 산

⑨ 산수갑산(山水甲山)

석 三 물 水 첫째천간 甲 뫼 山
함경남도에 있는 지세가 험한 삼수와 갑산이라는 뜻으로, 몹시 어려운 지경을 비유해서 일컫는 말.

三十六計
삼 십 육 계

⑨ 주여도반(走與稻飯)
⑪ 임전무퇴(臨戰無退)

석 三 열 十 여섯 六 꾀 計
서른여섯 번째 계책이라는 뜻으로, 일이 형편이 아주 불리할 때는 이것저것 계획을 세우기보다는 달아나서 몸의 안전을 꾀하는 것이 상책이라는 말.
출전 | 자치통감(資治通鑑)

三餘之功
삼 여 지 공

석 三 남을 餘 갈 之 공 功
독서하기에 가장 좋은 '겨울·밤·음우(陰雨)'를 일컫는 말.

三從之義 (삼종지의)
⊕ 삼종의탁(三從依託)
　삼종지덕(三從之德)

석 三 좇을 從 갈 之 옳을 義
여자가 지켜야 할 세 가지 도리라는 뜻으로, 어려서는 아버지, 시집가서는 남편, 늙어서는 아들을 따라야 한다는 말.

출전 | 의례(儀禮)

喪家之狗 (상가지구)
⊕ 오면곡형(烏面鵠形)

복입을 喪 집 家 갈 之 개 狗
초상집의 개라는 뜻으로, 주인 없는 개처럼 초라한 모습으로 얻어먹을 것만 찾아다니는 이를 빈정거리어 일컫는 말.

출전 | 사기(史記)-공자세가(孔子世家)

相利共生 (상리공생)
⊕ 쌍리공생(雙利共生)
　편리공생(片利共生)

서로 相 이로울 利 함께 共 날 生
상호간에 이익을 얻고 서로 도우며 같이 살아가는 것을 이르는 말.

相思不忘 (상사불망)

서로 相 생각할 思 아닐 不 잊을 忘
사랑하는 남녀가 서로 그리워하여 잊지 못한다는 말.

常山蛇勢 (상산사세)

항상 常 뫼 山 뱀 蛇 기세 勢
상산의 뱀 같은 기세라는 뜻으로, 선진과 후진이 도울 수 있어서 틈이나 결점이 없는 상황을 이르는 말.

출전 | 손자(孫子)-구지(九地)

上下撑石 (상하탱석)

위 上 아래 下 버틸 撑 돌 石

윗돌을 빼서 아랫돌을 괴고 아랫돌을 빼서 윗돌에 괸다는 뜻으로, 일이 몹시 꼬여 임시변통으로 간신히 견디어나감을 말함.

(유) 고식지계(姑息之計)
좌지우오(左支右吾)

生老病死 (생로병사)

날 生 늙을 老 병 病 죽을 死

불교에서 인생이 반드시 밟아야 할 네 가지 고통으로 태어나고, 늙고, 병들고 죽는 일을 일컫는 말. 출전 | 법화경(法華經)

(반) 생로병사고(生老病死苦)

生面不知 (생면부지)

날 生 낯 面 아닐 不 알 知

얼굴을 알지 못한다는 뜻으로 이전에 만나 본 일이 없어 전혀 모르는 사람이나 관계를 이르는 말.

(유) 안면부지(顔面不知)

生殺與奪 (생살여탈)

날 生 죽일 殺 줄 與 빼앗을 奪

살리기도 하고 죽이기도 하고 빼앗기도 한다는 뜻으로, 남의 목숨이나 재물을 마음대로 함을 이르는 말.

(유) 활살자재(活殺自在)
좌지우지(左之右之)

黍離之嘆 (서리지탄)

기장 黍 떠날 離 갈 之 탄식할 嘆

궁궐터에 기장이 무성함을 한탄하다는 뜻으로, 세상의 영고성쇠(榮枯盛衰)가 무상함을 이르는 말. 출전 | 시경(詩經)

(유) 맥수지탄(麥秀之嘆)

西施矉目
서 시 빈 목

㊀ 서시봉심(西施捧心)
효빈(效矉)

서녘 西 베풀 施 찡그릴 矉 눈 目

미인 서시가 눈살을 찌푸린다는 뜻으로, 주제도 모르고 남의 흉내를 내어 세상 사람의 웃음거리가 됨을 일컫는 말.

출전 | 장자(莊子)-천운(天運)

書自書我自我
서 자 서 아 자 아

쓸 書 스스로 自 쓸 書 나 我 스스로 自 나 我

글은 글대로 나는 나대로라는 뜻으로, 글을 읽지만 정신을 딴 데에 쓴다는 말.

書中自有千鍾粟
서 중 자 유 천 종 속

쓸 書 가운데 中 스스로 自 있을 有 일천 千 종 鍾 조 粟

책을 읽어 부지런히 공부하면 높은 벼슬에 올라 많은 녹을 얻을 수 있음을 강조한 말.

席藁待罪
석 고 대 죄

㊀ 고두사죄(叩頭謝罪)

자리 席 짚 藁 기다릴 待 허물 罪

거적을 깔고 앉아 벌주기를 기다린다는 뜻으로, 죄과에 대한 처벌을 기다림을 이르는 말.

席卷之勢
석 권 지 세

㊀ 석권(席卷=捲)
파죽지세(破竹之勢)

자리 席 말 卷 갈 之 기세 勢

자리를 마는 것과 같은 거침없는 기세라는 뜻으로, 널리 세력을 펴는 기세가 강함을 이르는 말.

출전 | 전국책(戰國策)

善因善果 (선인선과)

착할 善 인할 因 착할 善 결과 果

착한 원인에 착한 결과라는 뜻으로, 좋은 일을 하면 그로 말미암아 반드시 좋은 과보(果報)를 얻게 됨을 일컫는 말.

반 악인악과(惡因惡果)
유 복인복과(福因福果)

仙風道骨 (선풍도골)

신선 仙 바람 風 길 道 뼈 骨

신선의 풍채와 도사의 골격이라는 뜻으로, 보통사람보다 뛰어나게 깨끗하고 점잖게 생긴 사람을 일컫는 말.

유 기골장대(氣骨壯大)

출전 | 백(白)-시(詩)

纖纖玉手 (섬섬옥수)

가늘 纖 가늘 纖 구슬 玉 손 手

연약하고 가냘픈 옥 같은 손이라는 뜻으로, 가냘프고 고운 아름다운 여인의 손을 이르는 말.

成功者退 (성공자퇴)

이룰 成 공로 功 놈 者 물러날 退

성공한 사람은 물러날 때를 알아야 한다는 뜻으로, 공을 이룬 사람은 때를 알고 물러나야 걱정이 없다는 말.

유 공성신퇴(功成身退)
　 성공자거(成功者去)

출전 | 사기(史記)

聲東擊西 (성동격서)

소리 聲 동녘 東 칠 擊 서녘 西

동쪽에 소리치고 서쪽을 친다는 뜻으로, 상대를 기만하여 기묘하게 공격함의 비유하는 말.

유 적본주의(敵本主義)

출전 | 서양잡조(西陽雜俎)

城下之盟 (성하지맹)

성 城 아래 下 갈 之 맹세 盟

성 아래에서의 맹세라는 뜻으로, 패전국이 적군에게 항복하고 맺는 굴욕적인 맹약을 일컫는 말.   출전 | 춘추좌씨전(春秋左氏傳)

㈜ 성하맹세(城下盟誓)

城狐社鼠 (성호사서)

성 城 여우 狐 사직 社 쥐 鼠

성벽에 숨어 사는 여우와 묘당에 기어든 쥐라는 뜻으로, 탐욕스럽고 흉포한 벼슬아치를 비유하는 말.   출전 | 진서(晉書)

㈜ 직호사서(稷狐社鼠)
사서지환(社鼠之患)

世俗五戒 (세속오계)

세상 世 풍속 俗 다섯 五 경계할 戒

세속의 다섯 계율이라는 뜻으로, 신라 원광 법사가 지은 화랑의 오계(五戒)를 말함.
오계(五戒) : 사군이충(事君以忠) 사친이효(事親以孝) 교우이신(交友以信) 임전무퇴(臨戰無退) 살생유택(殺生有擇)

㈑ 오계(五戒)

歲寒三友 (세한삼우)

해 歲 찰 寒 석 三 벗 友

동양화의 소재로 쓰이는, 추운 겨울철에도 잘 견디는 소나무·대나무·매화나무를 일컫는 말.   출전 | 고사기(高士奇)

㈜ 송죽매(松竹梅)

損者三友 (손자삼우)

덜 損 놈 者 석 三 벗 友

사귀면 손해를 끼칠 세 유형의 친구로서 편벽한 벗, 말만 잘하고 성실하지 못한 벗, 착하기만 하고 줏대가 없는 벗을 이른다.   출전 | 논어(論語)

㈜ 삼손우(三損友)
익자삼우(益者三友)

率先垂範 솔선수범

거느릴 率 먼저 先 드리울 垂 법(본보기) 範
남보다 앞장서서 행동해서 몸소 다른 사람의 본보기가 되어 모범을 보인다는 말.

㊌ 솔선궁행(率先躬行)

松茂栢悅 송무백열

소나무 松 무성할 茂 잣나무 栢 기쁠 悅
소나무가 무성하면 잣나무가 기뻐한다는 뜻으로, 친한 친구가 잘 되는 것을 기뻐한다는 말.

㊌ 송무백열(松茂柏悅)
혜분난비(蕙焚蘭悲)

宋襄之仁 송양지인

송나라 宋 도울 襄 갈 之 어질 仁
송나라 양공의 어짊이라는 뜻으로, 너무 착하기만 하여 쓸데없는 동정을 베풀어 낭패를 본다는 뜻.

출전 | 십팔사략(十八史略)

垂簾聽政 수렴청정

드리울 垂 발 簾 들을 聽 정사 政
발을 드리우고 정사(政事)를 한다는 뜻으로, 임금이 어린 나이로 즉위하였을 때 왕대비나 대왕대비가 정사를 돌보던 일을 이르는 말.

출전 | 구당서(舊唐書)

㊌ 수렴지정(垂簾之政)
염정(簾政)

首鼠兩端 수서양단

머리 首 쥐 鼠 둘 兩 끝 端
쥐가 구멍에서 머리만 내밀고 나갈까말까 망설인다는 뜻으로, 머뭇거리며 진퇴나 거취를 결정짓지 못하고 관망함을 이르는 말.

출전 | 사기(史記)

㊌ 수시양단(首施兩端)
좌고우면(左顧右眄)

修身齊家 (수신제가)

닦을 修 몸 身 가지런할 齊 집 家

마음과 행실을 바르게 하도록 심신을 닦고, 집안을 잘 다스려 바로잡음을 이르는 말.

참 치국평천하(治國平天下)
유 수제(修齊)

출전 | 논어(論語)

誰怨誰咎 (수원수구)

누구 誰 원망할 怨 누구 誰 허물 咎

누구를 원망하고 누구를 허물하겠느냐? 라는 뜻으로, 남을 원망하고 탓할 수 없음을 이르는 말.

유 수원숙우(誰怨孰尤)

壽則多辱 (수즉다욕)

목숨 壽 곧 則 많을 多 욕될 辱

오래 살면 그만큼 욕되는 일이 많다는 뜻으로, 오래 살면 수치스러운 일을 많이 겪는 것을 일컫는 말.

유 다남다구(多男多懼)
수욕다(壽辱多)

출전 | 장자(莊子)-천지편(天地篇)

水清無魚 (수청무어)

물 水 맑을 清 없을 無 물고기 魚

물이 너무 맑으면 물고기가 살지 않는다는 뜻으로, 청렴결백의 도가 지나치면 따르는 사람이 없음을 비유한 말.

유 수지청무어(水至清無魚)

출전 | 공자가어(孔子家語)

純潔無垢 (순결무구)

순수할 純 깨끗할 潔 없을 無 때 垢

순수하고 깨끗해서 티가 없다는 뜻으로, 마음과 몸이 아주 깨끗하여 조금도 더러운 티가 없다는 말.

유 순진무구(純眞無垢)
빙청옥결(氷清玉潔)

述而不作 술이부작

⊕ 조술(祖述)

지을 述 어조사 而 아닐 不 지을 作

옛 성인의 가르침을 이어받아 보탬이 없이 그대로 후세에 전한다는 뜻으로, 공자의 학문에 대한 겸손한 태도를 나타낸 말.

출전 | 논어(論語)

乘牛讀書 승우독서

탈 乘 소 牛 읽을 讀 쓸 書

소를 타고 길을 가며 책을 읽는다는 뜻으로, 독서에 여념이 없음을 나타내는 말.

출전 | 세설신어(世說新語)

尸位素餐 시위소찬

⊕ 반식재상(伴食宰相)
  시록(尸祿)

주검 尸 자리 位 흴 素 먹을 餐

자리만 차지하고 녹(祿)만 받아먹는다는 뜻으로, 분수에 안 맞는 자리에 앉아 하는 일 없이 녹만 받아먹음을 이르는 말.

출전 | 한서(漢書)-주운전(朱雲傳)

始終一貫 시종일관

⊕ 종시일관(終始一貫)
⊖ 용두사미(龍頭蛇尾)

처음 始 마칠 終 한 一 꿸 貫

처음부터 끝까지 똑같은 방침이나 태도로 나아감을 나타내는 말.

時和年豊 시화연풍

⊕ 시화세풍(時和歲豊)

때 時 화할 和 해 年 풍성할 豊

시절이 태평하고 풍년이 든다는 뜻으로, 태평성대를 이르는 말.

食少事煩
식 소 사 번

먹을 食 적을 少 일 事 번거로울 煩

먹을 것은 적고 할 일이 많다는 뜻으로, 수고는 많이 하나 얻는 것이 적거나 건강을 돌보지 않고 일만 많이 함을 이르는 말.

출전 | 삼국지(三國志)

身體髮膚
신 체 발 부

몸 身 몸 體 터럭 髮 살갗 膚

몸과 머리털과 살갗이라는 뜻으로, 몸 전체를 이르는 말인데, 온전한 신체를 보존하는 것이 부모에 대한 효도의 기본이라는 의미.

출전 | 효경(孝經)

神出鬼沒
신 출 귀 몰

[유] 귀출전입(鬼出電入)

귀신 神 날 出 귀신 鬼 잠길 沒

귀신처럼 자유자재로 나타났다 사라진다는 뜻으로, 자유자재로 출몰하여 그 변화를 헤아릴 수 없음을 이르는 말.

출전 | 회남자(淮南子)

身土不二
신 토 불 이

몸 身 흙 土 아닐 不 두 二

몸과 태어난 땅은 하나라는 뜻으로, 자기 몸과 같은 땅에서 산출된 것이라야 체질에 잘 맞는다는 말.

출전 | 동의보감(東醫寶鑑)

實事求是
실 사 구 시

열매 實 일 事 구할 求 옳을 是

구체적인 사실에서 옳은 것을 구한다는 뜻으로, 사실에 근거하여 사물의 진리나 진상을 탐구하는 일을 말함.

출전 | 한서(漢書)

心機一轉 (심기일전)

마음 心 틀 機 한 一 구를 轉

마음의 기능을 한 번에 바꾼다는 뜻으로, 어떤 동기에 의하여 지금까지 품었던 생각과 마음의 자세를 완전히 바꿈.

⊕ 심기회전(心機廻轉)

深思熟考 (심사숙고)

깊을 深 생각할 思 익을 熟 상고할 考

깊이 생각하고 익히 상고한다는 뜻으로, 신중하게 곰곰이 생각함을 일컫는 말.

⊕ 심사묵고(深思默考)
심사숙려(深思熟慮)

心猿意馬 (심원의마)

마음 心 원숭이 猿 뜻 意 말 馬

마음은 원숭이 같고 생각은 말과 같다는 뜻으로, 마음이 안정되지 않아 어지럽다는 말.

출전 | 참동계(參同契)

⊕ 의마심원(意馬心猿)

十年減壽 (십년감수)

열 十 해 年 덜 減 목숨 壽

목숨이 십년이나 줄었다는 뜻으로, 몹시 놀랐거나 매우 위험한 고비를 겪었을 때 일컫는 말.

十年知己 (십년지기)

열 十 해 年 알 知 몸 己

오래전부터 친하게 사귀어 온 친구를 일컫는 말.

⊕ 구년친구(舊年親舊)

十盲一杖 (십맹일장)

유 십고일장(十瞽一杖)

열 十 장님 盲 한 一 지팡이 杖
열 소경에 한 지팡이라는 뜻으로, 어떤 사물이 여러 곳에 다같이 요긴하게 쓰임을 비유하는 말.

十目所視 (십목소시)

유 중인소시(衆人所視)
중목소시(衆目所視)

열 十 눈 目 바 所 보일 視
여러 사람이 다같이 보고 있다는 뜻으로, 세상의 눈을 속일 수 없다, 또는 세상에 비밀이 없음을 일컫는 말. 출전 | 대학(大學)

十人十色 (십인십색)

유 각인각색(各人各色)
각인각양(各人各樣)

열 十 사람 人 열 十 빛 色
열 사람에 열 가지 색이라는 뜻으로, 생각이나 취향이 사람에 따라 저마다 다름을 이르는 말.

十顚九倒 (십전구도)

유 칠전팔도(七顚八倒)

열 十 엎어질 顚 아홉 九 거꾸러질 倒
열 번 엎어지고 아홉 번 거꾸러진다는 뜻으로, 거듭되는 실패와 고통, 또는 그런 고초를 겪음을 일컫는 말.

我歌査唱 (아가사창)

유 적반하장(賊反荷杖)

나 我 노래 歌 사실할 査 노래 부를 唱
나의 노래를 사돈이 부른다는 뜻으로, 나에게 책망을 들어야 할 사람이 도리어 나를 책망한다는 말. 출전 | 동언고략(東言考略)

兒童走卒 (아동주졸)

아이 兒 아이 童 달릴 走 군사 卒
철없는 아이와 심부름꾼이라는 뜻으로, 어리석은 사람들을 이르는 말.

출전 | 송사(宋史)

㊤ 불변숙맥(不辨菽麥)

阿附迎合 (아부영합)

언덕 阿 붙을 附 맞을 迎 합할 合
남의 비위를 맞추기 위하여 알랑거린다는 뜻으로, 자기의 생각이나 주장 없이 남의 말에 아부하고 동조한다는 말.

출전 | 한서(漢書)

㊤ 부화뇌동(附和雷同)
아부뇌동(阿附雷同)

啞然失色 (아연실색)

놀랄 啞 그러할 然 잃을 失 빛 色
뜻밖의 일에 어이가 없고 너무 놀라서 얼굴빛이 변함을 이르는 말.

㊤ 악연실색(愕然失色)

阿諛苟容 (아유구용)

언덕 阿 아첨할 諛 구차할 苟 얼굴 容
남에게 아첨하여 구차스럽게 굴거나 또는 그런 행동을 말함.

출전 | 사기(史記)

惡木盜泉 (악목도천)

나쁠 惡 나무 木 도둑 盜 샘 泉
더워도 나쁜 나무 그늘에서는 쉬지 않으며, 목이 말라도 도(盜)자 붙은 샘물은 마시지 않는다는 뜻으로, 아무리 곤란해도 부끄러운 일은 하지 않음의 비유.

㊤ 불식악목음(不息惡木蔭)

출전 | 육기(陸機)-맹호행(猛虎行)

惡事千里
악 사 천 리
⑨ 악사행천리(惡事行千里)
언비천리(言飛千里)

나쁠 惡 일 事 일천 千 마을 里
나쁜 일이 천리를 간다는 뜻으로, 나쁜 일은 삽시간에 멀리까지 빨리 알려짐을 이르는 말.   출전 | 북몽삼언(北夢瑣言)

安居危思
안 거 위 사
⑨ 유비무환(有備無患)
⑪ 망양보뢰(亡羊補牢)

편안할 安 있을 居 위태할 危 생각할 思
편안할 때에 어려움이 닥칠 것을 미리 대비하여야 한다는 말.

眼高手卑
안 고 수 비
⑨ 안고수저(眼高手低)

눈 眼 높을 高 손 手 낮을 卑
눈은 높으나 손은 낮다는 뜻으로, 이상은 높으나 재주가 없어 행동이 따르지 못함을 이르는 말.   출전 | 두보(杜甫)-춘망(春望)

眼光投止
안 광 투 지

눈 眼 빛 光 던질 投 발 止
눈빛이 종이를 꿰뚫는다는 뜻으로, 책이 뚫어지도록 집중하여 책을 본다는 말.

安分知足
안 분 지 족
⑨ 안빈낙도(安貧樂道)
부재지족(富在知足)

편안할 安 나눌 分 알 知 만족할 足
분수를 편안하게 여기고 만족을 안다는 뜻으로, 편안한 마음으로 자신의 분수를 지킴을 이르는 말.

眼中之釘 안중지정

㈜ 안중정(眼中釘)

눈 眼 가운데 中 갈 之 못 釘
눈에 박힌 못이라는 뜻으로, 눈엣가시처럼 밉거나 보기 싫은 사람을 가리키는 말.

출전 | 신오대사(新五代史)

殃及池魚 앙급지어

㈜ 지어지앙(池魚之殃)
횡래지액(橫來之厄)

재앙 殃 미칠 及 못 池 물고기 魚
재앙이 연못의 물고기에 미친다는 뜻으로, 뜻하지 않은 곳에 재앙이 미침을 이르는 말.

출전 | 태평어람(太平御覽)

哀乞伏乞 애걸복걸

㈜ 만단애걸(萬端哀乞)

슬플 哀 빌 乞 엎드릴 伏 빌 乞
애처롭게 빌고 굽실거리며 빈다는 뜻으로, 연방 굽실거리며 애처롭게 구걸하듯이 상대에게 빈다는 의미.

哀而不傷 애이불상

슬플 哀 말이을 而 아닐 不 상처 傷
슬퍼하되 상하지 아니한다는 뜻으로 마음에 슬픔이 있지만 마음에 해롭지 않도록 정도를 지킨다는 말.

출전 | 논어(論語)

弱肉强食 약육강식

㈜ 우승열패(優勝劣敗)
적자생존(適者生存)

약할 弱 고기 肉 강할 强 밥 食
약한 것이 강한 것에게 먹힌다는 뜻으로, 생존경쟁의 격렬함을 나타내는 말.

출전 | 한유(韓愈)-문(文)

兩手執餅
양수집병
유 계륵(鷄肋)

두 兩 손 手 잡을 執 떡 餅
두 손에 떡을 쥐었다는 뜻으로, 하나를 선택하기가 어려움을 일컫는 말.

출전 | 순오지(旬五志)

良藥苦口
양약고구
유 충언역이(忠言逆於耳)

좋을 良 약 藥 쓸 苦 입 口
좋은 약은 입에 쓰다는 뜻으로, 바르게 충고하는 말은 귀에 거슬리지만 자기를 이롭게 한다는 말.

출전 | 공자가어(孔子家語)

養志之孝
양지지효

봉양할 養 뜻 志 갈 之 효도 孝
뜻을 봉양하는 효도라는 뜻으로, 항상 부모의 뜻을 받들어 마음을 기쁘게 해드리는 효행을 일컫는 말.

출전 | 맹자(孟子)

養虎遺患
양호유환
유 양호우환(養虎憂患)
자업자득(自業自得)

기를 養 범 虎 남길 遺 근심 患
호랑이를 길렀다가 근심을 남긴다는 뜻으로, 은혜를 베풀었다가 도리어 해를 당함을 비유한 말.

출전 | 사기(史記)-항우본기(項羽本紀)

抑强扶弱
억강부약
반 억약부강(抑弱扶强)

누를 抑 강할 强 도울 扶 약할 弱
강자를 누르고 약자를 돕는다는 뜻으로, 강자보다 약자를 우선시하고 도와준다는 뜻.

言語道斷
언 어 도 단

[유] 언어동단(言語同斷)
어불성설(語不成說)

말씀 言 말 語 길 道 끊을 斷

말할 길이 끊어졌다는 뜻으로, 너무 엄청나게 사리에 맞지 않거나 말로 표현할 수 없음을 나타내는 말.

출전 | 영락경(瓔珞經)

掩耳盜鈴
엄 이 도 령

[유] 엄이투령(俺耳偸鈴)
엄이도종(俺耳盜鍾)

가릴 掩 귀 耳 도둑 盜 방울 鈴

귀를 막고 방울을 훔친다는 뜻으로, 남들은 모두 자기 잘못을 아는데 그것을 숨기고 남을 속이고자 함을 나타내는 말.

출전 | 여씨춘추(呂氏春秋)

嚴妻侍下
엄 처 시 하

[유] 공처가(恐妻家)

엄할 嚴 아내 妻 모실 侍 아래 下

엄한 아내를 모시며 살아가는 남편이라는 뜻으로, 아내에게 쥐어 사는 사람을 비웃는 말.

旅進旅退
여(려) 진 여 퇴

[유] 부화뇌동(附和雷同)

나그네 旅 나아갈 進 나그네 旅 물러날 退

나란히 나아가고 나란히 물러선다는 뜻으로, 아무런 주관이 없이 남의 의견을 맹목적으로 좇아 함께 어울림을 비유한 말.

출전 | 예기(禮記)

餘桃之罪
여 도 지 죄

[유] 여도담군(餘桃啗君)

남을 餘 복숭아 桃 갈 之 허물 罪

먹다 남은 복숭아를 먹인 죄라는 뜻으로, 어떤 사람에 대한 애정이 있고 없음에 따라 이전에 칭찬받았던 일도 후에 화가 되어 벌을 받게 됨을 일컫는 말.

출전 | 한비자(韓非子)–세난편(說難篇)

如履薄氷
여 리 박 빙

⑨ 약섭대수(若涉大水)
여답박빙(如踏薄氷)

같을 如 밟을 履 엷을 薄 얼음 氷

살얼음을 밟는 것과 같다는 뜻으로, 처세에 극히 조심함. 또는 매우 위험함을 비유하는 말.

출전 | 시경(詩經)

與世推移
여 세 추 이

⑨ 여세부침(與世浮沈)
격세지감(隔世之感)

줄 與 세상 世 밀 推 옮길 移

세상의 추이와 더불어 행한다는 뜻으로, 세속을 좇음이나 세상에 거스르지 않는 다소 안일한 행동을 말함.

출전 | 한비자(韓非子)

如足如手
여 족 여 수

⑨ 형제위수족(兄弟爲手足)
동기일신(同氣一身)

같을 如 발 足 같을 如 손 手

발과 같고 손과 같다는 뜻으로, 형제는 몸에서 떼어놓을 수 없는 팔다리처럼 가까운 사이임을 비유.

출전 | 이화(李華)-문(文)

如坐針席
여 좌 침 석

⑨ 좌불안석(坐不安席)

같을 如 자리 坐 바늘 針 자리 席

바늘방석에 앉은 것처럼 마음이 몹시 불안하고 초조하여 편안하지 않다는 말.

易姓革命
역 성 혁 명

⑨ 역세혁명(易世革命)

바꿀 易 성 姓 가죽 革 목숨 命

성을 바꾸어 천명을 바꾼다는 뜻으로, 천의(天意 : 하늘의 뜻)에 반하는 사람은 왕위를 잃는다는 말.

출전 | 사기(史記)

戀慕之情 (연모지정)

사모할 戀 그리워할 慕 갈 之 뜻 情

이성을 사랑하여 간절히 그리워하는 마음을 나타내는 말.

燕雀鴻鵠 (연작홍곡)

㊎ 연작안지홍곡지지 (燕雀安知鴻鵠之志)

제비 燕 참새 雀 기러기 鴻 고니 鵠

제비나 참새 같은 작은 새는 기러기나 고니 같은 큰 새의 마음을 알 수 없다는 뜻으로, 소인은 큰 인물의 마음을 알지 못한다는 말.

출전 | 사기(史記)-진섭세가(陳涉世家)

吮疽之仁 (연저지인)

㊎ 지독지애 (舐犢之愛)

빨 吮 종기 疽 갈 之 어질 仁

주나라의 오기라는 장수가 자기 부하의 종기를 빨아서 고쳤다는 옛일에서, 장군이 부하를 지극히 사랑함을 이르는 말.

출전 | 사기(史記)-손자오기열전(孫子吳起列傳)

盈科後進 (영과후진)

찰 盈 물 이름 科 뒤 後 나아갈 進

구덩이에 물이 찬 후에 밖으로 흐른다는 뜻으로, 학문도 단계에 맞게 진행해야 한다는 말.

출전 | 맹자(孟子)

曳尾塗中 (예미도중)

㊎ 호복간상 (濠濮間想)

끌 曳 꼬리 尾 진흙 塗 가운데 中

꼬리를 진흙 속에 묻고 끌고 다닌다는 뜻으로, 가난하더라도 부자로 구박받고 사는 것보다 낫다는 말.

출전 | 장자(莊子)-추수편(秋水篇)

五穀百果 (오곡백과)

다섯 五 곡식 穀 일백 百 과실 果
온갖 곡식과 과실을 이르는 말.

傲慢無道 (오만무도)

거만할 傲 교만할 慢 없을 無 길 道
거만하고 교만하여 버릇이 없다는 뜻으로, 태도나 행동이 건방지고 버릇이 없음을 이르는 말.

㈜ 오만무례(傲慢無禮)

寤寐不忘 (오매불망)

깰 寤 잠잘 寐 아닐 不 잊을 忘
자나깨나 잊지 못한다는 뜻으로, 사랑하는 사람이 그리워 자나깨나 잊지 못함을 나타내는 말.

출전 | 시경(詩經)

㈜ 오매구지(寤寐求之)
전전불매(輾轉不寐)

吾舌尚在 (오설상재)

나 吾 혀 舌 오히려 尙 있을 在
'내 혀가 아직 성하게 남아 있다'는 뜻으로, 몸은 비록 망가졌어도 혀만 있다면 희망이 있다는 말.

출전 | 사기(史記)

吳牛喘月 (오우천월)

나라이름 吳 소 牛 헐떡거릴 喘 달 月
오나라 물소가 달을 보고 헐떡거린다는 뜻으로, 지나친 생각으로 쓸데없는 걱정을 비유하여 일컫는 말.

출전 | 세설신어(世說新語)

㈜ 경궁지조(驚弓之鳥)
촉견폐일(蜀犬吠日)

烏合之卒 오합지졸
(유) 오합지중(烏合之衆)
　　 와합지졸(瓦合之卒)

까마귀 烏 합할 合 갈 之 군사 卒
까마귀 떼처럼 모인 병졸이라는 뜻으로, 갑자기 모집된 훈련 안 된 군사들이나 규율도 통일성도 없는 군중이나 집단을 이르는 말.　　출전 | 후한서(後漢書)-경엄전(耿弇傳)

屋上架屋 옥상가옥
(유) 옥상옥(屋上屋)

집 屋 위 上 시렁 架 집 屋
지붕 위에 또 지붕을 얹는다는 뜻으로, 쓸데없이 더 보태어 하는 일을 비유하여 일컫는 말.　　출전 | 진서(晉書)-좌사전(左思傳)

玉石俱焚 옥석구분
(유) 옥석동궤(玉石同匱)
　　 옥석동쇄(玉石同碎)

구슬 玉 돌 石 함께 俱 불사를 焚
옥과 돌이 함께 불에 타다는 뜻으로, 선인이나 악인의 구별 없이 모두 함께 재앙을 받음을 나타내는 말.　　출전 | 서경 하서(書經夏書)-윤정편(胤征篇)

玉石混淆 옥석혼효
(유) 옥석구분(玉石俱焚)
　　 옥석동궤(玉石同匱)

구슬 玉 돌 石 섞을 混 뒤섞일 淆
옥과 돌이 섞여 있다는 뜻으로, 좋은 것과 나쁜 것, 또는 훌륭한 것과 하찮은 것이 함께 뒤섞여 있어 분간할 수가 없음을 이르는 말.　　출전 | 포박자(抱朴子)

屋烏之愛 옥오지애
(유) 애급옥오(愛及屋烏)

집 屋 까마귀 烏 갈 之 사랑 愛
사랑하는 사람이 사는 집 까마귀까지 귀엽다는 뜻으로, 그 사람을 사랑하면 그 주위의 모든 것을 사랑하게 된다는 말.
　　출전 | 설원(說苑)

蝸角之爭
와각지쟁

㊟ 와각저(蝸角觝)
와각지세(蝸角之勢)

달팽이 蝸 뿔 角 갈 之 다툴 爭

달팽이 뿔 위에서의 싸움이라는 뜻으로, 사소한 일로 벌이는 다툼에 불과하다는 말.

출전 | 장자(莊子)-칙양편(則陽篇)

遼東之豕
요동지시

㊟ 요동시(遼東豕)

멀 遼 동녘 東 갈 之 돼지 豕

견문이 넓지 못한 사람이 신기하게 여기고 떠드는 것이 알고 보면 별 것 아닌 흔한 것인 경우에 쓰이는 말.

출전 | 후한서(後漢書)

要領不得
요령부득

㊟ 부득요령(不得要領)

구할 要 옷깃 領 아닐 不 얻을 得

허리와 목을 온전히 보존하지 못한다는 뜻으로, 말이나 글의 중요한 부분을 뚜렷하게 알 수 없음을 나타내는 말.

출전 | 사기(史記)-대완전(大宛傳)

燎原之火
요원지화

㊟ 악사천리(惡事千里)
파죽지세(破竹之勢)

불놓을 燎 근원 原 갈 之 불 火

무서운 기세로 타 나가는 벌판의 불이라는 뜻으로, 세력이 대단해서 막을 수가 없음. 또는 뜬소문이 급속한 속도로 퍼져나감을 비유하는 말.

출전 | 춘추좌씨전(春秋左氏傳)

窈窕淑女
요조숙녀

아리따울 窈 정숙할 窕 맑을 淑 여자 女

아름답고 정숙하며 품위 있는 여자라는 뜻으로, 얌전하고 조용한 여자를 일컫는 말.

출전 | 시경(詩經)

龍蛇飛騰 용사비등

용 龍 뱀 蛇 날 飛 오를 騰

용과 뱀이 하늘로 날아오른다는 뜻으로, 살아 움직이듯이 매우 활기 있게 잘 쓴 글씨를 일컫는 말.

참 평사낙안(平沙落雁)

牛刀割鷄 우도할계

소 牛 칼 刀 나눌 割 닭 鷄

소 잡는 칼로 닭을 잡는다는 뜻으로, 작은 일을 하는데 너무 큰 기구를 사용함의 비유하는 말.

출전 | 논어(論語)

유 우정계팽(牛鼎鷄烹)
대기소용(大器小用)

牛溲馬勃 우수마발

소 牛 오줌 溲 말 馬 우쩍일어날 勃

쇠오줌과 말똥이라는 뜻으로, 가치 없는 말이나 글처럼 하찮고 별 가치 없는 것을 이르는 말.

출전 | 송사(宋史)

유 무용지물(無用之物)

優柔不斷 우유부단

넉넉할 優 부드러울 柔 아닐 不 끊을 斷

부드럽고 유약해서 결단하지 못하다는 뜻으로, 유약해서 줏대 없이 어물거리기만 하고 딱 잘라 결단을 내리지 못함.

반 속전속결(速戰速決)

愚者一得 우자일득

어리석을 愚 놈 者 한 一 얻을 得

어리석은 사람도 한 가지 득은 있다는 뜻으로, 어리석은 사람도 때로는 하나쯤 쓸모있는 생각도 하게 된다는 말.

출전 | 사기(史記)

유 천려일득(千慮一得)
반 지자일실(智者一失)

迂直之計 (우직지계)

멀 迂 곧을 直 갈 之 꾀 計

어떤 일을 함에 있어 멀리 돌아가는 듯하지만 실상은 그것이 지름길이라는 계책을 뜻하는 말.

출전 | 손자(孫子)

羽化登仙 (우화등선)

준 우화(羽化)

깃 羽 화할 化 오를 登 신선 仙

몸에 날개가 나고 신선이 되어서 하늘에 올라간다는 뜻으로, 술에 취하여 좋은 기분에 도취됨을 비유하는 말.

출전 | 소식(蘇軾) - 적벽부(赤壁賦)

雨後竹筍 (우후죽순)

준 우후춘순(雨後春筍)

비 雨 뒤 後 대나무 竹 죽순 筍

비가 온 뒤에 부쩍 솟는 죽순이라는 뜻으로, 어떤 일이 한때에 많이 생겨남을 비유하는 말.

旭日昇天 (욱일승천)

참 승승장구(乘勝長驅)
파죽지세(破竹之勢)

아침해 旭 날 日 오를 昇 하늘 天

아침 해가 떠오른다는 뜻으로, 왕성한 기세나 그런 세력을 비유하여 일컫는 말.

運用之妙 (운용지묘)

돌 運 쓸 用 갈 之 묘할 妙

기능을 부리어 묘술을 살린다는 뜻으로, 법칙은 그것을 사용하는 데 따라 달라지므로 임기응변의 활용이 중요하다는 말.

출전 | 송사(宋史)

雲雨之樂
운 우 지 락
㊨ 무산지몽(巫山之夢)
운우지정(雲雨之情)

구름 雲 비 雨 갈 之 즐길 樂
구름과 비의 즐거움이란 뜻으로, 남녀가 육체적으로 어울리는 즐거움을 표현하는 말.
출전 | 송옥(訟獄)-고당부(高唐賦)

運籌帷帳
운 주 유 장

돌 運 산가지(계책) 籌 휘장 帷 장막 帳
장막 안에서 산가지를 움직인다는 뜻으로, 직접 싸움에는 나가지 않으면서 본진에 둘러앉아 작전 계획을 짜는 일을 말함.

遠交近攻
원 교 근 공
㊨ 사근교원(舍近交遠)

멀 遠 사귈 交 가까울 近 칠 攻
멀리 떨어진 나라와는 친하게 지내고, 가까운 나라를 먼저 침략해 들어가는 외교 정책을 이르는 말.
출전 | 전국책(戰國策)

鴛鴦之契
원 앙 지 계
㊨ 금슬지락(琴瑟之樂)
원앙계(鴛鴦契)

원앙 鴛 원앙 鴦 갈 之 맺을 契
원앙의 관계라는 뜻으로, 원앙새의 자웅(雌雄)이 언제나 붙어 다니고 떨어지지 않는 데서, 부부 사이의 정이 매우 두터운 것을 비유함.
출전 | 사기(史記)

怨入骨髓
원 입 골 수
㊨ 원철골수(怨徹骨髓)
한입골수(恨入骨髓)

원망할 怨 들 入 뼈 骨 골수 髓
원한이 뼛속까지 들어가 있다는 뜻으로, 원한이 뼛속에 사무치거나 깊은 원한을 품고 있음을 이르는 말.
출전 | 사기(史記)-진본기(秦本記)

圓鑿方枘 원조방예

㈜ 방예원조(方枘圓鑿)
방저원개(方底圓蓋)

둥글 圓 구멍 뚫을 鑿 모 方 장부 枘
둥근 구멍에 네모난 자루를 넣는다는 뜻으로, 사물이 서로 맞지 않거나 일이 어긋나서 잘 맞지 않음을 이르는 말.

출전 | 사기(史記)

遠禍召福 원화소복

멀 遠 재앙 禍 부를 召 복 福
화를 멀리하고 복을 불러들인다는 뜻으로, 재앙을 멀리하고 복된 일을 맞이한다는 뜻.

月滿則虧 월만즉휴

㈜ 월영즉식(月盈則食)
월영즉휴(月盈則虧)

달 月 찰 滿 곧 則 이지러질 虧
달이 차면 반드시 이지러진다는 뜻으로, 무슨 일이든지 성하면 반드시 쇠하게 됨을 이르는 말.

출전 | 사기(史記)

月明星稀 월명성희

달 月 밝을 明 별 星 드물 稀
달이 밝으면 별빛이 희미해진다는 뜻으로, 능력 있는 사람이 출현하면 주위 사람들의 존재가 희미해짐을 비유하는 말.

출전 | 조조(曹操) - 시(詩)

危機一髮 위기일발

㈜ 위여일발(危如一髮)
초미지급(焦眉之急)

위태할 危 틀 機 한 一 머리털 髮
한 올의 머리털에 불과할 정도의 위급한 시기라는 뜻으로, 조금도 여유가 없이 위급한 고비에 다다른 절박한 순간을 말함.

출전 | 한유(韓愈) - 여맹상서(與孟尙書)

危如累卵
위 여 누 란

㊨ 누란지세(累卵之勢)
  풍전등화(風前燈火)

위태로울 危 같을 如 포갤 累 알 卵
달걀을 쌓은 것같이 위태롭다는 뜻으로, 매우 위험한 일을 이르는 말.

출전 | 사기(史記)

有敎無類
유 교 무 류

있을 有 가르칠 敎 없을 無 무리 類
가르침에는 차별이 없다는 뜻으로, 배우고자 하는 사람에게는 누구에게나 배움의 문이 개방되어 있음을 말함.

출전 | 논어(論語)-위령공편

柔能制剛
유 능 제 강

㊨ 유능승강(柔能勝剛)
  치망설존(齒亡舌存)

부드러울 柔 능할 能 마를 制 굳셀 剛
부드러운 것이 오히려 강하고 굳센 것을 이긴다는 뜻으로, 겸손한 태도를 지닌 사람이 진정 강한 사람이 된다는 말.

출전 | 삼략(三略)

類萬不同
유 만 부 동

무리 類 일만 萬 아닐 不 한가지 同
종류가 많지만 동일하지는 않다는 뜻으로, 여러 가지가 서로 비슷한 것이 많지만 같지 않음을 말함.

有無相通
유 무 상 통

㊂ 유무상생(有無相 生)

있을 有 없을 無 서로 相 통할 通
있는 것과 없는 것을 서로 보완하여 융통한다는 뜻으로, 서로 교역함을 이르는 말.

출전 | 사기(史記)

流芳百世
유 방 백 세

㉠ 유방후세(流芳後世)
㉫ 유취만년(遺臭萬年)

흐를 流 꽃다울 芳 일백 百 세대 世
향기가 백세에 흐른다는 뜻으로, 공이나 명성이 후세에 오래 남음을 이르는 말.

출전 | 진서(晉書)

唯我獨尊
유 아 독 존

㉠ 천상천하유아독존
　(天上天下唯我獨尊)

오직 唯 나 我 홀로 獨 높을 尊
우주 사이에 나보다 존귀한 것은 없다는 뜻으로, 자기만 잘났다고 하는 독선적인 태도를 비유한 말.

출전 | 단응본기경(端應本起經)

柳暗花明
유 암 화 명

㉠ 유록화홍(柳綠花紅)
　화류항(花柳巷)

버들 柳 어두울 暗 꽃 花 밝을 明
버들이 무성하여 그늘이 어둡고 꽃이 활짝 피어 아름답다는 뜻으로, 시골의 아름다운 봄경치를 표현하는 말.

출전 | 육유(陸游)-시(詩)

流言蜚語
유 언 비 어

㉠ 부언낭설(浮言浪說)
　부언유설(浮言流說)

흐를 流 말씀 言 날 蜚 말씀 語
흐르는 말과 나는 말이라는 뜻으로, 뜬소문 또는 아무 근거 없이 널리 퍼진 소문을 이르는 말.

출전 | 예기(禮記)

類類相從
유 유 상 종

㉠ 동기상구(同氣相求)
　동병상련(同病相憐)

무리 類 무리 類 서로 相 좇을 從
같은 무리끼리 서로 어울린다는 뜻으로, 비슷한 사람끼리는 서로 왕래하여 모이기 쉽다는 말.

有終之美 유종지미

유 유종식미(有從飾美)
유종완미(有從完美)

있을 有 마칠 終 갈 之 아름다울 美
끝을 잘 맺은 아름다움이라는 뜻으로, 처음부터 끝까지 훌륭하게 해내어 성과를 올리는 것을 말함. 출전 | 역경(易經)

有害無益 유해무익

유 백해무익(百害無益)

있을 有 해로울 害 없을 無 더할 益
해로움이 있으나 이익은 없다는 뜻으로, 이로움은 하나도 없이 해로움만 있다는 뜻.

殷鑑不遠 은감불원

유 복차지계(覆車之戒)
상감불원(商鑑不遠)

은나라 殷 거울 鑑 아닐 不 멀 遠
은나라 왕이 거울삼을 만한 것은 먼 데 있지 않다는 뜻으로, 본받을 만한 좋은 전례는 가까운 곳에 있다는 말.
출전 | 시경(詩經)-대아(大雅)

應接不暇 응접불가

유 응접무가(應接無暇)

응할 應 사귈 接 아닐 不 한가할 暇
인사한 틈도 없다는 뜻으로, 좋은 일 좋지 않은 일이 꼬리를 물고 계속되어 생각할 여유가 없을 만큼 몹시 바쁜 것을 가리키는 말.
출전 | 세설신어(世說新語)

依官仗勢 의관장세

의지할 依 벼슬 官 지팡이 仗 기세 勢
벼슬아치가 직권을 남용하여 민폐를 끼친다는 뜻으로, 세도를 부린다는 말.

意味深長
의 미 심 장

뜻意 맛味 깊을深 길長

뜻이 깊고 길다는 뜻으로, 말이나 글의 뜻이 매우 깊고 함축이 있다는 말.

출전 | 논어서설

疑心暗鬼
의 심 암 귀

⊕ 기인우천(杞人憂天)
절부지의(竊斧之疑)

의심할疑 마음心 어두울暗 귀신鬼

의심하는 마음이 어둠의 귀신을 만든다는 뜻으로, 마음속에 의심이 온갖 무서운 망상을 일으켜 불안해지거나, 선입관이 판단을 흐리게 함을 뜻함.

출전 | 열자(列子)-설부(說符)

以卵投石
이 란 투 석

⊕ 이란격석(以卵擊石)
이화투수(以火投水)

써以 알卵 던질投 돌石

달걀로 돌을 친다는 뜻으로, 약한 것으로 강한 것을 이기려는 어리석음. 또는 무익한 짓을 비유하는 말.

출전 | 순자(荀子)

而　立
이　　립

⊕ 삼십이립(三十而立)

말이을而 설立

홀로 선 나이라는 뜻으로, 공자가 말한 30세에 홀로 섰다는 말에서 나이 30세를 이르는 말.

출전 | 논어(論語)

移木之信
이 목 지 신

⊕ 사목지신(徙木之信)
⊖ 식언(食言)

옮길移 나무木 갈之 믿을信

나무를 옮기기로 한 믿음이라는 뜻으로, 남을 속이지 않고 약속을 지키는 것, 또는 신의와 신용을 키는 것을 이르는 말.

출전 | 사기(史記)

以死爲限 (이사위한)
유 이사불이(以死不已)

써 以 죽을 死 할 爲 한정 限
죽음으로써 한정(限定)을 삼는다는 뜻으로, 죽음을 각오하고 일을 함을 나타내는 말.

耳順 (이순)
유 육순(六旬)

귀 耳 순할 順
귀가 순해진다는 뜻으로, 사람의 나이 예순 살이 되면 어떤 사람의 의견이라도 순수하게 받아들일 수 있다는 말.

출전 | 논어(論語)-위정편(爲政篇)

以實直告 (이실직고)
유 이실고지(以實告之)
종실직고(從實直告)

써 以 열매 實 곧을 直 알릴 告
실제로 곧바로 고한다는 뜻으로, 사실 그대로 바른 대로 알린다는 의미.

利用厚生 (이용후생)
유 경세치용(經世致用)

이로울 利 쓸 用 두터울 厚 날 生
쓰는 것을 이롭게 해서 삶을 두텁게 한다는 뜻으로, 기구나 의식주 등을 편리하고 넉넉하게 하여 생활을 나아지게 함.

출전 | 서경(書經)

二律背反 (이율배반)
유 자가당착(自家撞着)
자기모순(自己矛盾)

두 二 법칙 律 등 背 돌이킬 反
두 가지 규율이 서로 반대된다는 뜻으로, 서로 모순되는 두 개의 명제가 동등한 권리로써 주장되는 일을 일컫는 말.

以夷制夷 (이이제이)

써 以 오랑캐 夷 마를(제압할) 制 오랑캐 夷
오랑캐로 오랑캐를 제압한다는 뜻으로, 외국끼리 서로 싸우게 함으로써 그 세력을 억제하여 자국의 이익을 취하는 외교 정책.

출전 | 왕안석(王安石)-문(文)

㉠ 이이공이(以夷攻夷)
이열치열(以熱治熱)

以佚待勞 (이일대로)

써 以 편안할 佚 기다릴 待 수고로울 勞
편안함으로써 피로해지기를 기다린다는 뜻으로, 적과 싸움에서 이쪽을 편안히 쉬게 하여 상대가 지치기를 기다린다는 말.

출전 | 손자(孫子)

㉠ 이일대로(以逸待勞)

泥田鬪狗 (이전투구)

진흙 泥 밭 田 싸울 鬪 개 狗
진창에서 싸우는 개라는 뜻으로, 강인한 성격 또는 볼썽사납게 서로 헐뜯거나 다투는 모양을 비유하여 일컫는 말.

㉠ 암하고불(巖下古佛)

人面獸心 (인면수심)

사람 人 낯 面 짐승 獸 마음 心
얼굴은 사람의 모습을 하였으나 마음은 짐승과 같다는 뜻으로, 의리도 인정도 없는 마음이 몹시 흉악함을 이르는 말.

출전 | 한서(漢書)

㉠ 인비인(人非人)
㉡ 귀면불심(鬼面佛心)

人命在天 (인명재천)

사람 人 목숨 命 있을 在 하늘 天
사람의 목숨은 하늘에 있다는 뜻으로, 사람이 오래 살고 죽음이 다 하늘에 매여 있음을 일컫는 말.

人事不省
인 사 불 성

㋅ 불성인사(不省人事)
혼수(昏睡)

사람 人 일 事 아닐 不 살필 省
사람의 일을 살피지 못한다는 뜻으로, 큰 병이나 중상 등으로 의식을 잃어버린 상태나 사람으로서 예절을 차릴 줄 모르는 행위를 말함.

출전 | 홍루몽(紅樓夢)

人生朝露
인 생 조 로

㋅ 생자필멸(生者必滅)
인생초로(人生草露)

사람 人 날 生 아침 朝 이슬 露
인생은 아침 해와 함께 사라져버리는 이슬과 같은 존재라는 뜻으로, 인생이 짧고 덧없음을 가리키는 말.

출전 | 한서(漢書)-소무전(蘇武傳)

人身攻擊
인 신 공 격

㋅ 비난(非難)

사람 人 몸 身 칠(공격할) 攻 칠 擊
신상에 관한 일을 들어서 남을 공격함. 또는 신상에 관한 일을 들어 비난함.

仁者無敵
인 자 무 적

어질 仁 놈 者 없을 無 원수 敵
어진 사람은 대적할 상대가 없다는 뜻으로, 어진 사람은 세상의 모든 사람을 사랑으로 포용할 수 있기에 누구도 감히 대적할 수 없다는 뜻.

출전 | 맹자(孟子)

仁者不憂
인 자 불 우

㋅ 인자안인(仁者安仁)

어질 仁 놈 者 아닐 不 근심할 憂
어진 사람은 도리에 따라 행하고 양심에 거리낌이 없으므로 근심을 하지 않는다는 말.

출전 | 논어(論語)

仁者樂山
인 자 요 산

대 요산요수(樂山樂水)
지자요수(智者樂水)

어질 仁 놈 者 좋아할 樂 뫼 山

어진 사람은 산을 좋아한다는 뜻으로, 어진 사람은 행동이 신중하고 덕이 두터워 그 마음이 산과 같으므로 산을 좋아한다는 말.

출전 | 논어(論語)

一刻如三秋
일 각 여 삼 추

유 삼추지사(三秋之思)
일일천추(一日千秋)

한 一 시각 刻 같을 如 석 三 가을 秋

아주 짧은 시간이 삼년과도 같다는 뜻으로, 몹시 기다려지거나 지루함을 나타내는 말. 또는 사모하는 마음이 간절함을 나타내는 말.

출전 | 시경(詩經)

日居月諸
일 거 월 저

준 거저(居諸)

날 日 살 居 달 月 어조사 諸

해와 달이라는 뜻으로, 쉬지 않고 가는 세월을 가리키는 말.

출전 | 시경(詩經)

日久月深
일 구 월 심

유 일거월심(日去月深)

날 日 오랠 久 달 月 깊을 深

날이 오래되고 달이 깊어간다는 뜻으로, 세월이 흐를수록 바라는 마음이 더욱 간절해진다는 말.

一騎當千
일 기 당 천

유 일인당천(一人當千)

한 一 기병 騎 마땅할 當 일천 千

한 사람의 기병이 천 사람을 당해낼 수 있다는 뜻으로, 무예 또는 기술이나 경험 등이 남달리 뛰어남을 비유.

출전 | 북사(北史)

一己之慾 (일기지욕)

한 一 몸 己 갈 之 하고자할 慾
자기 한 사람만을 위한 욕심을 가리키는 말.

一刀兩斷 (일도양단)

㊤ 일도할단(一刀割斷)

한 一 칼 刀 두 兩 끊을 斷
칼을 한 번 쳐서 두 동강이를 낸다는 뜻으로, 어떤 일을 과감히 처리하거나 단칼에 베어 버림을 가리키는 말.

출전 | 주자어록(朱子語錄)

一脈相通 (일맥상통)

한 一 맥 脈 서로 相 통할 通
한 줄로 서로 통한다는 뜻으로, 생각이나 처지, 상태 등이 한 줄기처럼 서로 통한다는 말.

一鳴警人 (일명경인)

㊤ 삼년불비 우불명
(三年不飛 又不鳴)

한 一 울 鳴 놀랄 警 사람 人
한 번 울어 사람들을 놀라게 하다는 뜻으로, 긴 침묵 끝에 놀라운 발언을 함. 또는 한번 시작하면 큰 일을 한다는 말.

출전 | 사기(史記)

日暮途遠 (일모도원)

㊤ 일모도궁(日暮途窮)

날 日 저물 暮 길 途 멀 遠
해는 저물고 갈 길은 멀다는 뜻으로, 목적을 달성하는 데 시간이 없거나 늙고 쇠약하여 목적한 바를 이루지 못함을 비유하는 말.

출전 | 사기(史記)-오자서열전(伍子胥列傳)

一目瞭然 (일목요연)
㈜ 명약관화(明若觀火)

한 一 눈 目 눈 밝을 瞭 그러할 然
한 번 보는 것이 분명하다는 뜻으로, 잠깐 보고도 환하게 알 수 있음을 이르는 말.

출전 | 주자어류(朱子語類)

一絲不亂 (일사불란)
㈜ 질서정연(秩序整然)

한 一 실 絲 아닐 不 어지러울 亂
한 오라기의 실도 흐트러지지 않다는 뜻으로, 질서정연하여 조금도 헝클어지거나 어지러움이 없음을 말함.

一瀉千里 (일사천리)
㈜ 구천직하(九天直下)
일사백리(一瀉白里)

한 一 쏟을 瀉 일천 千 마을 里
강물의 흐름이 빨라 단숨에 천 리를 간다는 뜻으로, 일이 거침없이 진행됨을 비유하는 말.

출전 | 복혜전서(福惠全書)

一視同仁 (일시동인)

한 一 보일 視 한가지 同 어질 仁
멀고 가까운 사람을 친함에 관계없이 똑같이 대하여 준다는 뜻으로, 누구나 평등하게 똑같이 사랑함을 이르는 말.

출전 | 한유(韓愈)-시(詩)

一言之下 (일언지하)

한 一 말씀 言 갈 之 아래 下
말 한마디로 끊음이란 뜻으로, 한 마디로 딱 잘라 말하는 것을 가리키는 말.

一葉知秋
일 엽 지 추

⊕ 일엽낙화천하추
  (一葉落花天下秋)

한 一 잎 葉 알 知 가을 秋

한 잎의 나뭇잎이 떨어지는 것을 보고 가을이 옴을 안다는 뜻으로, 작은 일을 보고 대세를 미리 짐작하는 것을 말함.

출전 | 회남자(淮南子)-설산훈편(說山訓篇)

一以貫之
일 이 관 지

⊕ 초지일관(初志一貫)
  시종일관(始終一貫)

한 一 써 以 꿸 貫 갈 之

하나로써 꿰뚫는다는 뜻으로, 한 이치로써 모든 것을 다 꿰뚫는다는 뜻.

출전 | 논어(論語)-이인편(里仁篇)

一日三秋
일 일 삼 추

⊕ 일각여삼추(一刻如三秋)
  일일천추(一日千秋)

한 一 날 日 석 三 가을 秋

하루가 삼 년 같다는 뜻으로, 그리워하는 정이 몹시 간절하여 애태우며 기다리는 것을 비유.

출전 | 시경(詩經)

一字千金
일 자 천 금

⊕ 일자백금(一字百金)

한 一 글자 字 일천 千 쇠 金

글자 하나에 천 금의 가치가 있다는 뜻으로, 아주 빼어난 글씨나 문장을 일컫는 말.

출전 | 사기(史記)-여불위열전(呂不韋列傳)

一長一短
일 장 일 단

⊕ 일단일장(一短一長)

한 一 긴 長 한 一 짧을 短

하나의 장점과 하나의 단점이라는 뜻으로, 장점도 있고 단점도 있다는 것을 말함.

출전 | 논형(論衡)

一場春夢
일 장 춘 몽

⊕ 괴안몽(槐安夢)
　나부지몽(羅浮之夢)

한 一 마당 場 봄 春 꿈 夢

한바탕의 봄꿈이라는 뜻으로, 헛된 영화나 덧없는 일이나 덧없는 인생을 비유하는 말.

출전 | 후청록(侯鯖綠)

一朝一夕
일 조 일 석

⊕ 일조(一朝)

한 一 아침 朝 한 一 저녁 夕

하루 아침과 하룻 저녁이라는 뜻으로, 짧은 시간을 일컫는 말.

출전 | 역경(易經)

一波萬波
일 파 만 파

한 一 물결 波 일만 萬 물결 波

하나의 물결이 수많은 물결이 된다는 뜻으로, 하나의 사건이 잇달아 많은 사건으로 확대된다는 말.

출전 | 냉제야화(冷劑夜話)

一敗塗地
일 패 도 지

한 一 패할 敗 진흙 塗 땅 地

한 번 패하여 간과 뇌가 땅에 뒹군다는 뜻으로, 단 한 번의 패배로 다시는 일어날 수 없게 됨을 일컫는 말.

출전 | 사기(史記)-고조본기(高祖本紀)

一筆揮之
일 필 휘 지

한 一 붓 筆 휘두를 揮 갈 之

글씨를 단숨에 힘차고 시원하게 죽 써 내린다는 뜻으로, 글씨를 힘있고 잘 쓰는 모습을 가리킴.

一攫千金 (일확천금)

한 一 붙잡을 攫 일천 千 쇠 金

한 번에 천 금을 움켜쥔다는 뜻으로, 힘들이지 않고 한꺼번에 많은 재물을 얻음을 가리키는 말.

臨渴掘井 (임갈굴정)

㈌ 갈이천정(渴而穿井)
임경굴정(臨耕掘井)

임할 臨 목마를 渴 뚫을 掘 우물 井

목마른 자가 우물을 판다는 뜻으로, 평소의 준비가 없으면 갑작스러운 일을 당했을 때 당황함을 비유하여 이르는 말.

출전 | 동언해(東言解)

臨機應變 (임기응변)

㈌ 임시변통(臨時變通)
표자정규(杓子定規)

임할 臨 틀 機 응할 應 변할 變

때에 임해서 응하고 고친다는 뜻으로, 그때 그의 사정과 형편을 보아 그에 알맞게 그 자리에서 처리한다는 뜻.

출전 | 남사(南史)

臨戰無退 (임전무퇴)

임할 臨 싸울 戰 없을 無 물러날 退

삼국 통일의 원동력이 된 화랑(花郞)의 세속오계(世俗五戒)의 하나로 싸움에 임하여 물러남이 없다는 말.

入境問禁 (입경문금)

㈌ 입향순속(入鄕循俗)

들 入 지경 境 물을 問 금할 禁

국경에 들어서면 그 나라에서 금하는 것을 물어 보라는 말.

출전 | 예기(禮記)

入鄉循俗
입 향 순 속
㊌ 입기국자종기속
　(入其國者從其俗)

들 入 시골 鄉 돌아올 循 풍속 俗
다른 지방에 가서는 그 고장의 풍속에 따른다는 말.　　　출전 | 회남자(淮南子)

自激之心
자 격 지 심
㊌ 자곡지심(自曲之心)

스스로 自 과격할 激 갈 之 마음 心
자신을 격하게 하는 마음이라는 뜻으로, 자기가 한 일에 대해 자기 스스로 미흡하게 여기는 마음을 일컫는 말.

自求多福
자 구 다 복
㊌ 천조자조(天助自助)

스스로 自 구할 求 많을 多 복 福
많은 복은 하늘이 주는 것이 아니라 자기 스스로 구한다는 뜻으로, 노력에 따라 결과가 나타난다는 말.　　　출전 | 맹자(孟子)

煮豆燃萁
자 두 연 기
㊌ 골육상잔(骨肉相殘)
　이혈세혈(以血洗血)

삶을 煮 콩 豆 사를 燃 콩깍지 萁
콩을 삶는 데 콩깍지를 땔감으로 한다는 뜻으로, 형제가 서로 다투고 죽이려 함을 일컫는 말로 형제간의 사이가 나쁨을 이르는 말.　　　출전 | 세설신어(世說新語)

自手成家
자 수 성 가
㊌ 자성일가(自成一家)
　적수기가(赤手起家)

스스로 自 손 手 이룰 成 집 家
자신의 손으로 집안을 이룬다는 뜻으로, 유산없이, 스스로의 힘으로 어엿한 한살림을 이룩하는 것을 말함.

自勝者强
자 승 자 강
㊌ 극기(克己)
자승가강(自勝家强)

스스로 自 이길 勝 놈 者 굳셀 强
스스로 이기는 자가 강하다는 뜻으로, 자기 자신을 이기는 사람만이 이 세상에서 가장 강한 사람이라는 말. **출전** | 노자(老子)

自業自得
자 업 자 득
㊌ 인과응보(因果應報)
자업자박(自業自縛)

스스로 自 업 業 스스로 自 얻을 得
자기가 저지른 일의 과오(잘못)를 스스로 얻는다는 뜻으로, 자기가 저지른 일의 결과를 자신이 감수해야 한다는 말.
출전 | 정법염경(正法念經)

自中之亂
자 중 지 란
㊌ 소장지란(蕭牆之亂)
소장지우(蕭牆之憂)

스스로 自 가운데 中 갈 之 난리 亂
자기네 패 속에서 일어나는 싸움질이란 뜻으로, 내부에서 일어나는 갈등을 나타내는 말.

自初至終
자 초 지 종
㊌ 자두지미(自頭至尾)
전후수말(前後首末)

스스로 自 처음 初 이를 至 마칠 終
처음부터 끝까지라는 뜻으로, 처음부터 마지막까지 전체를 아울러 이를 때 사용하는 말.

自他共認
자 타 공 인

스스로 自 다를 他 함께 共 인정할 認
자기나 타인이 다같이 인정한다는 뜻으로, 누구나 인정해서 확실하다는 말.

自暴自棄 자포자기

㊙ 자기(自棄), 자포(自暴)

스스로 自 사나울 暴 스스로 自 버릴 棄
스스로 몸을 해쳐 스스로를 버린다는 뜻으로, 실망이나 불만으로 절망 상태에 빠져서 자신을 버리고 돌보지 아니한다는 말.

출전 | 맹자(孟子)-이루편(離婁篇)

自行自止 자행자지

스스로 自 갈 行 스스로 自 그칠 止
자기 마음대로 하고 싶으면 하고 하기 싫으면 하지 않는다는 뜻으로, 진리를 잘못 이해한 이가 제멋대로 행동함을 말함.

自畵自讚 자화자찬

㊙ 모수자천(毛遂自薦)
자화찬(自畵讚)

스스로 自 그림 畵 스스로 自 칭찬할 讚
자기가 그린 그림을 자기 스스로 칭찬한다는 뜻으로, 곧 자기가 한 일을 자기 스스로 자랑함을 이르는 말.

作法自斃 작법자폐

㊙ 위법자폐(爲法自斃)

지을 作 법 法 스스로 自 넘어질 斃
자기가 만든 법에 자기가 해를 입는다는 뜻으로, 자기가 한 일로 인해 자연이 어려움에 빠짐을 비유하는 말.

출전 | 사기(史記)

昨非今是 작비금시

㊙ 금시작비(今是昨非)

어제 昨 아닐 非 이제 今 옳을 是
전날은 잘못이고 오늘은 옳다는 뜻으로 전에는 옳지 않다고 여겼던 것이 지금은 옳게 여겨진다는 말.

출전 | 도잠(陶潛)-귀거래사(歸去來辭)

作舍道傍
작 사 도 방
⊕ 도모시용(道謀是用)

지을 作 집 舍 길 道 곁 傍
길가에 집을 짓자니 오가는 사람의 말이 많다는 뜻으로, 의견이 분분하여 결정을 짓지 못함의 비유하는 말.

출전 | 후한서(後漢書)

勺水不入
작 수 불 입

구기(숟가락) 勺 물 水 아닐 不 들 入
한 모금의 물도 넘기지 못한다는 뜻으로, 음식을 조금도 먹지 못함을 일컫는 말.

酌水成禮
작 수 성 례

따를 酌 물 水 이룰 成 예도 禮
물을 떠놓고 혼례를 치른다는 뜻으로, 가난한 집안에서 구차하게 혼례를 치름을 이르는 말.

棧豆之戀
잔 두 지 련

잔도 棧 콩 豆 갈 之 사모할 戀
말이 얼마 되지 않는 콩은 뭇 잎이 마구간을 떠나지 못한다는 뜻으로, 사소한 이익에 집착함을 비유하여 일컫는 말.

출전 | 진서(晉書)

殘杯冷炙
잔 배 냉 적
⊕ 잔배냉갱(殘杯冷羹)
잔배냉효(殘杯冷肴)

남을 殘 잔 杯 찰 冷 고기구울 炙
마시다 남은 술과 식은 적이라는 뜻으로, 변변치 못한 주안상으로 푸대접하는 것을 일컫는 말.

출전 | 안씨가훈(顔氏家訓)

長頸烏喙 (장경오훼)

긴 長 목 頸 까마귀 烏 부리 喙

긴 목과 뾰족 나온 입이라는 뜻으로, 고난을 같이 할 수 있어도 즐거움은 같이 누릴 수 없는 사람을 이르는 말. 출전 | 사기(史記)

將計就計 (장계취계)

장차 將 꾀 計 나아갈 就 꾀 計

상대방의 계략을 미리 알아차리고 이를 역이용하는 계교를 일컫는 말.

출전 | 삼국지(三國志)

張冠李戴 (장관이대)

배풀 張 갓 冠 오얏 李 일 戴

장가의 모자를 이가가 쓴다는 뜻으로, 이름과 실상이 일치하지 않음을 일컫는 말.

반 명실상부(名實相符)

腸肚相連 (장두상련)

창자 腸 배 肚 서로 相 잇닿을 連

창자와 위가 서로 잇닿아 있다는 뜻으로, 어떤 사람들끼리 서로 뜻이 통하거나 협력하여 일을 해나감을 일컫는 말.

藏頭隱尾 (장두은미)

감출 藏 머리 頭 숨길 隱 꼬리 尾

머리를 감추고 꼬리를 숨긴다는 뜻으로, 일의 전말을 똑똑히 밝히지 않음을 일컫는 말.

長立待令 장립대령
유 지당대신(至當大臣)

긴 長 설 立 기다릴 待 영 令
오래 서서 분부를 기다린다는 뜻으로, 권문세가를 드나들며 이권을 얻고자 하는 사람을 조롱하여 일컫는 말.

張三李四 장삼이사
유 갑남을녀(甲男乙女)
필부필부(匹夫匹婦)

성씨 張 석 三 성씨 李 넉 四
장씨의 셋째아들과 이씨의 넷째아들이라는 뜻으로, 이름과 신분이 분명치 않은 평범한 사람들을 비유하여 일컫는 말.

출전 | 전등록(傳燈錄)

長袖善舞 장수선무
유 다전선고(多錢善賈)

긴 長 소매 袖 착할 善 춤출 舞
소매가 길면 춤추기 수월하다는 뜻으로, 재물이 넉넉하면 성공하기도 쉽다는 말.

출전 | 한비자(韓非子)-오두편(五蠹篇)

莊周之夢 장주지몽
유 물심일여(物心一如)
호접지몽(胡蝶之夢)

장중할 莊 두루 周 갈 之 꿈 夢
장주의 꿈이라는 뜻으로, 자아와 외계와의 구별을 잊어버린 경지를 일컫는 말.

출전 | 장자(莊子)

掌中寶玉 장중보옥
유 장중주(掌中珠)

손바닥 掌 가운데 中 보배 寶 구슬 玉
손안에 든 보배로운 구슬이라는 뜻으로, 매우 사랑하는 자식이나 아끼는 물건을 일컫는 말.

長枕大衾
장침대금

긴 長 베게 枕 큰 大 이불 衾

긴 베개와 큰 이불이라는 뜻으로, 친구 간에 같이 누워 잠자기에 편하므로 교분이 두터운 상태를 일컫는 말.   출전 | 당서(唐書)

杵白之交
저구지교

공이 杵 절구 白 갈 之 사귈 交

절굿공이와 절구통 사이의 사귐이라는 뜻으로, 귀천을 가리지 않고 사귀는 것을 일컫는 말.

赤手單身
적수단신

붉을 赤 손 手 홀 單 몸 身

맨손과 홀몸이라는 뜻으로, 가진 재산도 없고 의지할 일가친척도 없이 외롭다는 말.

適材適所
적재적소

알맞을 適 인재 材 알맞을 適 바 所

적당한 인재에 적당한 장소라는 뜻으로, 어떤 일에 알맞은 재능을 가진 사람에게 알맞은 임무를 맡기는 일을 일컫는 말.

㈜ 적재적처(適才適處)

前車覆轍
전거복철

앞 前 수레 車 뒤집힐 覆 바퀴 轍

앞서간 수레가 엎어진 바퀴 자국이라는 뜻으로, 앞의 실패를 거울삼아 똑같은 실패를 거듭하지 않는다는 말.

㈜ 답복철(踏覆轍)
전거가감(前車可鑑)

출전 | 한서(漢書)–가의전(賈誼傳)

前代未聞 (전대미문)

앞 前 시대 代 아닐 未 들을 聞

지금까지 들어 본 적이 없다는 뜻으로, 매우 놀라운 일이나 새로운 것을 두고 일컫는 말.

유 파천황(破天荒)
전고미문(前古未聞)

前無後無 (전무후무)

앞 前 없을 無 뒤 後 없을 無

앞도 없고 뒤도 없다는 뜻으로, 대단히 놀랍고 뛰어난 것을 이르는 말.

출전 | 명사(明史)

유 공전절후(空前絶後)
광전절후(曠前絶後)

展示效果 (전시효과)

펼 展 보일 示 본받을 效 실과 果

실질보다 외양의 시각적 효과를 높인다는 뜻으로, 업적 등을 과시하려고 실제 효과는 크지 않지만 겉으로만 그럴듯한 일을 벌이는 것을 말함.

유 과시효과(誇示效果)
시위효과(示威效果)

全心全力 (전심전력)

온전할 全 마음 心 온전할 全 힘 力

마음을 오로지 하고 힘을 오로지 한다는 뜻으로, 몸과 마음을 한가지 일에만 오로지 한다는 뜻.

약 전심력(專心力)
전심치지(專心致志)

輾轉不寐 (전전불매)

돌 輾 구를 轉 아니 不 잠잘 寐

누워서 몸을 뒤척이며 잠을 이루지 못한다는 뜻으로, 그립고 보고 싶은 사람을 생각하며 잠을 이루지 못함.

유 오매불망(寤寐不忘)
전전반측(輾轉反側)

前程萬里
전 정 만 리

앞 前 법도 程 일만 萬 마을 里
앞길이 만리나 멀다는 뜻으로, 아직 젊어서 장래가 아주 유망하다는 말.

全知全能
전 지 전 능

㈜ 전신전령(全身全靈)

온전할 全 알 知 온전할 全 능할 能
무엇이나 다 알고 무엇이나 다 행하는 능력이라는 뜻으로, 무슨 일이나 할 수 있는 신의 능력을 일컫는 말.

前虎後狼
전 호 후 랑

㈜ 설상가상(雪上加霜)
㈐ 금상첨화(錦上添花)

앞 前 범 虎 뒤 後 이리 狼
앞문의 호랑이와 뒷문의 늑대라는 뜻으로, 앞뒤로 위험이 가로놓여 있거나 재앙이 끊임없이 닥침을 말함.

折骨之痛
절 골 지 통

꺾을 折 뼈 骨 갈 之 아플 痛
뼈가 부러지는 아픔이라는 뜻으로, 매우 견디기 어려운 고통을 일컫는 말.

絕世佳人
절 세 가 인

㈜ 절대가인(絕代佳人)
경성지색(傾城之色)

끊을 絕 세상 世 아름다울 佳 사람 人
세상에서 빼어난 아름다운 사람이라는 뜻으로, 당대에 비할 데 없이 아름다운 여인을 가리키는 말.

絶體絶命 절체절명

㊌ 절체(絶體)

끊을 絶 몸 體 끊을 絶 목숨 命
몸도 목숨도 다 되었다는 뜻으로, 궁지에 몰려 살아날 길이 없게 된 막다른 처지를 일컫는 말.

井臼之役 정구지역

㊍ 정구(井臼)

우물 井 절구 臼 갈 之 부릴 役
물을 긷고 절구질하는 일이라는 뜻으로, 살림살이의 힘듦을 일컫는 말.

精金美玉 정금미옥

㊌ 정금미주(精金美珠)
정금양옥(精金良玉)

정미할 精 쇠 金 아름다울 美 구슬 玉
순수한 금과 아름다운 구슬이라는 뜻으로, 인품이나 시문이 깔끔하고 아름다움을 비유하여 일컫는 말.

출전 | 명신언행(名臣言行)

井底之蛙 정저지와

㊌ 정정와(井庭蛙)
좌정관천(坐井觀天)

우물 井 밑 底 갈 之 개구리 蛙
우물 안의 개구리라는 뜻으로, 식견이 좁아 세상 물정을 모르는 사람을 일컫는 말.

출전 | 장자(莊子)

鼎足而居 정족이거

㊌ 정립(鼎立)
정족지세(鼎足之勢)

솥 鼎 발 足 말이을 而 살 居
솥발처럼 지낸다는 뜻으로, 솥의 발처럼 셋이 맞서 제각기 세력의 균형을 유지하고 서로 대립한 형세를 일컫는 말.

井中之蛙 (정중지와)

우물 井 가운데 中 갈 之 개구리 蛙

우물 안 개구리라는 뜻으로, 좁은 우물 속의 개구리처럼 넓은 세상의 형편을 모르는 사람을 일컫는 말.

출전 | 장자(莊子), 순자(荀子), 후한서(後漢書)

유 정저지와(井底之蛙)
정중와(井中蛙)

堤潰蟻穴 (제궤의혈)

방죽 堤 무너질 潰 개미 蟻 구멍 穴

개미구멍으로 마침내 큰 둑이 무너진다는 뜻으로, 소홀히 한 작은 일이 큰 화를 불러옴을 이르는 말.

출전 | 한비자(韓非子)

유 제궤의공(隄潰蟻孔)

濟世之才 (제세지재)

건널 濟 세상 世 갈 之 재주 才

세상을 구제할 만한 인재라는 뜻으로, 세상을 구제하고 이끌 만한 재주나 역량을 가진 사람.

유 제세재(濟世才)
제시재(濟時才)

朝東暮西 (조동모서)

아침 朝 동녘 東 저물 暮 서녘 西

아침에는 동쪽, 저녁에는 서쪽이라는 뜻으로, 일정한 터전이 없어서 이리저리 옮아 다님을 일컫는 말.

유 조진모초(朝秦暮楚)
동식서숙(東食西宿)

朝名市利 (조명시리)

아침 朝 이름 名 저자 市 이로울 利

명성은 조정에서 얻고 이익은 저자에서 하라는 뜻으로, 무슨 일이든 때와 장소를 가려서 하라는 말.

출전 | 전국책(戰國策)

유 적시적지(適時適地)
참 일거양득(一擧兩得)

朝聞夕死 조문석사

유 조문도석사가의
(朝聞道夕死可矣)

아침 朝 들을 聞 저녁 夕 죽을 死

아침에 도를 들어 깨달으면, 저녁에 죽어도 좋다는 뜻으로, 사람으로서 행해야 할 도리나 정신적인 깨달음의 중요성을 말함.

출전 | 논어(論語)-이인편(里仁篇)

朝不慮夕 조불려석

유 조불모석(朝不謀夕)
참 풍전등화(風前燈火)

아침 朝 아닐 不 생각할 慮 저녁 夕

아침에 저녁 일을 헤아리지 못한다는 뜻으로, 형세가 급하고 딱하여 당장을 걱정할 뿐, 앞일까지 헤아릴 겨를이 없음을 이르는 말.

早失父母 조실부모

유 조상부모(早喪父母)

일찍 早 잃을 失 아비 父 어미 母

일찍 부모를 잃는다는 뜻으로, 어려서 부모를 여의는 것을 가리킴.

彫心鏤骨 조심누골

새길 彫 마음 心 새길 鏤 뼈 骨

마음에 새기고 뼈에 사무친다는 뜻으로, 몹시 고심함을 일컫는 말.

출전 | 한유(韓愈)-잡시(雜詩)

存亡之秋 존망지추

유 존망지기(存亡之機)

있을 存 망할 亡 갈 之 가을 秋

존재하느냐 멸망하느냐의 매우 위급한 상황의 뜻으로, 죽느냐 사느냐처럼 중대한 시기를 말함.

출전 | 삼국지(三國志)-촉지(蜀志)

尊卑貴賤 (존비귀천)

높을 尊 낮을 卑 귀할 貴 천할 賤

높고 낮고, 귀하고 천하다는 뜻으로, 지위나 신분 등의 높고 낮음과 귀하고 천함을 이르는 말.

存心養性 (존심양성)

유 존기심양기성(存其心養其性)

있을 存 마음 心 기를 養 성품 性

양심을 잃지 않고 그대로 간직하여 하늘이 주신 본성을 키워나간다는 말.

출전 | 맹자(孟子)

種瓜得瓜 (종과득과)

유 인과응보(因果應報)
　 종두득두(種豆得豆)

씨앗 種 오이 瓜 얻을 得 오이 瓜

오이를 심으면 오이가 난다는 뜻으로, 원인에 따라 결과가 생김을 이르는 말.

출전 | 명심보감(明心寶鑑)

從心 (종심)

유 고희(古稀), 칠순(七旬)
참 불혹(不惑)

좇을 從 마음 心

70세의 이칭으로, 70세가 되면 자기가 의도하는 대로 행동하더라도 도(道)에 어긋나지 않음을 이르는 말.

출전 | 논어(論語)

左顧右眄 (좌고우면)

유 수서양단(首鼠兩端)

왼쪽 左 돌아볼 顧 오른쪽 右 돌아볼 眄

이쪽저쪽을 돌아본다는 뜻으로, 앞뒤를 재고 망설임을 일컫는 말.

출전 | 이백(李白)-시(詩)

左之右之 (좌지우지)

㈜ 좌우(左右)
　좌우지(左右之)

왼쪽 左 갈 之 오른쪽 右 갈 之
왼편으로 놓았다가 오른편에 놓았다 한다는 뜻으로, 자기 생각대로(마음대로) 남을 다룬다는 말.

左衝右突 (좌충우돌)

㈜ 동충서돌(東衝西突)
　좌우충돌(左右衝突)

왼 左 찌를 衝 오른 右 부딪칠 突
왼쪽으로 부딪치고 오른쪽으로 부딪친다는 뜻으로, 이리저리 구분하지 않고 함부로 맞닥뜨린다는 말.

晝思夜夢 (주사야몽)

㈜ 주사야탁(晝思夜度)

낮 晝 생각할 思 밤 夜 꿈 夢
낮에도 생각하고 밤에도 꿈에 본다는 뜻으로, 밤낮으로 생각하고 헤아린다는 뜻.

柱石地臣 (주석지신)

㈜ 사직지신(社稷之臣)

기둥 柱 돌 石 땅 地 신하 臣
국가의 기둥과 주춧돌의 구실을 하는 아주 중요한 신하를 일컫는 말.

출전 | 한서(漢書)

晝夜長川 (주야장천)

㈜ 장천(長川)
㉿ 주야불식(晝夜不息)

낮 晝 밤 夜 길 長 내 川
밤낮으로 쉬지 않고 밤낮으로 쉬지 않고 흐르는 시냇물과 같이 늘 잇따름. 또는 언제나라는 말.

樽俎折衝 (준조절충)

술통 樽 도마 俎 꺾을 折 찌를 衝

술자리에 적의 창끝을 꺾는다는 뜻으로, 앉아서 평화로운 교섭으로 유리하게 일을 처리함을 일컫는 말.

출전 | 안자춘추(晏子春秋)

유) 준조지사(樽俎之師)

衆寡不敵 (중과부적)

무리 衆 적을 寡 아닐 不 대적할 敵

많은 것에 적은 것이 대적하지 못한다는 뜻으로, 적은 수효로는 많은 수효를 이기지 못함을 나타내는 말.

출전 | 맹자(孟子)-양혜왕편(梁惠王篇)

유) 과부적중(寡不敵衆)
사문부산(使蚊負山)

衆口鑠金 (중구삭금)

무리 衆 입 口 녹일 鑠 쇠 金

여러 사람의 말은 쇠도 녹인다는 뜻으로, 여론의 힘이 큼을 이르는 말.

출전 | 사기(史記)

유) 적훼소골(積毀銷骨)

重言復言 (중언부언)

거듭할 重 말 言 다시(거듭할) 復 말 言

한 말을 자꾸 되풀이한다는 뜻으로, 조리가 안 맞는 말을 되풀이할 때 쓰이는 말.

참) 횡설수설(橫說竪說)

中庸之道 (중용지도)

가운데 中 떳떳할 庸 갈 之 길 道

중용의 도라는 뜻으로, 극단에 치우치지 않고 평범함 속에서의 진실한 도리를 일컫는 말.

출전 | 논어(論語)

中原逐鹿
중원축록

[유] 녹사수수(鹿死誰手)
축록(逐鹿)

가운데 中 근원 原 쫓을 逐 사슴 鹿

중원에서 사슴을 쫓는다는 뜻으로, 중원은 정권을 다투는 무대, 사슴은 정권 · 권력을 일컬어서 제왕의 지위를 얻고자 다투는 일을 말함.

출전 | 사기(史記)–회음후열전(淮陰侯列傳)

舐犢之愛
지독지애

[유] 연독지정(吮犢之情)
지독정심(舐犢情深)

핥을 舐 송아지 犢 갈 之 사랑 愛

어미 소가 송아지를 핥아주며 귀여워한다는 뜻으로, 어버이가 자식을 사랑하는 지극한 정이나 자식을 깊이 사랑함을 말함.

출전 | 후한서(後漢書)

支離滅裂
지리멸렬

[유] 지리분산(支離分散)
[반] 이로정연(理路整然)

갈라질 支 떠날 離 멸망할 滅 찢어질 裂

갈라지고 떨어지고 없어지고 찢어진다는 뜻으로, 갈가리 흩어지고 찢기어 갈피를 잡을 수 없음을 가리키는 말.

출전 | 장자(莊子)

至誠感天
지성감천

[유] 난상가란(卵上加卵)

이를 至 정성 誠 느낄 感 하늘 天

정성이 지극하면 하늘도 감동한다는 뜻으로, 지극한 정성으로 하면 어려운 일도 이루어지고 풀리는 것을 말함.

출전 | 사기(史記)

至於至善
지어지선

[약] 지선(至善)

이를 至 어조사 於 이를 至 착할 善

더 이상 바랄 것이 없는 최고의 선이라는 뜻으로, 지극히 착한 경지에 이름을 일컫는 말.

출전 | 대학(大學)

池魚之殃
지 어 지 앙

⊕ 앙급지어(殃及池魚)
횡래지액(橫來之厄)

못 池 물고기 魚 갈 之 재앙 殃

연못에 사는 물고기의 재앙이라는 뜻으로, 연못의 물로 불을 끄니 물고기가 죽었다는 고사에서 하나의 재앙이 엉뚱한 곳에 미친다는 말.

출전 | 여씨춘추(呂氏春秋)

知 音
지 음

⊕ 고산유수(高山流水)
지기지우(知己之友)

알 知 소리 音

소리를 알아준다는 뜻으로, 마음이 서로 통하는 친한 벗을 이르는 말.

출전 | 열자(列子)

知者樂水
지 자 요 수

⊕ 요산요수(樂山樂水)
인자요산(仁者樂山)

알 知 놈 者 좋아할 樂 물 水

슬기로운 사람은 물을 좋아한다는 뜻으로, 슬기로운 사람은 사리에 밝아 막힘이 없는 것이 흐르는 물과 같아서 물을 가까이하며 좋아한다는 말.

출전 | 논어(論語)-옹야편(雍也篇)

知足不辱
지 족 불 욕

알 知 발 足 아닐 不 욕될 辱

만족할 줄 알면 욕되지 아니한다는 뜻으로, 분수를 지켜 만족할 줄 알면 욕되지 아니함을 일컫는 말.

출전 | 노자(老子)

知足者富
지 족 자 부

⊕ 부재지족(富在知足)

알 知 발 足 놈 者 부자 富

만족할 줄 아는 자가 부유하다라는 뜻으로, 비록 가난하지만 만족할 줄 아는 사람은 정신적으로 부유함을 이르는 말.

출전 | 노자(老子)

咫尺之間
지 척 지 간
참 지척지지(咫尺之地)

길이 咫 자 尺 갈 之 사이 間
아주 작은 사이라는 뜻으로, 아주 짧은 거리나 아주 가까운 사이를 이르는 말.
출전 | 사기(史記)

志 學
지 학
유 지우학(志于學)

뜻 志 배울 學
학문에 뜻을 둔다는 뜻으로, 십오 세를 이르는 말.
출전 | 논어(論語)-위정편(爲政篇)

志學之年
지 학 지 년
유 지학지세(志學之歲)

뜻 志 배울 學 갈 之 해 年
15세를 이름하는 뜻으로, 공자가 15세 때 학문에 뜻을 두었다는 데에서 이르는 말.
출전 | 논어(論語)

知行合一
지 행 합 일
유 지행일치(知行一致)

알 知 행할 行 합할 合 한 一
지식과 행동이 하나로 합치되어 서로 맞는다는 뜻으로, 이론과 실천은 일치되어야 함. 또는 참지식은 반드시 실행이 따라야 한다는 말.
출전 | 왕양명(王陽明)-록(錄)

盡善盡美
진 선 진 미
유 진선완미(盡善完美)

다할 盡 착할 善 다할 盡 아름다울 美
착함을 다하고 아름다움을 다한다는 뜻으로, 더할 수 없이 잘 됨. 또는 아무런 결점도 없이 완전무결함을 일컫는 말.
출전 | 논어(論語)-팔일(八佾)

震天動地
진 천 동 지
㊌ 경천동지(驚天動地)

진동할 震 하늘 天 움직일 動 땅 地
하늘에 떨치며 땅을 흔든다는 뜻으로, 천지를 진동시킬 만큼 위엄이 천하에 떨침을 비유하는 말. **출전** | 진서(晉書)

盡忠報國
진 충 보 국
㊌ 갈충보국(竭忠報國)

다할 盡 충성 忠 갚을 報 나라 國
충성을 다하여 나라에 보답한다는 뜻으로, 충성의 마음을 다해 국가의 은혜에 보답한다는 뜻. **출전** | 송사(宋史)

疾風勁草
질 풍 경 초
㊌ 질풍지경초(疾風知勁草)

병 疾 바람 風 굳셀 勁 풀 草
몹시 세찬 바람에도 꺾이지 않는 억센 풀이라는 뜻으로, 아무리 어려운 일을 당해도 뜻이 흔들리지 않음을 일컫는 말.
출전 | 후한서(後漢書)

疾風怒濤
질 풍 노 도
㊌ 질풍신뢰(疾風迅雷)

병 疾 바람 風 성낼 怒 큰물결 濤
몹시 빠르게 부는 바람과 무섭게 소용돌이치는 물결이라는 뜻으로, 18세기 독일에서 진행된 사회비판적 문학운동을 일컫는 말. **출전** | 후한서(後漢書)

疾風迅雷
질 풍 신 뢰
㊌ 질풍노도(疾風怒濤)
　　질풍심우(疾風甚雨)

병 疾 바람 風 빠를 迅 천둥 雷
거센 바람과 번개라는 뜻으로, 사태가 급변하거나 행동의 민첩함과 빠른 속도 따위를 가리키는 말. **출전** | 예기(禮記)

懲前毖後 (징전비후)

혼날 懲 앞 前 삼갈 毖 뒤 後

지난날을 징계하고 뒷날을 삼간다는 뜻으로, 이전에 저지른 잘못을 교훈삼아 앞으로 일을 신중히 처리한다는 말.

출전 | 시경(詩經)

借刀殺人 (차도살인)

빌 借 칼 刀 죽일 殺 사람 人

남의 칼을 빌려 사람을 죽인다는 뜻으로, 남의 힘으로 목적을 달성함. 또는 음흉한 수단을 부림을 일컫는 말.

출전 | 서양잡조(西陽雜俎)

此日彼日 (차일피일)

이 此 날 日 저 彼 날 日

이날 저날이라는 뜻으로, 자꾸 약속이나 기일 따위를 미루는 모양을 일컫는 말.

㊛ 차월피월(此月彼月)

借廳入室 (차청입실)

빌 借 마루 廳 들 入 집 室

마루를 빌려 살다가 방으로 들어간다는 뜻으로, 남에게 의지하였다가 차차 그 권리를 침범함을 비유하는 말.

출전 | 순오지(旬五志)

㊛ 차청차규(借廳借閨)

斬釘截鐵 (참정절철)

벨 斬 못 釘 끊을 截 쇠 鐵

못을 끊고 쇠를 자른다는 뜻으로, 과감하게 일을 딱 결단하여 처리함을 이르는 말.

㊛ 참철절정(斬鐵截釘)

創業守成 (창업수성)

⊕ 창업수문(創業守文)

비롯할 創 일 業 지킬 守 이룰 成

창업은 쉬우나 그것을 지켜 나가기는 어렵다는 뜻으로, 일의 시작보다 일단 이룩된 일을 지키기가 더 어렵다는 것을 말함.

출전 | 정관정요(貞觀政要)-군도(君道)

滄海桑田 (창해상전)

⊕ 상전벽해(桑田碧海)
　 여세추이(與世推移)

찰 滄 바다 海 뽕나무 桑 밭 田

푸른 바다가 뽕나무밭이 된다는 뜻으로, 세상이 크게 변하는 것을 이르는 말.

責人則明 (책인즉명)

꾸짖을 責 사람 人 곧 則 밝을 明

남을 나무라는 데는 밝다는 뜻으로, 자기 잘못은 덮어두고 남만 나무람을 일컫는 말.

출전 | 범충선(梵忠宣)-글(文)

天高馬肥 (천고마비)

⊕ 추고마비(秋高馬肥)
　 천고기청(天高氣淸)

하늘 天 높을 高 말 馬 살찔 肥

하늘은 높고 말은 살찐다는 뜻으로, 풍성한 가을의 좋은 시절, 또는 독서나 활동하기 좋은 계절을 일컫는 말.

출전 | 한서(漢書)-흉노전(匈奴傳)

千金買笑 (천금매소)

일천 千 쇠 金 살 買 웃을 笑

천금을 주고 웃음을 산다는 뜻으로, 비싼 돈을 치르고 여자의 웃음을 짓게 하듯 쓸데없는 곳에 돈을 낭비하는 것을 말함.

출전 | 열국지(列國志)

千慮一失
천려일실

⑪ 천려일득(千慮一得)

일천 千 생각할 慮 한 一 잃을 失
천 번의 생각에 한 번의 실수라는 뜻으로, 아무리 지혜로운 사람이라도 많은 생각 속에는 간혹 실수도 있다는 뜻.

출전 | 사기(史記)-회음후열전(淮陰侯列傳)

千里同風
천리동풍

⑪ 만리동풍(萬里同風)
천하태평(天下泰平)

일천 千 마을 里 한가지 同 바람 風
천리 먼 곳에도 같은 바람이 분다는 뜻으로, 태평한 세상을 비유하는 말.

출전 | 논형(論衡)

天無二日
천무이일

⑪ 토무이왕(土無二王)

하늘 天 없을 無 두 二 해 日
하늘에 두 해가 없다는 뜻으로, 한 나라에는 두 임금이 있을 수 없다는 것을 이르는 말.

출전 | 예기(禮記)

天方地軸
천방지축

⑪ 천방지방(天方地方)

하늘 天 모 方 땅 地 굴대 軸
하늘의 방위와 땅의 축이라는 뜻으로, 못난 사람이 주책없이 덤벙거린다거나, 매우 급하여 방향을 분별하지 못하고 함부로 날뛴다는 뜻.

天生緣分
천생연분

⑪ 천생배필(天生配匹)
천상연분(天上緣分)

하늘 天 날 生 인연 緣 나눌 分
하늘이 미리 마련하여준 인연이라는 뜻으로, 잘 어울리는 한 쌍의 부부를 이르는 말.

天旋地轉 (천선지전)

하늘 天 돌 旋 땅 地 구를 轉

하늘과 땅이 핑핑 돈다는 뜻으로, 정신이 헷갈려 어수선함. 또는 세상일이 크게 변함을 이르는 말.

千辛萬苦 (천신만고)

일천 千 매울 辛 일만 萬 쓸 苦

천 가지 만 가지의 맵고 쓴 맛이라는 뜻으로, 마음과 몸으로 온갖 고생을 다하고 무한한 애를 쓴다는 말.

㈌ 간난신고(艱難辛苦)
입립개신고(粒粒皆辛苦)

天涯地角 (천애지각)

하늘 天 물가 涯 땅 地 뿔 角

하늘의 끝과 땅의 끝이라는 뜻으로, 아득하게 멀리 떨어져 있음을 일컫는 말.

출전 | 제십이랑(祭十二郞)

㈌ 천애(天涯)

天壤之差 (천양지차)

하늘 天 흙 壤 어조사 之 다를 差

하늘과 땅의 차이라는 뜻으로, 사물이 서로 엄청나게 차이가 남을 일컫는 말.

㈌ 운니지차(雲泥之差)
천지지차(天地之差)

天佑神助 (천우신조)

하늘 天 도울 佑 신 神 도울 助

하늘이 돕고 신이 돕는다는 뜻으로, 생각지 않게 우연히 도움 받는 것을 일컫는 말.

天泣地哀
천 읍 지 애

하늘 天 울 泣 땅 地 슬플 哀
하늘이 울고 땅이 슬퍼한다는 뜻으로, 말할 수 없이 기막힌 슬픔을 나타내는 말.

天人共怒
천 인 공 노

하늘 天 사람 人 함께 共 성낼 怒
하늘과 사람이 함께 노하다는 뜻으로, 누구나 분노할 만큼 증오스러움이나 도저히 용납할 수 없음의 비유하는 말.

㊤ 신인공노(神人共怒)
　 신인공분(神人共憤)

千紫萬紅
천 자 만 홍

일천 千 자줏빛 紫 일만 萬 붉을 紅
여러 가지 울긋불긋한 빛깔이라는 뜻으로, 여러 빛깔의 꽃이 만발함을 일컫는 말.

㊤ 만자천홍(萬紫千紅)
　 백화요(百花燎亂)

天藏地秘
천 장 지 비

하늘 天 감출 藏 땅 地 숨길 秘
하늘이 감추고 땅이 숨겨준다는 뜻으로, 세상에 묻혀 드러나지 않는다는 말.

天災地變
천 재 지 변

하늘 天 재앙 災 땅 地 변할 變
하늘의 재앙과 땅의 변고라는 뜻으로, 자연 현상으로 일어나는 지진, 홍수, 태풍 따위의 재앙을 말함.

㊤ 천변지이(天變地異)

天井不知 (천정부지)

하늘 天 우물 井 아닐 不 알 知
천장을 모른다는 뜻으로, 물건 값 따위가 한없이 오르기만 하는 것을 나타내는 말.

天地開闢 (천지개벽)

하늘 天 땅 地 열 開 열 闢
하늘과 땅이 처음으로 열린다는 뜻으로, 자연계나 사회의 큰 변동을 비유하는 말.

㈜ 개벽(開闢)
  천개지벽(天開地闢)

天地神明 (천지신명)

하늘 天 땅 地 신 神 밝을 明
하늘과 땅의 신들이라는 뜻으로, 세상의 모든 일을 주관하는 신령들을 이르는 말.

㈜ 천신지기(天神地祇)

天眞爛漫 (천진난만)

하늘 天 참 眞 빛날 爛 질펀할 漫
자연스러운 순진함이 차고 넘친다는 뜻으로, 조금도 꾸미지 아니하고 있는 그대로 언동이 나타나는 것을 말함.

출전 | 철경록(輟耕錄)

㈜ 천진무구(天眞無垢)
  순진무구(純眞無垢)

徹頭徹尾 (철두철미)

뚫을 徹 머리 頭 뚫을 徹 꼬리 尾
처음부터 끝까지 철저히 한다는 뜻으로, 빈틈없이 계획성 있게 일을 한다는 말.

출전 | 주자어류(朱子語類)

㈜ 시종일관(始終一貫)
  철상철하(徹上徹下)

轍鮒之急 철부지급

유 학철부어(涸轍鮒魚)
학철지부(涸轍之鮒)

수레바퀴 **轍** 붕어 **鮒** 어조사 **之** 급할 **急**
수레가 바퀴 자국에 괸 물웅덩이에 있는 붕어의 위급함이라는 뜻으로, 눈앞에 닥친 다급한 위기나 처지를 이르는 말.

출전 | 장자(莊子)-외물(外物)

鐵杵磨針 철저마침

유 십벌지목(十伐之木)

쇠 **鐵** 절굿공이 **杵** 갈 **磨** 바늘 **針**
쇠뭉치를 갈아 바늘을 만든다는 뜻으로, 모든 정성을 다 기울이면 아무리 힘든 일이라도 이룰 수 있다는 말.

출전 | 이백(李白)

鐵中錚錚 철중쟁쟁

유 용중교교(傭中佼佼)

쇠 **鐵** 가운데 **中** 쇳소리(징) **錚** 쇳소리(징) **錚**
쇠 중에서도 쟁쟁하고 울리는 것이라는 뜻으로, 같은 무리 가운데서 가장 뛰어난 사람을 비유하는 말.

출전 | 후한서(後漢書)-유분자전(劉盆子傳)

晴耕雨讀 청경우독

유 주경야독(晝耕夜讀)

갤 **晴** 밭갈 **耕** 비 **雨** 읽을 **讀**
맑은 날은 논밭을 갈고 비오는 날은 책을 읽는다는 뜻으로, 부지런히 일하며 여가를 헛되이 보내지 않고 공부한다는 말.

靑山流水 청산유수

유 구약현하(口若懸河)
구여현하(口如懸河)

푸를 **靑** 뫼 **山** 흐를 **流** 물 **水**
푸른 산과 흐르는 물이라는 뜻으로, 말을 거침없이 잘하는 모양이나 그렇게 하는 말을 비유하는 말.

聽而不聞 청이불문

들을 聽 말이을 而 아닐 不 들을 聞

아무리 귀를 기울이고 들어도 들리지 않거나 또는 듣고도 못 들은 체함.

㊗ 청약불문(聽若不聞)

青天白日 청천백일

푸를 青 하늘 天 흰 白 날 日

맑게 갠 하늘에서 밝게 비치는 해라는 뜻으로, 환하게 밝은 대낮, 또는 죄의 혐의가 모두 풀려 결백함을 비유하는 말.

출전 | 한유(韓愈)-여최군서(與崔群書)

㊗ 청백리(淸白吏)

草根木皮 초근목피

풀 草 뿌리 根 나무 木 껍질 皮

풀뿌리와 나무껍질이라는 뜻으로, 산나물 따위로 만든 영양가 적은 거친 음식을 일컫는 말.

출전 | 금사식화지(金史食貨志)

草木皆兵 초목개병

풀 草 나무 木 다 皆 병사 兵

수풀이 모두 적의 군사로 보인다는 뜻으로, 어떤 일에 크게 놀라 신경이 예민해지는 것을 비유하는 말.

출전 | 진서(晉書)

㊗ 풍성학려(風聲鶴唳)

焦眉之急 초미지급

그슬릴 焦 눈썹 眉 어조사 之 급할 急

눈썹이 타게 될 만큼 위급한 상황이라는 뜻으로, 매우 위급한 상태를 말함.

출전 | 오등회원(五燈會元)

㊗ 소미지급(燒眉之急)
연미지급(燃眉之急)

初志一貫 (초지일관)

처음 初　뜻 志　한 一　꿰맬 貫

처음에 먹은 마음을 끝까지 관철한다는 뜻으로, 처음에 세운 뜻을 끝까지 이어가는 것을 이르는 말.

⊕ 시종일관(始終一貫)
일이관지(一以貫之)

秋霜烈日 (추상열일)

가을 秋　서리 霜　세찰 烈　날 日

가을의 찬 서리와 여름의 뜨거운 해라는 뜻으로, 형벌이 매우 엄정하고 권위가 있음을 일컫는 말. **출전** | 강엄(江淹)-등부(燈賦)

⊕ 강기숙정(綱紀肅正)

秋月寒江 (추월한강)

가을 秋　달 月　찰 寒　강 江

가을 달과 차가운 강물이라는 뜻으로, 덕이 있는 사람의 맑고 깨끗한 마음을 일컫는 말. **출전** | 황정견(黃庭堅)-증이차옹시(贈李次翁詩)

春蘭秋菊 (춘란추국)

봄 春　난초 蘭　가을 秋　국화 菊

봄의 난초와 가을의 국화라는 뜻으로, 어느 것이 더 낫다고 말할 수 없는 상황을 비유하는 말. **출전** | 태평광기(太平廣記)

⊕ 난형난제(難兄難弟)
백중지세(伯仲之勢)

春樹暮雲 (춘수모운)

봄 春　나무 樹　저물 暮　구름 雲

봄철의 나무와 저물 무렵의 구름이라는 뜻으로, 멀리 있는 벗을 그리워함을 비유하는 말.

春秋筆法
춘추필법

참 춘추(春秋)

봄 春 가을 秋 붓 筆 법 法

춘추를 기록한 역사기록 방법이라는 뜻으로, 역사기록에 주관적 판단 없이 객관적으로 엄격히 써야 한다는 말.

출전 | 두예(杜預)-춘추좌씨(春秋左氏)

春風秋雨
춘풍추우

봄 春 바람 風 가을 秋 비 雨

봄바람과 가을비라는 뜻으로, 봄철에 부는 바람과 가을철에 내리는 비처럼 시간의 흐름을 표현하는 자나가는 세월을 비유하여 말함.

出衆
출 중

유 계군고학(鷄群孤鶴)
백미(白眉)

날 出 무리 衆

사람의 능력이나 외모 따위가 여러 사람 중에서 특별히 뛰어나다는 것을 가리킴.

出必告反必面
출 필 고 반 필 면

유 반포보은(反哺報恩)
반포지효(反哺之孝)

날 出 반드시 必 알릴 告 되돌릴 反 반드시 必 면 面

밖에 나갈 때 가는 곳을 반드시 아뢰고, 되돌아와서는 반드시 얼굴을 보여 드린다는 뜻으로, 부모님께 효도하는 방법을 말함.

沖年
충 년

유 십세충년(十歲沖年)

빌 沖 해 年

열 살 안팎의 어린 나이를 일컫는 말.

吹毛覓疵
취 모 멱 자
⊕ 취모구자(吹毛求疵)

불 吹 털 毛 찾을 覓 흠(허물) 疵
털을 불어가며 작은 허물이라도 찾는다는 뜻으로, 남의 작은 허물을 억지로 들추어 냄을 일컫는 말.

출전 | 한비자(韓非子)-대체편(大體篇)

取捨選擇
취 사 선 택
⊕ 취사(取捨)

취할 取 버릴 捨 가릴 選 가릴 擇
취할 것인지 버릴 것인지 선택한다는 뜻으로, 쓸 것과 버릴 것을 가려서 선택한다는 말.

醉生夢死
취 생 몽 사
⊕ 장취불성(長醉不醒)

취할 醉 날 生 꿈 夢 죽을 死
술에 취해서 꿈 속에서 살고 죽는다는 뜻으로, 아무 뜻 없이 한평생 흐리멍덩하게 살아감을 비유하여 일컫는 말.

출전 | 정자어록(程子語錄)

痴人說夢
치 인 설 몽
⊕ 치인전설몽(痴人前說夢)

어리석을 痴 사람 人 말씀 說 꿈 夢
어리석은 사람이 꿈 이야기를 한다는 뜻으로, 종잡을 수 없는 말. 즉 어리석은 사람은 그것을 사실인 줄 알고 전한다는 말.

출전 | 냉제야화(冷齊夜話)

置之度外
치 지 도 외
⊕ 치지불문(置之不問)
  치지불리(置之不理)

둘 置 어조사 之 법도 度 바깥 外
법도 밖에 둔다는 뜻으로, 의중에 두지 않고 도외시함. 즉 염두에 두지 않는다는 말.

출전 | 후한서(後漢書)

七顚八起 (칠전팔기)

일곱 七 넘어질 顚 여덟 八 일어날 起
일곱 번 넘어지고 여덟 번 일어난다는 뜻으로, 여러 번의 실패에도 굽히지 않고 분투한다는 말.

⑲ 십전구도(十顚九倒)

七縱七擒 (칠종칠금)

일곱 七 놓을 縱 일곱 七 사로잡을 擒
일곱 번 놓아주고 일곱 번 사로잡는다는 뜻으로, 마음대로 잡았다 놓아주었다함의 비유. 즉 무슨 일을 제 마음대로 함을 일컫는다.

출전 | 삼국지(三國志)

⑲ 칠금(七擒)
칠금칠종(七擒七縱)

沈魚落雁 (침어낙안)

잠길 沈 물고기 魚 떨어질 落 기러기 雁
물고기가 숨고 기러기가 달아난다는 뜻으로, 미인을 보고 부끄러워 동물들도 숨는 것처럼 미인을 가리키는 말.

출전 | 장자(莊子)-제물론(齊物論)

⑲ 화용월태(花容月態)
녹의홍상(綠衣紅裳)

沈潤之譖 (침윤지참)

잠길 沈 젖을 潤 어조사 之 헐뜯을 譖
물이 서서히 표 안 나게 스며들어 번진다는 뜻으로, 어떤 상대를 오래 두고 조금씩 중상 모략함을 일컫는다.

출전 | 한서(漢書)

⑲ 침윤지언(浸潤之言)

快刀亂麻 (쾌도난마)

쾌할 快 칼 刀 어지러울 亂 삼 麻
잘 드는 칼로 엉클어진 삼실을 자른다는 뜻으로, 어지럽게 뒤얽힌 사물이나 사건 따위를 단번에 시원하게 처리함을 말함.

출전 | 북제서(北齊書)-문선제기(文宣帝紀)

⑲ 쾌도참난마(快刀斬亂麻)

快人快事
쾌 인 쾌 사

쾌할 快 사람 人 쾌할 快 일 事
쾌할한 사람의 시원시원한 행동을 일컫는다.

打草驚蛇
타 초 경 사
㊀ 숙호충비(宿虎衝鼻)

칠 打 풀 草 놀랄 驚 뱀 蛇
풀밭을 두들겨서 뱀을 놀라게 한다는 뜻으로, 을(乙)을 징계하여 갑(甲)을 경계함을 말함. **출전 | 서상기(西廂記)**

彈指之間
탄 지 지 간
㊀ 탄지경(彈指頃)

탄알 彈 손가락 指 갈 之 사이 間
손가락으로 튕길 사이라는 뜻으로, 아주 짧은 동안. 또는 세월이 아주 빠름을 일컫는 말.

脫兔之勢
탈 토 지 세
㊀ 파죽지세(破竹之勢)

벗을 脫 토끼 兔 갈 之 기세 勢
우리를 빠져나와 도망가는 토끼의 기세라는 뜻으로, 신속하고 민첩함을 비유하여 일컫는 말. **출전 | 손자(孫子)**

探花蜂蝶
탐 화 봉 접
㊀ 탐향봉접(探香蜂蝶)

탐할 探 꽃 花 벌 蜂 나비 蝶
꽃을 찾아다니는 벌과 나비라는 뜻으로, 사랑하는 여자를 그리워하여 찾아가는 남자를 비유적으로 이르는 말.

蕩滌敍用
탕 척 서 용

쓸어버릴 蕩 씻을 滌 차례 敍 쓸 用
죄명이나 전과 따위를 깨끗이 씻어 주고 다시 등용함을 말함.

太剛則折
태 강 즉 절

참 태극비례(太極否來)

클 太 굳셀 剛 곧 則 꺾을 折
너무 강하면 꺾인다는 뜻으로, 너무 굳거나 빳빳하면 꺾어지기 쉽다는 것을 말함.

泰斗
태 두

유 산두(山斗)
태산북두(泰山北斗)

클 泰 말 斗
세상 사람으로부터 존경을 받거나 어느 방면에서 권위 있는 사람을 비유적으로 이르는 말.

土崩瓦解
토 붕 와 해

유 와해토붕(瓦解土崩)
어란토붕(魚爛土崩)

흙 土 무너질 崩 기와 瓦 흩어질 解
흙이 무너지고 기와가 깨진다는 뜻으로, 사물이 여지없이 무너져 손댈 수 없게 됨을 일컫는다.
출전 | 사기(史記)

兔營三窟
토 영 삼 굴

유 교토삼굴(狡兔三窟)

토끼 兔 경영할 營 석 三 굴 窟
토끼가 위난을 피하려고 구멍을 세 개 판다는 뜻으로, 자신의 안전을 위해 미리 몇 가지의 대비책을 짜놓음을 이르는 말.

吐盡肝膽
토 진 간 담
㊇ 토진(吐盡)

토할 吐 다할 盡 간 肝 쓸개 膽
간과 쓸개를 다 토해낸다는 뜻으로, 실정을 숨김없이 다 털어놓고 말함을 이르는 말.

土牛木馬
토 우 목 마

흙 土 소 牛 나무 木 말 馬
흙으로 만든 소와 나무로 만든 말이라는 뜻으로, 가문은 좋으나 재주가 없는 사람을 이르는 말. 　　　　　출전 | 주서(周書)

通管窺天
통 관 규 천

통할 通 피리 管 엿볼 窺 하늘 天
붓 대롱을 통해서 하늘을 엿본다는 뜻으로, 견문이 좁아 형편을 모르는 사람을 비유하는 말. 　　　　　출전 | 한서(漢書)

投筆成字
투 필 성 자

던질 投 붓 筆 이룰 成 글자 字
붓을 던져 글씨를 이룬다는 뜻으로 글씨에 능한 사람은 정성을 들이지 아니하고 붓을 던져도 글씨가 잘 된다는 말.

破鏡不再照
파 경 부 재 조
㊇ 복수불반분(覆水不返盆)
　파경(破鏡)

깨뜨릴 破 거울 鏡 아닐 不 비출 照
깨어진 거울은 본디대로 비출 수 없다는 뜻으로, 한 번 헤어진 부부는 다시 맺어지기 어려움을 이르는 말. 　출전 | 전등록(傳燈錄)

爬羅剔抉
파 라 척 결
⊕ 취모멱자(吹毛覓疵)

긁을 爬 그물 羅 바를 剔 도려낼 抉
긁어모으고 발라낸다는 뜻으로, 남의 비밀이나 결점 따위를 파헤친다는 의미로 사용되거나, 숨은 인재를 널리 찾아낸다는 의미.
출전 | 한유(韓愈)-진학해(進學解)

波瀾萬丈
파 란 만 장
⊕ 파란중첩(波瀾重疊)

물결 波 큰물결 瀾 일만 萬 길이 丈
물결의 흐름이 매우 높다는 뜻으로, 생활이나 일의 진행이 몹시 기복이나 변화가 심함을 일컫는 말.

破廉恥漢
파 렴 치 한
⊕ 철면피(鐵面皮)
   후안무치(厚顔無恥)

깨뜨릴 破 청렴할 廉 부끄러워할 恥 한수 漢
염치가 없는 놈이라는 뜻으로, 부끄러워할 줄 모르는 뻔뻔스러운 사람을 일컫는 말.
출전 | 관자(管子)-목민편(牧民篇)

破壁飛去
파 벽 비 거
⊕ 화룡점정(畵龍點睛)

깨뜨릴 破 바람벽 壁 날 飛 갈 去
용에 눈동자를 그려 넣자, 벽을 부수고 날아갔다는 뜻으로, 갑자기 출세한 사람을 비유하는 말.

破天荒
파 천 황
⊕ 미증유(未曾有)
   파천황해(破天荒解)

깨뜨릴 破 하늘 天 거칠 荒
아직까지 아무도 하지 못한 일을 처음으로 해낸다는 뜻으로, 모든 일에 통달한 사람이란 뜻.
출전 | 북몽쇄언(北夢瑣言)

八方美人 (팔방미인)
㊌ 재주꾼

여덟 八 방향 方 아름다울 美 사람 人
어느 모로 보나 아름다운 미인이라는 뜻으로, 어떤 일에나 두루 조금씩 손대거나 관여하는 사람을 조롱하여 이르는 말.

敗家亡身 (패가망신)
㊌ 인망가폐(人亡家廢)

패할 敗 집 家 망할 亡 몸 身
집안을 망치고 몸을 망친다는 뜻으로, 가산(家産)을 다 써서 없애고 몸을 망친다는 의미.

平地風波 (평지풍파)
㊌ 파벽(破僻)

평평할 平 땅 地 바람 風 물결 波
평지에 풍파가 인다는 뜻으로, 까닭없이 일을 시끄럽게 만들거나 뜻밖에 분쟁을 일으켜 일을 난처하게 만듦을 일컫는 말.

출전 | 악부시집(樂府詩集)

抱腹絶倒 (포복절도)
㊌ 봉복대소(捧腹大笑)
봉복절도(捧腹絶倒)

안을 抱 배 腹 끊을 絶 넘어질 倒
배를 안고 넘어진다는 뜻으로, 매우 우스워서 요란하게 웃는 웃음. 또는 그 웃는 모습을 나타내는 말.

출전 | 오대사(五代史)

暴虎馮河 (포호빙하)
㊌ 포호빙하지용(暴虎馮河之勇)

사나울 暴 범 虎 탈 馮 강이름 河
맨주먹으로 범을 잡고 맨발로 강을 건넌다는 뜻으로, 무모하게 만행을 부리는 것이나 매우 위험한 행동을 비유하는 말.

출전 | 논어(論語)-술이편(述而篇)

豹死留皮 (표사유피)

반 인사유명(人死留名)
호사유피(虎死留皮)

표범 豹 죽을 死 남길 留 가죽 皮

표범은 죽으면 가죽을 남긴다는 뜻으로, 사람은 죽어서 명예를 남겨야 함을 비유하는 말.

출전 | 신오대사(新五代史)-열전(列傳)

風聲鶴唳 (풍성학려)

유 영해향진(影駭響震)
초목개병(草木皆兵)

바람 風 소리 聲 학 鶴 울 唳

바람 소리와 학의 울음소리라는 뜻으로, 겁을 먹은 사람은 하찮은 일이나 작은 소리에도 몹시 놀람을 비유하는 말.

출전 | 진서(晉書)

風餐露宿 (풍찬노숙)

유 남부여대(男負女戴)
문전걸식(門前乞食)

바람 風 먹을 餐 이슬 露 잘 宿

바람과 이슬을 맞으며 한데서 먹고 잔다는 뜻으로, 떠돌아다니며 모진 고생을 함을 일컫는 말.

출전 | 대당서역기(大唐西域記)

匹馬單槍 (필마단창)

유 필마단기(匹馬單騎)

짝 匹 말 馬 홑 單 창 槍

한 필의 말과 한 자루의 창이라는 뜻으로, 혼자 간단히 무장하고 한 필의 말을 타고 가는 것을 이르는 말.

匹夫之勇 (필부지용)

유 소인지용(小人之勇)

짝 匹 사내 夫 갈 之 날랠 勇

소인배의 혈기로 덤비는 용기라는 뜻으로, 계획도 방법도 없이 혈기만 믿고 함부로 부리는 용기를 일컫는 말.

출전 | 맹자(孟子)

夏葛冬裘
하 갈 동 구

반 하로동선(夏爐冬扇)

여름 夏 칡葛 겨울 冬 가죽 裘
여름의 베옷과 겨울의 가죽옷이라는 뜻으로, 격이나 철에 맞음을 일컫는 말.

下堂迎之
하 당 영 지

아래 下 집 堂 맞을 迎 갈 之
마당에 내려와서 맞는다는 뜻으로, 반갑게 맞이하거나 공경함을 일컫는 말.

夏爐冬扇
하 로 동 선

유 동선하로(冬扇夏爐)
반 하갈동구(夏葛冬裘)

여름 夏 화로 爐 겨울 冬 부채 扇
여름의 화로와 겨울의 부채라는 뜻으로, 철에 맞지 않거나 격에 어울리지 않는 쓸데없는 사물을 비유하는 말.

출전 | 논형(論衡)

下石上臺
하 석 상 대

유 고식지계(姑息之計)
  미봉책(彌縫策)

아래 下 돌 石 위 上 돈대 臺
아랫돌을 빼서 윗돌을 괴고 윗돌 빼서 아랫돌을 괸다는 뜻으로, 임시변통으로 이리저리 둘러맞춘다는 말.

河淸難俟
하 청 난 사

유 백년하청(百年河淸)

강이름 河 맑을 淸 어려울 難 기다릴 俟
황하가 맑아지기를 기다리기는 어렵다는 뜻으로, 아무리 바라고 기다려도 실현될 가망이 없음을 일컫는 말.

출전 | 춘추좌씨전(春秋左氏傳)

河淸海晏 (하청해안)

강 河 맑을 淸 바다 海 편안할 晏
황하의 흙탕물이 맑아지고, 바다가 고요하다는 뜻으로, 세상이 편안함을 이르는 말.

㊤ 하청(河淸)

下學上達 (하학상달)

아래 下 배울 學 위 上 통달할 達
아래에서부터 차츰 배워 위에까지 도달한다는 뜻으로, 쉬운 것부터 배우기 시작하여 깊고 어려운 것을 깨닫는다는 말.

출전 | 논어(論語)

㊥ 하학지공(下學之功)

河海之澤 (하해지택)

강이름 河 바다 海 갈 之 혜택 澤
강과 바다의 은택이라는 뜻으로, 큰 강이나 바다와 같이 넓고 큰 은혜를 일컫는 말.

㊥ 호천망극(昊天罔極)

學而時習 (학이시습)

배울 學 말이을 而 때 時 익힐 習
배우고 때로 익힌다는 뜻으로, 배운 것을 항상 복습하고 연습하여 참뜻을 얻게 된다는 말.

출전 | 논어(論語)

㊥ 학이시습지(學而時習之)
불역열호(不亦說乎)

邯鄲之步 (한단지보)

땅이름 邯 나라이름 鄲 갈 之 걸음 步
한단의 걸음걸이라는 뜻으로, 자기의 분수를 잊고 함부로 남의 흉내를 내다보면 이것도 저것도 다 잃는다는 말.

출전 | 장자(莊子)-추수(秋水)

㊥ 한단학보(邯鄲學步)
부화뇌동(附和雷同)

旱天作雨 (한천작우)

가물 旱 하늘 天 지을 作 비 雨
가문 하늘에 비를 만든다는 뜻으로, 어지러운 세상이 계속되어 백성의 어려움이 길어지면 하늘이 백성의 뜻을 살펴 그릇된 통치자에게 벌을 내린다는 말.

含憤蓄怨 (함분축원)

㊀ 비분강개(悲憤慷慨)

머금을 含 결낼 憤 쌓을 蓄 원망할 怨
분함을 머금고 원한을 쌓는다는 뜻으로, 분하고 원통한 마음을 가진다는 뜻.

合縱連衡 (합종연횡)

㊀ 합종(合縱), 연횡(連衡)

합할 合 세로 縱 잇달 連 저울대 衡
종(남북)으로 합치고 횡(동서)으로 잇대다는 뜻으로, 소진의 합종설과 장의의 연횡설로서, 여러 가지 외교 수단을 동원하여 정략을 꾸미는 일을 말함.   출전 | 사기(史記)

亢龍有悔 (항룡유회)

㊁ 잠룡(潛龍)

오를 亢 룡 龍 있을 有 뉘우칠 悔
하늘 끝까지 다다른 용에게는 후회가 뒤따른다는 뜻으로, 만족할 줄 모르고 무작정 밀고 나가다가 오히려 실패하게 된다는 말.   출전 | 주역(周易)

偕老同穴 (해로동혈)

㊀ 백년해로(百年偕老)
금슬상화(琴瑟相和)

함께 偕 늙을 老 한가지 同 구멍 穴
살아서는 함께 늙으며 죽어서는 한 무덤에 같이 묻힌다는 뜻으로, 부부 사랑의 굳은 맹세를 일컫는 말.

출전 | 시경(詩經)-위풍(魏風)-맹(氓)

蟹網具失
해 망 구 실

㊌ 해광구실(蟹筐具失)
교각살우(矯角殺牛)

게 蟹 그물 網 갖출 具 잃을 失

게와 그물을 다 잃었다는 뜻으로, 이익을 보려다가 도리어 밑천까지 잃어버림을 일컫는 말.

출전 | 청장관전서(靑莊館全書)

解語之花
해 어 지 화

㊌ 해어화(解語花)
화용월태(花容月態)

이해할 解 말씀 語 갈 之 꽃 花

말을 알아듣는 꽃이라는 뜻으로, 미인을 가리키는 말로 때로는 화류계의 여인을 일컬을 때 쓰기도 하는 말.

출전 | 개원천보유사(開元天寶遺事)

解衣推食
해 의 추 식

풀 解 옷 衣 옮을 推 밥 食

자기의 밥과 옷을 남에게 준다는 뜻으로, 다른 사람을 각별히 친절하게 대한다는 말.

출전 | 사기(史記)

行路之人
행 로 지 인

갈 行 길 路 갈 之 사람 人

길에서 만난 사람이라는 뜻으로, 아무 상관없는 사람이라는 말.

行方不明
행 방 불 명

㊌ 실종(失踪), 행불(行不)

갈 行 모 方 아닐 不 밝을 明

간 곳이나 방향을 몰라 찾을 수 없다는 말.

虛禮虛飾
허 례 허 식

빌 虛 예도 禮 빌 虛 꾸밀 飾

헛된 예절과 헛된 장식이라는 뜻으로, 마음이나 정성이 없이 겉으로만 번드르르하게 꾸미는 예절이나 법식을 이르는 말.

虛心坦懷
허 심 탄 회

*탄회(坦懷):진솔마음

빌 虛 마음 心 평탄할 坦 품 懷

마음을 비우고 솔직한 태도로 생각을 터놓고 말한다는 뜻으로, 거리낌이나 숨김이 없는 마음을 일컫는 말.

虛虛實實
허 허 실 실

빌 虛 빌 虛 열매 實 열매 實

허를 허하게 대하고, 실을 실하게 대한다는 뜻으로, 허실의 계책을 써서 싸우는 것으로 서로 계략이나 기량을 다하여 적의 실을 피하고 허를 틈타 싸우는 것.

출전 | 삼국지(三國志)

絜矩之道
혈 구 지 도

[유] 추기급인(推己及人)

헤아릴 絜 곱자 矩 갈 之 길 道

자를 재는 방법이라는 뜻으로, 내 처지를 생각해서 남의 처지를 헤아리는 것을 일컫는 말.

출전 | 대학(大學)

兄弟爲手足
형 제 위 수 족

[유] 동기일신(同氣一身)

맏 兄 아우 弟 할 爲 손 手 발 足

형제간은 손발과 같다는 뜻으로, 형제는 떼어 버릴 수 없는 관계임을 이르는 말.

출전 | 장자(莊子)

螢窓雪案 (형창설안)

㊨ 손강영설(孫康映雪)
　형설지공(螢雪之功)

개똥벌레 螢 창 窓 눈 雪 책상 案

반딧불이 비치는 창과 눈이 비치는 책상이라는 뜻으로, 어려운 가운데서도 학문에 힘씀을 비유한 말.

互角之勢 (호각지세)

㊨ 난형난제(難兄難弟)
　막상막하(莫上莫下)

서로 互 뿔 角 갈 之 기세 勢

소가 서로 뿔을 맞대고 싸우는 형세라는 뜻으로, 우열을 가리기 힘들 정도로 대등하게 겨루고 있는 모습을 이르는 말.

출전 | 전국책(戰國策)

壺裏乾坤 (호리건곤)

㊨ 호중천(壺中天)
　호중천지(壺中天地)

단지 壺 속 裏 하늘 乾 땅 坤

술단지 속의 천지라는 뜻으로, 항상 술에 취해 있음을 비유하는 말.

狐死首丘 (호사수구)

㊨ 수구초심(首丘初心)
　호사수구지정(狐死首丘之情)

여우 狐 죽을 死 머리 首 언덕 丘

여우가 죽을 때 머리를 제가 살던 언덕으로 돌린다는 뜻으로, 죽을 때라도 근본을 잊지 않는 것 또는 고향을 그리워함을 비유.

출전 | 초사(楚辭)

虎視耽耽 (호시탐탐)

㊨ 노규어사(鷺窺魚事)

범 虎 볼 視 즐길 耽 즐길 耽

범이 먹이를 탐내어 노려본다는 뜻으로, 욕망을 채우기 위해 기회를 노리고 정세를 관망하는 것을 이르는 말.

출전 | 역경(易經)-이괘(頤卦)

好衣好食 호의호식

유 옥의옥식(玉衣玉食)
반 악의악식(惡衣惡食)

좋을 好 옷 衣 좋을 好 밥 食
좋은 옷과 좋은 음식이라는 뜻으로, 부유한 생활을 이르는 말.

護疾忌醫 호질기의

유 휘질기의(諱疾忌醫)

도울 護 병 疾 꺼릴 忌 의원 醫
병을 숨기고 의원에게 보이기를 꺼린다는 뜻으로, 자신의 결점을 감추고 남의 충고를 듣지 않음을 비유하는 말.

출전 | 주자통서(周子通書)

惑世誣民 혹세무민

유 기세도명(欺世盜名)

미혹할 惑 세상 世 속일 誣 백성 民
세상을 어지럽히고 백성을 속인다는 뜻으로, 사람을 속여 미혹하게 하고 세상을 어지럽게 한다는 말.

魂飛魄散 혼비백산

유 혼불부신(魂不附身)
혼불부체(魂不附體)

넋 魂 날 飛 넋 魄 흩어질 散
혼이 날아가고 백이 흩어진다는 뜻으로, 몹시 놀라거나 두려워서 넋을 잃거나 정신이 나간다는 뜻.

紅爐點雪 홍로점설

유 배수거신(杯水車薪)
한강투석(漢江投石)

붉을 紅 화로 爐 점 點 눈 雪
붉은 화로에 떨어지는 한 점의 눈이라는 뜻으로, 엄청나게 큰일에 작은 힘이 아무런 표시도 나지 않음을 비유하거나 도를 깨달아 마음이 확 트임을 일컫는 말.

출전 | 속근사록(續近思錄)

弘益人間 (홍익인간)

넓을 弘 더할 益 사람 人 사이 間

널리 인간을 이롭게 한다는 뜻으로, 단군의 건국이념으로 우리나라 정치와 교육의 기본 정신을 규정한 말.

출전 | 삼국유사(三國遺事)

和光同塵 (화광동진)

⑪ 동기진(同其塵)
화광(和光)

고를 和 빛 光 한가지 同 티끌 塵

빛을 부드럽게 하여 주변의 먼지와 같게 한다는 뜻으로, 자기 자신의 재주를 감추고 세상 사람들과 함께 어울린다는 말.

출전 | 노자(老子)-제4장

花無十日紅 (화무십일홍)

⑪ 화무백일홍(花無百日紅)
권불십년(權不十年)

꽃 花 없을 無 열 十 날 日 붉을 紅

열흘 붉은 꽃이 없다는 뜻으로, 한 번 성한 것은 얼마 못 가서 반드시 쇠하여짐을 비유하는 말.

禍福無門 (화복무문)

⑪ 화복동문(禍福同門)

재난 禍 복 福 없을 無 문 門

화나 복이 오는 문은 정해져 있지 않다는 뜻으로, 스스로 악한 일을 하면 그것은 화가 들어오는 문이 되고, 착한 일을 하면 그것이 복이 들어오는 문이 된다는 말.

출전 | 춘추좌씨전(春秋左氏傳)

華胥之夢 (화서지몽)

⑪ 화서지국(華胥之國)
㉝ 호접지몽(胡蝶之夢)

빛날 華 서로 胥 갈 之 꿈 夢

화서 나라의 꿈을 꾼다는 뜻으로, 좋은 꿈이나 낮잠을 일컫는 말.

출전 | 열자(列子)-황제편(黃帝篇)

和氏之璧
화 씨 지 벽

㊨ 수후지주(隋侯之珠)
완벽(完璧)

화할 和 성씨 氏 갈 之 둥근옥 璧

화씨가 발견한 구슬이라는 뜻으로, 어떤 난관도 참고 견디어서 자신의 의리를 관철시킴을 비유하는 말.

출전 | 한비자(韓非子)-화씨편(和氏篇)

花容月態
화 용 월 태

㊨ 절세미인(絕世美人)
화서지국(華胥之國)

꽃 花 얼굴 容 달 月 모양 態

꽃 같은 얼굴과 달 같은 자태라는 뜻으로, 아름다운 여자의 얼굴과 맵시를 일컫는 말.

출전 | 화안월모(花顔月貌)

換骨奪胎
환 골 탈 태

㊨ 개과천선(改過遷善)
탈태환골(奪胎換骨)

바꿀 換 뼈 骨 빼앗을 奪 아이밸 胎

뼈를 바꾸고 태를 빼앗는다는 뜻으로, 얼굴이 전보다 변해 아름답게 됨. 또는 남의 시나 문장 따위의 발상이나 표현을 본떠서 자기 작품처럼 꾸미는 말.

출전 | 혜홍(惠洪)-냉재야화(冷齋夜話)

鰥寡孤獨
환 과 고 독

㊨ 무고지민(無告之民)

홀아비 鰥 과부 寡 홀로 孤 홀로 獨

홀아비와 과부와 고아와 독신이라는 뜻으로, 외롭고 의지할 곳이 없는 사람을 비유하는 말.

출전 | 맹자(孟子)

患難相救
환 난 상 구

㊨ 환난상고(患難相顧)
환난상사(患難相死)

근심 患 어려울 難 서로 相 구할 救

어려운 재난은 서로 구제한다는 뜻으로, 환난을 당하면 서로 구제해준다는 뜻.

288 | 3단계 고사성어·숙어

宦海風波 (환해풍파)

벼슬 宦 바다 海 바람 風 물결 波

벼슬살이에서 겪는 갖가지 험난한 일을 일컫는 말.

荒唐無稽 (황당무계)

거칠 荒 당나라 唐 없을 無 상고할 稽

말이 허황되고 터무니없다는 뜻으로, 말이나 생각이 두서가 없고 엉터리이므로 종잡을 수가 없다는 말. 출전 | 장자(莊子)

⊕ 황당지언(荒唐之言)
황당지설(荒唐之說)

嚆矢 (효시)

울릴 嚆 화살 矢

우는 화살이라는 뜻으로, 어떤 사물이나 현상이 시작되어 나온 맨 처음을 비유적으로 한 말. 출전 | 장자(莊子)-재유(在宥)

⊕ 남상(濫觴)
향박두(響樸頭)

朽木糞牆 (후목분장)

썩을 朽 나무 木 똥 糞 담 牆

조각할 수 없는 썩은 나무와 고쳐 칠할 수 없는 썩은 담이라는 뜻으로, 정신이 썩은 쓸모없는 사람을 비유하는 말.

출전 | 논어(論語)

⊕ 후목난조(朽木難雕)
후목불가조(朽木不可雕)

後悔莫及 (후회막급)

뒤 後 뉘우칠 悔 없을 莫 미칠 及

뒤에 뉘우쳐도 미칠 수 없다는 뜻으로, 일이 잘못된 뒤에 뉘우쳐도 어찌할 수 없다는 뜻.

⊕ 회지막급(悔之莫及)
회지무급(悔之無及)

喙長三尺 (훼장삼척)

주동이 喙 길 長 석 三 자 尺

부리의 길이가 석 자나 된다는 뜻으로, 말을 잘함을 비유하여 이르는 말.

출전 | 당서(唐書)

유 청산유수(靑山流水)
현하지변(懸河之辯)

凶惡無道 (흉악무도)

흉할 凶 악할 惡 없을 無 길 道

흉하고 악해서 도리가 없다는 뜻으로, 성질이 거칠고 사나우며 도덕적 의리가 없음을 이르는 말.

유 극악무도(極惡無道)
포학무도(暴虐無道)

興味津津 (흥미진진)

일 興 맛 味 나루 津 나루 津

흥취가 넘칠 만큼 많다는 말.

반 흥미삭연(興味索然)

稀代未聞 (희대미문)

드물 稀 대신할 代 아닐 未 들을 聞

세상에서 드물어 아직 들어보지 못했다는 뜻으로, 매우 드물어 좀처럼 듣지 못했다는 뜻.

유 전대미문(前代未聞)
파천황(破天荒)

喜壽 (희수)

기쁠 喜 목숨 壽

나이 일흔일곱 살을 달리 이르는 말.

유 고희(古稀)

3단계

고사성어 故事成語 + 숙어

Part III

핵심 970개

3단계 고사성어·숙어

家狗向裏吠
가 구 향 리 폐

집家 개狗 향할向 속裏 짖을吠
집에서 기르는 개가 집안을 향해 짖는다는 뜻으로, 은혜를 원수로 갚는다는 말.

家給人足
가 급 인 족

집家 줄給 사람人 발足
어느 집 사람이나 모두 살림 형편이 넉넉하고 부족함이 없이 생활이 풍족함을 이르는 말. 출전|한서(漢書)

家徒四壁
가 도 사 벽

⊕ 가도벽립(家徒壁立)

집家 무리徒 넉四 벽壁
집안 형편이 어려워서 살림이라고는 네 벽밖에 없다는 뜻으로, 몹시 가난한 살림을 이르는 말. 출전|한서(漢書)

家富疎族聚
가 부 소 족 취

⊕ 가부즉소족취(家富則疎族聚)

집家 부유할富 성길疎 겨레族 모을聚
집안이 부유해지면 멀었던 친척들도 모인다는 뜻으로, 인정이 야박함을 이르는 말. 출전|신자(愼子)

葭莩之親
가 부 지 친

*가부(葭莩):갈대의 막(膜)

갈대 葭 갈대청 莩 갈 之 친할 親
갈대의 줄기에 붙은 갈대청같이 엷게 붙어 있는 친척이라는 뜻으로, 촌수가 먼 인척을 이르는 말.

家貧思良妻
가 빈 사 양 처

⊕ 가빈사현처(家貧思賢妻)
　가빈즉사양처(家貧則思良妻)

집 家 가난할 貧 생각할 思 좋을 良 아내 妻
살림살이가 가난해지면 어진 아내를 생각하게 된다는 뜻으로, 궁한 처지가 되면 진실한 사람을 알게 된다는 말.

출전 | 십팔사략(十八史略)

可以東可以西
가 이 동 가 이 서

⊕ 가동가서(可東可西)

옳을 可 써 以 동녘 東 옳을 可 써 以 서녘 西
동쪽도 좋고 서쪽도 좋다는 뜻으로, 이렇게 할 만도 하고 저렇게 할 만도 하다는 말.

家和萬事成
가 화 만 사 성

집 家 화할 和 일만 萬 일 事 이룰 成
집안이 화목하면 모든 일이 다 잘 되어 나간다는 말.

출전 | 대학(大學)

脚踏實地
각 답 실 지

다리 脚 밟을 踏 열매 實 땅 地
발이 실제로 땅에 붙어 있다는 뜻으로, 태도가 단정하고 일처리 솜씨가 착실하다는 말.

출전 | 송사(宋史)

刻薄成家
각 박 성 가
참 刻薄(각박):冷酷(냉혹)

새길 刻 엷을 薄 이룰 成 집 家
모질고 야박해서 집을 이루었다는 뜻으로 매정하고 인색해서 부자가 되었다는 뜻.

脚下照顧
각 하 조 고
유 조고각하(照顧脚下)

다리 脚 아래 下 비출 照 돌아볼 顧
자기 다리 밑을 비추어 살펴본다는 뜻으로, 자기에게 가까운 사람일수록 조심해야 한다는 말.

刻畵無鹽
각 화 무 염

새길 刻 그림 畵 없을 無 소금 鹽
아무리 꾸며도 무염이란 뜻으로, 못생긴 여자가 아무리 화장을 해도 미인과 견줄 수 없음, 즉 너무 차이가 나서 비교할 수 없다는 말.　　　　　출전 | 진서(晉書)

衎衎大笑
간 간 대 소
유 가가대소(呵呵大笑)
　 흥연대소(哄然大笑)

즐길 衎 즐길 衎 큰 大 웃을 笑
얼굴에 기쁜 표정을 지으며 크게 소리 내어 웃는 웃음을 일컬음.

干卿何事
간 경 하 사
유 간경심사(干卿甚事)
　 간경저사(干卿底事)

방패 干 벼슬 卿 어찌 何 일 事
대감과 무슨 상관이냐는 뜻으로, 쓸데없이 남의 일에 참견하는 사람을 비웃을 때 쓰는 말.　　　　　출전 | 남당서(南唐書)

間世之材
간 세 지 재

㊤ 군계일학(群鷄一鶴)
출중(出衆)

사이 間 인간 世 갈 之 재목 材
썩 드물게 뛰어난 인재라는 뜻으로, 여러 세대를 통하여 드물게 나타나는 뛰어난 인재를 말함.

間是間非
간 시 간 비

사이 間 옳을 是 사이 間 아닐 非
쓸데없는 일을 가지고 이러쿵저러쿵 떠든다는 말.

諫而不逆
간 이 불 역

간할 諫 말이을 而 아니 不 거스를 逆
고쳐야 한다고 말하기는 하지만 거스르지는 않는다는 뜻으로, 자식이 부모를 대하는 도리를 이르는 말.

渴驥奔泉
갈 기 분 천

목마를 渴 천리마 驥 달릴 奔 샘 泉
목마른 준마가 샘물을 향해 달려간다는 뜻으로, 기세가 아주 맹렬함을 이르는 말.

출전 | 설원(說苑)

渴不飮盜泉水
갈 불 음 도 천 수

목마를 渴 아니 不 마실 飮 도둑 盜 샘 泉 물 水
목이 말라도 도둑의 샘물은 마시지 않는다는 뜻으로, 어떤 곤경에 당해도 의롭지 않은 일을 하지 않는다는 말.

渴者易飮
갈 자 이 음

목마를 渴 사람 者 쉬울 易 마실 飮
목이 마르면 뭐든지 잘 마신다는 뜻으로, 어려운 처지에서는 은혜를 느끼기 쉽다는 말.

출전 | 맹자(孟子)

敢言之地
감 언 지 지

감히 敢 말씀 言 갈 之 땅 地
거리낌 없이 자기의 의견을 말할 만한 자리. 또는 거리낌 없이 말해야 할 자리를 이르는 말.

江南一枝春
강 남 일 지 춘

강 江 남녘 南 한 一 가지 枝 봄 春
강남에서 친구에게 매화 한 가지를 보내 봄소식을 알린다는 뜻으로, 친구 사이에 돈독한 우정을 대신하는 징표를 보낼 때 사용하는 말.

출전 | 형주기(荊州記)

剛木水生
강 목 수 생

㊛ 건목수생(乾木水生)

굳셀 剛 나무 木 물 水 날 生
마른 나무에서 물이 나게 한다는 뜻으로, 아무것도 없는 사람한테 무엇을 내라고 무리하게 요구한다는 말.

江心補漏
강 심 보 루

강 江 마음 心 기울 補 샐 漏
강 한복판에서 배가 새는 것을 고친다는 뜻으로, 재난을 피하기에는 이미 때가 늦었다는 말.

強顔 (강안)

힘쓸 強 얼굴 顔

얼굴 가죽이 너무 두꺼워서 즉 뻔뻔스러워 부끄러움을 모른다는 말. 또는 그런 사람.

출전 | 신서(新序)

윤 철면피(鐵面皮)
후안무치(厚顔無恥)

姜太公 (강태공)

성 姜 클 太 공변될 公

태공망(太公望)의 고사에서 유래하여, 낚시질을 유난히 좋아하는 사람을 비유하여 이르는 말.

출전 | 사기(史記)-제태공 세가(齊太公 世家)

剛愎自用 (강팍자용)

굳셀 剛 괴팍할 愎 스스로 自 쓸 用

성미가 까다롭고 고집이 세다는 뜻으로, 자기의 주장을 고집하면서 제멋대로 하는 경우를 비유하는 말.

출전 | 좌전(左傳)

윤 고집불통

江湖煙波 (강호연파)

강 江 호수 湖 연기 煙 물결 波

강이나 호수 위에 안개처럼 보얗게 이는 잔물결이라는 뜻으로, 산수의 좋은 경치를 말함.

윤 산명수려(山明水麗)
산명수청(山明水淸)

鎧袖一觸 (개수일촉)

갑옷 鎧 소매 袖 한 一 닿을 觸

갑옷의 옷소매를 한 번 스친다는 뜻으로, 약한 상대를 아주 쉽게 물리친다는 말.

改玉改行 (개옥개행)

고칠 改 구슬 玉 고칠 改 다닐 行

차고 다닐 옥을 바꾸면 걸음걸이도 바꾼다는 뜻으로, 지위가 달라지면 예절도 달라진다는 말.

출전 | 순자(荀子)-왕패편(王覇篇)

拒門不納 (거문불납)

㈜ 문전박대(門前薄待)

막을 拒 문 門 아닐 不 바칠 納

문을 막고 안에 들이지 않는다는 뜻으로, 자신과 견해가 다른 자를 받아들이지 않는다는 뜻.

居不重席 (거부중석)

살 居 아닐 不 무거울 重 자리 席

앉을 때 방석을 두 개 포개어 깔지 않는다는 뜻으로, 매우 검소한 생활을 한다는 말.

출전 | 춘추좌씨전(春秋左氏傳)

車水馬龍 (거수마룡)

수레 車 물 水 말 馬 용 龍

수레는 흐르는 물과 같고 말의 움직임은 하늘을 오르는 용과 같다는 뜻으로, 어떤 사람의 행차가 대단하다는 말.

출전 | 후한서(後漢書)

居移氣養移體 (거이기양이체)

살 居 옮길 移 기운 氣 기를 養 옮길 移 몸 體

사람은 그가 처해 있는 위치에 따라 기상은 변하게 되고, 음식과 의복은 몸을 변하게 한다는 뜻으로, 사람은 환경과 형편에 따라 몸이 달라진다는 말.

출전 | 맹자(孟子)

去住兩難 (거주양난)

갈 去 살 住 두 兩 어려울 難

가는 것도 머무는 것도 둘 다 어렵다는 뜻으로, 이러지도 저러지도 못하는 난처한 사정을 비유하는 말. 출전 | 악곡(樂曲)

去弊生弊 (거폐생폐)

⑧ 교각살우(矯角殺牛)

갈 去 해질 弊 날 生 해질 弊

폐해를 없애려다가 도리어 다른 폐해가 생겼다는 뜻으로, 어떤 일을 고치려다가 도리어 다른 해를 입는다는 뜻. 출전 | 노자(老子)

乾達 (건달)

⑧ 한량(閑良), 낭인(郎人)

하늘 乾 통달할 達

돈도 없으면서 아무 일도 하지 않고 게으름을 피우거나 무위도식하는 사람을 일컫는 말.

乞兒得錦 (걸아득금)

빌 乞 아이 兒 얻을 得 비단 錦

거지애가 비단을 얻었다는 뜻으로, 분수 밖에 생긴 일을 지나치게 자랑한다는 말.

擊壤歌 (격양가)

⑧ 고복격양(鼓腹擊壤)
비옥가봉(比屋可封)

칠 擊 흙덩이 壤 노래 歌

땅을 두드리며 천하가 태평함을 노래했다는 뜻으로, 세월이 태평함을 기리는 노래를 이르는 말. 출전 | 당요(唐堯)

핵심 고사성어·숙어 – 3단계 | **299**

隔墻之隣
격 장 지 린

참 원친불여근린(遠親不如近隣)

사이뜰 隔 담 墻 갈 之 이웃 隣
담을 사이에 둔 이웃이라는 뜻으로, 서로 담을 사이에 두고 있는 아주 가까운 이웃의 의미.

激濁揚淸
격 탁 양 청

과격할 激 흐릴 濁 날릴 揚 맑을 淸
흐린 물을 몰아내고 맑은 물을 끌어들인다는 뜻으로, 악을 제거하고 선을 떨침을 비유하는 말.

출전 | 당서(唐書)

繾綣之情
견 권 지 정

곡진할 繾 정다울 綣 갈 之 뜻 情
마음속에 굳게 맺혀 잊히지 않는 정을 이르는 말.

見機之才
견 기 지 재

볼 見 틀 機 갈 之 재주 才
기회를 잘 알아채는 재주, 또는 그런 재주가 있는 사람을 이르는 말.

見卵求鷄
견 란 구 계

유 견탄구자(見彈求炙)
견탄구효(見彈求鴞)

볼 見 알 卵 구할 求 닭 鷄
계란을 보고 닭이 되어 울기를 바란다는 뜻으로, 일이 이루어지기도 전에 결과를 보려고 하는 성격이 급한 사람을 비유하는 말.

출전 | 장자(莊子)

見事生風 (견사생풍)

볼 見 일 事 날 生 바람 風

일거리를 대하면 손바람이 난다는 뜻으로, 일을 시원시원하게 빨리 처리해 낸다는 말.

見霜知氷 (견상지빙)

볼 見 서리 霜 알 知 얼음 氷

서리를 보고 얼음이 얼 것을 안다는 뜻으로, 조짐을 보고 결과를 미리 안다는 말.

출전 | 회남자(淮南子)

見善如渴 (견선여갈)

볼 見 착할 善 같을 如 목마를 渴

착한 것을 보거든 마치 목마른 것같이 하라는 뜻으로, 그것을 본받아 그 즉시 실천에 옮기라는 말.

見我舌 (견아설)

볼 見 나 我 혀 舌

내 혀를 보라는 뜻으로, 다른 곳은 모두 상했다고 해도 정작 긴요한 부분이 멀쩡하다면 개의할 필요가 없다는 말.

犬羊之質 (견양지질)

개 犬 양 羊 갈 之 바탕 質

개나 양과 같은 소질이란 뜻으로, 재능이 없이 태어난 바탕을 이르는 말.

見而不食 견이불식

볼 見 말이을 而 아닐 不 밥 食

보고도 먹지 못한다는 뜻으로, 탐나는 것이 있어도 이용할 수 없거나 차지할 수 없을 때를 이르는 말.

⑥ 그림의 떡

結跏趺坐 결가부좌

맺을 結 책상다리 跏 책상다리 趺 앉을 坐

불교에서 좌선할 때 앉는 방법의 하나로 불상이나 사람이 오른발을 왼쪽 허벅다리 위에 놓은 다음 왼발을 오른편 허벅다리 위에 놓고 앉는 것을 말함.

⑥ 가부좌(跏趺坐)
⑪ 반가부좌(半跏趺坐)

傾筐倒篋 경광도협

기울 傾 광주리 筐 넘어질 倒 상자 篋

바구니를 기울이고 상자를 뒤엎는다는 뜻으로, 가진 것을 다 내놓아 극진하게 대접을 한다는 말.   출전 | 진서(晉書)

⑥ 경광도기(傾筐倒技)
경상도협(傾箱倒篋)

輕裘肥馬 경구비마

가벼울 輕 가죽옷 裘 살찔 肥 말 馬

가벼운 가죽옷과 살찐 말이라 뜻으로, 귀인 출입시의 차림새를 일컫는 말로 부귀영화를 형용해 이르는 말.   출전 | 논어(論語)

⑥ 비마경구(肥馬輕裘)

輕諾寡信 경낙과신

가벼울 輕 대답할 諾 적을 寡 믿을 信

가벼운 승낙은 믿음성이 적다는 뜻으로, 승낙을 잘 하는 사람은 신의를 잘 안 지킨다는 말.   출전 | 노자(老子)

綆短汲深
경단급심

㈜ 급심경단(汲深綆短)

두레박줄 綆 짧을 短 길을 汲 깊을 深
두레박의 줄이 짧으면 깊은 우물의 물을 길을 수 없다는 뜻으로, 재주가 없는 사람은 심오한 이론을 터득할 수 없고 큰일을 이룰 수 없다는 말. 　　출전 | 장자(莊子)

敬 遠 視
경 원 시

㈜ 경귀신이원지(敬鬼神而遠之)
　경이원지(敬而遠之)

공경할 敬 멀 遠 볼 視
공경은 하면서도 한편으로는 멀리한다는 뜻으로, 적당한 거리를 두고 상대를 한다는 말. 　　출전 | 논어(論語)-옹야편(雍也篇)

驚喜雀躍
경희작약

㈜ 흔희작약(欣喜雀躍)

놀랄 驚 기쁠 喜 뛸 雀 뛸 躍
예기치 않았던 좋은 일로 몹시 놀라고 기뻐한다는 말.

鷄犬相聞
계 견 상 문

㈜ 계명구폐(鷄鳴狗吠)

닭 鷄 개 犬 서로 相 들을 聞
닭이 우는 소리와 개가 짖는 소리가 여기저기서 들린다는 뜻으로, 집들이 서로 이어져 있다는 말. 　　출전 | 노자(老子)

繫影捕風
계 영 포 풍

㈜ 계풍포영(繫風捕影)

맬 繫 그림자 影 잡을 捕 바람 風
그림자를 묶고 바람을 잡는다는 뜻으로, 허무맹랑한 일을 이르는 말.
　　출전 | 온정균(溫庭筠)-시(詩)

故家大族
고 가 대 족
⊕ 고가세족(故家世族)

연고 故 집 家 큰 大 겨레 族
대대로 벼슬과 재산과 덕망 따위가 훌륭한 집안을 이르는 말.

高麗公事三日
고 려 공 사 삼 일
⊕ 작심삼일(作心三日)
조개모변(朝改暮變)

높을 高 고울 麗 공변될 公 일 事 석 三 날 日
고려의 공적인 일은 사흘 만에 바뀐다는 뜻으로, 한번 시작한 일이 오래 계속되어 가지 못함을 비꼬아 이르는 말.

출전 | 순오지(旬五志)

瞽馬聞鈴
고 마 문 령
⊕ 왜자간희(矮子看戲)

소경 瞽 말 馬 들을 聞 방울 鈴
눈먼 망아지가 워낭 소리만 듣고 따라간다는 뜻으로, 맹목적으로 남이 하는 대로 따라 한다는 말.

藁網捉虎
고 망 착 호
⊕ 초망착호(草網捉虎)
고삭포호(藁索捕虎)

볏집 藁 그물 網 잡을 捉 범 虎
썩은 새끼로 호랑이를 잡는다는 뜻으로, 어리석은 계책과 보잘 것 없는 것으로써 뜻밖에 큰일에 성공함을 이르는 말.

출전 | 순오지(旬五志)

枯木死灰
고 목 사 회
⊕ 고목한암(枯木寒巖)

마를 枯 나무 木 죽을 死 재 灰
몸은 마른 나무와 같고 마음은 식은 재와 같다는 뜻으로, 생기도 없고 의욕도 없는 사람을 이르는 말.

출전 | 장자(莊子)

顧復之恩
고 복 지 은
⊕ 호천망극(昊天罔極)

돌아볼 顧 돌아올 復 갈 之 은혜 恩
부모가 자식을 늘 걱정하며 사랑으로 길러준 은혜를 이르는 말.

高飛遠走
고 비 원 주
⊕ 고비(高飛)

높을 高 날 飛 멀 遠 달릴 走
높이 날고 멀리 달린다는 뜻으로, 자취를 감추려고 남이 모르게 멀리 달아남을 가리키는 말.

苦心慘憺
고 심 참 담

쓸 苦 마음 心 참혹할 慘 참담할 憺
어떤 일을 하거나 생각해 내기에 몹시 마음을 태우며 애를 쓰면서 걱정을 하는 것을 말함.

苦肉之策
고 육 지 책
⊕ 고육지계(苦肉之計)
   고육책(苦肉策)

쓸 苦 고기 肉 갈 之 채찍 策
적을 속이기 위해서, 또는 어려운 사태에서 벗어나기 위한 수단으로 제 몸을 괴롭히면서까지 짜내는 계책을 이르는 말.

출전 | 삼국지연의(三國志演義)

高下在心
고 하 재 심

높을 高 아래 下 있을 在 마음 心
높게 하거나 낮게 하거나 모두 마음에 달렸다는 뜻으로, 마음먹기에 따라 일의 성패가 결정된다는 말.

轂擊肩摩
곡 격 견 마

바퀴통 轂 칠 擊 어깨 肩 문지를 摩
수레바퀴 통이 부딪치고 어깨가 서로 닿는다는 뜻으로, 인파가 붐비는 번화가의 모습을 이르는 말.

출전 | 사기(史記)

曲高和寡
곡 고 화 과

굽을 曲 높을 高 화할 和 적을 寡
곡이 높을수록 화답하는 사람이 적다는 뜻으로, 재능이 뛰어난 사람일수록 그를 추종하는 사람이 적다는 말.

哭岐泣練
곡 기 읍 련

울 哭 갈림길 岐 울 泣 흰실 練
갈림길에서 울고, 염색이 안 된 실을 보고 눈물을 흘렸다는 뜻으로, 근본은 같은데 선택한 환경에 따라 선악이 갈림을 한탄한다는 뜻.

출전 | 회남자(淮南子)

谷無虎先生兔
곡 무 호 선 생 토

골 谷 없을 無 범 虎 먼저 先 날 生 토끼 兔
호랑이 없는 골짜기에서는 토끼가 선생 노릇을 한다는 뜻으로, 강한 자가 없으면 약한 자가 횡포를 부린다는 말.

출전 | 청장관전서(青莊館全書)

困獸猶鬪
곤 수 유 투

⑪ 궁구막추(窮寇莫追)
궁구물박(窮寇勿迫)

곤할 困 짐승 獸 오히려 猶 싸움 鬪
곤경에 빠진 짐승일수록 더 발악한다는 뜻으로, 어려움에 처한 사람은 무슨 일을 저지를지 모른다는 말.

출전 | 춘추좌씨전(春秋左氏傳)

骨董品
골 동 품
⊕ 고동(古董)

뼈 骨 감독할 董 물건 品
희소가치가 있어서 보존 또는 미적 감상의 대상이 되는 고미술품이나 오래된 세간. 또는 오래되거나 늙어서 가치나 쓸모가 없게 된 물건이나 사람을 말함.

출전 | 비설록(飛雪錄)

公卿大夫
공 경 대 부
⊕ 고관대작(高官大爵)
⊖ 사서인(士庶人)

공변될 公 벼슬 卿 큰 大 지아비 夫
삼공(三公)·구경(九卿)·대부(大夫)의 뜻으로, 벼슬이 높은 사람을 이르는 말.

空谷跫音
공 곡 공 음
⊕ 공곡족음(空谷足音)

빌 空 골 谷 발자국소리 跫 소리 音
아무도 없는 쓸쓸한 골짜기에 울리는 사람의 발자국 소리란 뜻으로, 쓸쓸히 지내고 있을 때 듣는 기쁜 소식을 이르는 말.

출전 | 장자(莊子)

共倒同亡
공 도 동 망

함께 共 넘어질 倒 한가지 同 망할 亡
넘어지거나 망하는 것을 함께 한다는 뜻으로, 같이 쓰러지고 함께 망한다는 말.

空得之物
공 득 지 물
⊕ 공것

빌 空 얻을 得 갈 之 만물 物
힘들이거나 값을 치르지 아니하고 공으로 얻은 물건을 이르는 말.

功名垂竹帛
공 명 수 죽 백
⊕ 명전천추(名傳千秋)

공功 이름名 드리울垂 대竹 비단帛
공적과 이름을 대나무와 비단에 드리운다는 뜻으로, 공적을 세워 이름을 후세에 남긴다는 말. 출전 | 후한서(後漢書)-등우전(鄧禹傳)

公輔之器
공 보 지 기

공변될公 도울輔 갈之 그릇器
임금을 보필할 재상(宰相)이 될 만한 기량, 또는 그것을 갖춘 인재를 이르는 말.

功成身退
공 성 신 퇴

공功 이룰成 몸身 물러날退
공을 이루었으면 몸은 후퇴한다는 뜻으로, 성공을 이루고 공을 자랑하지 않는다는 말.

空手來空手去
공 수 래 공 수 거
㊂ 인상무상(人生無常)

빌空 손手 올來 빌空 손手 갈去
빈손으로 왔다 빈손으로 간다는 뜻으로, 재물에 대한 욕심을 부릴 필요가 없음을 이르는 말.

攻玉以石
공 옥 이 석
⊕ 타산지석(他山之石)

칠攻 구슬玉 써以 돌石
돌로 옥을 간다는 뜻으로, 하찮은 물건이나 사람이라도 긴요하게 쓰일 수 있다는 말. 출전 | 후한서(後漢書)

功罪相補 (공죄상보)

공功 허물罪 서로相 기울補

공과 죄가 맞먹는다는 뜻으로, 죄가 있으나 공이 그것을 보충할 만큼 있으므로 관대히 용서해 줄 만하다는 말.

功致辭 (공치사)

공功 이를致 말씀辭

남을 위하여 애쓴 것을 자기가 그 일에 대해 생색을 내고 자랑을 한다는 말.

㈜ 빈치사

空行空返 (공행공반)

빌空 다닐行 빌空 돌이킬返

행하는 것이 없으면 자기에게 돌아오는 것도 없다는 말.

過門不入 (과문불입)

지날過 문門 아니不 들入

아는 이의 집 앞 문을 지나면서도 집에 들르지 않는다는 뜻으로, 공무에 바쁜 모습을 비유하는 말.

출전 | 장자(莊子)

㈜ 알과(戞過), 과문(過門)

寡聞淺識 (과문천식)

적을寡 들을聞 얕을淺 알識

보고 들은 것이 적고 배운 것도 별로 없어 지식이 얕음을 말함.

過失相規 과실상규

지날 過 잃을 失 서로 相 법규 規

향약의 네 덕목 중의 하나. 잘못을 저지르지 않도록 행실을 서로 규제한다는 말.

참 덕업상권(德業相勸)
환난상휼(患難相恤)

果若其言 과약기언

실과 果 같을 若 그 其 말씀 言

미리 말하였던 것과 사실이 과연 들어맞는다는 말.

瓜田不納履 과전불납리

오이 瓜 밭 田 아닐 不 들일 納 신 履

남의 오이 밭에서 신을 고쳐 신지 말라는 뜻으로, 남의 의심을 받기 쉬운 일은 하지 말라는 말.

출전 | 문선(文選)

유 과전이하(瓜田李下)
과전지리(瓜田之履)

過則勿憚改 과즉물탄개

지날 過 곧 則 말 勿 꺼릴 憚 고칠 改

허물이 있다면 고치기를 꺼리지 말라는 뜻으로, 잘못을 저질렀다고 후회하지 말고 그것을 빨리 바로 잡으라는 말.

출전 | 논어(論語)-학이편(學而篇)

過火熟食 과화숙식

지날 過 불 火 익을 熟 밥 食

지나가는 불에 밥이 익는다는 뜻으로, 그 사람을 위하여 한 것은 아니지만 저절로 혜택을 입게 되는 일을 가리킴.

管窺錐指
관 규 추 지
㊌ 관규여측(管窺蠡測)

대롱 管 엿볼 窺 송곳 錐 가리킬 指
대롱으로 엿보고 송곳이 가리키는 곳을 살핀다는 뜻으로, 작은 소견이나 자신의 의견을 겸손하게 말할 때 쓰는 말.

출전 | 장자(莊子)

寬猛相濟
관 맹 상 제

너그러울 寬 사나울 猛 서로 相 건널 濟
정사를 해나가는데 관대함과 엄벌을 더불어 시행한다는 뜻으로, 남을 다스릴 때는 훈계와 엄한 징벌이 잘 조화되어야 한다는 말.

출전 | 좌전(左傳)

冠上加冠
관 상 가 관

갓 冠 위 上 더할 加 갓 冠
갓 위에 또 갓을 쓴다는 뜻으로, 계속 승진하여 높은 지위에 오르라는 기원이 담긴 말.

管中窺豹
관 중 규 표
㊌ 정중지와(井中之蛙)
관규(管窺)

대롱 管 가운데 中 엿볼 窺 표범 豹
대롱 구멍으로 표범을 보면 표범의 얼룩점 하나밖에 보이지 않는다는 뜻으로, 소견이 매우 좁은 사람을 이르는 말.

출전 | 진서(晉書)-왕헌지전(王獻之傳)

觀形察色
관 형 찰 색

볼 觀 모양 形 살필 察 빛 色
남의 마음을 떠보기 위하여 안색을 자세히 살펴봄. 또는 잘 모르는 사물을 자세히 관찰한다는 말.

狂談悖說
광 담 패 설

미칠 狂 말씀 談 거스를 悖 말씀 說
이치에도 맞지 않고 허황되며 도의에 어긋나는 말을 이르는 말.

㊌ 광언망설(狂言妄說)

匡人其如予何
광 인 기 여 여 하

바를 匡 사람 人 그 其 같을 如 나 予 어찌 何
광 지방 사람들이 나를 어찌할 수 있겠느냐는 뜻으로, 운명에 대한 자신감이나 맡은 사명에 대한 떳떳한 신념을 표현하는 말. 출전 | 논어(論語)

掛 冠
괘 관

걸 掛 갓 冠
갓을 벗어 성문에 걸어 놓고 떠났다는 뜻으로, 벼슬을 그만두고 사퇴하는 것을 이르는 말. 출전 | 후한서(後漢書)

㊌ 괘면(掛冕)

蛟龍雲雨
교 룡 운 우

교룡 蛟 용 龍 구름 雲 비 雨
교룡이 구름과 비를 만나다는 뜻으로, 영웅 호걸 등이 때를 만나 크게 활약한다는 말. 출전 | 삼국지(三國志)

㊌ 교룡득수(蛟龍得水)

矯枉過正
교 왕 과 정

바로잡을 矯 굽을 枉 지날 過 바를 正
구부러진 것을 바로잡으려다가 지나치게 곧게 한다는 뜻으로, 잘못을 바로잡으려다가 지나쳐서 오히려 나쁘게 된다는 말. 출전 | 한서(漢書)

㊌ 교왕과직(矯枉過直)
소탐대실(小貪大失)

教子採薪 (교자채신)

가르칠 教 아들 子 캘 採 섶나무 薪

자식에게 땔나무 캐오는 방법을 가르친다는 뜻으로, 일시적으로 돕는 것이 아니라 자력으로 살아갈 수 있게 가르친다는 말.

출전 | 속맹자(續孟子)

交淺言深 (교천언심)

사귈 交 얕을 淺 말씀 言 깊을 深

사귄 지 얼마 되지도 않았는데 어리석게 함부로 지껄인다는 말.

출전 | 후한서(後漢書)

巧取豪奪 (교취호탈)

⑪ 교투호탈(巧偸豪奪)

공교할 巧 취할 取 호걸 豪 빼앗을 奪

온갖 술책을 다하여 백성을 착취하고 약탈한다는 뜻으로, 백성의 재물을 약탈하는 데 여념이 없는 탐관오리를 이르는 말.

출전 | 청파잡지(淸派雜志)

嚙鞭之馬 (교편지마)

깨물 嚙 채찍 鞭 갈 之 말 馬

말이 자기 고삐를 씹는다는 뜻으로, 친척을 헐뜯으면 결국 자기에게 손해가 된다는 말.

口講指畵 (구강지화)

입 口 외울 講 가리킬 指 그림 畵

입으로 말하고 손으로 그린다는 뜻으로, 열과 정성을 다하여 교육하는 자세를 비유하는 말.

출전 | 한유(韓愈)

鳩居鵲巢
구 거 작 소

⑲ 작소구점 (鵲巢鳩占)

비둘기 鳩 살 居 까치 鵲 새집 巢

비둘기가 까치집에서 산다는 뜻으로, 남이 이루어놓은 것을 가로챈다는 말.

출전 | 시경(詩經)

九年之水
구 년 지 수

아홉 九 해 年 갈 之 물 水

9년 동안이나 계속된 큰 홍수라는 뜻으로, 중국 요나라 때 9년 동안이나 계속되었다는 큰 홍수를 일컫는 말.

劬勞之恩
구 로 지 은

⑲ 난익지은(卵翼之恩)

수고로울 劬 일할 勞 갈 之 은혜 恩

자기를 낳아 기른 부모의 은혜를 이르는 말.

苟命徒生
구 명 도 생

⑲ 구전성명(苟全性命)
구명도생(苟命徒圖生)

진실로 苟 목숨 命 무리 徒 날 生

구차스럽게 겨우 목숨만을 보전하며 부질없이 살아감을 가리키는 말.

口無完人
구 무 완 인

입 口 없을 無 완전할 完 사람 人

그 입에 오르면 완전한 사람이 없다는 뜻으로, 남의 약점만 들추어내는 사람을 이르는 말.

救焚拯溺 (구분증닉)

구원할 救 불사를 焚 건질 拯 빠질 溺
불에 타는 사람을 구제하고 물에 빠진 사람을 구해준다는 뜻으로, 위급한 처지에 있는 사람을 구제한다는 말.

具色親舊 (구색친구)

갖출 具 빛 色 친할 親 옛 舊
깊은 우정은 없지만 각 분야에 걸쳐서 널리 사귀어서 생긴 친구를 이르는 말.

鳩首會議 (구수회의)

비둘기 鳩 머리 首 모일 會 의논할 議
비둘기들처럼 머리를 대고 회의를 한다는 뜻으로, 여러 사람들의 머리를 모아 맞대고 논의함을 말함.

㊥ 구수응의(鳩首凝議)
   난상공론(爛商公論)

口是心非 (구시심비)

입 口 옳을 是 마음 心 아닐 非
말로는 옳다 하면서 마음은 그렇지 않다는 말.

咎實在我 (구실재아)

허물 咎 열매 實 있을 在 나 我
허물의 실상은 나에게 있다는 뜻으로, 남의 허물이 아니라 자기의 잘못이라고 스스로 인정한다는 말.

具眼之士
구 안 지 사
⊕ 구안자 (具眼者)

갖출 具 눈 眼 갈 之 선비 士
사물의 시비나 선악을 판단할 수 있는 견식이 있는 사람을 이르는 말.

口若懸河
구 약 현 하
⊕ 구여현하(口如懸河)
청산유수(靑山流水)

입 口 같을 若 매달 懸 물 河
말솜씨가 청산유수와 같다는 뜻으로, 말재간이 대단히 좋은 것을 비유해서 이르는 말. 출전 | 한유(韓愈)

口傳心授
구 전 심 수

입 口 전할 傳 마음 心 줄 授
말로 전하고 마음으로 가르친다는 뜻으로, 일상생활을 통하여 자기도 모르는 사이에 몸에 배도록 가르친다는 말.

狗足蹄鐵
구 족 제 철
⊕ 사모영자(紗帽纓子)

개 狗 발 足 굽 蹄 쇠 鐵
개발에 편자라는 뜻으로, 옷차림이나 소지품이 격에 맞지 않게 과분하다는 말. 출전 | 이담속찬(耳談續纂)

救火投薪
구 화 투 신
⊕ 부신구화(負薪救火)
포신구화(抱薪救火)

구원할 救 불 火 던질 投 섶나무 薪
불을 끈다고 하면서 장작을 더 던진다는 뜻으로, 폐해를 없앤다고 한 짓이 오히려 폐해를 더욱 조장한다는 말. 출전 | 한서(漢書)

鞠躬盡瘁
국 궁 진 췌

공 鞠 몸 躬 다할 盡 병들 瘁
공경하고 조심하며 몸과 마음을 굽혀 기력이 다할 때까지 나랏일에 이바지한다는 말.
출전 | 제갈량(諸葛亮)-후출사표(後出師表)

國人皆曰可殺
국 인 개 왈 가 살

나라 國 사람 人 다 皆 가로 曰 옳을 可 죽일 殺
나라 사람이 모두 죽여야 한다고 말을 한다는 뜻으로, 여론을 널리 들어 본 뒤에 정책을 시행해야 한다는 말.
출전 | 맹자(孟子)

國破山河在
국 파 산 하 재

참 맥수지탄(麥秀之歎)

나라 國 깨뜨릴 破 뫼 山 강 河 있을 在
나라는 망하고 백성은 흩어졌으나 산하는 변함이 없다는 뜻으로, 극심한 변화에도 아랑곳 하지 않는 자연의 모습을 이르는 말.
출전 | 두보(杜甫)의 시- 춘망(春望)

群盲撫象
군 맹 무 상

유 군반문촉(群槃捫燭)
군맹상평(群盲象評)

무리 群 소경 盲 어루만질 撫 코끼리 象
여러 소경이 코끼리를 만진다는 뜻으로, 모든 사물을 자기 주관대로 판단한다는 말.
출전 | 열반경(涅槃經)

君辱臣死
군 욕 신 사

유 주욕신사(主辱臣死)

임금 君 욕될 辱 신하 臣 죽을 死
임금이 치욕을 당하면 신하는 죽는다는 뜻으로, 임금과 신하는 생사고락을 함께 한다는 말.
출전 | 국어(國語)

群蟻附羶
군 의 부 전

무리 群 개미 蟻 붙을 附 누린내 羶

개미떼가 양고기에 달라붙는다는 뜻으로, 이익이 있는 곳에 사람들이 몰려든다는 말.

출전 | 장자(莊子)

群策群力
군 책 군 력

무리 群 채찍 策 무리 群 힘 力

여러 사람이 다 같이 방법을 생각해 내고 함께 힘을 합한다는 뜻으로, 민중이 지혜와 힘을 쏟아낸다는 말.

출전 | 양자(揚子)-법언(法言)

窮思濫爲
궁 사 남 위

궁할 窮 생각할 思 넘칠 濫 할 爲

궁하면 아무 짓이나 함부로 한다는 뜻으로, 운수가 궁한 사람이 꾸미는 모사나 일이 뜻대로 이루어지지 아니할 때 꾸미는 음모를 말함.

窮猿投林
궁 원 투 림

궁구할 窮 원숭이 猿 던질 投 수풀 林

다급한 원숭이는 나무를 가리지 않는다는 뜻으로, 가난할 때는 아무 벼슬이나 한다는 말.

출전 | 진서(晉書)

弓的相適
궁 적 상 적

㊌ 욕거순풍(欲去順風)

활 弓 과녁 的 서로 相 맞을 適

활과 과녁이 서로 맞는다는 뜻으로, 하려는 일과 기회가 딱 맞는다는 말.

출전 | 순오지(旬五志)

弓折箭盡
궁 절 전 진

㊤ 궁절역진(弓折力盡)
도절시진(刀折矢盡)

활 弓 꺾을 折 화살 箭 다될 盡
활이 꺾이고 화살이 다 떨어졌다는 뜻으로, 최선을 다하였으나 고단한 형세를 면하지 못하였다는 말. 출전 | 전등록(傳燈錄)

窮通各有命
궁 통 각 유 명

다할 窮 통할 通 각각 各 있을 有 목숨 命
궁하건 통하건 팔자가 있다는 뜻으로, 사람의 곤궁함과 영달이 모두 운명에 달려 있는 것이라는 말.

勸上搖木
권 상 요 목

㊤ 등루거제(登樓去梯)

권할 勸 위 上 흔들릴 搖 나무 木
나무에 올라가라고 하고 밑에서 흔들어 떨어뜨린다는 뜻으로, 남을 부추겨놓고는 일을 방해한다는 말.

軌 範
궤 범

㊤ 궤모(軌模)

길 軌 법 範
어떤 일을 판단하거나 평가하거나 행동하는 데 남의 본보기가 될 만한 기준을 이르는 말. 출전 | 중용(中庸)

詭 辯
궤 변

㊤ 견백동이(堅白同異)
견석백마(堅石白馬)

속일 詭 말 잘할 辯
도리에 맞지 않는 변론이라는 뜻으로, 이치에 닿지 않는 말로 그럴 듯하게 둘러대는 말.

詭銜竊轡
궤 함 절 비

속일 詭 재갈 銜 훔칠 竊 고삐 轡
말이 재갈을 뱉어내고 고삐를 물어뜯는다는 뜻으로, 속박이 심하면 자유를 얻으려는 몸부림이 심해진다는 말.

출전 | 장자(莊子)

歸 去 來
귀 거 래

돌아갈 歸 갈 去 올 來
되돌아간다는 뜻으로, 벼슬을 그만두고 고향으로 돌아간다는 말.

출전 | 귀거래사(歸去來辭)

貴鵠賤鷄
귀 곡 천 계

㊥ 귀이천목(貴耳賤目)
가계야치(家鷄野雉)

귀할 貴 고니 鵠 천할 賤 닭 鷄
고니를 귀하게 여기고 닭을 천하게 여긴다는 뜻으로, 흔하고 가까운 데 있는 것을 천하게 여기고 드문 것은 귀하게 여기게 된다는 말.

貴不忘賤
귀 불 망 천

귀할 貴 아닐 不 잊을 忘 천할 賤
귀하게 되어서도 빈천했을 때 일을 잊지 않고 교훈을 삼는다는 말.

貴珠出賤蚌
귀 주 출 천 방

귀할 貴 구슬 珠 날 出 천할 賤 조개 蚌
귀한 진주가 천한 조개에서 나온다는 뜻으로, 가난한 집안에서 인물이 나온다는 말.

출전 | 포박자(抱朴子)

禽困覆車
금 곤 복 거

날짐승 禽 괴울 困 뒤집힐 覆 수레 車

잡힌 짐승도 괴로우면 수레를 뒤엎는다는 뜻으로, 약자도 죽을 각오로 기를 쓰면 큰 힘을 발휘한다는 말.

출전 | 사기(史記)

金甌無缺
금 구 무 결

쇠 金 사발 甌 없을 無 이지러질 缺

흠집이 전혀 없는 황금 단지라는 뜻으로, 국력이 강하여 다른 나라의 침략을 받지 않는다는 말이나 견고하고 빈틈이 없는 사물을 비유.

출전 | 남사(南史)

金城鐵壁
금 성 철 벽

쇠 金 재 城 쇠 鐵 벽 壁

금으로 된 성과 철로 만든 벽이란 뜻으로, 방비가 튼튼한 성을 이르는 말.

㊌ 금성탕지(金城湯池) 요새(要塞)

출전 | 서적(徐積) - 화예복(和倪復)

金玉君子
금 옥 군 자

쇠 金 구슬 玉 임금 君 아들 子

몸가짐이 금옥과 같이 깨끗하고 점잖으며 지조가 굳은 사람을 이르는 말.

출전 | 송사(宋史)

錦衣一食
금 의 일 식

비단 錦 옷 衣 한 一 밥 食

비단옷과 밥을 바꾼다는 뜻으로, 호화로운 비단옷보다 한 그릇의 밥이 더 필요하다는 말.

金丸彈雀 (금환탄작)

쇠 金 탄환 丸 쏠 彈 참새 雀

황금의 탄환으로 참새를 쏜다는 뜻으로, 소득이 적은데 쓸데없이 많은 비용을 들인다는 말.

출전 | 서경잡기(西京雜記)

及瓜而代 (급과이대)

⑪ 과시이대(瓜時而代)

미칠 及 오이 瓜 말이을 而 대신할 代

오이가 익을 무렵이 되면 교체해 준다는 뜻으로, 임기를 마치면 좋은 자리로 옮겨 준다는 말, 또는 약속을 지키지 않았다는 뜻으로도 쓰임.

출전 | 송사(宋史)

汲深綆短 (급심경단)

⑪ 경단급심(綆短汲深)

길을 汲 깊을 深 두레박줄 綆 짧을 短

우물물을 긷는데 두레박줄이 짧다는 뜻으로, 맡은 일은 무거운데 재주가 모자란다는 말.

急轉直下 (급전직하)

㉠ 삼일천하(三日天下)

급할 急 구를 轉 곧을 直 아래 下

갑자기 바뀌어 곧장 내려간다는 뜻으로, 형세가 갑자기 바뀌어 걷잡을 수 없이 결정에 다가선다는 뜻.

綺羅星 (기라성)

⑪ 뭇별, 성라(星羅)

비단 綺 벌릴 羅 별 星

밤하늘에 반짝이는 수많은 별이라는 뜻으로, 당당한 사람들이나 고위층이 많이 모여 있다는 말.

麒麟兒
기린아

기린 麒 기린 麟 아이 兒

성인이 나면 나타난다는 신성한 상상의 동물인 기린과 같이 재주와 지혜가 뛰어난 사람을 비유하는 말. 출전 | 예기(禮記)

[유] 용구봉추(龍駒鳳雛)

機變之巧
기변지교

틀 機 변할 變 갈 之 공교할 巧

그때그때에 따라 적절하게 쓰는 교묘한 수단을 이르는 말. 출전 | 맹자(孟子)

技成眼昏
기성안혼

재주 技 이룰 成 눈 眼 어두울 昏

재주를 다 배우고 나니 눈이 어두워졌다는 뜻으로, 좋은 것이 소용이 없어졌음을 가리키는 말. 출전 | 순오지(旬五志)

欺世盜名
기세도명

속일 欺 인간 世 도둑 盜 이름 名

세상을 속이고 이름을 도둑질한다는 뜻으로, 세상 사람을 속이고 헛된 명예를 탐낸다는 말. 출전 | 순자(荀子)

[유] 혹세무민(惑世誣民)

杞憂
기우

나무이름 杞 근심 憂

기(杞)나라 사람의 근심이라는 뜻으로, 기나라 사람이 하늘이 내려앉지나 않나 하고 쓸데없는 걱정을 이르는 말.

출전 | 열자(列子) –천서편(天瑞篇)

[유] 기인우천(杞人憂天)
기인지우(杞人之憂)

飢者甘食
기 자 감 식
⊕ 기인감식(飢人甘食)

주릴 飢 사람 者 달 甘 밥 食
굶주린 사람은 달게 먹는다는 뜻으로, 배고픈 사람은 음식을 가리지 않고 맛있게 먹는다는 말.

旣張之舞
기 장 지 무
⊕ 벌인춤
기호지세(騎虎之勢)

이미 旣 베풀 張 갈 之 춤출 舞
이미 벌인춤이란 뜻으로, 이미 시작한 일이므로 중간에 그만둘 수 없다는 말.

氣絶焦瘋
기 절 초 풍
⊕ 초풍(焦風)

기운 氣 끊을 絶 그을릴 焦 두풍 瘋
깜짝 놀라 숨이 막히고 경기를 일으킬 정도로 몹시 놀란다는 말.

羅雀掘鼠
나 작 굴 서

벌릴 羅 참새 雀 팔 掘 쥐 鼠
그물을 쳐서 참새를 잡고 굴을 파서 쥐를 잡는다는 뜻으로, 궁지에 몰려 할 수 있는 일은 다 해보는 것을 비유하는 말.

출전 | 당서(唐書)-장순전

落木空山
낙 목 공 산
⊕ 무주공산(無主空山)
낙목한천(落木寒天)

떨어질 落 나무 木 빌 空 뫼 山
잎이 다 떨어져 앙상한 나무들만 서 있는 겨울철의 쓸쓸한 산을 이르는 말.

落魄
낙 백
🔗 낙박(落泊) 낙탁(落魄)

떨어질 落 넋 魄

넋이 달아났다는 뜻으로, 일정한 직업이 없고 너무 가난해서 끼니도 잇지 못하는 신세를 이르는 말.

출전 | 사기(史記)-역생육가열전

落花難上枝
낙 화 난 상 지
🔗 낙화불반지(落花不返枝)
복수불수(覆水不收)

떨어질 落 꽃 花 어려울 難 위 上 가지 枝

떨어진 꽃은 가지에 다시 붙기 어렵다는 뜻으로, 한 번 깨진 인연은 다시 돌이킬 수 없다는 말.

출전 | 오등회원(五燈會元)

難得者兄弟
난 득 자 형 제

어려울 難 얻을 得 사람 者 맏 兄 아우 弟

얻기 어려운게 형제란 뜻으로, 형제란 사람의 힘으로 된 것이 아니라는 뜻으로, 형제 사이가 원만해야 한다는 말.

출전 | 북제서(北齊書)

難上之木
난 상 지 목
🔗 난상지목물앙(難上之木勿仰)

어려울 難 위 上 갈 之 나무 木

못 오를 나무는 쳐다보지도 말라는 뜻으로, 불가능한 일은 기대하지도 말라는 말.

출전 | 순오지(旬五志)

南柯一夢
남 가 일 몽
🔗 남가지몽(南柯之夢)
일장춘몽(一場春夢)

남녘 南 가지 柯 한 一 꿈 夢

남쪽 나뭇가지에 걸린 꿈이라는 뜻으로, 덧없는 한때의 꿈이나 부귀영화의 덧없음을 이르는 말.

출전 | 이공좌(李公佐)-남가기(南柯記)

男女有別 (남녀유별)

사내 男 계집 女 있을 有 나눌 別
유교 사상에서 남녀 사이에는 분별이 있어야 함을 이르는 말.

攬轡澄淸 (남비징청)

잡을 攬 고삐 轡 맑을 澄 맑을 淸
말고삐를 잡으면서 정치를 맑고 깨끗하게 할 것을 다짐한다는 뜻으로, 관직에 나가면서 공명정대한 정치를 하겠다는 의지를 비유하는 말. 출전 | 후한서(後漢書)

南山可移 (남산가이)

㊀ 구당서(舊唐書)

남녘 南 뫼 山 옳을 可 옮길 移
남산은 옮길 수 있어도 이미 내린 결정은 절대로 고칠 수 없다는 뜻으로, 한번 먹은 결심을 절대로 굽히지 않겠다는 말.

南轅北轍 (남원북철)

㊀ 북원적초(北轅適楚)

남녘 南 끌채 轅 북녘 北 바퀴자국 轍
남쪽으로 가려 하면서 수레는 북쪽으로 몰고 간다는 뜻으로, 행동이 목적과 상반되거나 두 가지 사물이 정반대로 나가는 것을 비유하는 말. 출전 | 신악부(新樂府)

南田北畓 (남전북답)

㊂ 문전옥답(門前沃畓)

남녘 南 밭 田 북녘 北 논 畓
밭은 남쪽에 논은 북쪽에 있다는 뜻으로, 가진 논밭이 여기저기 흩어져 있음을 이르는 말.

男唱女隨 (남창여수)

㊌ 부창부수(夫唱婦隨)
여필종부(女必從夫)

사내 男 노래 唱 계집 女 따를 隨
남자가 앞에 나서서 부르고 여자는 그저 따라서만 한다는 뜻으로, 남편의 주장에 아내가 따름을 이르는 말.

출전 | 공총자(孔叢子)

濫吹 (남취)

㊌ 남우(濫竽)
남곽남취(南郭濫吹)

넘칠 濫 불 吹
엉터리로 분다는 뜻으로, 무능한 사람이 재능이 있는 것처럼 속여서 외람 되게 높은 자리를 차지하는 것을 이르는 말.

출전 | 한비자(韓非子)

南風不競 (남풍불경)

남녘 南 바람 風 아니 不 겨룰 競
남쪽으로부터 불어오는 바람은 미약하고 생기가 없다는 뜻으로, 힘이나 기세가 떨치지 못할 때를 비유하는 말.

출전 | 춘추좌씨전(春秋左氏傳)

男婚女嫁 (남혼여가)

사내 男 혼인할 婚 계집 女 시집갈 嫁
아들을 장가들이고 딸을 시집보낸다는 뜻으로, 자녀의 혼인을 이르는 말.

臘前三白 (납전삼백)

납향 臘 앞 前 석 三 흰 白
납일 전에 눈이 세 번 내린다는 뜻으로, 농가에서는 이것을 그 이듬해에 풍년이 들 징조로 여긴다는 말.

狼狽 (낭패)

윤 좌절(挫折)
만사와해(萬事瓦解)

이리 狼 이리 狽
계획한 일이 실패로 돌아가거나 기대에 어긋나 매우 딱하게 되어 이러지도 저러지도 못하는 매우 난처한 상황을 이르는 말.

출전 | 남사(南史)

來者可追 (내자가추)

올 來 사람 者 옳을 可 쫓을 追
이미 지난 일은 어쩔 수 없으나 앞으로의 일은 조심하기만 하면 지금까지와 같은 과실을 범하지 않는다는 말.

출전 | 시경(詩經)

內殿菩薩 (내전보살)

안 內 큰집 殿 보살 菩 보살 薩
대궐 안에 앉은 보살이라는 뜻으로, 알고도 모르는 체하고 가만히 있는 사람을 가리키는 말.

冷暖自知 (냉난자지)

찰 冷 따뜻할 暖 스스로 自 알 知
물이 찬지 따뜻한지는 마시는 사람이 안다는 뜻으로, 자기 일은 스스로 판단한다는 말.

출전 | 전등록(傳燈錄)

怒甲移乙 (노갑이을)

윤 노갑을이(怒甲乙移)
화풀이

성낼 怒 갑옷 甲 옮길 移 새 乙
갑에게 당한 노염을 을에게 옮긴다는 뜻으로, 애매한 사람에게 화풀이 한다는 말.

老嫗能解 (노구능해)

늙을 老 할미 嫗 능할 能 풀 解

늙은 할머니도 다 이해한다는 뜻으로, 글을 쉽게 쓰기 위해 노력하는 것을 이르는 말. 출전 | 조익(趙翼)-구북시화(甌北詩話)

유 노구도해(老嫗都解)
노온능해(老媼能解)

駑馬十駕 (노마십가)

둔할 駑 말 馬 열 十 멍에 駕

둔한 말이 열 수레를 끈다는 뜻으로, 재주가 없는 사람도 열심히 노력하면 훌륭해진다는 말. 출전 | 순자(荀子)

路傍殘邑 (노방잔읍)

길 路 곁 傍 해칠 殘 고을 邑

큰 길가의 작은 고을이라는 뜻으로, 높은 벼슬아치를 대접하느라고 백성의 생활이 피폐해진 작은 고을을 가리키는 말.

路不拾遺 (노불습유)

길 路 아니 不 주울 拾 끼칠 遺

길에 떨어진 물건을 줍지 않는다는 뜻으로, 나라가 잘 다스려져 백성들이 정직한 사회를 이르는 말. 출전 | 공자가어(孔子家語)

유 도불습유(道不拾遺)

勞思逸淫 (노사일음)

일할 勞 생각할 思 달아날 逸 음란할 淫

일을 하면 좋은 생각이 생기고 안일하면 방탕해진다는 뜻으로, 힘써 일하는 것이 좋다는 말.

유 노사선생(勞思善生)

핵심 고사성어·숙어 - 3단계 | 329

老生常譚
노 생 상 담
⊕ 노유상어(老儒常語)

늙을 老 날 生 항상 常 이야기 譚
노인들이 늘 하는 말이란 뜻으로, 새로운 의견이 없이 늘 들어서 누구나 알고 있는 상투적인 말을 이르는 말. 출전 | 위서(魏書)

老少不定
노 소 부 정

늙을 老 적을 少 아닐 不 정할 定
불교에서 죽음에는 노소의 선후가 없음. 늙은이가 꼭 먼저 죽는 것만은 아님을 이르는 말. 출전 | 관심약요집(觀心略要集)

老牛舐犢
노 우 지 독
⊕ 노우지독지애(老牛舐犢之愛)

늙을 老 소 牛 핥을 舐 송아지 犢
어미 소가 송아지를 핥는다는 뜻으로, 자식에 대한 부모의 깊은 사랑을 비유하는 말. 출전 | 후한서(後漢書)

老益壯
노 익 장
⊕ 노당익장(老當益壯)

늙을 老 더할 益 씩씩할 壯
나이는 들었지만 의욕이나 기력과 패기 등은 더욱 굳건함.

출전 | 후한서(後漢書)-마원전(馬援傳)

老紅少靑
노 홍 소 청
⊕ 노한소초(老漢少楚)

늙을 老 붉을 紅 적을 少 푸를 靑
장기를 둘 때 나이가 많은 사람은 홍말, 나이가 적은 사람이 청말로 둔다는 말.

綠林 (녹림)
㈜ 백랑(白浪) 청림(靑林)

푸를 綠 수풀 林
화적이나 도둑의 소굴을 이르는 말. 중국 후한 말 왕광, 왕봉 망명자가 녹림산에 숨어 있다가 도둑이 되었다는 데서 유래함.

출전 | 한서(漢書)

綠鬢紅顔 (녹빈홍안)

푸를 綠 귀미털 鬢 붉을 紅 얼굴 顔
윤이 나는 검은 귀밑머리와 아름다운 얼굴이라는 뜻으로, 젊은 여자의 아름다움을 이르는 말.

鹿死誰手 (녹사수수)
㈜ 각축(角逐)
중원축록(中原逐鹿)

사슴 鹿 죽을 死 누구 誰 손 手
사슴은 누구의 손에 죽는가란 뜻으로, 양자간에 실력이 대등해서 승부가 어떻게 날지 알 수 없을 때 쓰는 말.

출전 | 진서(晉書)

綠葉成陰 (녹엽성음)

푸를 綠 잎 葉 이룰 成 그늘 陰
푸른 잎이 무성하게 피어 그늘이 짙게 드리운다는 뜻으로, 혼인한 여자가 슬하에 많은 자녀를 둔 것을 비유하는 말.

弄巧成拙 (농교성졸)

희롱할 弄 공교할 巧 이룰 成 못날 拙
지나치게 솜씨를 부리다가 도리어 서툴게 된다는 뜻.

출전 | 전등록(傳燈錄)

賴亂勿計利
뇌(뢰) 란 물 계 리

의지할 賴 어지러울 亂 말 勿 셈할 計 이로울 利
어려움에 처해 의지하는 사람에게는 이익을 계산해서는 안 된다는 뜻으로, 혼란을 틈타 자신의 이익을 구하게 되면 곧 자신에게도 해가 돌아온다는 말.

累卵之勢
누 란 지 세

묶을 累 알 卵 갈 之 기세 勢
층층이 쌓아 놓은 알의 형세라는 뜻으로, 몹시 위태로운 형세를 비유적으로 함.

㈜ 누란지위(累卵之危)
  백척간두(百尺竿頭)

漏脯充饑
누 포 충 기

새 漏 포 脯 찰 充 주릴 饑
썩은 고기로 배를 채운다는 뜻으로, 눈앞의 이익만 보고 나중의 재난은 생각 못한다는 말.

출전 | 포박자(抱朴子)

訥言敏行
눌 언 민 행

말더듬을 訥 말씀 言 민첩할 敏 다닐 行
더듬거리는 말과 민첩한 행동이라는 뜻으로, 사람은 말하기는 쉬워도 행하기는 어려우므로, 군자는 언어는 둔하여도 행동은 민첩해야 한다는 말.

출전 | 논어(論語)

㈜ 불언실행(不言實行)
  유언실행(有言實行)

能大能小
능 대 능 소

능할 能 클 大 능할 能 작을 小
큰 일이나 작은 일이나 두루 능숙하게 잘 처리해냄을 나타낸 말.

㈜ 능소능대(能小能大)

能書不擇筆 (능서불택필)

능할 能 글 書 아니 不 가릴 擇 붓 筆

서예에 능한 사람은 붓을 가리지 않는다는 뜻으로, 달인은 도구나 재료에 구애받지 않고 일을 잘 처리한다는 말.

출전 | 당서(唐書)-구양순전(歐陽詢傳)

多難興邦 (다난흥방)

많을 多 어려울 難 일 興 나라 邦

어려운 일을 겪고서야 나라를 일으킨다는 뜻으로, 큰일을 성취하기 위해서는 그만한 각고의 노력이 뒤따라야 한다는 말.

출전 | 진서(晉書)

茶飯事 (다반사)

㊌ 항다반사(恒茶飯事)
예삿일

차 茶 밥 飯 일 事

밥 먹고 차 마시는 일, 혹은 찻물에 밥을 말아 먹는 일의 뜻으로, 불가에서 일상의 일로 행하는 일에서 아주 손쉬운 평범한 예사로운 일을 가리킴.

多少不計 (다소불계)

많을 多 적을 少 아니 不 셈할 計

수효나 분량이나 정도의 많고 적음을 헤아리지 않는다는 말.

多言或中 (다언혹중)

㊌ 우자일득(愚者一得)

많을 多 말씀 言 혹 或 가운데 中

말을 많이 하면 간혹 맞는다는 뜻으로, 말이 많으면 어쩌다가 적중하는 경우도 있다는 뜻.

斷斷無他 (단단무타)

*단단(斷斷): 성실한 모양

끊을 斷 끊을 斷 없을 無 다를 他
오로지 한 가지 신념 외에 딴마음이 없다는 말.

斷末魔 (단말마)

유 사고(死苦)

끊을 斷 끝 末 마귀 魔
사람이 숨이 끊어질 때의 고통. 또는 숨이 끊어질 때 지르는 비명을 이르는 말.

簞食壺漿 (단사호장)

유 일단지음(一簞之飮)
　　호장(壺漿)

대광주리 簞 밥 食 호리병 壺 미음 漿
한 소쿠리 밥과 장국 한 종지라는 뜻으로, 아주 초라하게 차린 음식을 이르는 말.

출전 | 맹자(孟子)

淡水之交 (담수지교)

유 지란지교(芝蘭之交)
　　관포지교(管鮑之交)

맑을 淡 물 水 갈 之 사귈 交
물처럼 맑은 사귐이라는 뜻으로, 변함없는 우정과 교양이 있는 군자의 담담한 사귐을 이르는 말.

踏虎尾 (답호미)

유 탐호혈(探虎穴)

밟을 踏 범 虎 꼬리 尾
호랑이 꼬리를 밟는다는 뜻으로, 대단히 위험한 일을 한다는 말.

출전 | 역경(易經)

大公無私 (대공무사)

⊕ 대의멸친(大義滅親)

큰 大 공변될 公 없을 無 사사 私
매우 공평하여 사사로움이 없다는 뜻으로, 대의를 위해서 사소한 원한은 잊어버리고 일을 추진하는 것을 비유.

출전 | 십팔사략(十八史略)

戴盆望天 (대분망천)

일 戴 동이 盆 바랄 望 하늘 天
머리에 동이를 이고 하늘을 바라보려 한다는 뜻으로, 한번에 두 가지 일을 병행하기 힘듦을 이르는 말.

출전 | 한서(漢書)

大丈夫 (대장부)

반 졸장부(拙丈夫)

큰 大 어른 丈 지아비 夫
건장하고 씩씩한 사내라는 뜻으로, 남자를 일컫는 말.

출전 | 맹자(孟子)-등문공 하(滕文公 下)

大材小用 (대재소용)

⊕ 우도할계(牛刀割鷄)
우정팽계(牛鼎烹鷄)

큰 大 재목 材 작을 小 쓸 用
큰 재목을 작은 일에 쓴다는 뜻으로, 인재를 제대로 활용하지 못함을 이르는 말.

德不孤 (덕불고)

⊕ 여덕위린(與德爲隣)
덕필유린(德必有隣)

덕 德 아니 不 외로울 孤
덕은 외롭지 않다는 뜻으로, 덕이 있는 사람은 반드시 세상에서 인정을 받게 된다는 말.

출전 | 논어(論語)-이인편(里仁篇)

道見桑婦
도 견 상 부

길 道 볼 見 뽕나무 桑 지어미 婦

길에서 뽕잎 따는 여자를 보고 범한다는 말로, 눈앞의 일시적인 이익을 좇다가 가지고 있던 것까지 모두 잃는다는 말.

출전 | 열자(列子)-설부(說符)

逃遁不得
도 둔 부 득

달아날 逃 달아날 遁 아닌가 不 얻을 得

몰래 도망하여 숨어도 피할 길이 없다는 말.

盜　糧
도　량

도둑 盜 양식 糧

곡식을 훔친다는 뜻으로, 자신을 이롭게 하려고 했던 일이 오히려 경쟁 중에 있는 상대방을 돕는 결과를 빚을 때 쓰는 말.

출전 | 사기(史記)

道路以目
도 로 이 목

- ⊕ 도로측목(道路側目)
- 참 도탄지고(塗炭之苦)

길 道 길 路 써 以 눈 目

길을 지나는 사람이 서로 눈짓으로 원망의 뜻을 알린다는 뜻으로, 악정을 입으로 비난하지 못하고 눈과 눈으로 말한다는 말.

출전 | 삼국지(三國志)

屠龍之技
도 룡 지 기

- 참 계명구도(鷄鳴狗盜)

죽일 屠 용 龍 갈 之 재주 技

용을 죽이는 기술이라는 뜻으로, 대단한 기술인 것 같지만 사실은 전혀 쓸모없는 기술을 이르는 말.

출전 | 장자(莊子)-열어구(列禦寇)

道謀是用
도 모 시 용

⊕ 작사도방(作舍道傍)

길 道 꾀할 謀 옳을 是 쓸 用

길가에 집을 짓는데 길가는 사람과 상의한다는 뜻으로, 줏대없이 남의 의견만 따르면 일을 이룰 수 없다는 말.

출전 | 시경(詩經)

導迎和氣
도 영 화 기

이끌 導 맞이할 迎 화할 和 기운 氣

온화한 기색으로 남의 환심을 사는 일을 이르는 말.

度外視
도 외 시

⊕ 치지도외(置之度外)
⊖ 문제시(問題視)

법도 度 밖 外 볼 視

안중에 두지 아니하고 무시한다는 뜻으로, 문제삼지 않고 불문에 부친다는 말.

출전 | 후한서(後漢書)-광무기편(光武記篇)

桃源境
도 원 경

⊕ 무릉도원(武陵桃源)
호중지천(壺中之天)

복숭아 桃 근원 源 지경 境

무릉도원처럼 속세를 떠난 아름답고 평화로운 곳이라는 말.

출전 | 도연명(陶淵明)-도화원기(桃花源記)

倒持泰阿
도 지 태 아

*태아(泰阿):전설상 명검

넘어질 倒 가질 持 클 泰 언덕 阿

칼을 거꾸로 잡고 자루를 남에게 준다는 뜻으로, 남을 이롭게 해주고 자기가 해를 입는다는 말.

출전 | 한서(漢書)

塗炭
도 탄
⊕ 도탄지고(塗炭之苦)

진흙 塗 숯 炭
구렁이나 숯불과 같은 데에 빠졌다는 뜻으로, 생활이 몹시 어렵고 비참한 상태에 처해 있음을 비유하는 말. 출전 | 서경(書經)

倒行逆施
도 행 역 시
⊕ 도행(倒行)

넘어질 倒 다닐 行 거스를 逆 베풀 施
순서를 따르지 않고 역행한다는 뜻으로, 사람의 도리에 어긋나거나 상식에 벗어나게 행동한다는 말. 출전 | 사기(史記)

獨當一面
독 당 일 면

홀로 獨 마땅할 當 한 一 얼굴 面
혈혈단신 단독으로 한 방면이나 한 부문의 임무를 담당하는 것을 이르는 말.

출전 | 한서(漢書)-장량전

篤老侍下
독 로 시 하

도타울 篤 늙을 老 모실 侍 아래 下
일흔 살이 넘은 부모를 모시고 있는 처지를 이르는 말.

獨善其身
독 선 기 신
⊕ 독선(獨善)

홀로 獨 착할 善 그 其 몸 身
홀로 자신을 좋게 한다는 뜻으로, 혼자서 자기 몸만 온전하게 잘 하여간다는 것을 말함. 출전 | 맹자(孟子)

獨也靑靑 (독야청청)

홀로 獨 어조사 也 푸를 靑 푸를 靑

홀로 푸르다는 뜻으로, 남들이 모두 절개를 꺾는 상황 속에서도 홀로 절개를 굳세게 지키고 있음을 비유함.

獨淸獨醒 (독청독성)

홀로 獨 맑을 淸 홀로 獨 깰 醒

혼탁한 세상에서 혼자만이 깨끗하고 정신이 맑다는 말. 출전 | 굴원(屈原)-어부사(漁父辭)

咄咄怪事 (돌돌괴사)

⊕ 돌돌괴기(咄咄怪奇)

꾸짖을 咄 꾸짖을 咄 기이할 怪 일 事

참으로 괴이한 일이란 뜻으로, 일이 이상하리만치 기괴하게 벌어져서 이해가 안 될 정도로 뜻밖임을 비유하는 말.

출전 | 진서(晉書)

東家食西家宿 (동가식서가숙)

⊕ 동가숙서가식(東家宿西家食)

동녘 東 집 家 밥 食 서녘 西 집 家 묵을 宿

동쪽 집에서 먹고 서쪽 집에서 잔다는 뜻으로, 떠돌아다니며 이집 저집에서 얻어먹고 지냄, 또는 그런 사람을 이르는 말.

출전 | 천평어람(天平御覽)

東家之丘 (동가지구)

동녘 東 집 家 갈 之 언덕 丘

동쪽 집에 사는 공자라는 뜻으로, 가까이에 있는 유명한 인물을 알아보지 못하는 것을 비유하는 말. 출전 | 공자가어(孔子家語)

同工異曲 동공이곡

㊌ 동공이체(同工異體)
동교이곡(同巧異曲)

한가지 同 장인 工 다를 異 굽을 曲
기술은 같으나 곡이 다르다는 뜻으로, 기술은 같아도 만들어 내는 물건은 사람에 따라 각각 다르다는 말.

출전 | 한유-진학해(進學解)

銅頭鐵身 동두철신

㊌ 동두철액(銅頭鐵額)

구리 銅 머리 頭 쇠 鐵 몸 身
구릿덩이 같은 머리, 쇳덩이 같은 몸이라는 뜻으로, 성질이 모질고 거만한 사람을 이르는 말.

凍氷可折 동빙가절

㊌ 동빙가절(冬氷可折)

얼 凍 얼음 氷 옳을 可 꺾을 折
물도 얼음이 되면 쉽게 부러진다는 뜻으로, 사람의 성격도 때에 따라 달라진다는 말.

출전 | 문중자(文仲子)

東西古今 동서고금

㊌ 고금동서(古今東西)

동녘 東 서녘 西 옛 古 이제 今
동양과 서양, 옛날과 지금이란 뜻으로, 인간 사회의 '어디서나, 언제나'를 이르는 말.

東西不變 동서불변

㊌ 숙맥불변(菽麥不辨)
막지동서(莫知東西)

동녘 東 서녘 西 아닐 不 변할 變
동쪽과 서쪽을 분별하지 못한다는 뜻으로, 사물을 똑바로 분별할 능력이 없음을 일컫는 말.

東閃西忽 (동섬서홀)

㈜ 신출귀몰(神出鬼沒)

동녘 東 번쩍할 閃 서녘 西 갑자기 忽
동에 번쩍하고 서에서 번쩍 한다는 뜻으로, 바빠 이리 갔다 저리 갔다 함을 이르는 말.

東施效矉 (동시효빈)

㈜ 동시효빈(東施效矉)

동녘 東 베풀 施 본받을 效 찡그릴 矉
동시(東施), 곧 못생긴 여자가 서시(西施)의 눈썹 찌푸림을 본받는다는 뜻으로, 시비나 선악의 판단없이 남을 흉내냄을 말함.

출전 | 장자(莊子)

同心同德 (동심동덕)

한가지 同 마음 心 한가지 同 덕 德
같은 목표를 위해 다 같이 힘쓰고 노력하는 것을 비유하는 말.

출전 | 서경(書經)-태서편

棟折榱崩 (동절최붕)

용마루 棟 꺾을 折 서까래 榱 무너질 崩
대들보가 부러지면 서까래가 무너진다는 뜻으로, 상관이 쓰러지면 부하도 죽는다는 말.

출전 | 춘추좌씨전(春秋左氏傳)

董狐之筆 (동호지필)

㈜ 태사지간(太史之簡)
동호직필(董狐直筆)

감독할 董 여우 狐 갈 之 붓 筆
동호의 붓이란 뜻으로, 오류나 결함을 숨기지 않고 역사를 있는 그대로 공정하게 기록한다는 말.

출전 | 춘추좌씨전(春秋左氏傳)

斗酒不辭
두 주 불 사

말 斗 술 酒 아닐 不 말씀 辭

말술도 사양하지 않는다는 뜻으로, 주량이 매우 세다는 말.

출전 | 사기(史記)-항우본기(項羽本紀)

杜撰
두 찬

막을 杜 지을 撰

두묵(杜默)이 지은 작품이라는 뜻으로, 전거(典據)나 출처가 없는 문자를 써서 틀린 곳이 많은 글을 말함.

출전 | 야객총서(野客叢書)

鈍筆勝聰
둔 필 승 총

무딜 鈍 붓 筆 이길 勝 귀밝을 聰

무딘 붓이 더 총명하다는 뜻으로, 글씨가 서투른 사람의 기록이 총명한 기억보다 낫다는 말.

得其所哉
득 기 소 재

㊗ 得其所(득기소)

얻을 得 어조사 其 바 所 어조사 哉

사람이나 사물이 마땅히 있어야 할 곳을 얻는다는 뜻으로, 자신의 처지가 자신의 능력이나 뜻에 부합해서 만족스러운 상태에 놓여 있는 것을 비유하는 말.

출전 | 맹자(孟子)

得所失多
득 소 실 다

㊗ 득불보실(得不補失)

얻을 得 장소 所 잃을 失 많을 多

얻은 것은 적고 잃은 것은 많다는 뜻으로, 소득보다 손실이 크다는 말.

得失相半
득 실 상 반

얻을 得 잃을 失 서로 相 반 半

득실이 서로 비슷하다는 뜻으로, 이로움과 해로움이 서로 엇비슷하다는 말.

馬脚露出
마 각 노 출

[유] 마각(馬脚)

말 馬 다리 脚 이슬 露 날 出

말의 다리가 드러난다는 뜻으로, 숨기고 있던 간사한 꾀가 저도 모르는 사이에 드러난다는 말. 출전 | 원곡(元曲)

馬首是瞻
마 수 시 첨

말 馬 머리 首 옳을 是 볼 瞻

말머리가 가는 방향을 보라는 뜻으로, 한 사람의 의사를 좇아 일사분란하게 행동하는 것을 비유하는 말. 출전 | 좌전(左傳)

萬頃蒼波
만 경 창 파

[유] 만경파(萬頃波)
만리창파(萬里滄波)

일만 萬 잠깐 頃 푸를 蒼 물결 波

만 이랑의 푸른 물결이라는 뜻으로, 한없이 넓고 푸른 바다나 호수의 물결을 이르는 말.

萬頃出師
만 경 출 사

[유] 만경차사(萬頃差使)

일만 萬 잠깐 頃 날 出 스승 師

지난날 포교(捕校)가 일정한 목적지 없이 다니면서 죄인을 잡던 일을 말함.

[萬古不變] 만고불변

일만 萬 옛 古 아니 不 변할 變

오랜 세월을 두고도 변함이 없다는 뜻으로, 오랜 세월이 흘러도 변함없는 상황을 비유하는 말.

[유] 만고불역(萬古不易)
만대불변(萬代不變)

[萬古絶談] 만고절담

일만 萬 옛 古 끊을 絶 말씀 談

세상에 유례가 없을 만큼 훌륭한 말이라는 뜻으로, 재치 있는 말을 가리킴.

[萬古風霜] 만고풍상

일만 萬 옛 古 바람 風 서리 霜

오랜 세월 동안 겪어온 서릿바람 같은 고통이라는 뜻으로, 살면서 겪는 여러 가지 고생과 역경을 말함.

[유] 만고풍설(萬古風雪)
[참] 산전수전(山戰水戰)

[萬口成碑] 만구성비

일만 萬 입 口 이룰 成 비석 碑

만인의 입이 비를 이룬다는 뜻으로, 여러 사람이 칭찬하는 것은 칭찬 받는 이의 공덕비를 세워 주는 것과 같다는 말.

[萬籟俱寂] 만뢰구적

일만 萬 퉁소 籟 함께 俱 고요할 寂

밤이 깊어 아무 움직임의 소리도 없이 잠잠하며 아주 고요하고 조용하다는 말.

滿盤珍羞 (만반진수)

찰 滿 소반 盤 보배 珍 바칠 羞
상에 가득히 차린 귀하고 맛있는 음식을 이르는 말.

萬鉢供養 (만발공양)

일만 萬 바리때 鉢 이바지할 供 기를 養
절에서 많은 바리때에 밥을 수북수북 담아 대중에게 베푸는 공양을 이르는 말.

萬夫之望 (만부지망)

일만 萬 지아비 夫 갈 之 바랄 望
모든 사람이 우러러 받든다는 뜻으로, 소망이나 일 따위를 이르는 말.

⊕ 만부일망(萬夫一望)

출전 | 주역(周易)

萬事休矣 (만사휴의)

일만 萬 일 事 쉴 休 어조사 矣
이제 더 손쓸 방도가 없이 모든 것이 끝났다는 뜻으로, 무슨 수를 쓴다 해도 도무지 가망이 없다는 말.

⊕ 만사휴지(萬事休止)
노이무공(勞而無功)

출전 | 송사(宋史)-형남고씨세가(荊南高氏世家)

滿城風雨 (만성풍우)

찰 滿 재 城 바람 風 비 雨
성내에 바람과 비가 가득하다는 뜻으로, 일이 여러 사람의 입에 오르내리고 의견이 분분함을 이르는 말.

출전 | 냉재야화(冷齋夜話)

晩食當肉
만 식 당 육

[유] 기갈감식(飢渴甘食)

저물 晩 밥 食 마땅할 當 고기 肉

때늦게 먹는 음식은 고기 음식과 같다는 뜻으로, 배고플 때 먹으면 맛없는 음식도 고기만큼 맛이 있다는 말.

출전 | 전국책(戰國策)

萬牛難回
만 우 난 회

일만 萬 소 牛 어려울 難 돌 回

만필이나 되는 소가 끌어도 돌려세우기 어렵다는 뜻으로, 고집이 매우 센 사람의 비유하는 말.

萬全之策
만 전 지 책

[유] 만전지계(萬全之計)
만전책(萬全策)

일만 萬 온전할 全 갈 之 채찍 策

조금도 허술한 데가 없는 완전한 계책이라는 뜻으로, 더없이 완전한 계책을 이르는 말.

萬折必東
만 절 필 동

일만 萬 꺾을 折 반드시 必 동녘 東

황하가 아무리 꺾여 흘러가도 결국에는 동쪽으로 흘러간다는 뜻으로, 충신의 절개는 꺾을 수 없다는 말.

출전 | 순자(荀子)

萬壑千峰
만 학 천 봉

[유] 천봉만악(千峯萬嶽)
첩첩산중(疊疊山中)

일만 萬 골 壑 일천 千 산봉우리 峰

수많은 골짜기와 수많은 봉우리라는 뜻으로, 첩첩이 겹쳐진 깊고 큰 골짜기와 많은 산봉우리를 가리키는 말.

萬恒河沙
만 항 하 사

㊌ 항하사(恒河沙)
무량수(無量數)

일만 萬 항상 恒 물 河 모래 沙
갠지스 강에 있는 무수히 많은 모래라는 뜻으로, 무한한 또는 무수히 많은 것을 비유하여 이르는 말.

末大必折
말 대 필 절

끝 末 큰 大 반드시 必 꺾을 折
가지가 굵으면 줄기가 부러진다는 뜻으로, 갈라져나간 가문들이 강하면 종가가 무너진다는 말.   출전 | 춘추좌씨전(春秋左氏傳)

秣馬利兵
말 마 이 병

꼴 秣 말 馬 이로울 利 군사 兵
말에 먹이를 먹이고 칼을 간다는 뜻으로, 출병 준비를 일컫는 말.

출전 | 춘추좌씨전(春秋左氏傳)

罔極之恩
망 극 지 은

㊌ 망극지회(罔極之懷)
호천망극(昊天罔極)

그물 罔 다할 極 갈 之 은혜 恩
끝이 없는 한없는 은혜라는 뜻으로, 부모의 높은 은혜를 이르는 말.

출전 | 시경(詩經)

罔極之痛
망 극 지 통

㊌ 천붕지통(天崩之痛)
망극(罔極)

그물 罔 다할 極 갈 之 아플 痛
한없는 슬픔이라는 뜻으로, 임금이나 어버이의 상사(喪事)에 쓰는 말.

網羅 (망라)

그물 網 그물 羅

물고기를 잡는 그물과 날짐승을 잡는 그물이란 뜻으로, 널리 구하여 모두 받아들임을 일컫는 말.

望梅解渴 (망매해갈)

㈜ 매림지갈(梅林止渴)
망매지갈(望梅止渴)

바랄 望 매화 梅 풀 解 목마를 渴

매실은 신맛이 강해서 얘기만 들어도 침이 나와 해갈이 된다는 뜻으로, 공상으로 마음의 위안을 얻는다는 말.

출전 | 세설신어(世說新語)

望門投食 (망문투식)

바랄 望 문 門 던질 投 밥 食

객지에서 노자가 떨어져서 남의 집을 찾아가 끼니를 얻어먹는다는 말.

茫然自失 (망연자실)

㈜ 대경실색(大驚失色)
혼비백산(魂飛魄散)

아득할 茫 그러할 然 스스로 自 잃을 失

정신이 멍하게 자신을 잃는다는 뜻으로, 큰 충격이나 놀라는 일로 인해 멍하니 제정신을 잃고 있는 모양.

妄自尊大 (망자존대)

㈜ 유아독존(唯我獨尊)
㈍ 망자비박(妄自卑薄)

허망할 妄 스스로 自 높을 尊 큰 大

스스로 존귀하고 크다고 한다는 뜻으로, 분별없이 함부로 자기만 잘난 체하며 남을 업신여긴다는 말.

출전 | 후한서(後漢書)

忙中偸閑
망 중 투 한

㉤ 망중한(忙中閑)
　망중유한(忙中有閑)

바쁠 忙 가운데 中 훔칠 偸 한가할 閑
바쁜 가운데서도 한가함을 얻는다는 뜻으로, 잠시 짬을 얻어 한가로운 마음을 즐긴다는 말.

罔知所措
망 지 소 조

㉤ 망지유조(罔知猶措)
　망조(罔措)

그물 罔 알 知 장소 所 둘 措
갈팡질팡 어찌할 바를 모른다는 뜻으로, 너무 당황하거나 급하여 어찌할 바를 모른다는 말.

望塵不及
망 진 불 급

㉤ 망진막급(望塵莫及)

바랄 望 티끌 塵 아니 不 미칠 及
너무나 빠르기 때문에 미처 따라잡을 수 없다는 뜻으로, 지나치게 뒤떨어져 따라잡을 수 없다는 말. 　출전 | 남사(南史)

埋頭沒身
매 두 몰 신

묻을 埋 머리 頭 빠질 沒 몸 身
머리와 몸이 파묻혔다는 뜻으로, 일에 파묻혀 헤어나지 못함. 또는 일에 매달려 물러날 줄 모름을 비유한 말.

賣文賣筆
매 문 매 필

팔 賣 글월 文 팔 賣 붓 筆
돈을 벌기 위하여 실속없는 글이나 글씨를 써서 판다는 말.

每事不成 (매사불성)

매양 每 일 事 아니 不 이룰 成
하는 일마다 이루어지지 않는다는 뜻으로, 하는 일마다 실패한다는 말.

賣鹽逢雨 (매염봉우)

팔 賣 소금 鹽 만날 逢 비 雨
소금을 팔다가 비를 만난다는 뜻으로, 하려는 일에 마(魔)가 끼어 잘 안 된다는 말.

출전 | 송남잡지(松南雜識)

每況愈下 (매황유하)

매양 每 하물며 況 나을 愈 아래 下
형편이 날로 악화된다는 뜻으로, 날이 갈수록 점점 더 나빠진다는 말.

⊕ 매하유황(每下愈況)

출전 | 장자(莊子)-지북유(知北遊)

盲龜遇木 (맹귀우목)

소경 盲 거북 龜 만날 遇 나무 木
눈먼 거북이 우연히 물에 뜬 나무를 만났다는 뜻으로, 어려운 판에 우연히 행운을 얻게 됨을 이르는 말.

⊕ 맹귀부목(盲龜浮木)
  천재일우(千載一遇)

출전 | 아함경(阿含經)

盲人直門 (맹인직문)

소경 盲 사람 人 곧을 直 문 門
장님이 정문을 바로 찾아 들어간다는 뜻으로, 어리석은 사람이 어쩌다 사리에 맞는 일을 함을 비유적으로 이르는 말.

⊕ 맹자정문(盲者正門)
  맹자직문(盲者直門)

출전 | 순오지(旬五志)

盲人瞎馬 (맹인할마)

소경 盲 사람 人 애꾸눈 瞎 말 馬

장님이 외눈박이 말을 타고 다닌다는 뜻으로, 잘 알지도 못하면서 어림짐작으로 일을 처리하는 것을 이르는 말.

출전 | 세설신어(世說新語)-배조편

盲者正門 (맹자정문)

⊕ 맹인직문(盲人直門)
맹자직문(盲者直門)

소경 盲 사람 者 바를 正 문 門

장님이 문을 바로 찾는다는 뜻으로, 우매한 사람이 어쩌다가 이치에 맞는 일을 하였을 경우를 이르는 말.

猛虎伏草 (맹호복초)

사나울 猛 범 虎 엎드릴 伏 풀 草

사나운 범이 풀숲에 엎드려 있다는 뜻으로, 영웅이 때를 기다리며 한때 숨어 지냄을 이르는 말.

출전 | 이백(二伯)

猛虎出林 (맹호출림)

참 석전경우(石田耕牛)

사나울 猛 범 虎 날 出 수풀 林

사나운 호랑이가 숲에서 나온다는 뜻으로, 평안도 사람의 용맹하고 성급한 성격을 이르는 말.

免冠頓首 (면관돈수)

면할 免 갓 冠 조아릴 頓 머리 首

관을 벗고 이마가 땅에 닿도록 절을 한다는 말.

綿裏藏針
면 리 장 침

약 면리침(綿裏針)

솜 綿 속 裏 감출 藏 바늘 針

솜 속에 바늘을 감추어 꽂는다는 뜻으로, 겉으로는 웃으면서 몰래 사람을 칠 준비를 한다는 말.

출전 | 소동파(蘇東坡)

面無人色
면 무 인 색

유 면색여토(面色如土)
면여토색(面如土色)

얼굴 面 없을 無 사람 人 빛 色

몹시 놀라거나 무서움에 질려 얼굴에 핏기가 없다는 말.

滅此朝食
멸 차 조 식

유 배수진(背水陣)

다할 滅 이 此 아침 朝 먹을 食

눈앞의 적들을 섬멸한 다음 아침 식사를 하겠다는 뜻으로, 원수를 없애겠다는 절박한 심정과 결의를 비유해서 이르는 말.

출전 | 춘추좌씨전(春秋左氏傳)

名繮利鎖
명 강 리 쇄

이름 名 고삐 繮 이로울 利 쇠사슬 鎖

공명과 이욕의 쇠사슬이라는 뜻으로 사람을 공명과 이욕에 사로잡히게 만드는 욕심을 오랏줄에 비유하는 말.

출전 | 한서(漢書)

命世之才
명 세 지 재

유 명세웅(命世之雄)
동량지기(棟梁之器)

목숨 命 인간 世 갈 之 재주 才

세상을 바로잡고 민생을 구할 만한 뛰어난 인재를 이르는 말.

출전 | 삼국지(三國志)

銘心不忘 (명심불망)

새길 **銘** 마음 **心** 아니 **不** 잊을 **忘**

마음속에 새기어 오래오래 잊지 않는다는 말.

明智的見 (명지적견)

밝을 **明** 슬기 **智** 과녁 **的** 볼 **見**

환하게 알고 똑똑히 본다는 뜻으로, 밝은 지혜와 틀림없는 견해를 이르는 말.

明察秋毫 (명찰추호)

참 추호(秋毫)

밝을 **明** 살필 **察** 가을 **秋** 가는털 **毫**

밝음이 가을 터럭을 살핀다는 뜻으로, 안력(眼力)의 날카로움을 의미함. 또는 사소한 일도 빈틈없이 살핀다는 말.

출전 | 맹자(孟子)-공손추장구

明窓淨机 (명창정궤)

밝을 **明** 창문 **窓** 깨끗할 **淨** 책상 **机**

밝은 창에 깨끗한 책상이라는 뜻으로, 검소하고 깨끗하게 꾸민 방을 이르는 말.

출전 | 구양수(歐陽修)-시(詩)

冒沒廉恥 (모몰염치)

약 모렴(冒廉), 모몰(冒沒)

무릅쓸 **冒** 빠질 **沒** 청렴할 **廉** 부끄러울 **恥**

염치없는 줄을 알면서도 이를 무릅쓰고 일을 행함을 이르는 말.

暮夜無知 (모야무지)
참 사지(四知)

저물 暮 밤 夜 없을 無 알 知

이슥한 밤중이라서 보고 듣는 사람이 없다는 뜻으로, 뇌물이나 선물을 몰래 주는 것을 일컫는 말.

출전 | 후한서(後漢書)

毛皮之附 (모피지부)

털 毛 가죽 皮 갈 之 붙을 附

가죽도 없는데 털이 붙는다는 뜻으로, 근본적인 문제는 해결하지 않고 지엽적인 문제만 해결하려고 할 때 쓰는 말.

출전 | 좌씨전(左氏傳)

木石肝腸 (목석간장)
유 목석심장(木石心腸)

나무 木 돌 石 간 肝 창자 腸

나무와 돌 같은 마음과 속내라는 뜻으로, 감정이 없거나 인정이 없는 사람을 말함.

木人石心 (목인석심)
유 목석(木石)

나무 木 사람 人 돌 石 마음 心

나무인형에 돌 같은 마음이라는 뜻으로, 오직 자기가 할 일만 하는 고지식하고 융통성 없는 사람을 비유하는 말.

출전 | 진서(晉書)

沐猴而冠 (목후이관)
유 마우금거(馬牛襟裾)

머리감을 沐 원숭이 猴 말이을 而 갓 冠

목욕한 원숭이가 감투를 썼다는 뜻으로, 어리석은 사람을 깔보며 하는 말.

출전 | 사기(史記)

夢中說夢 몽중설몽
⑪ 몽중몽설(夢中夢說)

꿈 夢 가운데 中 말씀 說 꿈 夢
꿈속에서 꿈 이야기를 한다는 뜻으로, 무엇을 말하는지 종잡을 수 없게 이야기를 한다는 말.
출전 | 장자(莊子)

蒙塵 몽진
참 파천(播遷)

입을 蒙 티끌 塵
머리에 먼지를 뒤집어쓴다는 뜻으로, 임금이 난리를 피하여 다른 곳으로 도망가는 것을 말함.
출전 | 좌전(左傳)

蒙學訓長 몽학훈장

입을 蒙 배울 學 가르칠 訓 길 長
어린이들을 가르치는 훈장. 또는 겨우 어린아이들이나 가르칠 정도의 훈장을 이르는 말.

無可無不可 무가무불가

없을 無 옳을 可 없을 無 아니 不 옳을 可
옳은 것도 없고 그를 것도 없다는 뜻으로, 좋을 것도 나쁠 것도 없다는 말.
출전 | 논어(論語)-미자편(微子篇)

無面渡江東 무면도강동
⑪ 무면도강(無面渡江)
하면목견지(何面目見之)

없을 無 얼굴 面 건널 渡 강 江 동녘 東
강동 지방으로 건너갈 면목이 없다는 뜻으로, 사업에 실패하여 고향에 돌아갈 면목이 없다는 말.
출전 | 사기(史記)-항우 본기(項羽 本紀)

無物不成 (무물불성)

없을 無 만물 物 아니 不 이룰 成
재물이나 돈이 없이는 아무 일도 이루어지지 않는다는 말.

無病自灸 (무병자구)

ⓢ 긁어 부스럼

없을 無 병 病 스스로 自 뜸 灸
병이 없는데도 스스로 뜸을 뜬다는 뜻으로, 무익한 일을 고통스럽게 수행한다는 말. 출전 | 장자(莊子)-잡편-도척

無本大商 (무본대상)

ⓨ 양상군자(梁上君子)
녹림호걸(綠林豪傑)

없을 無 근본 本 큰 大 장사 商
밑천이 없는 큰 장수라는 뜻으로, 도둑을 비꼬아 이르는 말.

無不干涉 (무불간섭)

없을 無 아니 不 방패 干 건널 涉
간섭하지 않는 것이 없다는 뜻으로, 함부로 남의 일에 두루 참견과 간섭을 하는 상황을 말함.

無傷百姓一人 (무상백성일인)

없을 無 상처 傷 일백 百 성 姓 한 一 사람 人
백성 한 사람도 다치지 말라는 뜻으로, 지도자가 백성을 극진히 아끼는 마음을 이르는 말. 출전 | 명사(明史)-장렬제기(莊烈帝紀)

無顔 (무안)

없을 無 얼굴 顔

얼굴이 없다는 뜻으로, 잘못을 깨닫고 부끄러워 고개를 들지 못할 때 쓰는 말.

출전 | 백낙천(白樂天)-시 장한가(長恨歌)

㊥ 무안색(無顔色)

無爲而化 (무위이화)

없을 無 할 爲 말이을 而 될 化

애써 하지 않아도 잘 된다는 뜻으로, 힘들이지 않아도 저절로 잘 이루어짐. 또는 성인의 덕이 크면 클수록 백성들이 스스로 따라와서 잘 감화됨을 말함. 출전 | 노자(老子)

㊥ 무위지치(無爲之治)

無一不成 (무일불성)

없을 無 한 一 아니 不 이룰 成

이루지 못할 일이 하나도 없다는 뜻으로, 안 되는 일이 없다는 말.

無腸公子 (무장공자)

없을 無 창자 腸 공변될 公 아들 子

창자가 없는 공자라는 뜻으로, 기개나 담력이 없는 사람을 놀림조로 이르는 말.

출전 | 포박자(抱朴子)

無知蒙昧 (무지몽매)

없을 無 알 知 입을 蒙 새벽 昧

아는 것 없이 사리에 어둡다는 뜻으로, 아는 것이 없고 미혹하고 어리석다는 뜻.

㊥ 무지몰각(無知沒覺)
　무지망작(無知妄作)

無盡藏 (무진장)

없을 無 다될 盡 감출 藏

다함이 없이 굉장히 많다는 뜻으로, 불교에서 덕이 광대하여 닦고 닦아도 덕이 넓어 끝이 없다는 말. 출전 | 전적벽부(前赤壁賦)

㈜ 무궁무진(無窮無盡)
무한량(無限量)

無針不引線 (무침불인선)

없을 無 바늘 針 아닐 不 끌 引 줄 線

바늘이 없으면 실을 꿰지 못한다는 뜻으로, 중개가 없으면 일을 이루지 못한다는 말.

無虎洞中 (무호동중)

없을 無 범 虎 골 洞 가운데 中

호랑이가 없는 계곡에서 이리가 호랑이 노릇을 한다는 뜻으로, 높은 사람이 없는 곳에서 보잘것없는 사람이 잘난 체함을 이르는 말.

㈜ 무호동중리작호
(無虎洞中狸作虎)

墨突不黔 (묵돌불검)

먹 墨 굴뚝 突 아니 不 검을 黔

굴뚝이 검어질 겨를이 없다는 뜻으로, 동분서주하며 몹시 바쁘게 다니는 것을 말함. 출전 | 한유(韓愈)의 시(詩)

㈜ 공석불난(孔席不暖)
석불가난(席不暇暖)

文過飾非 (문과식비)

글월 文 지날 過 꾸밀 飾 아닐 非

허물도 꾸미고 잘못도 꾸민다는 뜻으로, 잘못이 있음에도 불구하고 뉘우침도 없이 도리어 외면하고 잘난 체한다는 말.

聞過則喜 (문과즉희)

들을 聞 지날 過 곧 則 기쁠 喜
자신의 허물을 들으면 기뻐한다는 뜻으로, 잘못을 저질렀을 때 비판을 기꺼이 받아들인다는 말.

출전 | 맹자(孟子)

問道於盲 (문도어맹)

㊨ 차청어롱(借聽於聾)

물을 問 길 道 어조사 於 소경 盲
맹인에게 길을 묻는다는 뜻으로, 알지도 못하는 사람에게 물건의 행방이나 사태의 추이를 묻는다는 말.

출전 | 한유(韓愈)-답진생서(答陳生書)

門外漢 (문외한)

㊧ 전문가(專門家)
㊨ 아마추어

문 門 밖 外 한수 漢
문 밖의 사람이라는 뜻으로, 그 일에 전혀 관계가 없거나 익숙하지 못한 사람을 이르는 말.

問一得三 (문일득삼)

물을 問 한 一 얻을 得 석 三
물어 본 것은 적어도 얻은 대답은 많다는 뜻으로, 적은 노력으로 많은 이익을 얻었을 때 쓰는 말.

출전 | 논어(論語)-계씨편

門前雀羅 (문전작라)

㊧ 문전성시(門前成市)
문정약시(門庭若市)

문 門 앞 前 참새 雀 그물 羅
문 앞에 새그물을 쳐놓을 만큼 손님들의 발길이 끊어진다는 뜻으로, 찾아오는 사람이 없어서 한산하다는 말.

출전 | 사기(史記)

問鼎輕重
문 정 경 중

물을 問 솥 鼎 가벼울 輕 무거울 重

솥이 가벼운지 무거운지 묻는다는 뜻으로, 천하를 빼앗으려는 흑심이 있음. 또는 상대방의 허점을 파악해서 공격한다는 말.

출전 | 좌전(左傳)

物極必反
물 극 필 반

⑪ 월만즉휴(月滿則虧)
　 물극즉반(物極則反)

만물 物 다할 極 반드시 必 되돌릴 反

사물의 형세는 발전이 극에 다다르면 반드시 뒤집히게 마련이라는 말.

출전 | 갈관자(鶡冠子)

物腐蟲生
물 부 충 생

만물 物 썩을 腐 벌레 蟲 날 生

생물이 썩은 뒤에야 벌레가 생긴다는 뜻으로, 남에 대해 의심을 품고 난 뒤에라야 그 사람을 두고 하는 비방이나 헛소문을 믿게 된다는 말.

출전 | 순자(荀子)

物　色
물　　색

만물 物 빛 色

물건의 빛깔이란 뜻으로, 어떤 기준으로 거기에 알맞은 사람이나 물건을 찾는다는 말.

출전 | 예기(禮記)

物我一體
물 아 일 체

⑪ 물심일여(物心一如)

만물 物 나 我 한 一 몸 體

자연물과 자아가 하나가 된 상태라는 뜻으로, 대상물에 완전히 몰입된 경지를 이르는 말.

物外閒人 (물외한인)

만물 物 밖 外 한가할 閒 사람 人

무리의 바깥에 있는 한가로운 사람이라는 뜻으로, 세속의 번거로움을 피하여 한가롭게 지내는 사람을 이르는 말.

物議 (물의)

㊌ 물론(物論) 말썽

만물 物 의논할 議

부정적인 의미로 어떤 사람이나 단체의 처사에 따라 여러 사람들이 이러쿵저러쿵 논평하는 상태를 말함.

출전 | 한서(漢書)–사기경전(謝幾卿傳)

物以類聚 (물이유취)

만물 物 써 以 무리 類 모일 聚

물건이란 종류대로 모이게 마련이란 뜻으로, 성격이 비슷한 것끼리 어울려 모인다는 말.

출전 | 주역(周易)

未能免俗 (미능면속)

아닐 未 능할 能 면할 免 풍속 俗

여전히 속물스런 습관에 빠져 있다는 뜻으로, 한번 물든 비속한 기운은 씻어 내기가 어렵다는 말.

출전 | 진서(晉書)

尾大難掉 (미대난도)

㊌ 미대부도(尾大不掉) 미도(尾掉)

꼬리 尾 큰 大 어려울 難 흔들 掉

꼬리가 커서 흔들기가 어렵다는 뜻으로, 어떤 일의 끝이 크게 벌어져서 처리하기가 힘이 든다는 말.

출전 | 좌전(左傳)

迷途知返
미 도 지 반

㊌ 미도불원(迷道不遠)

헤맬 迷 길 途 알 知 돌아올 返
길을 잘못 들어섰다가 돌아섰다는 뜻으로, 잘못된 길에 빠졌다가 회개하고 돌아서는 것을 비유하는 말.

출전 | 남사(南史)-진백지전

未亡人
미 망 인

㊌ 과부(寡婦)

아닐 未 망할 亡 사람 人
아직 죽지 못한 사람이란 뜻으로, 남편을 여읜 과부가 자기를 가리키는 겸손의 말.

출전 | 춘추좌씨전(春秋左氏傳)-성공(成公)

民間疾苦
민 간 질 고

백성 民 사이 間 병 疾 쓸 苦
정치의 부패나 변동으로 말미암아 받는 백성의 괴로움을 이르는 말.

博文約禮
박 문 약 례

넓을 博 글월 文 묶을 約 예도 禮
학문을 널리 하고 예(禮)로 단속한다는 뜻으로, 널리 학문을 쌓아서 그것을 예절로써 요약하여 사물의 본질을 터득한다는 말.

출전 | 논어(論語)

博物君子
박 물 군 자

㊌ 박학다재(博學多才)
박식가(博識家)

넓을 博 만물 物 임금 君 아들 子
사물에 대해 널리 아는 군자라는 뜻으로, 온갖 사물을 널리 잘 아는 사람을 이르는 말.

撲朔迷離 박삭미리
㈜ 목란사(木蘭辭)

칠 撲 초하루 朔 미혹할 迷 떠날 離
남녀의 구분이 분명하지 않다는 뜻으로, 사물이나 상황이 마구 뒤섞여 있어 갈피를 잡을 수 없을 때 쓰는 말.

출전 | 목란종군(木蘭從軍)

璞玉渾金 박옥혼금

옥돌 璞 구슬 玉 흐릴 渾 쇠 金
아직 갈지 않은 옥과 제련하지 않은 금이라는 뜻으로, 성품이 소박하고 꾸밈이 없는 사람을 이르는 말.

출전 | 진서(晉書)

盤溪曲徑 반계곡경
㈜ 방기곡경(旁岐曲經)

소반 盤 시내 溪 굽을 曲 지름길 徑
꾸불꾸불한 시내와 굽은 길이라는 뜻으로, 일을 순리대로 하지 않고 억지로 한다는 말.

反骨 반골
㈜ 반골(叛骨)

되돌릴 反 뼈 骨
어떤 권력이나 권위에 순응하거나 따르지 아니하고 저항하는 기골. 또는 그런 기골을 가진 사람을 가리킴.

출전 | 삼국지연의(三國志演義)

返老還童 반노환동

돌아올 返 늙을 老 돌아올 還 아이 童
늙은이가 어린아이로 변하였다는 뜻으로, 노인네가 건강이 아주 좋은 것을 비유하는 말.

출전 | 신선전(神仙傳)

攀龍附鳳 반룡부봉

더위잡을 攀 용 龍 붙을 附 봉새 鳳

용을 끌어 잡고 봉황에 붙는다는 뜻으로, 훌륭한 임금을 좇아서 공명을 세운다는 말.

출전 | 후한서(後漢書)

半面之分 반면지분

반 半 얼굴 面 갈 之 나눌 分

얼굴만 약간 알 정도의 교분. 교제가 아직 두텁지 못한 사이를 이르는 말.

㊥ 반면지식(半面之識)
　 일면지교(一面之交)

출전 | 후한서(後漢書)

叛服無常 반복무상

배반할 叛 옷 服 없을 無 항상 常

언행(言行)이 배반했다 복종했다 하며 일정하지 않거나 그 태도가 한결같지 아니함.

半上落下 반상낙하

반 半 위 上 떨어질 落 아래 下

반쯤 올라가다가 떨어진다는 뜻으로, 처음에는 정성껏 하다가 중도에 그만두어 버림을 이르는 말.

半生半熟 반생반숙

반 半 날 生 반 半 익을 熟

반쯤은 설고 반쯤은 익었다는 뜻으로, 어떤 기예 따위가 아직 익숙지 못함을 이르는 말.

출전 | 부장록(拊掌錄)

伴食宰相
반 식 재 상

[유] 반식대신(伴食宰臣)
시위소찬(尸位素餐)

짝 伴 밥 食 재상 宰 서로 相

곁다리 끼어서 밥이나 축내는 재상이라는 뜻으로, 유능한 관리 옆에 붙어서 정치에 참여하는 무능한 사람을 이르는 말.

출전 | 구당서(舊唐書)

斑衣之戲
반 의 지 희

[유] 노래지희(老萊之戲)
채의지년(彩衣之年)

얼룩 斑 옷 衣 갈 之 희롱할 戲

때때옷을 입고 하는 놀이라는 뜻으로, 늙어서도 부모를 위로하려고 색동 저고리를 입고 기어가 보여 효도함.

출전 | 고사전(高士傳)

半子之名
반 자 지 명

[유] 반자(半子), 가서(佳婿)

반 半 아들 子 갈 之 이름 名

아들이나 다름없이 여긴다는 뜻으로, 사위를 일컫는 말.

發奸摘伏
발 간 적 복

쏠 發 간악할 奸 딸 摘 엎드릴 伏

알려지지 않고 있는 일이나 정당하지 못한 일을 들추어 밝혀낸다는 말.

출전 | 한서(漢書)

發憤忘食
발 분 망 식

쏠 發 결낼 憤 잊을 忘 밥 食

무슨 일을 이루려고 분발하여 끼니마저 잊고 열중하여 노력한다는 말.

출전 | 논어(論語)

跋扈
발 호

[유] 발호장군(跋扈將軍)

밟을 跋 뒤따를 扈

통발을 밟고 넘는다는 뜻으로, 권세나 세력을 마음대로 휘두르며 함부로 날뛴다는 말.

출전 | 후한서(後漢書)

傍觀者明
방 관 자 명

곁 傍 볼 觀 사람 者 밝을 明

당사자보다 곁에서 보는 사람이 냉정하게 더 밝게 볼 수 있다는 말.

房謀杜斷
방 모 두 단

방 房 꾀할 謀 막을 杜 끊을 斷

방현령의 지략과 두여회의 결단력이라는 뜻으로, 각자의 특색과 장점이 조화를 이루어 일이 원만하게 해결되는 것을 비유하는 말.

출전 | 구당서(舊唐書)

方長不折
방 장 부 절

[참] 방장(方長) : 한창 자라남

모 方 길 長 아닌가 不 꺾을 折

한창 자라나는 초목은 꺾지 않는다는 뜻으로, 앞길이 유망한 사람이나 사업에 대해 방해를 놓지 않는다는 말.

排難解紛
배 난 해 분

물리칠 排 어려울 難 풀 解 어지러울 紛

어려움을 물리치고 분쟁을 푼다는 뜻으로, 남을 위해 문제를 해결해 주는 것을 이르는 말.

출전 | 전국책(戰國策)-조책

杯盤狼藉
배 반 낭 자

⊕ 굉주교착(觥籌交錯)

잔 杯 소반 盤 이리 狼 깔개 藉

잔과 쟁반이 어지럽게 널린 자리라는 뜻으로, 술마신 뒤의 어지러운 상황이나 자리를 이르는 말.

출전 | 사기(史記)-골계열전(滑稽列傳)

百鬼夜行
백 귀 야 행

일백 百 귀신 鬼 밤 夜 다닐 行

온갖 잡귀가 밤에 나다닌다는 뜻으로, 아주 흉악한 무리들이 날뛰는 어지러운 세상을 이르는 말.

百代之親
백 대 지 친

일백 百 대신할 代 갈 之 친할 親

백대에 걸쳐 가까운 친분이라는 뜻으로, 같은 조상에서 피를 이어오는 일가친척을 이르는 말.

伯樂一顧
백 락(낙) 일 고

*백락(伯樂):명인

맏 伯 즐길 樂 한 一 돌아볼 顧

백락이 한 눈에 쳐다본다는 뜻으로, 재주를 알아보는 사람을 만나야 재능도 빛을 발한다는 말.

출전 | 전국책(戰國策)

白龍魚服
백 룡 어 복

흰 白 용 龍 고기 魚 옷 服

흰용이 물고기 흉내를 낸다는 뜻으로, 귀인이 백성 행색으로 다니다가 위태로운 지경에 빠지는 것을 이르는 말.

百無一取 (백무일취)

일백 百 없을 無 한 一 취할 取
많은 말과 행실 중에 쓸 만한 것이 하나도 없다는 말.

百聞不如一見 (백문불여일견)

일백 百 들을 聞 아니 不 같을 如 한 一 볼 見
여러 번 말로만 듣는 것보다 실제로 한 번 보는 것이 낫다는 말. 출전 | 한서(漢書)

⊕ 이문불여목견(耳聞不如目見)

白髮還黑 (백발환흑)

흰 白 터럭 髮 돌아올 還 검을 黑
허옇게 센 머리털에 검은 머리털이 다시 난다는 뜻으로, 다시 젊어짐을 이르는 말.

白璧微瑕 (백벽미하)

흰 白 둥근옥 璧 작을 微 티 瑕
흰 옥구슬에 있는 작은 흠이라는 뜻으로, 거의 완전하나 약간의 흠이 있다는 말.

⊕ 백옥미하(白玉微瑕)
　백옥지미하(白玉之微瑕)

百事不成 (백사불성)

일백 百 일 事 아니 不 이룰 成
모든 일이 하나도 이루어지지 않는다는 뜻으로, 하는 일마다 실패하여 되는 일이 없다는 말.

⊕ 백무일실(百無一失)

百世之師
백 세 지 사

일백 百 인간 世 갈 之 스승 師

백 대의 스승이라는 뜻으로, 백 대의 후세까지 모든 사람의 스승으로 존경을 받을 만한 사람을 이르는 말.

출전 | 맹자(孟子)

白玉無瑕
백 옥 무 하

흰 白 구슬 玉 없을 無 티 瑕

백옥에 아무런 티나 흠이 없다는 뜻으로, 아무 흠이 없는 원만한 사람을 비유하여 이르는 말.

白往黑歸
백 왕 흑 귀

흰 白 갈 往 검을 黑 돌아갈 歸

흰 개가 나갔다가 검은 개가 되어 돌아온다는 뜻으로, 처음과 끝이 다름을 이르는 말.

출전 | 열자(列子)

百戰百勝
백 전 백 승

[유] 연전연승(連戰連勝)
[반] 백전백패(百戰百敗)

일백 百 싸울 戰 일백 百 이길 勝

백 번 싸워서 백 번 이긴다는 뜻으로, 싸우는 족족 모조리 이긴다는 말.

출전 | 손자(孫子)–모공편(謨攻篇)

栢舟之操
백 주 지 조

[유] 백주지조(柏舟之操)

잣나무 栢 배 舟 갈 之 잡을 操

백주(栢舟)라는 시를 지어 맹세하고 절개를 지킨다는 뜻으로, 남편이 일찍 죽은 아내가 절개를 지키는 것을 말함.

출전 | 시경(詩經)

伯仲之間
백 중 지 간
⑪ 난형난제(難兄難弟)
춘란추국(春蘭秋菊)

맏 伯 버금 仲 갈 之 사이 間

맏형과 둘째 형이라는 뜻으로, 우열을 가릴 수 없을 정도로 힘이나 능력이 비슷한 경우를 이르는 말. 　출전 | 문선(文選)

繁文縟禮
번 문 욕 례
⑫ 번욕(繁縟)

많을 繁 글월 文 꾸밀 縟 예도 禮

글도 번거롭고 예도 번거롭다는 뜻으로, 규칙과 절차가 복잡하고 까다로움을 이르는 말. 　출전 | 청국행정법범론(淸國行政法汎論)

伐齊爲名
벌 제 위 명

칠 伐 가지런할 齊 할 爲 이름 名

제나라를 공격하지만 이름뿐이라는 뜻으로, 어떤 일을 겉으로는 하는 체하면서 속으로 딴짓을 한다는 말. 　출전 | 전국책(戰國策)

法 三 章
법 삼 장
⑪ 약법삼장(約法三章)

법 法 석 三 문채 章

중국 한나라 때에 고조가 진나라 때의 가혹한 법을 없애고 단 세 가지 죄만을 정한 법, 즉 살인, 상해, 절도에 대해서만 벌을 받는다는 내용.

출전 | 사기(史記)-고조본기(高祖本紀)

兵不血刃
병 불 혈 인

군사 兵 아니 不 피 血 칼날 刃

병사가 칼에 피를 묻히지 아니하였다는 뜻으로, 피를 흘릴 만큼 싸우지도 않고 쉽게 이긴 것을 비유적으로 이르는 말.

幷州故鄕
병주고향

⊕ 병주지정(幷州之情)

어우를 幷 고을 州 옛 故 시골 鄕
병주가 고향이라는 뜻으로, 오래 살아서 정든 타향을 고향에 견주어 가리키는 말.

病風傷暑
병풍상서

병 病 바람 風 상처 傷 더울 暑
바람에 병들고 더위에 상한다는 뜻으로, 세상살이에 시달리고 쪼들림을 비유하여 이르는 말.

竝行不悖
병행불패

아우를 竝 다닐 行 아니 不 어그러질 悖
한꺼번에 두 가지 일을 치르면서도 사리에 어그러짐이 없다는 말.

步步生蓮花
보보생연화

걸음 步 날 生 연꽃 蓮 꽃 花
발걸음마다 연꽃이 피어난다는 뜻으로, 미인의 가볍고 부드러운 발걸음을 비유하는 말.

출전 | 남사(南史)-폐제동혼후기

福輕乎羽
복경호우

복 福 가벼울 輕 어조사 乎 깃 羽
복은 새털보다 가볍다는 뜻으로, 사람은 마음먹기에 따라 행복하게 될 수 있다는 말.

출전 | 장자(莊子)-인간세편(人間世篇)

福過災生
복 과 재 생

㈜ 복과화생(福過禍生)
흥진비래(興盡悲來)

복福 지날過 재앙災 날生

복이 지나면 재앙이 생긴다는 뜻으로, 인생은 즐거움과 괴로움이 서로 교차하며 살아간다는 뜻. 출전 | 송서(宋書)

覆杯之水
복 배 지 수

㈜ 복수불수(覆水不收)

뒤집힐覆 잔杯 갈之 물水

엎지른 물이라는 뜻으로, 다시 돌이킬 수 없음을 뜻하는 말. 출전 | 습유기(拾遺記)

覆巢破卵
복 소 파 란

㈜ 복소무완란(覆巢無完卵)

뒤집힐覆 집巢 깨뜨릴破 알卵

둥지를 뒤엎고 알을 깬다는 뜻으로, 부모가 재난을 당하면 자식도 화를 당한다는 말.

本來無一物
본 래 무 일 물

근본本 올來 없을無 한一 만물物

불교에서, 만물은 본래 아무것도 없다는 뜻으로, 마음이 맑고 청정해 집착이 없다는 말.

本然之性
본 연 지 성

㈜ 기품지성(氣稟之性)

근본本 그러할然 갈之 성품性

사람이 본디부터 가지고 있는 착한 마음씨를 이르는 말.

蓬頭垢面
봉 두 구 면

⊕ 봉두난발(蓬頭亂髮)
봉수구면(蓬首垢面)

쑥 蓬 머리 頭 때 垢 얼굴 面

몹시 흐트러진 머리카락과 더러운 얼굴이라는 뜻으로, 차림새가 형편없음을 이르는 말.   출전 | 위서(魏書)

蓬頭亂髮
봉 두 난 발

⊕ 쑥대머리
봉두구면(蓬頭垢面)

쑥 蓬 머리 頭 어지러울 亂 터럭 髮

쑥대같이 어지러운 머리카락이라는 뜻으로, 머리를 빗지 않아 다북쑥처럼 흐트러져 있는 용모를 말함.

鳳毛麟角
봉 모 인 각

봉새 鳳 털 毛 기린 麟 뿔 角

봉황의 털과 기린의 뿔이란 뜻으로, 아주 보기 어려운 희귀한 물건이나 뛰어난 인물을 칭찬함을 일컫는 말.   출전 | 남사(南史)

封豕長蛇
봉 시 장 사

⊕ 봉희수사(封豨修蛇)

봉할 封 돼지 豕 길 長 뱀 蛇

큰 돼지와 긴 뱀이라는 뜻으로, 잔인하고 탐욕스러운 사람을 비유하여 이르는 말.

출전 | 춘추좌씨전(春秋左氏傳)

蜂蟻君臣
봉 의 군 신

벌 蜂 개미 蟻 임금 君 신하 臣

벌과 개미에게도 임금과 신하의 구별이 있다는 뜻으로, 신분 관계의 질서가 중요함을 이르는 말.

蜂蝶隨香 (봉접수향)

벌 蜂 나비 蝶 따를 隨 향기 香

벌과 나비가 향기를 따라간다는 뜻으로, 남자가 여자의 아름다움을 따라간다는 말.

蓬蓽生輝 (봉필생휘)

쑥 蓬 콩 蓽 날 生 빛날 輝

쑥과 콩에 빛이 난다는 뜻으로, 누추한 집에 귀한 손님이 찾아주어 영광이라는 인사의 말.

富貴功名 (부귀공명)

⑨ 공명부귀(功名富貴)

부자 富 귀할 貴 공 功 이름 名

재산이 많고 지위가 높으며 공을 세워 이름이 드러난다는 말.

富貴在天 (부귀재천)

부자 富 귀할 貴 있을 在 하늘 天

부귀는 하늘의 운수에 달려 있다는 뜻으로, 사람의 힘으로는 어찌할 수 없다는 말.

출전 | 논어(論語)

付驥尾 (부기미)

⑨ 부기반홍(附驥攀鴻)

줄 付 천리마 驥 꼬리 尾

파리가 천리마 꼬리에 붙어 천리 간다는 뜻으로, 어리석은 사람도 뛰어난 사람과 함께하면 힘을 발휘할 수 있다는 말.

출전 | 후한서(後漢書)

不踏覆轍 (부답복철)

㈜ 박고지금(博古知今)
온고지신(溫故知新)

아닐 不 밟을 踏 뒤집힐 覆 바퀴자국 轍
전철을 밟지 않는다는 뜻으로, 앞사람과 같은 실패를 다시 되풀이하지 않는다는 말.

浮浪悖類 (부랑패류)

참 부랑배(浮浪輩)

뜰 浮 물결 浪 어그러질 悖 무리 類
떠돌아다니며 어그러진 행동을 하는 무리라는 뜻으로, 일정한 주소나 떳떳한 직업이 없이 떠돌아다니며 못된 짓이나 하는 무리들을 말함.

婦老爲姑 (부로위고)

며느리 婦 늙을 老 할 爲 시어미 姑
며느리가 늙으면 시어머니가 된다는 뜻으로, 나이가 어리다고 무시하면 안 된다는 말.

剖腹藏珠 (부복장주)

쪼갤 剖 배 腹 감출 藏 구슬 珠
배를 가르고 보물을 감춘다는 뜻으로, 재물에 눈이 어두워 자신에게 해가 되는 일도 서슴지 않고 자행한다는 말.

출전 | 당서(唐書)

富在知足 (부재지족)

㈜ 지족자부(知足者富)
안분지족(安分知足)

부자 富 있을 在 알 知 발 足
부유함이란 만족할 줄 아는 데 있다는 뜻으로, 자기 분수를 알고 만족해야 한다는 말.

출전 | 설원(說苑)

父傳子傳
부 전 자 전

㊎ 부자상전(父子相傳)
부전자승(父傳子承)

아비 父 전할 傳 아들 子 전할 傳
아버지가 전하고 아들이 전한다는 뜻으로, 대대로 아버지가 아들에게 전해주며 이어준다는 뜻.

不祧之典
부 조 지 전

아닐 不 조묘 祧 갈 之 법 典
나라에 큰 공훈이 있는 사람의 신주를 영구히 사당에 모셔 제사를 지내게 하던 특전을 이르는 말.

不足懸齒牙
부 족 현 치 아

아닐 不 발 足 매달 懸 이 齒 어금니 牙
치아 사이에 두기 부족하다는 뜻으로, 문제 삼을 필요조차 없거나 말할 가치도 없을 때 쓰는 말.   출전 | 사기(史記)-숙손통전

不足回旋
부 족 회 선

아닐 不 발 足 돌 回 돌 旋
빙빙 돌거나 돌릴 여지가 없다는 뜻으로, 처지가 어려워 몸 돌리기조차 어렵다는 말.   출전 | 한서(漢書)

赴湯蹈火
부 탕 도 화

㊎ 부탕모화(赴湯冒火)

나아갈 赴 끓을 湯 밟을 蹈 불 火
물불을 가리지 않고 뛰어든다는 뜻으로, 어려움이나 위험을 가리지 않는 자세를 비유하는 말.   출전 | 한서(漢書)

負荊請罪
부형청죄

질 負 가시나무 荊 청할 請 허물 罪

가시나무를 등에 지고 죄를 청한다는 뜻으로, 자신의 잘못을 인정하고 엄격한 처벌을 요구하는 것을 이르는 말.

출전 | 사기(史記)

北邙山川
북망산천

[유] 북망산(北邙山)

북녘 北 산이름 邙 뫼 山 내 川

사람이 죽어서 가는 곳이란 뜻으로, 묘지가 있는 곳을 이르는 말.

分道揚鑣
분도양표

나눌 分 길 道 오를 揚 재갈 鑣

길을 나누어 말을 모아 간다는 뜻으로, 뜻과 취미가 서로 다르고 목적이 달라 피차 가는 길이 같지 않다는 말.

출전 | 북사(北史)–위종실하간공제전

不可救藥
불가구약

아닐 不 옳을 可 구할 救 약 藥

치료약을 구할 수 없다는 뜻으로, 어떤 사람의 나쁜 습관을 고치거나 악한 사람을 구제할 길이 없다는 것을 비유하는 말.

출전 | 시경(詩經)

不敢出聲
불감출성

아닐 不 감히 敢 날 出 소리 聲

위엄에 눌려서 감히 아무 소리도 내지 못한다는 말.

不繫之舟
불 계 지 주

아닐 不 맬 繫 갈 之 배 舟

매어 놓지 않은 배란 뜻으로, 무념무상(無念無想)의 경지나 정처없이 방랑하는 사람을 이르는 말.

출전 | 장자(莊子)

不愧屋漏
불 괴 옥 루

⊕ 군자신독(君子愼獨)
  불기암실(不期暗室)

아닐 不 부끄러울 愧 집 屋 샐 漏

사람이 보지 아니하는 곳에 있어도 행동을 신중히 하고 경계하므로 귀신에게도 부끄럽지 않다는 말.

출전 | 시경(詩經)

佛頭着糞
불 두 착 분

⊕ 불두방분(佛頭放糞)
  불두착분(佛頭著糞)

부처 佛 머리 頭 붙을 着 똥 糞

부처의 얼굴에 똥을 묻힌다는 뜻으로, 고결한 사람이 속세에 때 묻어 버리거나 선량한 사람이 수모를 당하는 것을 비유하는 말.

출전 | 전등록(傳燈錄)

不立文字
불 립 문 자

⊕ 이심전심(以心傳心)
  교외별전(敎外別傳)

아닐 不 설 立 글월 文 글자 字

불도의 깨달음은 문자나 말로써 전하는 것이 아니라는 뜻으로, 마음에서 마음으로 전한다는 말.

출전 | 전등록(傳燈錄)

不眠不休
불 면 불 휴

아닐 不 잠잘 眠 아닐 不 쉴 休

자지 않고 쉬지도 않는다는 뜻으로, 쉴 새 없이 힘써 일을 한다는 말.

출전 | 열자(列子)

不辨菽麥
불 변 숙 맥

[유] 목불식정(目不識丁)
일자무식(一字無識)

아닐 不 구별할 辨 콩 菽 보리 麥

콩과 보리도 구별하지 못한다는 뜻으로, 너무나 아둔해서 상식적인 일마저도 모르는 사람을 일컫는 말. 출전 | 좌전(左傳)

不世之才
불 세 지 재

[유] 간세지재(間世之材)
군계일학(群鷄一鶴)

아닐 不 인간 世 갈 之 재주 才

세상에서 보기 드문 인재라는 뜻으로, 좀처럼 나지 않는 재주가 뛰어난 인재를 말함.

拂鬚塵
불 수 진

[준] 불수(拂鬚)

떨칠 拂 수염 鬚 티끌 塵

수염의 먼지를 털어 준다는 뜻으로, 권력자나 윗사람에게 지나치게 아부를 하는 것을 이르는 말. 출전 | 송사(宋史)

不失尺寸
불 실 척 촌

아닐 不 잃을 失 자 尺 마디 寸

한 자 한 치도 잃지 않는다는 뜻으로, 일상생활에서 조금도 법도에 어그러지거나 법도를 어기지 않는다는 말.

不夜城
불 야 성

[유] 불바다

아닐 不 밤 夜 재 城

밤이 오지 않는 성이라는 뜻으로, 사람들로 항상 번잡하거나 사업이나 경기가 아주 좋아 활기찬 상태를 비유하는 말.

출전 | 한서지리지(漢書地理志)

不遺餘力 (불유여력)

아닐 不 남길 遺 남을 餘 힘 力
여력을 남기지 않고 힘을 다한다는 뜻으로, 어떤 일에 최선을 다한다는 말.

출전 | 전국책(戰國策)

不娶同姓 (불취동성)

아니 不 장가들 娶 한가지 同 성 姓
같은 성을 가진 사람끼리는 결혼을 하지 아니함을 말함.

출전 | 예기(禮記)

不寒而栗 (불한이율)

아닐 不 찰 寒 말이을 而 떨릴 栗
춥지도 않은데 공포에 떤다는 뜻으로, 폭정이 하도 심해 날씨가 춥지 않은데도 저절로 몸이 떨린다는 말.

출전 | 사기(史記)

不惑 (불혹)

㈎ 불혹지년(不惑之年)
강사(强仕)

아닐 不 미혹할 惑
홀려서 정신을 못 차리는 일이 없다는 뜻으로, 나이 마흔 살을 일컫는 말.

출전 | 논어(論語)-위정(爲政)

崩城之痛 (붕성지통)

㈎ 고분지탄(鼓盆之嘆)
㈏ 고분지통(鼓盆之痛)

무너질 崩 재 城 갈 之 아플 痛
성이 무너져 내리는 슬픔이라는 뜻으로, 남편의 죽음을 슬퍼하여 우는 아내의 울음을 이르는 말.

非禮勿視 (비례물시)

아닐 非　예도 禮　말 勿　볼 視

㊥ 시잠(視箴)

예가 아니면 보지도 말라는 뜻으로, 도리에서 벗어나는 남의 행동은 본받을 점이 없기 때문에 눈여겨 볼 필요도 없다는 말.

출전 | 논어(論語)

誹謗之木 (비방지목)

헐뜯을 誹　헐뜯을 謗　갈 之　나무 木

㊥ 감간지고(敢諫之鼓)

정치를 잘못한 임금을 헐뜯는 글을 적는 나무라는 뜻으로, 훌륭한 정치의 표본이 되는 물건이나 사건을 이르는 말.

출전 | 회남자(淮南子)

非帛不煖 (비백불난)

아닐 非　비단 帛　아닐 不　따뜻할 煖

㊥ 비육불포(非肉不飽)

비단옷이 아니면 따뜻하지 않다는 뜻으로, 노인의 쇠약해진 때를 이르는 말.

출전 | 맹자(孟子)

蚍蜉撼樹 (비부감수)

왕개미 蚍　하루살이 蜉　흔들 撼　나무 樹

왕개미가 나무를 흔들어 보려 한다는 뜻으로, 자기의 능력이나 분수도 모르고 지나치게 과대평가하는 것을 비웃는 말.

출전 | 한유(韓愈)-조장적(調張籍)

臂不外曲 (비불외곡)

팔 臂　아닐 不　바깥 外　굽을 曲

팔은 안으로 굽는다는 뜻으로, 시비를 떠나서 친한 사람에게 마음이 자연히 쏠리게 마련이라는 말.

출전 | 순오지(旬五志)

飛蛾赴火 비아부화

날 飛 나방 蛾 나아갈 赴 불 火

불을 향해 날아드는 나방이라는 뜻으로, 스스로 자멸의 길로 들어가거나 재앙 속으로 몸을 던지는 것을 비유하는 말.

⊕ 비아투화(飛蛾投火)
야아부화(夜蛾赴火)

출전 | 양서(梁書)-도개전

非肉不飽 비육불포

아닐 非 고기 肉 아닐 不 물릴 飽

고기를 먹어야만 배가 부르다는 뜻으로, 노인의 쇠약해진 상태를 이르는 말.

⊕ 비백불난(非帛不煖)

출전 | 맹자(孟子)

飛將數奇 비장수기

날 飛 장수 將 셈할 數 기이할 奇

이광은 운수가 사납다는 뜻으로, 재주 있는 사람일수록 불행한 처지에 놓이게 됨을 비유하여 이르는 말.

출전 | 한서(漢書)-이광전

非朝卽夕 비조즉석

아닐 非 아침 朝 곧 卽 저녁 夕

아침이 아니면 저녁이라는 뜻으로, 시기가 매우 임박하였음을 이르는 말.

牝鷄司晨 빈계사신

암컷 牝 닭 鷄 맡을 司 새벽 晨

암탉이 새벽에 우는 일을 맡았다는 뜻으로, 여자가 남편을 업신여겨 집안일을 마음대로 처리한다는 말.

⊕ 빈계지신(牝鷄之晨)

출전 | 서경(書經)

貧益貧富益富
빈익빈부익부

가난할 貧 더할 益 가난할 貧 부자 富 더할 益 부자 富

가난한 사람은 더욱 가난해지고 부자는 더욱 부유하게 된다는 말.

㈜ 부익부빈익빈(富益富貧益貧)

貧者小人
빈자소인

가난할 貧 사람 者 작을 小 사람 人

가난한 사람은 떳떳하지 못하여 기를 펴지 못하므로, 옹졸한 사람이 되기 쉽다는 말.

참 빈천친척리(貧賤親戚離)

貧則多事
빈즉다사

가난할 貧 곧 則 많을 多 일 事

가난한 집에 일이 많다는 뜻으로, 가난하면 살림에 시달리고 번거로운 일이 많아 바쁨을 말함.

貧賤之交
빈천지교

가난할 貧 천할 賤 갈 之 사귈 交

가난하고 천할 때의 사귐이라는 뜻으로, 빈천했을 때 사귀던 친구는 부귀해져도 잊어서는 안 된다는 뜻. 출전ㅣ후한서(後漢書)

氷心玉壺
빙심옥호

얼음 氷 마음 心 구슬 玉 병 壺

얼음처럼 맑은 마음이 티없는 옥항아리에 있다는 뜻으로, 마음이 매우 맑고 깨끗함을 이르는 말.

㈜ 빙호(氷壺)

氷姿玉質 빙자옥질

얼음 氷 모양 姿 구슬 玉 바탕 質

얼음같이 맑고 깨끗한 모습과 구슬같이 뛰어난 바탕이라는 뜻으로, 용모와 재주가 뛰어나다는 말.

㊀ 선자옥질(仙姿玉質)
　아치고절(雅致高節)

氷貞玉潔 빙정옥결

얼음 氷 곧을 貞 구슬 玉 깨끗할 潔

얼음처럼 곧고 옥처럼 깨끗하다는 뜻으로, 아주 조금도 흠이 없는 순결한 절개를 이르는 말. 출전 | 진서(晉書)

徙家忘妻 사가망처

옮길 徙 집 家 잊을 忘 아내 妻

이사하면서 아내를 잊어버린다는 뜻으로, 건망증이 심한 사람이나 의리를 분별하지 못하는 어리석은 사람을 비유함.

㊀ 사택망처(徙宅忘妻)

출전 | 공자가어(孔子家語)

司空見慣 사공견관

맡을 司 빌 空 볼 見 버릇 慣

자주 보아서 신기하지 않다는 뜻으로, 아주 평범한 것을 이르는 말. 출전 | 진서(晉書)

射空中鵠 사공중곡

쏠 射 빌 空 가운데 中 고니 鵠

허공에 화살을 쏘아 과녁을 맞힌다는 뜻으로, 아무것도 모르고 한 일이 우연히 들어맞았다는 말. 출전 | 순오지(旬五志)

㊀ 요행수(僥倖數)

四君子 _{사 군 자}

⊕ 매란국죽(梅蘭菊竹)

넉 四 임금 君 아들 子
품성이 군자와 같이 고결하다는 뜻으로, 동양화에서 고귀한 것으로 치는 매화, 국화, 난초, 대나무를 이르는 말.

捨量沈舟 _{사 량 침 주}

⊕ 배수지진(背水之陣)
제하분주(濟河焚舟)

버릴 捨 헤아릴 量 잠길 沈 배 舟
식량을 버리고 배를 침몰시킨다는 뜻으로, 목숨을 걸고 대처하는 모습을 가리키는 말.　　　　　　　출전 | 사기(史記)

司馬昭之心 _{사 마 소 지 심}

맡을 司 말 馬 밝을 昭 갈 之 마음 心
사마소의 마음은 길 가는 사람도 다 안다는 뜻으로, 음흉한 심보나 음모가 백일하에 드러났다는 말.

事無二成 _{사 무 이 성}

일 事 없을 無 두 二 이룰 成
두 가지 일이 다 이루어질 수는 없다는 뜻으로, 두 가지 일 가운데 한 가지는 실패한다는 말.　　출전 | 춘추좌씨전(春秋左氏傳)

事半功倍 _{사 반 공 배}

⑮ 사배공반(事倍功半)

일 事 반 半 공 功 곱 倍
일을 반만 했는데도 효과는 배가 된다는 뜻으로, 작은 힘을 기울이고도 얻는 성과가 클 때 쓰는 말.

死不瞑目 사불명목

죽을 死 아닐 不 어두울 瞑 눈 目

근심이나 한이 깊이 맺혀 있어 죽어서도 눈을 편히 감지 못한다는 말.

⊕ 사부전목(死不顚目)

邪不犯正 사불범정

간사할 邪 아닐 不 범할 犯 바를 正

바르지 못한 것은 바른 것을 감히 범하지 못한다는 뜻으로, 정의가 반드시 이긴다는 말.

출전 | 태평광기(太平廣記)

⊕ 사필귀정(事必歸正)

辭色不變 사색불변

말씀 辭 빛 色 아닐 不 변할 變

어려운 일을 당하여도 태연자약하여 말이나 얼굴빛이 변하지 않는다는 말.

死生決斷 사생결단

죽을 死 날 生 결단할 決 끊을 斷

죽음과 삶을 놓고 결단을 내린다는 뜻으로, 죽고 삶을 돌보지 않고 끝장을 내려고 대든다는 말.

死生關頭 사생관두

죽을 死 날 生 빗장 關 머리 頭

죽고 사는 것이 달린 매우 위험하고 위태로운 고비를 일컬음.

⊕ 생사관두(生死關頭)

死生有命
사 생 유 명

죽을 死 날 生 있을 有 목숨 命

죽고 사는 것이 운명에 매였다는 뜻으로, 사람의 힘으로는 어찌할 수 없음을 일컫는 말.

출전 | 논어(論語)

捨生取義
사 생 취 의

⑨ 살신성인(殺身成仁)
　살신입절(殺身立節)

버릴 捨 날 生 취할 取 옳을 義

목숨을 버리고 의를 좇는다는 뜻으로, 목숨을 버리더라도 옳은 일을 한다는 말.

출전 | 맹자(孟子)

射石爲虎
사 석 위 호

⑨ 중석몰촉(中石沒鏃)

쏠 射 돌 石 할 爲 범 虎

돌을 호랑이로 잘못 알고 활을 쏘자 화살이 돌에 깊이 박힌다는 뜻으로, 정신을 집중해서 일을 하면 성공한다는 말.

출전 | 여씨춘추(呂氏春秋)

私淑
사 숙

사사 私 맑을 淑

직접 가르침은 받지는 않았으나, 마음속으로 그 사람을 본받아서 도나 학문을 배우거나 따른다는 말.

출전 | 맹자(孟子)

死僧習杖
사 승 습 장

죽을 死 중 僧 익힐 習 지팡이 杖

죽은 중의 볼기를 친다는 뜻으로, 저항할 힘이 없는 사람에게 폭행을 가하거나 위엄을 부린다는 말.

출전 | 순오지(旬五志)

蛇心佛口 사심불구

뱀 蛇 마음 心 부처 佛 입 口

뱀의 마음과 부처의 입이라는 뜻으로, 뱀처럼 음험한 마음을 가지고 있으면서 입으로는 부처같이 착한 말한 한다는 말.

참 구밀복검(口蜜腹劍)

似而非 사이비

닮을 似 말이을 而 아닐 非

겉으로는 그것과 같아 보이나 실제로는 전혀 다르거나 아닌 것을 이르는 말.

출전 | 맹자(孟子)

유 구밀복검(口蜜腹劍)
표리부동(表裏不同)

射人先射馬 사인선사마

쏠 射 사람 人 먼저 先 쏠 射 말 馬

사람을 쏘기 위해서는 먼저 말을 쏜다는 뜻으로, 상대방을 제압하려면 먼저 그 사람의 의지하고 있는 것부터 제거해야 한다는 말.

출전 | 두보(杜甫)의 시 전출새(前出塞)

獅子奮迅 사자분신

사자 獅 아들 子 떨칠 奮 빠를 迅

사자가 세찬 기세로 돌진한다는 뜻으로, 무슨 일을 하는데 그 기세가 매우 격렬하다는 말.

유 사자분신지세(獅子奮迅之勢)

獅子身中蟲 사자신중충

사자 獅 아들 子 몸 身 가운데 中 벌레 蟲

사자의 몸속에 생긴 벌레라는 뜻으로, 자기편에 해를 끼치는 사람이나 내부에서 재앙을 불러일으키는 사람을 이르는 말.

출전 | 범강경(梵綱經)

獅子吼 (사자후)
⊕ 열변(熱辯)
하동사자후(河東獅子吼)

사자 獅 아들 子 울부짖을 吼
사자가 우렁차게 울부짖는 소리라는 뜻으로, 우렁찬 웅변이나 열변을 토하는 연설을 이르는 말.
출전 | 전등록(傳燈錄)

事齊事楚 (사제사초)
섬길 事 나라이름 齊 섬길 事 초나라 楚
제나라를 섬겨야 하는가, 초나라를 섬겨야 하는가라는 뜻으로, 중간에 끼어서 이러지도 저러지도 못하는 딱한 사정을 비유해서 일컫는 말.
출전 | 맹자(孟子)-양혜왕장구

師弟三世 (사제삼세)
스승 師 아우 弟 석 三 인간 世
스승과 제자의 인연은 전세, 현세, 내세에까지 계속 된다는 뜻으로, 스승과 제자의 관계가 매우 깊고 밀접하다는 말.

四知 (사지)
넉 四 알 知
하늘과 땅, 너와 내가 안다는 뜻으로, 무슨 비밀이든지 언젠가는 반드시 드러나고야 만다는 말.
출전 | 후한서(後漢書)

死且不朽 (사차불후)
⊕ 유방백세(流芳百世)

죽을 死 또 且 아닐 不 썩을 朽
죽더라도 썩지 않는다는 뜻으로, 몸은 죽어 없어져도 명성만은 후세에 길이 전한다는 말.

徙宅忘妻
사 택 망 처

[유] 사가망처(徙家忘妻)

옮길 徙 집 宅 잊을 忘 아내 妻

이사를 하면서 아내를 잊어버린다는 뜻으로, 정말 중요한 것은 놓쳐 버리는 얼빠진 사람을 이르는 말.

출전 | 공자가어(孔子家語)

射倖數跌
사 행 삭 질

[참] 사행(射倖)

쏠 射 요행 倖 자주 數 넘어질 跌

요행을 노리고 쏘는 화살은 대개 빗나간다는 뜻으로, 사행심을 바라는 일은 실패하고 만다는 말.

死後藥方文
사 후 약 방 문

[유] 사후청심환(死後淸心丸)

[반] 유비무환(有備無患)

죽을 死 뒤 後 약 藥 모 方 글월 文

죽은 뒤에 약 처방문이라는 뜻으로, 때가 이미 지난 뒤에 대책을 세우거나 후회해도 소용없다는 말.

출전 | 순오지(旬五志)

山鷄野鶩
산 계 야 목

[유] 안하무인(眼下無人)
천방지축(天方地軸)

뫼 山 닭 鷄 들 野 집오리 鶩

산 꿩과 들오리란 뜻으로, 성미가 거칠고 사나워서 제 마음대로만 다잡을 수 없는 사람을 가리키는 말.

山高水淸
산 고 수 청

뫼 山 높을 高 물 水 맑을 淸

산이 높고 물이 맑다는 뜻으로, 자연의 경관이 뛰어남을 이르는 말.

山窮水盡 (산궁수진)

뫼 山 다할 窮 물 水 다될 盡

산이 막히고 물줄기가 끊어진다는 뜻으로, 막다른 지경에 이르러 피해 나갈 도리가 없다는 말.

㈜ 산진해갈(山盡海渴)

山明水麗 (산명수려)

뫼 山 밝을 明 물 水 고울 麗

산과 물이 맑고 아름답다는 뜻으로, 자연의 경치가 아름다움을 이르는 말.

㈜ 산명수자(山明水紫)
  강호연파(江湖煙波)

散之四方 (산지사방)

흩을 散 갈 之 넉 四 모 方

여기저기 사방으로 흩어진 방향. 또는 그러한 모양을 가리키는 말.

㈜ 산지사처(散之四處)

殺生有擇 (살생유택)

죽일 殺 날 生 있을 有 가릴 擇

살생을 하는 데는 가림이 있다는 뜻으로, 신라 화랑 세속오계 중 하나로 함부로 살생하지 말아야 한다는 말.

殺之無惜 (살지무석)

죽일 殺 갈 之 없을 無 아낄 惜

죽여도 아깝지 않다는 뜻으로, 그 죄가 매우 무겁다는 말.

三年不飛 (삼년불비)

석 三 해 年 아니 不 날 飛

삼 년 동안 날지 아니한다는 뜻으로, 후일에 큰일을 하려고 웅비할 기회를 기다린다는 말.

출전 | 여씨춘추(呂氏春秋)

㊀ 자복(雌伏)

三昧境 (삼매경)

석 三 새벽 昧 지경 境

산란한 마음을 한곳에 모아 움직이지 않게 하여, 마음을 바르게 유지시켜 망념에서 벗어난다는 말.

출전 | 대승의장(大乘義章)-지론(智論)

㊀ 삼마제(三摩提)
삼마지(三摩地)

三面六臂 (삼면육비)

석 三 얼굴 面 여섯 六 팔 臂

세 개의 얼굴과 여섯 개의 팔이란 뜻으로, 한 사람이 여러 사람 몫의 일을 한다는 말.

출전 | 장자(莊子)

㊀ 삼두육비(三頭六臂)
팔면육비(八面六臂)

三不朽 (삼불후)

석 三 아니 不 썩을 朽

영원히 썩지 않는 세 가지라는 뜻으로, 즉 덕(德), 공(功), 언어(言語)를 말함. 사람은 비록 죽더라도 이름은 남아 영원하다는 말.

三省吾身 (삼성오신)

석 三 살필 省 나 吾 몸 身

날마다 세 번씩 내 몸을 살핀다는 뜻으로, 하루에 세 번씩 자신의 행동을 반성함.

㊀ 일일삼성(一日三省)
자원자애(自怨自艾)

上德不德 (상덕부덕)

위 上 덕 德 아닐 不 덕 德
최상의 덕은 덕같이 여겨지지 않는다는 뜻으로, 진심에서 우러나오는 참된 덕성은 자랑하지 않아도 저절로 드러난다는 말.
출전 | 노자(老子)

上漏下濕 (상루하습)

위 上 셀 漏 아래 下 축축할 濕
위에서 비가 새고 밑에서 습기가 오른다는 뜻으로, 허술하고 가난한 집을 이르는 말.
출전 | 장자(莊子)

유 삼순구식(三旬九食)
　불폐풍우(不蔽風雨)

嘗糞之徒 (상분지도)

맛볼 嘗 똥 糞 갈 之 무리 徒
똥도 핥을 놈이라는 뜻으로, 남에게 아첨하여 어떤 부끄러운 것도 마다하지 않는 사람을 이르는 말.
출전 | 서언고사(書言故事)

유 상분도(嘗糞徒)

相思病 (상사병)

서로 相 생각할 思 병 病
서로 생각하는 병이라는 뜻으로, 남자와 여자 사이에 못 잊어 그리워한 나머지 생기는 병을 이르는 말.
출전 | 수신기(搜神記)

유 사랑병

上濁下不淨 (상탁하부정)

위 上 흐릴 濁 아래 下 아닐 不 깨끗할 淨
윗물이 맑아야 아랫물도 맑다는 뜻으로, 윗사람이 부패하면 아랫사람도 부패함을 비유하여 일컫는 말.

유 상부정 하참치(上不正 下參差)

生口不網 생구불망

날 生 입 口 아니 不 그물 網

산 사람의 목구멍에 거미줄 치지 않는다는 뜻으로, 아무리 가난해도 먹고 살아갈 수는 있다는 말.

生巫殺人 생무살인

날 生 무당 巫 죽일 殺 사람 人

서툰 무당이 사람 잡는다는 뜻으로, 기술이나 경험이 없는 사람이 잘난 척하다가 재난을 초래한다는 말. 출전 | 동언해(東言解)

生不如死 생불여사

날 生 아니 不 같을 如 죽을 死

삶이 죽음만 못하다는 뜻으로, 몹시 곤란한 지경에 빠져 있음을 뜻하는 말.

生知安行 생지안행

날 生 알 知 편안할 安 다닐 行

나면서부터 알아 쉽게 행한다는 뜻으로, 천성이 총명하여 쉽게 깨닫고 편안하게 이를 실행한다는 말. 출전 | 중용(中庸)

生吞活剝 생탄활박

㋴ 활박생탄(活剝生吞)
환골탈태(換骨奪胎)

날 生 삼킬 吞 살 活 벗길 剝

산채로 삼키고 가죽을 벗긴다는 뜻으로, 남의 글이나 논문 등의 업적을 그대로 표절하여 자기 것으로 만드는 것을 이르는 말. 출전 | 대당신어(大唐新語)

鼠肝蟲臂
서 간 충 비

참 무용지물(無用之物)

쥐 鼠 간 肝 벌레 蟲 팔 臂
쥐의 간과 벌레의 팔이란 뜻으로, 쓸모없거나 하찮은 것을 비유하여 이르는 말.

출전 | 장자(莊子)

噬犬不露齒
서 견 불 로 치

씹을 噬 개 犬 아니 不 이슬 露 이 齒
물어뜯는 개는 이를 드러내지 않는다는 뜻으로, 남을 해치려는 자는 먼저 부드러운 태도로 상대방을 속인다는 말.

鼠竊狗偸
서 절 구 투

약 서절(鼠竊)
참 계명구도(鷄鳴狗盜)

쥐 鼠 훔칠 竊 개 狗 훔칠 偸
쥐나 개처럼 몰래 물건을 훔친다는 뜻으로, 좀도둑을 가리키는 말.

출전 | 사기(史記)

噬臍莫及
서 제 막 급

유 후회막급(後悔莫及)

씹을 噬 배꼽 臍 없을 莫 미칠 及
배꼽을 물려고 해도 입이 닿지 않는다는 뜻으로, 일이 그릇된 뒤에는 후회하여도 아무 소용이 없음을 비유한 말.

출전 | 춘추좌씨전(春秋左氏傳)

書足以記姓名
서 족 이 기 성 명

글 書 발 足 써 以 기록할 記 성 姓 이름 名
글은 자기 성씨와 이름만 쓸 줄 알면 족하다는 뜻으로, 실천보다는 학식만 앞세우는 태도를 비꼬는 말.

출전 | 사기(史記)-항우본기

碩果不食
석과불식

클 碩 실과 果 아니 不 밥 食

큰 과실은 따 먹지 않고 씨종자로 남긴다는 뜻으로, 자기만의 욕심을 버리고 자손에게 복을 지속시켜 준다는 말.

출전 | 역경(易經)

席卷
석권

⊕ 석권지세(席卷之勢)

자리 席 책 卷

자리를 만다는 뜻으로, 돗자리를 마는 기세로 거침없이 세력을 넓히는 것 또는 어떤 부분의 일인자가 되는 것을 이르는 말.

출전 | 사기(史記)

席不暇暖
석불가난

⊕ 석불미난(席不未暖)

자리 席 아니 不 겨를 暇 따뜻할 暖

앉은 자리가 따뜻할 겨를이 없다는 뜻으로, 자리나 거처를 자주 옮기거나 바쁘게 활동함을 이르는 말.

출전 | 한유(韓愈)-론(論)

石漱枕流
석수침류

⊕ 견강부회(牽强附會)

돌 石 양치질할 漱 베개 枕 흐를 流

돌로 양치질하고 흐르는 물로 베개를 삼는다는 뜻으로, 남에게 지기 싫어 터무니없이 억지를 부리는 것을 비유하는 말.

출전 | 진서(晉書)-손초전(孫楚傳)

石田耕牛
석전경우

참 이전투구(泥田鬪狗)
암하고불(巖下古佛)

돌 石 밭 田 밭갈 耕 소 牛

자갈밭을 가는 소라는 뜻으로, 황해도 사람의 부지런하고 인내심이 강한 성격을 평하는 말.

善供無德 (선공무덕)

착할 善 이바지할 供 없을 無 덕 德
부처에게 잘 공양하였으나 공덕이 없다는 뜻으로, 남을 위하여 힘껏 노력하였으나 거기에 대한 아무런 보람이 없다는 말.

善騎者墮 (선기자타)

윤 선유자익(善遊者溺)

착할 善 말탈 騎 사람 者 떨어질 墮
말을 잘 타는 사람이 말에서 떨어진다는 뜻으로, 재주만 믿고 자만하면 재앙을 당한다는 말.

先發制人 (선발제인)

윤 선즉제인(先卽制人)
선성탈인(先聲奪人)

먼저 先 쏠 發 마를 制 사람 人
먼저 술수를 써서 상대를 제압한다는 뜻으로, 남의 꾀를 먼저 알아차리고, 일이 생기기 전에 미리 막는다는 말.

출전 | 한서(漢書)

先意順旨 (선의순지)

윤 선의승지(先意承旨)

먼저 先 뜻 意 순할 順 뜻 旨
먼저 의중을 알아차리고 그 뜻을 따른다는 뜻으로, 다른 사람이 원하는 것을 미리 알고 비위를 맞추는 아부를 이르는 말.

先入見 (선입견)

윤 선입지어(先入之語)
선입위주(先入爲主)

먼저 先 들 入 볼 見
어떤 일에 대하여, 이전부터 머릿속에 들어 있는 고정적인 관념이나 견해를 이르는 말.

출전 | 한서(漢書)

先着鞭 (선착편)

먼저 先 붙을 着 채찍 鞭

먼저 채찍을 친다는 뜻으로, 어떤 일을 남보다 먼저 시작한다는 말. 출전 | 진서(晉書)

㈜ 선착수(先着手)
선참(先站)

先花後果 (선화후과)

먼저 先 꽃 花 뒤 後 실과 果

먼저 꽃이 피고 나중에 열매를 맺는다는 뜻으로, 먼저 딸을 낳고 뒤에 아들을 낳음을 이르는 말.

雪泥鴻爪 (설니홍조)

눈 雪 진흙 泥 길기 鴻 손톱 爪

눈 진흙 위의 기러기 발자국이라는 뜻으로, 눈 위의 기러기 발자국이 녹으면 없어지듯, 인생의 자취도 흔적이 없어짐을 비유하는 말. 출전 | 소식(蘇軾)-시(詩)

㈜ 생자필멸(生者必滅)

雪中松柏 (설중송백)

눈 雪 가운데 中 소나무 松 측백나무 柏

눈 속의 소나무와 잣나무라는 뜻으로, 소나무와 잣나무는 눈 속에서도 그 빛을 변하지 않는다는 의미에서 절조가 굳어 변하지 않음을 비유한 말.

출전 | 사방득(謝枋得)-시(詩)

㈜ 상풍고절(霜風高節)
세한송백(歲寒松柏)

成群作黨 (성군작당)

이룰 成 무리 群 지을 作 무리 黨

여럿이 모여 떼를 짓고 패거리를 이룬다는 말.

盛衰之理
성 쇠 지 리

성할 盛 쇠할 衰 갈 之 이치 理

성하고 쇠하는 이치라는 뜻으로, 끊임없이 잇달아 바뀌는 성쇠의 이치를 이르는 말.

유 승제지리(乘際之理)

盛水不漏
성 수 불 루

성할 盛 물 水 아니 不 셀 漏

물이 가득차도 새지 않는다는 뜻으로, 사물이 잘 짜이어 빈틈이 없음을 이르는 말.

成人之美
성 인 지 미

이룰 成 사람 人 갈 之 아름다울 美

남의 아름다움을 이루게 한다는 뜻으로, 남의 훌륭하고 아름다운 점을 도와 더욱 빛나게 하여 줌을 말함.

출전 | 논어(論語)-안연편(顔淵篇)

盛者必衰
성 자 필 쇠

성할 盛 사람 者 반드시 必 쇠할 衰

세상 일은 무상하여 한 번 성한 자는 반드시 쇠하게 마련이라는 말.

유 생자필멸(生者必滅)
일월영측(日月盈昃)

출전 | 인왕자(仁王經)

成竹胸中
성 죽 흉 중

이룰 成 대 竹 가슴 胸 가운데 中

대나무를 그릴 때 먼저 머릿속에 그 형상을 떠올린다는 뜻으로, 일을 하기 전에 마음속에 미리 계획을 세운다는 말.

출전 | 소식(蘇軾)- 죽기(竹記)

誠中形外
성 중 형 외

정성 誠 가운데 中 모양 形 밖 外

마음속에 담긴 진실한 생각은 밖으로 드러나게 마련이라는 말.

출전 | 대학(大學)–성의장

聖賢君子
성 현 군 자

성인 聖 어질 賢 임금 君 아들 子

성인과 군자. 곧 지식과 덕망이 뛰어난 사람을 이르는 말.

洗踏足白
세 답 족 백

씻을 洗 밟을 踏 발 足 흰 白

빨래에 발이 희어진다는 뜻으로, 상전의 빨래에 종의 발꿈치가 희게 된다는 의미에서 남의 일을 하여 주면 그만한 소득이 있다는 말.

출전 | 순오지(旬五志)

世道人心
세 도 인 심

[유] 풍교(風敎)
풍성(風聲)

인간 世 길 道 사람 人 마음 心

세상을 살아가며 지켜야 할 도의와 사람의 마음을 이르는 말.

勢不兩立
세 불 양 립

[유] 세불가양립(勢不可兩立)

기세 勢 아니 不 두 兩 설 立

비슷한 두 세력은 공존할 수 없다는 뜻으로, 자웅을 겨루는 두 세력 사이에 화친이 있을 수 없음을 이르는 말.

출전 | 사기(史記)

勢如破竹
세 여 파 죽
㊤ 파죽지세(破竹之勢)
요원지화(燎原之火)

기세 勢 같을 如 깨뜨릴 破 대 竹
기세가 대나무를 쪼개는 것과 같다는 뜻으로, 기세가 맹렬하여 대항할 적이 없다는 말.

歲月不待人
세 월 부 대 인
㊤ 세월여류(歲月如流)

해 歲 달 月 아닐 不 기다릴 待 사람 人
세월은 사람을 기다리지 않는다는 뜻으로, 젊었을 때 부지런히 학문에 힘쓰라는 당부가 담긴 말.

출전 | 도연명(陶淵明)의 시 잡시(雜詩)

歲月如流
세 월 여 류
㊤ 세월부대인(歲月不待人)

해 歲 달 月 같을 如 흐를 流
세월은 흐르는 물과 같다는 뜻으로, 세월이 쉬지 않고 빨리 흘러감을 뜻하는 말.

少見多怪
소 견 다 괴

적을 少 볼 見 많을 多 기이할 怪
본 것이 적으면 신기한 일이 많다는 뜻으로, 견문이 좁은 것을 비웃는 말.

출전 | 포박자(抱朴子)

笑裏藏刀
소 리 장 도
㊤ 구밀복검(口蜜腹劍)
소면호(笑面虎)

웃을 笑 속 裏 감출 藏 칼 刀
웃음 속에 칼이 있다는 뜻으로, 겉으로는 친절한 듯하지만 속셈은 음흉한 것을 이르는 말.

출전 | 당서(唐書)

素服丹粧 (소복단장)

흴 素 옷 服 붉은 丹 단장할 粧

흰옷을 입고 맵시 있게 꾸밈. 또는 그러한 차림을 이르는 말.

참 소복담장(素服淡粧)

疏不間親 (소불간친)

트일 疏 아니 不 사이 間 친할 親

친분이 먼 사람이 친분이 가까운 사람들을 이간하지 못한다는 말.

출전 | 통속편(通俗編)

少不介意 (소불개의)

적을 少 아니 不 끼일 介 뜻 意

조금도 마음에 두지 않는다는 뜻으로, 조금도 거리끼지 않는다는 말.

유 소불개회(少不介懷)

宵壤之判 (소양지판)

하늘 宵 흙 壤 갈 之 판단할 判

하늘과 땅 사이라는 뜻으로, 사물이 서로 엄청나게 다르다는 말.

유 소양지차(宵壤之差)
천양지차(天壤之差)

宵衣旰食 (소의한식)

밤 宵 옷 衣 가물 旱 밥 食

새벽에 의복을 차려 입고 밤늦게야 저녁밥을 먹는다는 뜻으로, 임금이 정사에 부지런함을 이르는 말.

출전 | 당서(唐書)

유 소의간식(宵衣旰食)

騷人墨客
소 인 묵 객

⊕ 문인묵객(文人墨客)
  시인묵객(詩人墨客)

떠들 騷 사람 人 먹 墨 손님 客

시인이나 글, 그림을 그리는 사람이라는 뜻으로, 시문(詩文)이나 서화(書畵)를 하는 풍류객이라는 뜻.

출전 | 송사(宋史)

掃地無餘
소 지 무 여

쓸 掃 땅 地 없을 無 남을 餘

깨끗하게 쓸어낸 듯이 아무것도 없다는 뜻으로, 물건이 전혀 없음을 이르는 말.

消魂斷腸
소 혼 단 장

⊕ 구곡간장(九曲肝腸)

사라질 消 넋 魂 끊을 斷 창자 腸

혼이 사라지고 창자가 끊어진다는 뜻으로, 근심과 슬픔으로 넋이 빠지고 창자가 끊어지는 듯이 괴로움을 비유하는 말.

巢毀卵破
소 훼 난 파

집 巢 헐 毀 알 卵 깨뜨릴 破

보금자리가 부서지면 알도 깨진다는 뜻으로, 국가나 사회에 불행이 있으면 백성들도 어려움에 빠진다는 말.

출전 | 삼국지(三國志)

速登易顚
속 등 이 전

⊕ 속등자이전(速登者易顚)

빠를 速 오를 登 쉬울 易 꼭대기 顚

빨리 올라가면 넘어지기 쉽다는 뜻으로, 출세가 빠르면 화를 입기 쉽다는 말.

출전 | 당서(唐書)-고지주전(高智周傳)

速戰速決
속 전 속 결

유 속전즉결(速戰卽決)
　 속진속결(速進速決)

빠를 速　싸울 戰　빠를 速　결단할 決
빨리 싸우고 빨리 결정한다는 뜻으로, 빠른 시일 내에 결정을 내서 승부를 낸다는 뜻.

束之高閣
속 지 고 각

*고각(高閣):벽서가

묶을 束　갈 之　높을 高　누각 閣
내버려두고 쓰지 않는다는 뜻으로, 한쪽에 밀어 놓고 관심을 두지 않는다는 말.

출전 | 진서(晉書)

損者三樂
손 자 삼 요

유 익자삼요(益者三樂)

덜 損　사람 者　석 三　즐길 樂
사람의 몸에 손실이 되는 세 가지라는 뜻으로, 분에 넘치게 즐기는 것, 일하지 않고 노는 것, 주색을 좋아하는 것을 이르는 말.

출전 | 논어(論語)

松竹之節
송 죽 지 절

유 송백조(松柏操)
　 상풍고절(霜風高節)

소나무 松　대 竹　갈 之　마디 節
소나무와 대나무의 절개라는 뜻으로, 사철을 변하지 않는 소나무나 곧은 줄기의 대나무처럼 굳게 변하지 않는 지조나 절개를 의미함.

守口如瓶
수 구 여 병

유 방의여성(防意如城)

지킬 守　입 口　같을 如　병 瓶
병마개 막듯이 입을 다물고 있다는 뜻으로, 언어에 신중함을 이르는 말.

출전 | 주자(走子)

樹倒猢猻散 (수도호손산)

나무 樹 넘어질 倒 원숭이 猢 원숭이 猻 흩을 散

나무가 쓰러지면 원숭이들이 흩어진다는 뜻으로, 우두머리가 세력이 꺾이면 그 밑에 모여 있던 무리들이 뿔뿔이 흩어짐을 이르는 말.

출전 | 설부(說郛)

水落石出 (수락석출)

물 水 떨어질 落 돌 石 날 出

물이 말라서 밑바닥의 돌이 드러난다는 뜻으로, 숨겨져 있던 일이 나중에 드러남을 비유하는 말.

출전 | 소식(蘇軾)의 후적벽부(後赤壁賦)

水流雲空 (수류운공)

물 水 흐를 流 구름 雲 빌 空

흐르는 물과 하늘에 뜬구름이라는 뜻으로, 지난 일이 흔적 없이 사라져 허무함을 이르는 말.

水泄不通 (수설불통)

물 水 샐 泄 아니 不 통할 通

물 샐 틈도 없다는 뜻으로, 단속이 엄중하여 비밀이 새어 나가지 못한다는 말미다.

㊌ 난공불락(難攻不落)
금성탕지(金城湯池)

守成之主 (수성지주)

지킬 守 이룰 成 갈 之 주인 主

창업의 뒤를 이어 그 기초를 굳게 지키는 군주를 이르는 말.

修飾邊幅
수 식 변 폭

⊕ 변폭수식(邊幅修飾)

닦을 修 꾸밀 飾 가변 邊 바퀴살 幅
베의 가장자리를 꾸민다는 뜻으로, 겉만 화려하게 꾸민 것을 비유하는 말.

출전 | 후한서(後漢書)

羞惡之心
수 오 지 심

참 맹자(孟子)의 사단(四端):
측은지심(惻隱之心)
수오지심(羞惡之心)
사양지심(辭讓之心)
시비지심(是非之心)

부끄러울 羞 미워할 惡 갈 之 마음 心
자기의 옳지 못함을 부끄러워하고 남의 착하지 못함을 미워하는 마음을 이르는 말.

출전 | 맹자(孟子)

繡衣夜行
수 의 야 행

⊕ 금의야행(錦衣夜行)
반 금의주행(錦衣晝行)

수 繡 옷 衣 밤 夜 다닐 行
비단옷을 입고 밤길을 걷는다는 뜻으로, 아무도 알아주지 않는 공연한 짓을 함을 이르는 말.

출전 | 사기(史記)

竪子不足與謀
수 사 부 족 어 모

더벅머리 竪 아들 子 아닐 不 발 足 줄 與 꾀할 謀
어린 아이와는 더불어 모의하기가 부족하다는 뜻으로, 사람 됨됨이가 좀 모자라서 함께 의논할 사람이 못 될 때 쓰는 말.

출전 | 사기(史記)-항우본기(項羽本紀)

隨珠彈雀
수 주 탄 작

⊕ 명주탄작(明珠彈雀)
소탐대실(小貪大失)

따를 隨 구슬 珠 탄알 彈 참새 雀
값비싼 구슬로 참새를 쏘아 잡는다는 말로, 얻는 것보다 잃는 것이 더 많다는 말.

출전 | 장자(莊子)

誰知烏之雌雄
수 지 오 지 자 웅
㊎ 미지숙시(未知孰是)

누구 誰 알 知 까마귀 烏 갈 之 암컷 雌 수컷 雄
누가 까마귀의 암수를 구별할 수 있겠느냐는 뜻으로, 시비를 분명하게 가리기 힘든 경우에 쓰는 말. 　출전 | 시경(詩經)

水火不通
수 화 불 통

물 水 불 火 아니 不 통할 通
물과 불은 서로 통하지 않는다는 뜻으로, 친교가 이루어질 수 없음을 이르는 말.
　출전 | 한서(漢書)

菽麥不辨
숙 맥 불 변
㊎ 동서불변(東西不變)
　목불식정(目不識丁)

콩 菽 보리 麥 아니 不 분별할 辨
콩과 보리를 구별 못한다는 뜻으로, 사리 분별을 못하는 어리석은 사람을 비유하는 말. 　출전 | 좌전(左傳)

熟不還生
숙 불 환 생

익을 熟 아니 不 돌아올 還 날 生
한 번 익힌 음식은 날것으로 되돌아 갈 수 없다는 뜻으로, 많이 드시라고 남에게 음식을 권할 때 쓰는 말.

菽水之供
숙 수 지 공
㊂ 숙수지환(菽水之歡)

콩 菽 물 水 갈 之 이바지할 供
콩과 물로 드리는 공양이라는 뜻으로, 가난한 중에도 정성을 다하여 부모를 봉양한다는 말.

熟習難當
숙 습 난 당

익을 熟 익힐 習 어려울 難 마땅할 當
무슨 일이나 익숙한 사람에게는 당해 내지 못한다는 말.

夙興夜寐
숙 흥 야 매

㊀ 숙흥야침(夙興夜寢)
소의간식(宵衣旰食)

일찍 夙 일어날 興 밤 夜 잠잘 寐
아침 일찍 일어나고 밤늦게 잔다는 뜻으로, 자신이 맡은 역할과 책임을 다하기 위해 애쓰고 노력하는 모습을 비유하는 말.

출전 | 한서(漢書)

脣齒之國
순 치 지 국

㊀ 순치보거(脣齒輔車)
보거상의(輔車相依)

입술 脣 이 齒 갈 之 나라 國
입술과 이의 관계처럼 이해관계가 밀접한 두 나라를 비유하여 이르는 말.

출전 | 춘추좌씨전(春秋左氏傳)

順風而呼
순 풍 이 호

순할 順 바람 風 말이을 而 부를 呼
바람이 부는 방향으로 소리를 지른다는 뜻으로, 좋은 기회를 타서 일을 행하면 성사하기 쉽다는 말.

출전 | 순자(荀子)

述者之能
술 자 지 능

지을 述 사람 者 갈 之 능할 能
문장의 잘되고 못 됨은 그 문장을 지은 사람의 능력에 딸렸다는 뜻으로, 일의 잘되고 못 되는 것은 그 사람의 수단이 좋고 나쁜 데에 달렸다는 말.

升堂入室 (승당입실)

되 升 집 堂 들 入 집 室
마루에 올라 방으로 들어온다는 뜻으로, 모든 일은 순서가 있듯이 학문을 정진해서 나아가는 순서를 말함. 　출전 | 논어(論語)

升斗之利 (승두지리)

㊞ 승두미리(蠅頭微利)

되 升 말 斗 갈 之 이로울 利
되나 말로 될 만한 이익이라는 뜻으로, 대수롭지 아니한 이익을 이르는 말.

乘望風旨 (승망풍지)

탈 乘 바랄 望 바람 風 뜻 旨
망루에 올라 바람결을 헤아린다는 뜻으로, 남의 눈치를 보아가며 윗사람의 비위를 잘 맞추어 준다는 말.

承上接下 (승상접하)

㊞ 상통하달(上通下達)

받들 承 위 上 사귈 接 아래 下
위를 받들고 아래에 접한다는 뜻으로, 윗사람을 공경해 모시고 아랫사람을 잘 거느려 그 사이를 잘 주선한다는 뜻.

昇天入地 (승천입지)

오를 昇 하늘 天 들 入 땅 地
하늘로 오르고 땅으로 들어간다는 뜻으로, 자취를 감추고 사라진다는 말.

乘風破浪 승풍파랑

탈 乘 바람 風 깨뜨릴 破 물결 浪
바람을 타고 만리의 거센 물결을 헤쳐 간다는 뜻으로, 원대한 뜻이 있음을 이르는 말.

출전 | 송서(宋書)

豺狼當道 시랑당도

승냥이 豺 이리 狼 마땅할 當 길 道
승냥이와 이리가 길을 막는다는 뜻으로, 사악한 인간들이 권력을 잡고 횡포를 부린다는 말.

⑨ 시랑횡도(豺狼橫道)

視死如歸 시사여귀

볼 視 죽을 死 같을 如 돌아갈 歸
죽는 것을 고향에 돌아가는 것과 같이 여긴다는 뜻으로, 죽음을 두려워하지 않는다는 말.

⑨ 시사약귀(視死若歸)
시사여생(視死如生)

屍山血海 시산혈해

주검 屍 뫼 山 피 血 바다 海
사람의 시체가 산처럼 쌓이고 피가 바다를 이룬다는 뜻으로, 수많은 목숨이 무참히 사살됨을 비유하여 이르는 말.

㉠ 목불인견(目不忍見)

鰣魚多骨 시어다골

준치 鰣 고기 魚 많을 多 뼈 骨
준치는 맛은 좋으나 가시가 많다는 뜻으로, 좋은 일의 한편에는 귀찮은 일이 있다는 말.

⑨ 호사다마(好事多魔)

視而不見
시 이 불 견

㈜ 시이불시(視而不視)
청이불문(聽而不聞)

볼視 말이을而 아닐不 볼見

보아도 보이지 않는다는 뜻으로, 시선을 그것에 향하여 있어도 마음이 다른 것에 사로잡혀 있으면 그것이 눈에 들어오지 않는다는 뜻. 출전 | 대학(大學)

始終不渝
시 종 불 투

처음始 끝날終 아니不 달라질渝

처음부터 마지막까지 변함이 없다는 뜻으로, 절개나 정조 같은 것이 변하지 않는 것을 일컫는 말. 출전 | 시경(詩經)

食言而肥
식 언 이 비

먹을食 말씀言 말이을而 살찔肥

헛소리로 살이 쪘다는 뜻으로, 사람이 신용을 지키지 않고 헛소리만 계속 지껄이는 것을 비유하는 말.

출전 | 춘추좌씨전(春秋左氏傳)

薪水之勞
신 수 지 로

섶나무薪 물水 갈之 일할勞

땔나무를 주워 모으고, 먹을 물을 긷는 수고, 곧 밥을 짓는 노고라는 뜻으로, 일상의 일에 몸을 아끼지 않고 노력하여 남을 섬김을 이르는 말. 출전 | 도정절전(陶靖節傳)

申申當付
신 신 당 부

㈜ 신신부탁(申申付託)

납申 납申 마땅할當 줄付

거듭거듭 단단히 부탁한다는 뜻으로, 몇 번이고 거듭 간절히 하는 부탁을 말함.

信心直行 (신심직행)

믿을 信 마음 心 곧을 直 다닐 行

마음에 옳다고 믿는 바대로 망설임이 없이 곧장 행동한다는 말.

身外無物 (신외무물)

몸 身 밖 外 없을 無 만물 物

몸 이외에는 아무것도 없다는 뜻으로, 몸이 다른 무엇보다도 소중하다는 말.

참 수복강녕(壽福康寧)

伸寃雪恥 (신원설치)

펼 伸 원통할 寃 눈 雪 부끄러울 恥

뒤집어쓴 죄의 억울함을 밝혀 원통함과 부끄러움을 씻어 버린다는 말.

유 설분신원(雪憤伸寃)
신설(伸雪)

新陳代謝 (신진대사)

새 新 늘어놓을 陳 대신할 代 사례할 謝

생명 유지를 위해 생체 내에서 이루어지는 물질의 화학 변화로 묵은 것이 없어지고 새것이 대신 생기거나 들어서는 일.

유 신입구출(新入舊出)
신구교대(新舊交代)

失斧疑隣 (실부의린)

잃을 失 도끼 斧 의심할 疑 이웃 隣

도끼를 잃고 이웃 사람을 의심한다는 뜻으로, 한 번 의심하는 마음이 생기면 평소에는 대수롭지 않은 일마저 의심이 생긴다는 말.

출전 | 열자(列子)-설부편

失言
실 언
⊕ 실구(失口)
망발

잃을 失 말씀 言
말을 잃는다는 뜻으로, 경우 없이 말을 해서 남에게 실례를 범하는 것을 이르는 말.

實質崇尙
실 질 숭 상

열매 實 바탕 質 높을 崇 오히려 尙
실제의 본바탕이 되는 것을 높이어 소중하게 여긴다는 말.

心腹之患
심 복 지 환
⊕ 심복지병(心腹之病)
심복지질(心腹之疾)

마음 心 배 腹 갈 之 근심 患
가슴이나 배에 생긴 병이란 뜻으로, 쉽게 치료하기 어려운 질병이나 없애기 어려운 근심 또는 병폐를 가리키는 말.

출전 | 좌씨전(左氏傳)

雙管齊下
쌍 관 제 하

쌍 雙 대롱 管 가지런할 齊 아래 下
두 가지 방법을 동시에 쓰거나 두 가지 일을 동시에 진행하는 능력을 일컫는 말.

我心如秤
아 심 여 칭
⊕ 아심여평(我心如秤)
평정심(平靜心)

나 我 마음 心 같을 如 저울 秤
내 마음은 저울과 같다는 뜻으로, 모든 일에 공평무사해서 사사로운 이익이나 감정을 개입시켜 처리하지 않는다는 말.

출전 | 양승암집(楊升菴集)

餓虎之蹊
아 호 지 혜

굶주릴 餓 범 虎 갈 之 지름길 蹊

굶주린 호랑이가 왕래하는 길이란 뜻으로, 극히 위험한 곳을 이르는 말.

출전 | 사기(史記)

惡因惡果
악 인 악 과

⑪ 인과응보(因果應報)
⑫ 선인선과(善因善果)

악할 惡 인할 因 악할 惡 실과 果

나쁜 일을 하면 반드시 나쁜 결과가 생긴다는 뜻으로, 나쁜 일을 하면 반드시 앙갚음이 되돌아온다는 말.

출전 | 자은전(慈恩傳)

惡戰苦鬪
악 전 고 투

⑪ 고전악투(苦戰惡鬪)

악할 惡 싸울 戰 쓸 苦 싸움 鬪

어렵고 힘든 싸움이란 뜻으로, 불리한 상황에서 죽을 힘을 다하여 싸운다는 말.

출전 | 삼국지연의(三國志演義)

安居樂業
안 거 낙 업

⑪ 안가낙업(安家樂業)

편안할 安 살 居 즐길 樂 업 業

편안하게 살고 즐겁게 일한다는 뜻으로, 현재의 생활에 만족하면서 즐겁게 일을 한다는 말.

按劍相視
안 검 상 시

누를 按 칼 劍 서로 相 볼 視

칼자루를 잡고 서로 노려본다는 뜻으로, 서로 원수처럼 대한다는 말.

眼空一世
안 공 일 세

눈 眼 빌 空 한 一 인간 世
온 세상이 눈 안에 들어온다는 뜻으로, 교만하게 세상 사람들을 업신여긴다는 말.

安堵
안 도

㈜ 방념(放念), 안심(安心)

편안할 安 담 堵
담장 안에 편안하게 머무른다는 뜻으로, 걱정이나 근심거리가 사라져 편안하다는 말.

출전 | 사기(史記)

按圖索驥
안 도 색 기

누를 按 그림 圖 찾을 索 천리마 驥
그림에 그려진 대로 천리마를 찾는다는 뜻으로, 원리 원칙만 따지고 융통성이 없는 사람을 일컫는 말.

安石不出
안 석 불 출

편안할 安 돌 石 아니 不 날 出
안석이 나오지 않는다는 뜻으로, 참된 인재가 썩고 있다는 말.

출전 | 세설신어(世說新語)

安心立命
안 심 입 명

㈜ 낙천지명(樂天知命)

편안할 安 마음 心 설 立 목숨 命
천명을 깨닫고 믿음으로 마음의 평화를 얻어 하찮은 일에 마음이 흔들리지 않는 경지에 이르는 말.

출전 | 전등록(傳燈錄)

眼前莫同 (안전막동)

눈 眼 앞 前 없을 莫 한가지 同
못생긴 아이라도 항상 가까이 있으면 정이 저절로 붙는다는 말.

眼透紙背 (안투지배)

㈜ 안광지배(眼光紙背)
안광지배철(眼光紙背徹)

눈 眼 통할 透 종이 紙 등 背
눈빛이 종이 뒷면까지 뚫는다는 뜻으로, 책을 읽고 이해하는 힘이 매우 날카로움을 이르는 말.

揠苗助長 (알묘조장)

㈜ 알묘(揠苗)

뽑을 揠 모 苗 도울 助 길 長
곡식의 싹을 뽑아 올려 성장을 돕는다는 뜻으로, 성공을 서두르다 도리어 해를 봄을 비유적으로 말함.

출전 | 맹자(孟子)-공손추(公孫丑)

暗箭傷人 (암전상인)

어두울 暗 화살 箭 상처 傷 사람 人
어두운 밤에 활을 쏘아 사람을 다치게 한다는 뜻으로, 남몰래 흉계를 꾸며 남을 해치는 것을 비유하는 말.

壓卷 (압권)

㈜ 백미(白眉)

누를 壓 책 卷
책을 누른다는 뜻으로, 많은 작품 가운데 가장 뛰어난 것을 일컫는 말.

仰人鼻息 (앙인비식)

우러를 仰 사람 人 코 鼻 숨쉴 息

남이 숨 쉬는 것만 바라본다는 뜻으로, 남 덕분에 살아가거나 남의 눈치만 살피면서 주체성이 전혀 없는 사람을 비유하는 말.

출전 | 후한서(後漢書)-원소전

仰天大笑 (앙천대소)

우러를 仰 하늘 天 큰 大 웃을 笑

하늘을 쳐다보고 크게 웃는다는 뜻으로, 어이가 없어서 큰 소리로 껄껄 웃는 모습을 일컫는 말.

출전 | 십팔사략(十八史略)

㈜ 가가대소(呵呵大笑)
  박장대소(拍掌大笑)

愛屋及烏 (애옥급오)

사랑 愛 집 屋 미칠 及 까마귀 烏

집을 사랑함이 까마귀에게 미친다는 뜻으로, 누군가를 사랑하면 그와 관계가 있는 모든 것까지도 사랑하게 된다는 말.

출전 | 상서대전(尙書大典)

冶家無食刀 (야가무식도)

불릴 冶 집 家 없을 無 밥 食 칼 刀

대장간에 식칼이 없다는 뜻으로, 남의 일만 해주다가 자기 일은 등한시했다는 말.

夜半無禮 (야반무례)

밤 夜 반 半 없을 無 예도 禮

어두운 밤에는 예의를 제대로 갖출 수가 없음을 이르는 말.

㈜ 야심무례(夜深無禮)

夜不閉門
야불폐문

밤 夜 아니 不 닫을 閉 문 門

밤에 대문을 닫지 않는다는 뜻으로, 세상이 태평하고 인심이 후함을 이르는 말.

⊕ 문불야관(門不夜關)
도불습유(道不拾遺)

冶容之誨
야용지회

불릴 冶 얼굴 容 갈 之 가르칠 誨

얼굴을 너무 예쁘게 꾸미면 남자들에게 음탕한 마음을 품게 한다는 것을 교훈적으로 이르는 말.

출전 | 역경(易經)

⊕ 야용회음(冶容誨淫)

弱冠
약관

약할 弱 갓 冠

나이 20세에 관을 쓴다는 뜻으로, 남자의 나이 스무 살 또는 스무 살 전후를 이르는 말.

출전 | 예기(禮記)—곡례(曲禮)

⊕ 약년(弱年), 약령(弱齡)
약세(弱歲)

藥籠中物
약 롱(농) 중 물

약 藥 대그릇 籠 가운데 中 만물 物

약장 속에 든 약이라는 뜻으로, 항상 곁에 두어야 하는 필요한 인물이나 물건을 이르는 말.

출전 | 당서(唐書)—적인걸전(狄仁傑傳)

⊕ 약농지물(藥籠之物)
자가약롱중물(自家藥籠中物)

弱馬卜重
약 마 복 중

약할 弱 말 馬 점 卜 무거울 重

허약한 말에 무거운 짐을 싣는다는 뜻으로, 능력에 벅찬 일을 맡음을 비유하여 이르는 말.

⊕ 문자부산(蚊子負山)

藥石之言 (약석지언)

약 藥 돌 石 갈 之 말씀 言

유 약석(藥石), 약언(藥言)

약과 돌침 같은 말이라는 뜻으로, 약재처럼 치료가 될 만한 교훈이 되거나 통절히 사람에게 경계가 되는 충고를 말함.

출전 | 당서(唐書)

良賈深藏 (양고심장)

좋을 良 장사 賈 깊을 深 감출 藏

유능한 상인은 물건을 깊이 숨겨 두고 가게에 내놓지 않는다는 뜻으로, 어진 이는 학식이나 재능을 숨기고 함부로 드러내지 않는다는 말.

출전 | 사기(史記)

良弓難張 (양궁난장)

좋을 良 활 弓 어려울 難 베풀 張

좋은 활은 당기기 어렵다는 뜻으로, 훌륭한 인재는 부리기 쉽지 않다는 말.

출전 | 묵자(墨子)

兩窮相合 (양궁상합)

두 兩 다할 窮 서로 相 합할 合

가난한 두 사람이 함께 모인다는 뜻으로, 일이 잘 되지 않음을 비유하는 말.

兩鳳齊飛 (양봉제비)

두 兩 봉새 鳳 가지런할 齊 날 飛

유 양봉연비(兩鳳連飛)

두 마리의 봉황이 나란히 날아간다는 뜻으로, 형제가 함께 영달함을 비유하는 말.

출전 | 북사(北史)

揚沙走石
양 사 주 석

[유] 비사주석(飛沙走石)

오를 揚 모래 沙 달릴 走 돌 石

모래가 날리고 돌멩이가 구른다는 뜻으로, 바람이 세차게 불어옴을 이르는 말.

梁上塗灰
양 상 도 회

들보 梁 위 上 진흙 塗 재 灰

대들보 위에 회칠을 한다는 뜻으로, 얼굴에 분을 너무 많이 바름을 비꼬아 이르는 말.

兩相和賣
양 상 화 매

두 兩 서로 相 화할 和 팔 賣

물건을 팔고 사는데 있어서 양편이 서로 양보하여 흥정을 원만히 한다는 말.

養松見亭子
양 송 견 정 자

기를 養 소나무 松 볼 見 정자 亭 아들 子

소나무를 심어서 정자나무 되기를 기다린다는 뜻으로, 원대한 계획을 이르거나 또는 지나치게 성급하게 결과를 얻으려는 것을 이르는 말.

兩是雙非
양 시 쌍 비

[유] 양시양비(兩是兩非)
부지향취(不知香臭)

두 兩 옳을 是 쌍 雙 아닐 非

둘 다 옳고 둘 다 그르다는 뜻으로, 양편에 다 이유가 있어서 시비를 분간하기 어려움을 말함.

兩者擇一
양 자 택 일

⊕ 이자선일(二者選一)
이자택일(二者擇一)

두 兩 사람 者 가릴 擇 한 一
두 사람 또는 두 사물 중에서 하나를 가려 잡는다는 말.

羊質虎皮
양 질 호 피

⊕ 양두구육(羊頭狗肉)

양 羊 바탕 質 범 虎 가죽 皮
양의 바탕에 호랑이 가죽이라는 뜻으로, 속은 양이면서 거죽은 호랑이인 듯한 외관은 훌륭하나 실속이 없음을 비유함.

출전 | 양자법언(揚子法言)

楊布之狗
양 포 지 구

버들 楊 베 布 갈 之 개 狗
양포의 개라는 뜻으로, 겉모양이 달라진 것을 보고 속까지 바뀌었다고 생각하는 사람을 가리키는 말.

출전 | 한비자(韓非子)

魚潰鳥散
어 궤 조 산

⊕ 어란(魚爛)

고기 魚 무너질 潰 새 鳥 흩을 散
물고기의 창자가 썩고 새 떼가 흩어진다는 뜻으로, 나라가 내부에서 부패하여 백성이 살길을 찾아 뿔뿔이 흩어짐을 가리키는 말.

魚頭鬼面
어 두 귀 면

고기 魚 머리 頭 귀신 鬼 얼굴 面
물고기 대가리에 귀신 낯짝이라는 뜻으로, 몹시 괴상하게 생긴 얼굴을 이르는 말.

魚魯不辨 (어로불변)

고기 魚 미련할 魯 아니 不 분별할 辨

어(魚)자와 노(魯)자를 분간하지 못한다는 뜻으로, 아주 무식함을 비유하는 말.

㈜ 목불식정(目不識丁)
숙맥불변(菽麥不辨)

魚網鴻離 (어망홍리)

고기 魚 그물 網 기러기 鴻 떠날 離

물고기를 잡으려고 쳐 놓은 그물에 큰 새가 걸린다는 뜻으로, 구하는 것이 아닌 딴 것을 얻을 때 이르는 말. 출전 | 시경(詩經)

魚目混珠 (어목혼주)

고기 魚 눈 目 섞을 混 구슬 珠

물고기 눈알과 진주가 섞여있다는 뜻으로, 가짜와 진짜를 분간하기 힘듦을 비유하는 말. 출전 | 한시외전(韓詩外傳)

참 옥석혼효(玉石混淆)

魚變成龍 (어변성룡)

고기 魚 변할 變 이룰 成 용 龍

물고기가 변하여 용이 된다는 뜻으로, 어렵게 지내던 사람이 영화롭게 됨을 비유하여 이르는 말. 출전 | 송남잡지(松南雜識)

語不擇發 (어불택발)

말씀 語 아니 不 가릴 擇 쏠 發

말이 가리지 않고 나온다는 뜻으로, 말을 삼가지 않고 함부로 하는 상황을 가리키는 말.

魚鹽柴水
어 염 시 수

고기 魚 소금 鹽 섶 柴 물 水

생선과 소금과 땔나무와 물이라는 뜻으로, 식생활을 위한 생활필수품을 통틀어 이르는 말.

㊐ 어염(魚鹽)
생필품(生必品)

抑何心情
억 하 심 정

누를 抑 어찌 何 마음 心 뜻 情

대체 무슨 심정이냐는 뜻으로, 가슴속 깊이 맺힌 마음이나 무슨 생각으로 그러는지 알 수 없다는 말.

㊐ 억하심사(抑何心思)
억하심장(抑何心腸)

焉敢生心
언 감 생 심

어찌 焉 감히 敢 날 生 마음 心

어찌 감히 그런 마음을 품을 수 있겠냐는 뜻으로, 전혀 그런 마음이 없었음을 가리키는 말.

㊐ 안감생심(安敢生心)
감불생심(敢不生心)

言文一致
언 문 일 치

말씀 言 글월 文 한 一 이를 致

말할 때의 표현과 글로 나타낼 때의 표현과의 사이에 용어상의 차이가 없음. 즉 말과 글의 일치를 이르는 말.

㊐ 어문일치(語文一致)

言飛千里
언 비 천 리

말씀 言 날 飛 일천 千 마을 里

발 없는 말이 천 리를 간다는 뜻으로, 소문이 빠르고 멀리까지 퍼져나간다는 말.

㊐ 사불급설(駟不及舌)
악사천리(惡事千里)

言聽計用
언 청 계 용
⊕ 언청계종(言聽計從)

말씀 言 들을 聽 셈할 計 쓸 用
이야기하면 들어주고 계책을 세우면 쓴다는 뜻으로, 매우 신임함을 비유적으로 가리키는 말.

言行一致
언 행 일 치
만 언행상반(言行相反)

말씀 言 다닐 行 한 一 이를 致
말과 행동이 하나로 이른다는 뜻으로, 말과 행동이 같다는 것을 말함.

如狂如醉
여 광 여 취
⊕ 여취여광(如醉如狂)

같을 如 미칠 狂 같을 如 취할 醉
미친 것처럼 취한 것처럼 한다는 뜻으로, 너무 기뻐서 어찌할 줄을 몰라 함을 가리키는 말.

如狗食藥果
여 구 식 약 과
⊕ 우이독경(牛耳讀經)

같을 如 개 狗 밥 食 약 藥 실과 果
개가 약과 먹듯 한다는 뜻으로, 먹기는 먹지만 맛을 모름. 또는 일을 건성으로 한다는 말.

如斷手足
여 단 수 족
⊕ 여단일비(如斷一臂)
  여실일비(如失一臂)

같을 如 끊을 斷 손 手 발 足
손발이 잘린 것과 같다는 뜻으로, 요긴한 사람이나 물건이 없어져 몹시 아쉽다는 말.

餘無可論
여무가론

남을 餘 없을 無 옳을 可 논할 論

이미 본 것에 기초하여 대강이 결정되어 나머지는 논의할 필요가 없음.

如拔痛齒
여발통치

같을 如 뺄 拔 아플 痛 이 齒

앓던 이가 빠진 것 같다는 뜻으로, 괴로운 일이 해결되어 속이 시원하다는 말.

與受同罪
여수동죄

줄 與 받을 受 한가지 同 허물 罪

도둑질한 물건을 주거나 받는 일은 그 죄가 같음을 이르는 말.

如水投水
여수투수

같을 如 물 水 던질 投 물 水

물에 물을 탄 것 같다는 뜻으로, 일처리가 허술하거나 태도가 분명하지 못함을 이르는 말.

如蛾赴火
여아부화

같을 如 나방 蛾 나아갈 赴 불 火

나방이 불에 뛰어들어 죽는 것과 같다는 뜻으로, 이익만 탐내다가 멸망한다는 말.

[유] 비아부화(飛蛾赴火)
비아투화(飛蛾投火)

如魚得水 여 어 득 수

같을 如 고기 魚 얻을 得 물 水
고기가 물을 만났다는 뜻으로, 사람을 제대로 만났거나 환경이 자기에게 알맞은 것을 의미하는 말. 출전 | 삼국지(三國志)

如玉其人 여 옥 기 인

⑨ 기인여옥(其人如玉)

같을 如 구슬 玉 그 其 사람 人
옥과 같은 사람이란 뜻으로, 흠이 없는 완벽한 사람을 비유하여 이르는 말.

汝墻折角 여 장 절 각

⑨ 여담절각

너 汝 담장 墻 꺾을 折 뿔 角
네 집에 담이 없었으면 내 소의 뿔이 부러졌겠느냐는 뜻으로, 남에게 책임을 지우려고 억지를 쓰는 말.

如出一口 여 출 일 구

⑨ 이구동성(異口同聲)
이구동음(異口同音)

같을 如 날 出 한 一 입 口
여러 사람의 말이 한 입에서 나오는 것처럼 한결같음을 이르는 말. 출전 | 전국책(戰國策)

女必從夫 여(녀) 필 종 부

⑨ 남창여수(男唱女隨)
부창부수(夫唱婦隨)

여자 女 반드시 必 좇을 從 지아비 夫
여자는 반드시 남편을 따라야 한다는 뜻으로, 과거 중세시대의 가부장적 사회 구조 속에서 남성중심 관념으로 인해 생겨난 논리.

與狐謀皮
여 호 모 피
㊛ 여양모육(與羊謀肉)

줄 與 여우 狐 꾀 謀 가죽 皮

여우와 여우가죽 벗길 것을 의논한다는 뜻으로, 이해가 서로 대립되는 상대방과 일을 의논해야 소용없다는 말.

출전 | 태평어람(太平御覽)

逆鱗
역 린
㊛ 촉역린(觸逆鱗)

거스를 逆 비늘 鱗

용의 턱 아래에 거꾸로 난 비늘을 건드리면 용이 크게 노하여 건드린 사람을 죽인다고 함.

출전 | 한비자(韓非子)

力拔山氣蓋世
역 발 산 기 개 세
㊛ 발산개세(拔山蓋世)

힘 力 뺄 拔 뫼 山 기운 氣 덮을 蓋 인간 世

힘은 산을 뽑을 듯하고, 기상은 천하를 뒤덮을 만하다는 뜻으로, 용기와 기상이 월등하게 뛰어난 것을 비유하는 말.

출전 | 사기(史記)-항우본기(項羽本紀)

易地皆然
역 지 개 연

바꿀 易 땅 地 다 皆 그러할 然

사람의 처지를 바꿔 놓으면 그 처지에 동화되어 그 언동(言動)이 같게 된다는 말.

출전 | 맹자(孟子)

燃眉之厄
연 미 지 액
㊛ 초미지액(焦眉之厄)
　 누란지세(累卵之勢)

불사를 燃 눈썹 眉 갈 之 액 厄

눈썹에 불이 붙은 재난이라는 뜻으로, 매우 급하게 닥치는 재액의 비유하는 말.

吮癰舐痔
연 옹 지 치

㊌ 연저지치(吮疽舐痔)

빨 吮 악창 癰 핥을 舐 치질 痔
종기의 고름을 빨고 치질 앓는 밑을 핥는 다는 뜻으로, 남에게 지나치게 아첨함을 이르는 말.

출전 | 논어(論語)

連墻接屋
연 장 접 옥

㊌ 접옥연가(接屋連家)
접옥연장(接屋連牆)

이을 連 담장 墻 사귈 接 집 屋
담이 서로 맞닿은 집이란 뜻으로, 집이 이웃하여 있음을 이르는 말.

燕鴻之歎
연 홍 지 탄

㊌ 연안대비(燕雁代飛)

제비 燕 기러기 鴻 갈 之 읊을 歎
여름새인 제비와 겨울새인 기러기가 만나지 못한다는 뜻으로, 길이 어긋나 서로 만나지 못함을 한탄하는 말.

炎附寒棄
염 부 한 기

㊌ 염량세태(炎凉世態)

불탈 炎 붙을 附 찰 寒 버릴 棄
따뜻할 때는 붙어 있다가 차가워지면 버리고 떠난다는 뜻으로, 권세가 있을 때에는 잘 따르다가 권세가 없으면 돌아보지도 않음을 이르는 말.

鹽車之憾
염 차 지 감

㊌ 염차감(鹽車憾)

소금 鹽 수레 車 갈 之 한할 憾
천리마도 운이 나쁘면 소금 수레를 끈다는 뜻으로, 뛰어난 인재가 때를 못 만나 불우한 처지에 있다는 말.

출전 | 전국책(戰國策)

影駭響震 (영해향진)
㊨ 풍성학려(風聲鶴唳)

그림자 影 놀랄 駭 울림 響 떨 震
그림자만 보아도 놀라고, 울리는 소리만 들어도 떤다는 뜻으로, 잘 놀람을 가리키는 말.

출전 | 반고(班固)-답빈희(答賓戲)

烏鷺之爭 (오로지쟁)

까마귀 烏 해오라기 鷺 갈 之 다툴 爭
검은 까마귀와 흰 해오라기의 싸움이란 뜻으로, 바둑 두는 일을 이르는 말.

奧密稠密 (오밀조밀)

속 奧 빽빽할 密 빽빽할 稠 빽빽할 密
솜씨나 재간이 매우 정교하고 세밀한 모양. 또는 마음 씀씀이가 매우 꼼꼼하고 자상한 모양을 말함.

烏飛一色 (오비일색)
㊨ 수지오지자웅(誰知烏之雌雄)

까마귀 烏 날 飛 한 一 빛 色
날고 있는 까마귀가 모두 같은 빛깔이라는 뜻으로, 모두 같은 무리 또는 피차 똑같음을 이르는 말.

鼯鼠之技 (오서지기)
㊨ 오서기궁(鼯鼠技窮)

날다람쥐 鼯 쥐 鼠 갈 之 재주 技
날다람쥐의 재주라는 뜻으로, 재주는 많아도 제대로 쓸 만한 것이 없음을 이르는 말.

출전 | 순자(荀子)

烏之雌雄 오지자웅

㈜ 미지숙시(未知孰是)
오비일색(烏飛一色)

까마귀 烏 갈 之 암컷 雌 수컷 雄

까마귀의 암수를 구별하기 어렵다는 뜻으로, 선악과 시비를 가리기가 어렵다는 말.

출전 | 시경(詩經)

五風十雨 오풍십우

㈜ 우순풍조(雨順風調)
풍불명지(風不鳴枝)

다섯 五 바람 風 열 十 비 雨

닷새에 한 번 바람이 불고, 열흘에 한 번 비가 내린다는 뜻으로, 날씨가 순조롭고 세상이 태평하다는 말.

출전 | 논형(論衡)

玉骨仙風 옥골선풍

㈜ 옥골풍채(玉骨風采)
선풍도골(仙風道骨)

구슬 玉 뼈 骨 신선 仙 바람 風

옥 같은 골격에 신선 같은 기풍이라는 뜻으로, 살갗이 희고 고결하여 신선과 같은 풍채를 지닌 사람을 가리킴.

玉不磨無光 옥불마무광

㈜ 옥불탁 불성기(玉不琢 不成器)

구슬 玉 아니 不 갈 磨 없을 無 빛 光

옥도 갈지 않으면 빛나지 않는다는 뜻으로, 천성이 탁월해도 학문이나 수양을 쌓지 않으면 훌륭한 인물이 못 된다는 말.

甕算畵餠 옹산화병

㈜ 화중지병(畵中之餠)

독 甕 셀 算 그림 畵 떡 餠

독장수의 셈과 그림의 떡이라는 뜻으로, 허황되고 현실성이 없음. 또는 헛수고로 고생만 하거나 실속이 없음을 가리키는 말.

출전 | 순오지(旬五志)

臥席終身 (와석종신)
누울 臥 자리 席 끝날 終 몸 身
자리에 누워 신명을 마친다는 뜻으로, 제명(命)을 다 살고 편안히 죽는다는 말.

반 비명횡사(非命橫死)

蝸牛角上 (와우각상)
달팽이 蝸 소 牛 뿔 角 위 上
달팽이의 뿔 위란 뜻으로, 세상이 좁음을 비유하여 이르는 말.

출전 | 장자(莊子)-칙양편(則陽篇)

유 와각(蝸角)

頑石點頭 (완석점두)
완고할 頑 돌 石 점 點 머리 頭
감각이 없는 돌도 감격하여 머리를 숙인다는 뜻으로, 생생하고 절실하게 도리를 밝혀 상대방을 설득시키는 것을 이르는 말.

曰可曰否 (왈가왈부)
가로 曰 옳을 可 가로 曰 아닐 否
옳다 말하고 아니다 말한다는 뜻으로, 어떤 일에 대하여 옳으니 그르니 하는 것처럼 옳다고 하는 이도 있고 그르다고 하는 이도 있어 이러쿵저러쿵한다는 의미.

유 왈가불가(曰可不可)
가타부타

枉尺直尋 (왕척직심)
굽을 枉 자 尺 곧을 直 찾을 尋
한 자를 굽혀 여덟자를 편다는 뜻으로, 작은 욕심에 얽매이지 않고 큰일을 이룬다는 말.

출전 | 맹자(孟子)

유 대의멸친(大義滅親)
멸사봉공(滅私奉公)

矮子看戲
왜 자 간 희

㊂ 왜인관장(矮人觀場)
　왜자관장(矮子觀場)

작을矮 아들子 볼看 놀戱

난쟁이가 키 큰 사람들 틈에 끼어 연극을 본다는 뜻으로, 자신은 아무것도 모르면서 남이 그렇다고 하니까 덩달아 그렇다고 한다는 말.

출전 | 주자어류(朱子語類)

外親內疎
외 친 내 소

㊂ 외첨내소(外諂內疎)

밖外 친할親 안內 성길疎

겉으로는 가깝거나 친한 체하면서 속으로는 멀리한다는 말.

外虛內實
외 허 내 실

밖外 빌虛 안內 열매實

겉은 비어 힘이 없는 것처럼 보이나 안으로는 내용이 옹골차다는 말.

搖頭轉目
요 두 전 목

㊂ 경조부박(輕佻浮薄)

흔들릴搖 머리頭 구를轉 눈目

머리를 흔들고 눈알을 굴린다는 뜻으로, 행동이 침착하지 못함을 이르는 말.

搖尾乞憐
요 미 걸 련

㊂ 교언영색(巧言令色)

흔들릴搖 꼬리尾 빌乞 불쌍할憐

개가 꼬리를 흔들어 알랑거린다는 뜻으로, 간사하고 아첨을 잘하는 사람을 이르는 말.

欲巧反拙
욕 교 반 졸

하고자 할 欲 공교할 巧 되돌릴 反 졸할 拙
잘 만들려고 너무 기교를 다하다가 도리어 졸렬한 결과를 보게 되었다는 뜻으로, 너무 잘하려 하면 도리어 잘되지 아니함을 가리키는 말.

欲死無地
욕 사 무 지

하고자 할 欲 죽을 死 없을 無 땅 地
죽고자 해도 땅이 없다는 뜻으로, 죽으려 해도 죽을 곳이 없는 것처럼 아주 분하고 원통함을 가리키는 말.

欲言未吐
욕 언 미 토

하고자 할 欲 말씀 言 아닐 未 토할 吐
하고 싶은 말을 아직 다하지 못했다는 뜻으로, 감정의 깊이가 있음을 이르는 말.

㉴ 욕토미토(欲吐未吐)

雨順風調
우 순 풍 조

비 雨 순할 順 바람 風 고를 調
비가 때맞추어 알맞게 내리고 바람이 고르게 분다는 뜻으로, 농사에 알맞게 기후가 순조로움을 가리키는 말.

㉴ 오풍십우(五風十雨)
　　풍불명지(風不鳴枝)

右往左往
우 왕 좌 왕

오른쪽 右 갈 往 왼 左 갈 往
오른쪽으로 갔다 왼쪽으로 갔다 하며 종잡지 못한다는 말.

㉴ 갈팡질팡
　　좌왕우왕 (左往右往)

핵심 고사성어·숙어 – 3단계 | **433**

雲上氣稟 (운상기품)

구름 雲 위 上 기운 氣 줄 稟

구름 위의 기품이라는 뜻으로, 속세나 속됨을 벗어난 고상한 기질과 성품을 가리키는 말.

참 선풍도골(仙風道骨)

雲心月性 (운심월성)

구름 雲 마음 心 달 月 성품 性

구름 같은 마음과 달 같은 성품이라는 뜻으로, 욕심이 없이 담박함을 비유하는 말.

유 명경지수(明鏡止水)
평이담백(平易淡白)

출전 | 맹호연(孟浩然)-억조수재소상인(憶周秀才素上人)

雲煙過眼 (운연과안)

구름 雲 연기 煙 지날 過 눈 眼

구름이나 안개가 눈앞을 지나간다는 뜻으로, 한때의 즐거운 일이나 어떤 사물에 마음을 깊이 두지 않는다는 말.

유 연운과안(煙雲過眼)

출전 | 소식(蘇軾)-기(記)

雲蒸龍變 (운증용변)

구름 雲 찔 蒸 용 龍 변할 變

물이 증발해서 구름이 되고 뱀이 변해서 용이 된다는 뜻으로, 영웅호걸이 때를 만나 크게 활약한다는 말.

유 용여득운(龍如得雲)

출전 | 사기(史記)

原狀回復 (원상회복)

근원 原 형상 狀 돌 回 돌아올 復

본래의 형편이나 상태로 돌아가거나 그것을 되찾는다는 말.

遠水不救近火
원수불구근화
- 원수근화(遠水近火)
  원족근린(遠族近隣)

멀 遠 물 水 아니 不 구원할 救 가까울 近 불 火

먼 곳의 물이 가까운 곳의 불을 꺼주지 못한다는 뜻으로, 멀리 떨어져 있는 것은 위급할 때 아무 도움이 안 된다는 말.

출전 | 명심보감(明心寶鑑)

月旦評
월 단 평
- 월단(月旦)
  월조평(月朝評)

달 月 아침 旦 평가할 評

매달 첫날의 평이란 뜻으로, 인물에 대한 평을 이르는 말. 중국 후한 때에 허소가 매월 초하루마다 마을 사람들의 인물을 평했다는 데서 유래.

출전 | 후한서(後漢書)-허소전(許劭傳)

月章星句
월 장 성 구
- 금장옥구(金章玉句)

달 月 글 章 별 星 글귀 句

달빛 같은 문장 별 같은 구절이란 뜻으로, 문장의 훌륭함을 칭찬하여 이르는 말.

月態花容
월 태 화 용
- 경국지색(傾國之色)
  화용월태(花容月態)

달 月 모습 態 꽃 花 얼굴 容

달 같은 자태와 꽃다운 얼굴이라는 뜻으로, 아름다운 여인의 얼굴과 맵시를 이르는 말.

爲國忠節
위 국 충 절
- 우국충절(憂國忠節)

할 爲 나라 國 충성 忠 마디 節

나라를 위한 충성스러운 절개라는 뜻으로, 오직 나라를 위해 정성을 다하는 충절을 말함.

爲民父母
위 민 부 모

할 爲 백성 民 아비 父 어미 母

임금은 온 백성의 어버이가 되고, 고을의 원은 고을의 어버이가 됨을 이르는 말.

爲法自弊
위 법 자 폐

㊄ 자가당착(自家撞着)
자승자박(自繩自縛)

할 爲 법 法 스스로 自 해질 弊

자기가 정한 법을 스스로 범하여 벌을 받는다는 뜻으로, 자기가 한 일로 자기가 고난을 받음을 비유하는 말.

爲人設官
위 인 설 관

㉙ 위관택인(爲官擇人)

할 爲 사람 人 베풀 設 벼슬 官

사람을 위해서 관직을 베푼다는 뜻으로, 어떤 사람을 위해 새롭게 벼슬자리를 마련하는 것을 말함.

威風堂堂
위 풍 당 당

㊄ 위의당당(威儀堂堂)
위풍늠름(威風凜凜)

위엄 威 바람 風 집 堂

위엄 있는 모양이 의젓하고 버젓하다는 뜻으로, 남을 압도할 만큼 풍채가 의젓하고 떳떳함을 가리키는 말.

有口不言
유 구 불 언

있을 有 입 口 아니 不 말씀 言

입은 있으되 말을 하지 않는다는 뜻으로, 할 말이 있어도 사정이 거북하여 하지 아니함을 가리키는 말.

柳綠花紅 유록화홍

참 양춘가절(陽春佳節)

버들 柳 푸를 綠 꽃 花 붉을 紅

버들은 푸르고 꽃은 붉다는 뜻으로, 봄철의 경치를 말할 때 흔히 쓰는 말.

출전 | 소식(蘇軾)-시(詩)

流離乞食 유리걸식

유 유리개걸(流離丐乞)
걸식(乞食)

흐를 流 떠날 離 빌 乞 밥 食

떠돌아다니며 빌어서 먹는다는 뜻으로, 이곳저곳을 떠돌아다니면서 빌어먹는 신세를 가리키는 말.

有始無終 유시무종

참 유시유종(有始有終)
용두사미(龍頭蛇尾)

있을 有 처음 始 없을 無 끝날 終

처음이 있으나 끝이 없다는 뜻으로, 일을 시작하나 성취하지 못하듯이 사람이 절조가 없음을 가리키는 말.

출전 | 진서(晉書)

悠悠自適 유유자적

유 유연자적(悠然自適)
동산고와(東山高臥)

멀 悠 스스로 自 맞을 適

한가로이 스스로 만족한다는 뜻으로, 속세의 번거로움에서 벗어나 마음 내키는 대로 마음껏 즐김을 가리키는 말.

有志事成 유지사성

있을 有 뜻 志 일 事 이룰 成

뜻이 있으면 이룸이 있다는 뜻으로, 무엇인가를 이루어내겠다는 목표를 두고 꾸준히 노력하여 마침내 이루어낸다는 말.

陸地行船
육 지 행 선

[유] 연목구어(緣木求魚)

뭍 陸 땅 地 다닐 行 배 船

육지에서 배를 저으려 한다는 뜻으로, 되지 않는 일을 억지로 하려고 한다는 말.

飮河滿腹
음 하 만 복

[유] 소림일지(巢林一枝)

마실 飮 물 河 찰 滿 배 腹

많은 물이 있어도 마시는 분량은 배를 채울 정도에 지나지 아니 한다는 뜻으로, 자기 분수에 넘지 않게 조심하라는 말.

출전 | 장자(莊子)

飮灰洗胃
음 회 세 위

마실 飮 재 灰 씻을 洗 밥통 胃

재를 마시고 위장 속의 오물을 씻어버린다는 뜻으로, 악한 마음을 고쳐 선으로 돌아온다는 말.

출전 | 남사(南史)

應聲蟲
응 성 충

응할 應 소리 聲 벌레 蟲

아무런 소견도 없이 남의 말에 맞장구만 치는 추종자나 줏대 없는 사람을 이르는 말.

衣架飯囊
의 가 반 낭

[유] 주낭반대(酒囊飯袋)

옷 衣 시렁 架 밥 飯 주머니 囊

옷걸이와 밥주머니란 뜻으로, 아무 쓸모없는 사람을 비유하여 이르는 말.

意氣衝天
의 기 충 천

- 윤 의기양양(意氣揚揚)
- 반 의기소침(意氣銷沈)

뜻 意 기운 氣 찌를 衝 하늘 天
품고 있는 마음이나 뜻이 하늘을 찌를 듯 높거나 또한 뜻한 바를 이루어 만족한 마음이 하늘을 찌를 듯함.

倚馬之才
의 마 지 재

- 윤 의마칠지(倚馬七紙)
  칠보지재(七步之才)

의지할 倚 말 馬 갈 之 재주 才
말에 잠깐 기대는 동안에 긴 문장을 짓는 글재주라는 뜻으로, 글을 빨리 잘 짓는 재주를 이르는 말. 출전 | 이백(李白)-서(書)

二桃殺三士
이 도 살 삼 사

두 二 복숭아 桃 죽일 殺 석 三 선비 士
복숭아 둘로 무사 셋을 죽인다는 뜻으로, 계략으로 상대방을 자멸하게 만든다는 말. 출전 | 열국지(列國志)

以隣爲壑
이 린 위 학

써 以 이웃 隣 할 爲 구덩이 壑
재앙을 남에게 전가한다는 뜻으로, 다른 사람의 사정은 전혀 돌보지 않고 자신의 이익만 챙기는 태도를 이르는 말. 출전 | 맹자(孟子)

已發之矢
이 발 지 시

- 윤 이왕지사(已往之事)

이미 已 쏠 發 갈 之 화살 矢
이미 시위를 떠난 화살이란 뜻으로, 이미 시작한 일을 중지하기 어려운 형편을 이르는 말.

耳視目聽 (이 시 목 청)

귀 耳 볼 視 눈 目 들을 聽

귀로 보고 눈으로 듣는다는 뜻으로, 눈치가 빠르고 총명한 사람을 비유하여 이르는 말.

출전 | 열자(列子)-중니편

以食爲天 (이 식 위 천)

㊌ 식위민천(食爲民天)

써 以 밥 食 할 爲 하늘 天

먹는 것으로 하늘을 삼는다는 뜻으로, 사람이 살아가는 데 먹는 것이 가장 중요하다는 말.

출전 | 사기(史記)

易如反掌 (이 여 반 장)

㊌ 여반장(如反掌)

쉬울 易 같을 如 되돌릴 反 손바닥 掌

손바닥 뒤집듯이 일이 쉽다는 뜻으로, 아주 쉽게 할 수 있다는 말.

출전 | 맹자(孟子)

理判事判 (이 판 사 판)

다스릴 理 판단할 判 일 事 판단할 判

이판과 사판이 붙어서 이루어진 말로, 막다른 데에 이르러 더는 어찌할 수 없게 된 판을 이르는 말.

以暴易暴 (이 포 역 포)

㊌ 이혈세혈(以血洗血)

써 以 사나울 暴 바꿀 易 사나울 暴

포악한 사람으로서 포악한 사람을 바꾼다는 뜻으로, 나쁜 사람을 바꾼다면서 뒤의 사람도 똑같이 나쁜 사람을 세운다는 말.

출전 | 사기(史記)-백이열전(伯夷列傳)

耳懸鈴鼻懸鈴
이 현 령 비 현 령
@ 녹비왈자(鹿皮曰字)

귀 耳 매달 懸 방울 鈴 코 鼻 매달 懸 방울 鈴
귀에 걸면 귀걸이 코에 걸면 코걸이라는 뜻으로, 일정함이 없이 둘러댈 탓이란 의미. 또는 어떤 일이 이렇게도 저렇게도 해석됨을 가리키는 말.

以火救火
이 화 구 화
@ 구화투신(救火投薪)
포신구화(抱薪救火)

써 以 불 火 구원할 救 불 火
불로써 불을 끈다는 뜻으로, 방법이 틀려 역효과를 빚어내는 경우를 일컫는 말.
출전 | 장자(莊子)

弋不射宿
익 불 사 숙
@ 조이불망(釣而不網)

주살 弋 아니 不 쏠 射 묵을 宿
화살로 새를 잡지만 자는 새는 쏘지 않는다는 뜻으로, 지나치게 잔인한 짓은 하지 않는다는 말.
출전 | 논어(論語)

人口膾炙
인 구 회 자
@ 회자인구(膾炙人口)

사람 人 입 口 회 膾 고기구울 炙
사람의 입에 맞는 생선회와 구운 고기라는 뜻으로, 많은 사람의 입에 자주 오르내린다는 말.
출전 | 주박시집(周朴詩集)

人鬼相半
인 귀 상 반
@ 명재경각(命在頃刻)
피골상접(皮骨相接)

사람 人 귀신 鬼 서로 相 반 半
사람과 귀신이 서로 절반이라는 뜻으로, 중병이 들어 생사의 경계를 드나드는 것 같이 빈사 상태에 있음을 비유하는 말.

人死留名 인사유명

유 표사유피(豹死留皮)
호사유피(虎死留皮)

사람 人 죽을 死 머무를 留 이름 名
사람은 죽어서 이름을 남긴다는 말로, 사람의 삶이 헛되지 않으면 방명(芳名)은 길이 남는다는 말.   출전 | 오대사(五代史)

人山人海 인산인해

유 문전성시(門前成市)
반 문전작라(門前雀羅)

사람 人 산 山 사람 人 바다 海
사람의 산과 사람의 바다라는 뜻으로, 사람들이 헤아릴 수 없이 많이 모인 상태를 이르는 말.

因循姑息 인순고식

유 고식지계(姑息之計)
동족방뇨(凍足放尿)

인할 因 좇을 循 시어미 姑 어린아이 息
할미나 아이의 뜻을 따른다는 뜻으로, 낡은 인습에서 벗어나지 못하고 눈앞의 편안함만 취하는 것을 이르는 말.   출전 | 사기(史記)

因人成事 인인성사

인할 因 사람 人 이룰 成 일 事
어떤 일을 자기 힘으로는 이루지 못하고 다른 사람의 힘을 빌어 한다는 뜻으로, 남에게 힘입어 일을 이룬다는 말.   출전 | 사기(史記)-평원군열전(平原君列傳)

人跡未踏 인적미답

유 인적부도(人跡不到)

사람 人 자취 跡 아닐 未 밟을 踏
지금까지 사람이 지나간 일이 전연 없고 사람이 발을 들여놓지 않았다는 말.

人衆勝天
인 중 승 천

사람 人 무리 衆 이길 勝 하늘 天
사람이 많으면 하늘도 이길 수 있다는 뜻으로, 많은 사람이 힘을 모으면 못 할 일이 없다는 말.

출전 | 사기(史記)

一竿風月
일 간 풍 월

⊕ 풍류삼매(風流三昧)

한 一 장대 竿 바람 風 달 月
낚싯대 하나로 풍월을 즐긴다는 뜻으로, 세상일을 잊고 지낸다는 말.

출전 | 육유(陸游) 시(詩)

一擧手一投足
일 거 수 일 투 족

⊕ 일거일동(一擧一動)

한 一 들 擧 손 手 한 一 던질 投 발 足
손을 한 번 들고 발을 한 번 든다는 뜻으로, 사람이 하는 행동거지 하나하나를 이르는 말.

출전 | 한유(韓愈)-서(書)

一口二言
일 구 이 언

⊕ 일구양설(一口兩舌)
　일구삼석(一口三舌)

한 一 입 口 두 二 말씀 言
한 입으로 두 말을 한다는 뜻으로, 말을 이랬다저랬다 한다는 말.

一丘之貉
일 구 지 학

한 一 언덕 丘 갈 之 오소리 貉
한 언덕에서 같이 사는 오소리라는 뜻으로, 구별하기 어려운 다 같은 놈이라는 말.

출전 | 한서(漢書)

一得一失
일 득 일 실
㈜ 일실일득(一失一得)
　 일리일해(一利一害)

한 一 얻을 得 한 一 잃을 失
한 가지 이득이 있으면 한 가지 손실이 있다는 말.

一粒萬倍
일 립 만 배

한 一 알 粒 일만 萬 곱 倍
한 알의 곡식도 심으면 만 알이 된다는 뜻으로, 작은 것도 쌓이면 굉장히 불어난다는 말.
출전 | 보은경(報恩經)

一面如舊
일 면 여 구
㈜ 일견여구(一見如舊)

한 一 얼굴 面 같을 如 옛 舊
서로 모르는 사람이 처음 만났으나 오랜 친구처럼 친밀하다는 말.

一無差錯
일 무 차 착
㈜ 일무실착(一無失錯)

한 一 없을 無 어긋날 差 섞일 錯
침착하고 치밀하여 복잡하고 곤란한 일을 처리하는 데에 하나도 틀림이 없다는 말.

日薄西山
일 박 서 산
㈜ 일락서산(日落西山)

날 日 엷을 薄 서녘 西 뫼 山
해가 서산에 가까워진다는 뜻으로, 늙어서 죽을 때가 가까워짐을 비유하는 말.

一飯之報 (일반지보)

한 一 밥 飯 갈 之 갚을 報

한 번 밥을 얻어먹은 은혜에 대한 보답이라는 뜻으로, 아주 작은 은혜도 잊지 않고 반드시 보답한다는 말.

一夫終身 (일부종신)

한 一 지아비 夫 끝날 終 몸 身

한 남편만 섬겨 그 남편이 죽어도 개가하지 않고 일생을 마친다는 말.

一嚬一笑 (일빈일소)

ⓨ 일희일우(一喜一憂)

한 一 찡그릴 嚬 한 一 웃을 笑

얼굴을 찡그리기도 하고 웃기도 한다는 뜻으로, 사람의 감정이나 표정이 때때로 변하는 것을 이르는 말. **출전 |** 한비자(韓非子)

一樹百穫 (일수백확)

한 一 나무 樹 일백 百 벼벨 穫

나무 한 그루를 기르면 백 가지 수확이 있다는 뜻으로, 인재 한 사람을 길러 내면 사회에 큰 이득이 있다는 말.

출전 | 관자(管子)

一心同體 (일심동체)

ⓨ 일심협력(一心協力)

한 一 마음 心 한가지 同 몸 體

한 마음 같은 몸이라는 뜻으로, 여러 사람이 뜻이나 행동을 같이하거나 굳게 합심하여 협력한다는 뜻.

一言半句 일언반구

유 일언반사(一言半辭)
편언척자(片言隻字)

한 一 말씀 言 반 半 글귀 句
한 마디의 말과 반 구절이라는 뜻으로, 단 한 마디의 말처럼 매우 짧은 말을 의미하는 말.

출전 | 명심보감(明心寶鑑)

一日之長 일일지장

한 一 날 日 갈 之 길 長
하루 먼저 태어나서 나이가 조금 위가 된다는 뜻으로, 조금 나음을 이르는 말.

출전 | 논어(論語)

一知半解 일지반해

반 거일명삼(擧一明三)

한 一 알 知 반 半 풀 解
하나쯤 알고 반쯤 깨닫는다는 뜻으로, 아는 것이 매우 적거나 온전히 제것이 아님을 이르는 말.

출전 | 창랑시화(滄浪詩話)

臨陣易將 임진역장

임할 臨 진칠 陣 바꿀 易 장수 將
전쟁터에서 장수를 바꾼다는 뜻으로, 어떤 일이 생겼을 때 그 일에 적격한 사람을 쓰지 아니하고 부적격한 사람을 씀을 가리키는 말.

自家藥籠中物 자가약농중물

유 약농중물(藥籠中物)
약농지물(藥籠之物)

스스로 自 집 家 약 藥 대그릇 籠 가운데 中 만물 物
자기 집 약통 안에 있는 물건이라는 뜻으로, 항상 필요할 때마다 도움을 주는 사람을 이르는 말.

慈光
자 광

깔개 慈 빛 光

남들 덕분에 편리를 보거나 명예나 이익을 얻게 되었을 때 일컫는 말로, 남의 돌팔매에 밤 줍는다는 속담과 뜻이 비슷한 말.

출전 | 사기(史記)

子爲父隱
자 위 부 은

⑪ 부위자은(父爲子隱)
⑫ 직궁증부(直躬證父)

아들 子 할 爲 아비 父 숨길 隱

자식은 아버지를 위해 아비의 나쁜 것을 숨긴다는 뜻으로, 부자간의 천리 인정을 이르는 말.

雀學鸛步
작 학 관 보

참새 雀 배울 學 황새 鸛 걸음 步

참새가 황새걸음을 배운다는 뜻으로, 자기 능력에 맞지 않게 억지로 남을 모방한다는 말.

雜施方藥
잡 시 방 약

섞일 雜 베풀 施 모 方 약 藥

병을 다스리기 위하여 여러 가지 약을 시험하여 쓴다는 말.

長廣舌
장 광 설

⑪ 광장설(廣長舌)
장광삼촌(長廣三寸)

길 長 넓을 廣 혀 舌

길고 넓은 혀라는 뜻으로, 길고도 줄기차게 잘 늘어놓는 말솜씨나, 쓸데없이 장황하게 늘어놓는 말을 뜻함.

출전 | 사기(史記)

場中得失 (장중득실)

마당 場 가운데 中 얻을 得 잃을 失

시험장에서는 잘하는 사람도 낙방하는 수가 있고 못하는 사람도 급제할 때가 있듯이, 일이 생각한 바와 같이 이루어지지 않는 것을 이르는 말.

材大難用 (재대난용)

재목 材 큰 大 어려울 難 쓸 用

재목이 커서 쓰이기 곤란하다는 뜻으로, 재주가 많은 사람이 불행한 처지에 놓여 있음을 가리키는 말.

출전 | 두보(杜甫)-고백행(古柏行)

才子佳人 (재자가인)

⊕ 가인재자(佳人才子)

재주 才 아들 子 아름다울 佳 사람 人

재주가 있는 사람과 아름다운 사람이라는 뜻으로, 보통 재주 있는 젊은 남자와 아름다운 여자를 말함.

樗櫟之材 (저력지재)

⊕ 저력(樗櫟), 저재(樗才)

가죽나무 樗 상수리나무 櫟 갈 之 재목 材

가죽나무와 상수리나무의 재목이란 뜻으로, 아무 쓸모가 없는 인물을 비유하여 이르는 말.

출전 | 서언고사(書言故事)

積功之塔不隳 (적공지탑불휴)

쌓을 積 공 功 갈 之 탑 塔 아니 不 무너뜨릴 隳

공을 많이 들인 일은 쉽게 무너지지 않는다는 말.

출전 | 순오지(旬五志)

積羽沈舟
적 우 침 주

㊤ 군경절축(群輕折軸)
적토성산(積土成山)

쌓을 積 깃 羽 잠길 沈 배 舟

새털 같은 가벼운 것도 많이 쌓이면 배를 침몰시킨다는 뜻으로, 여럿의 힘이 모이면 큰 힘이 된다는 말. **출전** | 전국책(戰國策)

賊被狗咬
적 피 구 교

도둑 賊 이불 被 개 狗 물 咬

도둑이 개에게 물린다는 뜻으로, 남에게 말할 수도 없는 일을 이르는 말.

출전 | 통속편(通俗編)

錢可通神
전 가 통 신

㊤ 전가통귀(錢可通鬼)
전가사귀(錢可使鬼)

돈 錢 옳을 可 통할 通 귀신 神

돈이 많으면 귀신도 움직인다는 뜻으로, 돈의 힘은 결과를 좌우하고 사람의 처지를 변화시킨다는 말. **출전** | 장고(張固)의 글(文)

專對之材
전 대 지 재

오로지 專 대답할 對 갈 之 재목 材

묻는 즉시 지혜롭게 대답할 수 있는 인재라는 뜻으로, 외국에 사신으로 보낼 만한 인재를 이르는 말.

轉日回天
전 일 회 천

구를 轉 날 日 돌 回 하늘 天

해를 굴리고 하늘을 돌린다는 뜻으로, 임금의 마음을 돌아서게 한다는 말.

핵심 고사성어·숙어 – 3단계 | **449**

前瞻後顧 전 첨 후 고

⊕ 첨전고후(瞻前顧後)
우유부단(優柔不斷)

앞 前 볼 瞻 뒤 後 돌아볼 顧

앞을 바라보고 뒤를 돌아본다는 뜻으로, 어떤 일을 당하여 용기를 내어 결단하지 못하고, 두리번거리기만 한다는 말.

출전 | 초사(楚辭)

前後曲折 전 후 곡 절

⊕ 전후사연(前後事緣)

앞 前 뒤 後 굽을 曲 꺾을 折

어떤 일의 처음부터 끝까지의 자세한 사연을 이르는 말.

折角 절 각

⊕ 절질(折跌)

꺾을 折 뿔 角

뿔을 부러뜨린다는 뜻으로, 상대방의 기세를 꺾어 버린다는 말.

출전 | 한서(漢書)-주운전(朱雲傳)

折枝之易 절 지 지 이

꺾을 折 가지 枝 갈 之 쉬울 易

나무를 꺾는 것과 같이 쉬운 일이라는 뜻으로, 대단히 용이한 일을 이르는 말.

출전 | 구양수(歐陽修)-문(文)

折檻 절 함

꺾을 折 난간 檻

난간이 부러진다는 뜻으로, 신하가 임금에게 강경하게 간함 또는 진심에서 우러나오는 간곡한 충고를 이르는 말.

출전 | 한서(漢書)-주운전(朱雲傳)

點石成金 점석성금

점 點 돌 石 이룰 成 쇠 金

돌을 다듬어서 금을 만든다는 뜻으로, 평범한 글이 남의 손을 거쳐 훌륭하게 다듬어졌을 때 쓰는 말.

提耳面命 제이면명

끌 提 귀 耳 얼굴 面 목숨 命

귀에 입을 가까이하고 얼굴을 맞대고 가르쳐 명함. 또는 간곡히 타이르고 가르침.

출전 | 시경(詩經)

참 제이(提耳)

鳥窮則啄 조궁즉탁

새 鳥 다할 窮 곧 則 쪼을 啄

쫓기던 새가 도망갈 곳을 잃게 되면 도리어 상대방을 쫀다는 뜻으로, 비록 약한 사람이라 할지라도 궁지에 몰리면 강적을 해친다는 말.

출전 | 순자(荀子)

유 궁서설묘(窮鼠齧猫)
궁구막추(窮寇莫追)

朝得暮失 조득모실

아침 朝 얻을 得 저물 暮 잃을 失

아침에 얻어 저녁에 잃는다는 뜻으로, 얻은 지 얼마 되지 않아서 곧 잃어버림을 이르는 말.

朝生暮沒 조생모몰

아침 朝 날 生 저물 暮 빠질 沒

아침에 나서 저녁에 죽는다는 뜻으로, 지극히 짧은 목숨을 이르는 말.

유 조출석몰(朝出夕沒)
조생모사(朝生暮死)

핵심 고사성어·숙어 – 3단계 | **451**

釣而不綱 (조이불강)

㊤ 익불사숙(弋不射宿)
조이불망(釣而不網)

낚시 釣 말이을 而 아닐 不 벼리 綱
낚시는 드리우지만 그물질을 하지는 않는다는 뜻으로, 자신에 필요한 양만 취할 뿐 더 이상의 욕심은 부리지 않는다는 말.

출전 | 논어(論語)

足脫不及 (족탈불급)

발 足 벗을 脫 아닐 不 미칠 及
맨발로 뛰어도 따라가지 못한다는 뜻으로, 능력·역량·재질 따위의 차이가 뚜렷함을 이르는 말.

終須一別 (종수일별)

끝날 終 모름지기 須 한 一 나눌 別
결국 한 번 이별한다는 뜻으로, 그 곳에서 헤어지나 좀 더 가서 헤어지나 헤어지기는 마찬가지라는 말.

左袒 (좌단)

㊤ 좌단고사(左袒故事)

왼 左 웃통 벗을 袒
웃옷의 왼쪽 어깨를 벗는다는 뜻으로, 어느 한쪽에 편들어 동의하거나 뜻을 같이 하여 힘을 보탠다는 말.

출전 | 사기(史記)-여태후본기(呂太后本紀)

座席未煖 (좌석미난)

앉을 座 자리 席 아닐 未 따뜻할 煖
좌석이 따뜻해질 겨를이 없다는 뜻으로, 이사를 자주 다닌다는 말.

左授右捧 (좌수우봉)

왼 左 줄 授 오른쪽 右 받들 捧
왼손으로 주고 오른손으로 받는다는 뜻으로, 즉석에서 당장 교역을 한다는 말.

坐食山空 (좌식산공)

앉을 坐 밥 食 뫼 山 빌 空
앉아서 먹기만 하면 산도 빈다는 뜻으로, 아무리 재산이 많아도 놀고 먹기만 하면 끝내는 다 없어지고 만다는 것을 비유하여 가리키는 말.

坐而待死 (좌이대사)

앉을 坐 말이을 而 기다릴 待 죽을 死
앉아서 죽기만 기다린다는 뜻으로, 너무 궁박하여 어찌하는 수 없이 운명에 맡긴다는 말.

罪重罰輕 (죄중벌경)

허물 罪 무거울 重 죄 罰 가벼울 輕
죄는 무거운데 형벌은 가볍다는 뜻으로, 형벌이 불공정함을 이르는 말.

主客之勢 (주객지세)

주인 主 손님 客 갈 之 기세 勢
주인과 손 사이의 행세라는 뜻으로, 요직에 있지 못한 자는 요직에 있는 자를 당해 내지 못하는 형세를 이르는 말.

酒囊飯袋 주낭반대

술 酒 주머니 囊 밥 飯 자루 袋

술 주머니와 밥 푸대라는 뜻으로, 무지하고 무능하여 오직 마시고 먹기만 하는 사람을 이르는 말. 　　　출전 | 통속편(通俗騙)

㊙ 반낭주대(飯囊酒袋)
　　주대반낭(酒袋飯囊)

走尸行肉 주시행육

달릴 走 주검 尸 다닐 行 고기 肉

달리는 송장과 걸어가는 고깃덩이라는 뜻으로, 몸은 살았어도 정신이 없어서 아무런 소용이 없는 사람을 이르는 말.

走獐落兔 주장낙토

달릴 走 노루 獐 떨어질 落 토끼 兔

노루를 쫓다가 생각지도 않은 토끼가 걸려들었다는 뜻으로, 뜻밖의 이익을 얻음을 이르는 말.

主酒客飯 주주객반

주인 主 술 酒 손님 客 밥 飯

주인은 손님에게 술을 권하고, 손님은 주인에게 밥을 권하며 다정히 먹고 마신다는 말.

走坂之勢 주판지세

달릴 走 비탈 坂 갈 之 기세 勢

가파른 산비탈을 내달리는 형세라는 뜻으로, 사람의 힘으로는 어찌할 도리가 없어 되어 가는 대로 맡겨 둘 수밖에 없다는 말.

㊙ 하산지세(下山之勢)

竹頭木屑
죽 두 목 설

대 竹 머리 頭 나무 木 가루 屑

대나무 조각과 나무의 부스러기라는 뜻으로, 하찮은 물건이라도 소홀히 하지 않으면 나중에 소중하게 쓰인다는 말.

출전 | 진서(晉書)

櫛風沐雨
즐 풍 목 우

[유] 풍찬노숙(風餐露宿)
문전걸식(門前乞食)

빗 櫛 바람 風 머리감을 沐 비 雨

바람으로 머리 빗고, 비로 목욕한다는 뜻으로, 긴 세월을 객지로 떠돌며 갖은 고생을 다 한다는 말.

출전 | 십팔사략(十八史略)

舐犢之情
지 독 지 정

[유] 지독지애(舐犢之愛)

핥을 舐 송아지 犢 갈 之 뜻 情

어미 소가 송아지를 핥아 주며 귀여워한다는 뜻으로, 어버이가 자식을 사랑하는 지극한 정을 비유하여 이르는 말.

地上天國
지 상 천 국

[유] 지상낙원(地上樂園)

땅 地 위 上 하늘 天 나라 國

이 세상에서 이루어지는 매우 자유롭고 풍족하며 행복한 사회를 이르는 말.

池魚籠鳥
지 어 농 조

못 池 고기 魚 대그릇 籠 새 鳥

연못의 물고기와 새장의 새라는 뜻으로, 부자유한 신세를 비유하여 가리키는 말.

출전 | 문선(文選)

知者不言 (지자불언)

알 知 사람 者 아니 不 말씀 言
지식이 많고 사리에 밝은 사람은 재능을 감추고 함부로 말하지 않는다는 말.

출전 | 노자(老子)

直言正論 (직언정론)

곧을 直 말씀 言 바를 正 논할 論
옳고 그른 것에 대하여 기탄없이 바로 하는 말과 언론을 이르는 말.

秦鏡高懸 (진경고현)

㊄ 명경고현(明鏡高懸)

나라이름 秦 거울 鏡 높을 高 매달 懸
밝은 거울이 높이 걸려 있다는 뜻으로, 사리에 밝거나 판결이 공정한 것을 일컫는 말.

眞金不鍍 (진금부도)

참 眞 쇠 金 아닌가 不 도금할 鍍
진짜 금에는 도금을 하지 않는다는 뜻으로, 진실한 재주가 있는 사람은 꾸밀 필요가 없다는 말.

출전 | 이신(李紳)-시(詩)

盡人事待天命 (진인사대천명)

㊄ 수인사대천명(修人事待天命)

다할 盡 사람 人 일 事 기다릴 待 하늘 天 목숨 命
사람으로서 할 수 있는 일은 다 한 뒤에 하늘의 뜻에 맡긴다는 말.

출전 | 독사관견(讀史管見)

執牛耳 (집우이)

잡을 執 소 牛 귀 耳

소의 귀를 잡는다는 뜻으로, 실권을 한 손에 장악하였다는 말.

懲羹吹菹 (징갱취제)

혼날 懲 국 羹 불 吹 버무릴 菹

뜨거운 국에 데어서 냉채를 후후 불어 먹는다는 뜻으로, 실패한 뒤 모든 일에 지나치게 조심한다는 말.

출전 | 초사(楚辭)-석송(惜誦)

⊕ 경궁지조(驚弓之鳥)
상궁지조(傷弓之鳥)

嗟來之食 (차래지식)

탄식할 嗟 올 來 갈 之 밥 食

무례한 태도로 불러서 주는 음식이란 뜻으로, 모욕적으로 받는 구조 물품을 일컫는 말.

출전 | 예기(禮記)

借賊兵 (차적병)

빌릴 借 도둑 賊 군사 兵

적군에게 무기를 빌려준다는 뜻으로, 자기를 해치려는 자를 도와준다는 말.

출전 | 전국책(戰國策)

鑿壁引光 (착벽인광)

뚫을 鑿 벽 壁 끌 引 빛 光

벽을 뚫어서 불빛을 끌어들인다는 뜻으로, 어려운 환경에서도 그것을 극복하여 열심히 공부한다는 말.

着足無處 (착족무처)

붙을 着 발 足 없을 無 살 處
발을 붙이고 설 자리가 없다는 뜻으로, 기반으로 삼고 의지할 만한 곳이 없음을 가리키는 말.

刹那 (찰나)

⊕ 순간(瞬間)
⊖ 영겁(永劫)

절 刹 어찌 那
어떤 일이나 사물 현상이 일어나는 바로 그때. 즉 1찰나는 75분의 1초에 해당하는 것으로 지극히 짧은 시간을 말함.

滄浪自取 (창랑자취)

⊕ 창랑가(滄浪歌)

큰바다 滄 물결 浪 스스로 自 취할 取
물이 맑고 흐린 데 맞추어 처신한다는 뜻으로, 좋은 말을 듣거나 나쁜 말을 듣는 것은 다 자기의 행동에 달렸다는 말.

采薇歌 (채미가)

캘 采 고비 薇 노래 歌
백이(伯夷)·숙제(叔齊)가 지은 노래로 고사리 캐는 노래라는 뜻으로, 절의지사의 노래를 이르는 말.

출전 | 사기(史記) - 백이열전(伯夷列傳)

冊床退物 (책상퇴물)

⊕ 백면서생(白面書生)

책 冊 평상 床 물러날 退 만물 物
책상에서 물러난 물건이라는 뜻으로, 글만 배우던 사람으로 세상 물정에 어두운 사람을 가리키는 말.

妻城子獄 (처성자옥)

아내 妻 재 城 아들 子 옥 獄
아내는 성이고 자식은 옥이라는 뜻으로, 아내와 자식이 있는 사람은 거기에 얽매여 자유롭게 활동할 수 없음을 비유하여 가리키는 말.

天空海闊 (천공해활)

하늘 天 빌 空 바다 海 트일 闊
하늘은 비고 바다는 트였다는 뜻으로, 끝없는 하늘과 드넓은 바다처럼 도량이 크고 넓어서 기상이 맑고 거리낌이 없음을 가리키는 말.

㊤ 자유활달(自由闊達)
해활천공(海闊天空)

출전 | 고금시화(古今詩話)

天羅地網 (천라지망)

하늘 天 그물 羅 땅 地 그물 網
하늘과 땅에 쳐진 그물이란 뜻으로, 피할 수 없는 경계망이나 벗어날 길이 없는 재앙을 이르는 말.

㊵ 뛰어야 벼룩

千慮一得 (천려일득)

일천 千 생각할 慮 한 一 얻을 得
천 번을 생각하면 한번 얻는 것이 있다는 뜻으로, 어리석은 사람도 많은 생각 가운데는 한 가지쯤 좋은 생각을 할 수 있다는 말.

㊤ 우자일득(愚者一得)
㊥ 천려일실(千慮一失)

출전 | 사기(史記)

千里送鵝毛 (천리송아모)

일천 千 마을 里 보낼 送 거위 鵝 털 毛
천리 밖에서 거위 털을 보냈다는 뜻으로, 선물은 하찮아도 성의만은 돈독하다는 말.

千里眼 (천리안)

일천 千 마을 里 눈 眼

천리를 내다볼 수 있는 눈이라는 뜻으로, 세상사를 꿰뚫어보거나 먼 곳에서 일어난 일을 미리 예지하는 능력을 이르는 말.

출전 | 위서(魏書)-양일전

千萬不當 (천만부당)

⊕ 천부당 만부당(千不當萬不當)
천만불가(千萬不可)

일천 千 일만 萬 아닌가 不 마땅할 當

조금도 사리에 맞지 않거나 정당하지 않다는 뜻으로, 전혀 이치에 맞지 않는다는 말.

千差萬別 (천차만별)

⊕ 천태만상(千態萬象)

일천 千 어긋날 差 일만 萬 나눌 別

수많은 차이와 구별이라는 뜻으로, 여러 가지 사물이 모두 차이와 구별이 있다는 뜻.

千態萬象 (천태만상)

⊕ 천상만태(千狀萬態)

일천 千 모양 態 일만 萬 코끼리 象

모든 사물이 제각기 다른 모습을 하고 있음을 이르는 말.

淺學菲才 (천학비재)

⊕ 천학단재(淺學短才)

얕을 淺 배울 學 엷을 菲 재주 才

배운 바가 얕고 재주가 없다는 뜻으로, 자기의 학식을 겸손하게 이르는 말.

鐵心石腸
철심석장

⊕ 철석간장(鐵石肝腸)

쇠 鐵 마음 心 돌 石 창자 腸
쇠 같은 마음에 돌 같은 창자라는 뜻으로, 지조가 철석같이 견고하여 외부의 유혹에도 동요되지 않는 경지를 이르는 말.

출전 | 소식(蘇軾)-서(書)

徹天之寃
철천지원

⊕ 철천지수(徹天之讐)
철천지한(徹天之恨)

통할 徹 하늘 天 갈 之 원통할 寃
하늘에 사무치는 원한이라는 뜻으로, 하늘에 사무칠 정도의 크나큰 원한을 가리킴.

喋喋不休
첩첩불휴

⊕ 노노불휴(呶呶不休)

재잘거릴 喋 재잘거릴 喋 아니 不 쉴 休
재잘거리는 것이 쉴 틈이 없다는 뜻으로, 수다스러워 사람들의 미움을 받는다는 말.

출전 | 사기(史記)

淸　談
청　담

⊕ 죽림칠현(竹林七賢)
청담(淸譚)

맑을 淸 말씀 談
속되지 않은 청아한 이야기라는 뜻으로, 명예나 이익을 초월한 고상한 논의를 이르는 말.

출전 | 후한서(後漢書)-정태전(鄭太傳)

樵童汲婦
초동급부

⊕ 장삼이사(張三李四)
갑남을녀(甲男乙女)

땔나무 樵 아이 童 길을 汲 며느리 婦
땔나무를 하는 아이와 물을 긷는 아낙네라는 뜻으로, 평범한 사람을 뜻하는 말.

焦頭爛額
초 두 난 액

그을릴 焦 머리 頭 빛날 爛 이마 額
머리를 그슬리고 이마를 태워 가며 불을 끈다는 뜻으로, 몹시 애를 쓴다는 말.

출전 | 한서(漢書)

草露人生
초 로 인 생

㊨ 조로인생(朝露人生)
　인생약몽(人生若夢)

풀 草 이슬 露 사람 人 날 生
해가 나면 없어지는 풀에 맺힌 이슬처럼, 덧없는 인생을 이르는 말.

草莽之臣
초 망 지 신

㊨ 초목지신(草木之臣)

풀 草 우거질 莽 갈 之 신하 臣
풀떨기 같은 신하라는 뜻으로, 벼슬을 하지 않고 초야에 묻혀 사는 사람을 이르는 말.

출전 | 맹자(孟子)

草網着虎
초 망 착 호

㊨ 고망착호(藁網着虎)

풀 草 그물 網 붙을 着 범 虎
썩은 새끼로 엮은 망으로 범을 잡는다는 뜻으로, 엉터리없는 짓을 이르는 말.

草木同腐
초 목 동 부

㊨ 초목구부(草木俱腐)
　초목구후(草木俱朽)

풀 草 나무 木 한가지 同 썩을 腐
초목과 함께 썩어 없어진다는 뜻으로, 해야 할 일을 못하거나 이름을 남기지 못하고 죽는 다는 말.

初不得三
초 부 득 삼

처음 初 아닐 不 얻을 得 석 三
처음에는 실패하고 세 번째 성공한다는 뜻으로, 꾸준히 노력하면 성공한다는 말.

礎潤而雨
초 윤 이 우

주춧돌 礎 젖을 潤 말이을 而 비 雨
주춧돌이 축축해지면 비가 온다는 뜻으로, 원인이 있으면 결과가 있다는 말.

楚材晉用
초 재 진 용

초나라 楚 재목 材 나아갈 晉 쓸 用
초나라의 재목을 가져다가 진나라의 것으로 삼는다는 뜻으로, 다른 나라의 인재를 불러다가 자국에 등용시킨다는 말.

출전 | 춘추좌씨전(春秋左氏傳)

最後發惡
최 후 발 악

가장 最 뒤 後 필 發 악할 惡
마지막으로 온 힘을 다하여 하는 발악을 이르는 말.

最後手段
최 후 수 단

가장 最 뒤 後 손 手 층계 段
마지막으로 사용하는 수단이라는 뜻으로, 마지막 방법을 이르는 말.

趨附依賴
추 부 의 뢰

달리 趨 붙을 附 의지할 依 의뢰할 賴
세력 있는 사람에게 가까이하여 붙좇아 의지하여 지낸다는 말.

秋扇子
추 선 자

㉨ 추풍선(秋風扇)
　 하로동선(夏爐冬扇)

가을 秋 부채 扇 아들 子
서늘한 바람이 불어 아무도 거들떠보지 않는 부채라는 뜻으로, 남자의 사랑을 잃은 여자. 곧, 실연당한 여자나 소박맞은 아낙네를 일컫는 말. **출전** | 원가행(怨歌行)

秋風扇
추 풍 선

㉨ 동선하로(冬扇夏爐)

가을 秋 바람 風 부채 扇
가을바람에 부채라는 뜻으로, 철이 지나서 쓸모없이 된 물건을 비유적으로 이르는 말. **출전** | 옥대신영집(玉臺新詠집)

秋毫不犯
추 호 불 범

㉧ 추호(秋毫)

가을 秋 가는털 毫 아니 不 범할 犯
조금도 범하지 않는다는 뜻으로, 마음씨가 매우 청렴하여 남의 것을 조금도 범하지 않는다는 뜻. **출전** | 한서(漢書)

逐鹿
축 록

㉨ 각축(角逐)
　 미지록사수수(未知鹿死誰手)

쫓을 逐 사슴 鹿
사슴을 뒤쫓는다는 뜻으로, 제위나 정권 따위를 얻으려고 다투는 일을 말함. **출전** | 사기(史記)-회음후열전(淮陰侯列傳)

逐鹿者不見山
축 록 자 불 견 산

㊌ 축록자불고토(逐鹿者不顧兔)

쫓을 逐 사슴 鹿 사람 者 아니 不 볼 見 뫼 山

사슴을 쫓는 자는 산을 보지 못한다는 뜻으로, 명예와 욕망에 눈먼 사람은 눈앞에 위험도 못 본다는 말.

출전 | 회남자(淮南子)–설림훈(說林訓)

春蛙秋蟬
춘 와 추 선

봄 春 개구리 蛙 가을 秋 매미 蟬

봄의 개구리와 가을 매미의 시끄러운 울음소리라는 뜻으로, 쓸모없는 주장이나 담화를 이르는 말.

출전 | 진서(晉書)

春雉自鳴
춘 치 자 명

봄 春 꿩 雉 스스로 自 울 鳴

봄철의 꿩이 스스로 운다는 뜻으로, 자기 허물을 스스로 드러내어 화를 자초한다는 말.

出將入相
출 장 입 상

날 出 장수 將 들 入 서로 相

나가서는 장수요, 들어와서는 재상이란 뜻으로, 문무를 겸전하여 장상의 벼슬을 두루 지낸다는 말.

出天之孝
출 천 지 효

㊌ 출천대효(出天大孝)

날 出 하늘 天 갈 之 효도 孝

하늘이 낸 효자라는 뜻으로, 지극한 효성을 이르는 말.

衝目之杖
충 목 지 장

찌를 衝 눈 目 갈 之 지팡이 杖

눈을 찌를 막대기라는 뜻으로, 남을 해칠 악한 마음을 이르는 말.

聚蚊成雷
취 문 성 뢰

모을 聚 모기 蚊 이룰 成 우레 雷

모기가 모이면 그 소리가 우레와 같다는 뜻으로, 간신들의 참소가 횡행하다는 말.

출전 | 한서(漢書)

取食之計
취 식 지 계

취할 取 밥 食 갈 之 셈할 計

밥을 취할 정도의 계책이라는 뜻으로, 겨우 밥이나 얻어먹고 살아가려는 꾀를 가리키는 말.

惻隱之心
측 은 지 심

슬퍼할 惻 숨을 隱 갈 之 마음 心

사단(四端)의 하나. 남의 불행을 불쌍히 여기고 깊이 동정하는 마음을 말함.

⑨ 측심(惻心)

출전 | 맹자(孟子)-공손추(公孫丑)

齒亡舌存
치 망 설 존

이 齒 망할 亡 혀 舌 있을 存

이빨이 없어져도 혀는 남는다는 뜻으로, 굳은 것은 먼저 깨지고 부드러운 것은 오래 남는다는 말.

⑨ 치타설존(齒墮舌存)
치폐설존(齒弊舌存)

출전 | 설원(說苑)

七步之詩
칠 보 지 시

일곱 七 걸음 步 갈 之 시 詩
일곱 걸음 걷는 사이에 지은 시란 뜻으로, 아주 훌륭한 글재주를 이르는 말.

출전 | 세설신어(世說新語)

快犢破車
쾌 독 파 차(거)

쾌할 快 송아지 犢 깨뜨릴 破 수레 車
기세 좋은 송아지가 수레를 깨뜨린다는 뜻으로, 기세 좋은 송아지는 흔히 끄는 수레를 부서뜨리는 것처럼 장래에 큰일을 하려는 젊은이는 스스로를 경계해야 함을 말함.

출전 | 진서(晉書)

快行無好步
쾌 행 무 호 보

⑨ 급행무선보(急行無善步)

쾌할 快 다닐 行 없을 無 좋을 好 걸음 步
빠르게 걸으면 발걸음이 고르지 않다는 뜻으로, 일을 급하게 하면 결과가 그리 좋지는 않다는 말.

출전 | 통속편(通俗編)

他尚何說
타 상 하 설

⑨ 추차가지(推此可知)

다를 他 오히려 尚 어찌 何 말씀 說
다른 것은 말하여 무엇하랴의 뜻으로, 한 가지 일을 보면 다른 일을 보지 않아도 헤아릴 수 있다는 말.

唾手可得
타 수 가 득

⑨ 타수가결(唾手可決)
타수가취(唾手可取)

침 唾 손 手 옳을 可 얻을 得
손바닥에 침을 뱉는 것처럼 쉽게 얻을 수 있다는 뜻으로, 쉽사리 일이 이루어질 것을 기약할 수 있다는 말.

출전 | 후한서(後漢書)

擢髮難數 (탁발난수)
㈜ 탁발막수(擢髮莫數)

뽑을 擢 터럭 髮 어려울 難 셈할 數
일일이 뽑아내서 헤아리기 어렵다는 뜻으로, 지은 죄가 헤아릴 수 없이 많은 것을 비유하는 말. 　　　출전 | 사기(史記)

蕩蕩平平 (탕탕평평)
㈜ 탕평(蕩平)

쓸어버릴 蕩 쓸어버릴 蕩 평평할 平 평평할 平
평탄하고 평평한 모양이라는 뜻으로, 어느 쪽에도 치우치지 않음을 가리키는 말.

太公望 (태공망)
㈜ 강태공(姜太公)

클 太 공변될 公 바랄 望
중국 주(周)나라의 재상인 태공망이 낚시질을 즐겼다는 데서 비롯된 말로, 낚시질을 좋아하는 사람을 일컫는 말.

출전 | 사기(史記)-제태공세가(齊太公世家)

泰山壓卵 (태산압란)

클 泰 뫼 山 누를 壓 알 卵
큰 산이 알을 누른다는 뜻으로, 역량에 있어서 현격한 차이가 나는 것을 비유하는 말. 　　　출전 | 진서(晉書)

泰然自若 (태연자약)
㈜ 안연자약(晏然自若)
　　담소자약(談笑自若)

클 泰 그러할 然 스스로 自 같을 若
마음에 무슨 충동을 받을 만한 일이 있어도, 태연하고 천연스럽다는 말.

太平聖代
태 평 성 대

㊤ 태평성세(太平聖歲)
　 강구연월(康衢煙月)

클 太 평평할 平 성인 聖 대신할 代

태평한 성스러운 시대라는 뜻으로, 어질고 착한 임금이 잘 다스리어 태평한 세상을 말함.

兔角龜毛
토 각 귀 모

㊤ 우입서혈(牛入鼠穴)

토끼 兔 뿔 角 거북 龜 털 毛

토끼의 뿔과 거북의 털이라는 뜻으로, 이 세상에 있을 수 없는 일을 비유하여 가리키는 말.

출전 | 능엄경(楞嚴經)

土美養禾
토 미 양 화

흙 土 아름다울 美 기를 養 벼 禾

흙이 고우면 벼를 기를 수 있다는 뜻으로, 어진 임금은 인재를 잘 기르게 된다는 말.

출전 | 한서(漢書)

吐哺握髮
토 포 악 발

㊤ 토포착발(吐哺捉髮)
　 악발토포(握髮吐哺)

토할 吐 먹을 哺 쥘 握 터럭 髮

먹던 것을 뱉고 감던 머리를 움켜쥔다는 뜻으로, 현인을 모셔 오기 위해 성의를 다하는 정성과 자세를 비유하는 말.

출전 | 한시외전(韓詩外傳)

槌輕釘聳
퇴 경 정 용

㊤ 추경정용(椎輕釘聳)

망치 槌 가벼울 輕 못 釘 솟을 聳

망치가 가벼우면 못이 다시 솟는다는 뜻으로, 윗사람이 엄하게 다스리지 않으면 아랫사람이 말을 듣지 않는다는 말.

推敲 (퇴고)

유 개고(改稿), 고퇴(敲推)

밀 推 부드릴 敲

미는 것과 두드리는 것이라는 뜻으로, 시문을 지을 때, 자구(字句)를 여러 번 생각하고 고친다는 말.

출전 | 당시기사(唐詩紀事)-가도(賈島)

特立獨行 (특립독행)

특별할 特 설 立 홀로 獨 다닐 行

홀로 서서 홀로 행한다는 뜻으로, 세속에 따르지 않고 오로지 믿는 바에 따라 행동한다는 의미나 남에게 굴종하지 않고 소신을 수행함을 말함.

출전 | 예기(禮記)

破家瀦宅 (파가저택)

깨뜨릴 破 집 家 웅덩이 瀦 집 宅

중죄인의 집을 헐어 없애고, 그 터를 파서 물을 대어 못을 만들던 형벌을 이르는 말.

破鏡 (파경)

유 파경부조(破鏡不照)

깨뜨릴 破 거울 鏡

부부의 금실이 좋지 않아 이별하게 되는 일이라는 뜻으로, 한 번 헤어진 부부는 다시 결합하기 어려움. 또는, 이지러진 달을 비유한 말.

출전 | 사기(史記)

破器相接 (파기상접)

유 파기상종(破器相從)

깨뜨릴 破 그릇 器 서로 相 이을 接

깨어진 그릇 조각을 다시 맞춘다는 뜻으로, 이미 잘못된 일을 바로잡으려고 쓸데없이 애쓴다는 말.

출전 | 파기상종(破器相從)

破落戶 (파락호)

깨뜨릴 破 떨어질 落 지게 戶

재력있는 집안의 자식으로서 경우 없이 마구잡이로 노는 건달이나 불량배를 지칭하는 말.

波瀾曲折 (파란곡절)

물결 波 물결 瀾 굽을 曲 꺾을 折

사람의 생활이나 일의 진행에서 일어나는 여러 가지 어려움이나 시련. 또는 그런 변화를 말함.

⑪ 우여곡절(迂餘曲折)

波瀾重疊 (파란중첩)

물결 波 물결 瀾 무거울 重 겹쳐질 疊

물결 위에 물결이 인다다는 뜻으로, 일의 진행에 있어 변화와 난관이 거듭된다는 말.

⑪ 파란만장(波瀾萬丈)

破釜沈船 (파부침선)

깨뜨릴 破 가마 釜 잠길 沈 배 船

병사들이 솥을 깨뜨리고 배를 침몰시킨다는 뜻으로, 죽기를 각오하고 싸움에 임한다는 말.

출전 | 사기(史記)

⑪ 배수진(背水陣)
파부침주(破釜沈舟)

破甑不顧 (파증불고)

깨뜨릴 破 시루 甑 아니 不 돌아볼 顧

이미 깨진 질그릇을 돌아볼 필요가 없다는 뜻으로, 만회할 수 없는 일을 가지고 아쉬워하거나 비통해할 필요는 없다는 말.

八年兵火
팔 년 병 화
윤 팔년풍진(八年風塵)

여덟 八 해 年 병사 兵 불 火
항우(項羽)와 유방(劉邦) 사이의 8년에 걸친 전쟁이라는 뜻으로, 오랫동안 결정되지 않은 승부를 비유한 말.   출전 | 사기(史記)

八面六臂
팔 면 육 비
윤 삼면육비(三面六臂)

여덟 八 얼굴 面 여섯 六 팔 臂
여덟 개의 얼굴과 여섯 개의 팔이라는 뜻으로, 어떤 일을 당해도 능히 처리하는 수완과 능력이 있다는 말.

烹頭耳熟
팽 두 이 숙
윤 망거목수(網擧目隨)

삶을 烹 머리 頭 귀 耳 익을 熟
머리를 삶으면 귀까지 익는다는 뜻으로, 중요한 부분만 처리하면 남은 것은 따라서 저절로 해결된다는 말.

출전 | 순오지(旬五志)

偏苦之役
편 고 지 역

치우칠 偏 쓸 苦 갈 之 부릴 役
치우친 고통의 부림이라는 뜻으로, 남보다 괴로움을 더 받으면서 하는 일이라는 뜻.   출전 | 풍몽룡(馮夢龍)

片言折獄
편 언 절 옥

조각 片 말씀 言 꺾을 折 옥 獄
한마디 말로 송사의 판결을 내린다는 뜻으로, 사람됨이 성실한 것을 일컫거나 판결이 공정한 것을 이르는 말.

출전 | 논어(論語)

便宜從事 (편의종사)

편할 便 마땅할 宜 쫓을 從 일 事
임금이 사신을 보낼 때, 어떤 결정적인 지시를 내리지 않고 가서 형편에 따라 하도록 맡긴다는 말.

平沙落雁 (평사낙안)

평평할 平 모래 沙 떨어질 落 기러기 雁
모래펄에 내려앉는 기러기라는 뜻으로, 글씨를 예쁘게 잘 쓰는 것을 비유하는 말.

출전 | 등왕각서(滕王閣序)

萍水相逢 (평수상봉)

부평초 萍 물 水 서로 相 만날 逢
부평초와 물이 서로 만난다는 뜻으로, 길에서 우연히 만남을 이르는 말.

平地落傷 (평지낙상)

평평할 平 땅 地 떨어질 落 다칠 傷
평지에서 넘어져 다친다는 뜻으로, 뜻밖에 당하는 불행을 이르는 말.

平地突出 (평지돌출)

참 등용문(登龍門)

평평할 平 땅 地 갑자기 突 날 出
평지에 산이 우뚝 솟는다는 뜻으로, 변변치 못한 집안에서 인물이 나옴을 비유하는 말.

弊衣破冠
폐의파관

유 폐의파립(敝衣破笠)

해질 弊 옷 衣 깨뜨릴 破 갓 冠
해진 옷과 부서진 갓이라는 뜻으로, 너절하고 구차한 차림새를 이르는 말.

抱頭鼠竄
포두서찬

안을 抱 머리 頭 쥐 鼠 숨을 竄
머리를 싸매고 쥐처럼 숨는다는 뜻으로, 무서워서 몰골사납게 얼른 숨는다는 말.

蒲柳之質
포류지질

유 포류지자(蒲柳之姿)
반 송백지질(松柏之質)

부들 蒲 버들 柳 갈 之 바탕 質
갯버들 같은 체질이라는 뜻으로, 사람의 체질이 허약하거나 나이보다 일찍 노쇠함을 비유적으로 이르는 말.

출전 | 세설신어(世說新語)

抱璧有罪
포벽유죄

유 회벽유죄(懷璧有罪)
회옥유죄(懷玉有罪)

안을 抱 구슬 璧 있을 有 허물 罪
구슬을 가지고 있는 것이 죄라는 뜻으로, 분수에 맞지 않는 귀한 물건을 지니고 있으면 재앙을 부를 수 있음을 이르는 말.

출전 | 춘추좌씨전(春秋左氏傳)

抱佛脚
포불각

안을 抱 부처 佛 다리 脚
급할 때 부처님 발을 끌어안는다는 뜻으로, 평소에는 전혀 대비하지 않고 있다가 급하게 되었을 때 구원을 바란다는 말.

抱薪救火
포 신 구 화

㈜ 부신구화(負薪救火)
구화투신(救火投薪)

안을 抱 섶나무 薪 구원할 救 불 火
섶을 지고 불을 끈다는 뜻으로, 화를 없애기는커녕 잘못된 방법 때문에 도리어 더 큰 화를 불러들인다는 말. 출전 | 한서(漢書)

砲煙彈雨
포 연 탄 우

대포 砲 연기 煙 탄알 彈 비 雨
총포의 연기와 비 오듯 하는 탄환이라는 뜻으로, 치열한 전투를 이르는 말.

布衣之交
포 의 지 교

㈜ 포의지우(布衣之友)

베 布 옷 衣 갈 之 사귈 交
벼슬이 없는 선비와 서민의 교제라는 뜻으로, 신분이나 지위를 떠나 이익 따위를 바라지 않는 교제를 비유하는 말.

출전 | 사기(史記)

暴殄天物
포 진 천 물

사나울 暴 다할 殄 하늘 天 만물 物
물건을 아까운 줄 모르고 마구 써 버리거나 아껴 쓰지 않고 함부로 버림을 이르는 말. 출전 | 서경(書經)

捕風捉影
포 풍 착 영

㈜ 계풍(係風)

잡을 捕 바람 風 잡을 捉 그림자 影
바람을 잡고 그림자를 붙든다는 뜻으로, 허망한 언행을 이르는 말. 출전 | 한서(漢書)

咆虎陷浦
포 호 함 포

성낼 咆 범 虎 빠질 陷 개 浦
으르렁대기만 하는 범이 개펄에 빠진다는 뜻으로, 큰소리만 치고 일은 이루지 못함을 이르는 말.

출전 | 순오지(旬五志)

輻輳幷臻
폭 주 병 진

㊌ 집중(集中)

바퀴살 輻 모일 輳 어우를 幷 이를 臻
수레바퀴의 살이 바퀴통에 모이듯 한다는 뜻으로, 한곳으로 많이 몰려든다는 말.

출전 | 한비자(韓非子)

風霜之任
풍 상 지 임

바람 風 서리 霜 갈 之 맡길 任
사정을 두지 않고 냉엄하게 일을 처리해야 하는 임무를 이르는 말로 어사나 사법관을 일컫는다.

風雲兒
풍 운 아

㊌ 풍운재자(風雲才子)

바람 風 구름 雲 아이 兒
비바람을 무릅쓰는 사람이라는 뜻으로, 난세에 처하여 위난을 무릅쓰고 활약하여 세상에 두각을 나타내는 사나이라는 뜻.

風雲造化
풍 운 조 화

바람 風 구름 雲 지을 造 될 化
바람이나 구름의 예측하기 어려운 변화를 이르는 말.

風月主人
풍월주인

바람 風 달 月 주인 主 사람 人
바람과 달의 주인이라는 뜻으로, 자연을 즐기는 사람을 이르는 말.

風前細柳
풍전세류

참 청풍명월(淸風明月)

바람 風 앞 前 가늘 細 버들 柳
바람 앞에 나부끼는 세버들이라는 뜻으로, 부드럽고 영리한 성격을 평하여 이르는 말.

風前之塵
풍전지진

유 풍전등화(風前燈火)

바람 風 앞 前 갈 之 티끌 塵
바람 앞의 먼지라는 뜻으로, 사물의 무상함을 비유하여 이르는 말. 출전 | 문선(文選)

風定浪息
풍정낭식

바람 風 정할 定 물결 浪 숨쉴 息
바람이 자고 파도가 잔잔해진다는 뜻으로, 들떠서 어수선하던 것이 가라앉음을 이르는 말.

風打浪打
풍타낭타

유 풍타죽랑타죽(風打竹浪打竹)

바람 風 칠 打 물결 浪 칠 打
바람 부는 대로 물결치는 대로라는 뜻으로, 일정한 주의나 주장이 없이 그저 대세에 따라 행동한다는 말.

疲馬不驚鞭
피 마 불 경 편

㊂ 피마불외편추(疲馬不畏鞭箠)

지칠 疲 말 馬 아니 不 놀랄 驚 채찍 鞭
피곤한 말은 채찍도 무서워하지 않는다는 뜻으로, 곤궁한 처지에 빠지면 엄한 벌도 두려워하지 않고 죄를 범한다는 말.

下愚不移
하 우 불 이

아래 下 어리석을 愚 아니 不 옮길 移
매우 어리석고 못난 사람은 언제나 그대로 있다는 뜻으로, 본바탕이 워낙 못난 사람은 변함이 없다는 말. 　출전 | 논어(論語)

何厚何薄
하 후 하 박

어찌 何 두터울 厚 어찌 何 엷을 薄
어느 쪽은 후하게 하고 어느 쪽은 박하게 한다는 뜻으로, 사람에 따라 차별하여 대우한다는 말.

汗馬之勞
한 마 지 로

땀 汗 말 馬 갈 之 일할 勞
싸움터에서 말을 달려 싸운 공로라는 뜻으로, 싸움에 이긴 공로 또는 말이 땀을 흘릴 정도의 노역을 이르는 말.

출전 | 전국책(戰國策)

旱時太出
한 시 태 출

가물 旱 때 時 클 太 날 出
가뭄에 콩 나듯 한다는 뜻으로, 어떤 일이나 물건이 드문드문 있을 때 하는 말.

출전 | 동언해(東言解)

韓信匍匐
한 신 포 복

㊤ 한신출고하(韓信出袴下)

나라 韓 믿을 信 길 匍 길 匐

한신이 남의 가랑이 밑을 기어서 지나간다는 뜻으로, 큰 목적이 있는 사람은 눈앞의 부끄러움을 참고 이겨냄을 이르는 말.

출전 | 사기(史記)

汗牛充棟
한 우 충 동

㊤ 옹서만권(擁書萬卷)
오거서(五車書)

땀 汗 소 牛 채울 充 마룻대 棟

짐을 실으면 소가 땀을 흘리고, 쌓으면 대들보에까지 미친다는 뜻에서, 썩 많은 장서를 이르는 말.

출전 | 유종원(柳宗元)–표(表)

汗出沾背
한 출 첨 배

㊤ 냉한삼두(冷汗三斗)

땀 汗 날 出 적실 沾 등 背

땀이 흘러 등을 적신다는 뜻으로, 식은땀이 등줄에 흘러내리는 것에서 부끄러워함을 말함.

출전 | 사기(史記)

割鷄焉用牛刀
할 계 언 용 우 도

나눌 割 닭 鷄 어찌 焉 쓸 用 소 牛 칼 刀

닭 잡는 데 소 잡는 큰 칼을 쓸 필요까지는 없다는 뜻으로, 하찮은 일에 거창한 수단을 동원할 필요가 없다는 말.

출전 | 논어(論語)–양화편(陽貨篇)

割半之痛
할 반 지 통

나눌 割 반 半 갈 之 아플 痛

몸의 절반을 베어내는 아픔이란 뜻으로, 형제자매가 죽은 슬픔을 이르는 말.

割肉充腹
할 육 충 복
⊕ 할고담복(割股啖腹)

나눌 割 고기 肉 찰 充 배 腹
자기 살을 베어 배를 채운다는 뜻으로, 혈족의 재물을 빼앗는 짓을 비유적으로 일컫는 말. 출전 | 자치통감(資治通鑑)

解語花
해 어 화
⊕ 경국지색(傾國之色)
화용월태(花容月態)

풀 解 말씀 語 꽃 花
말을 이해하는 꽃이라는 뜻으로, 당나라 현종이 양귀비를 해어화로 일컬었다는 고사에서 미인을 가리키는 말. 출전 | 당서(唐書)

行不由徑
행 불 유 경
⊕ 군자대로행(君子大路行)
행불유방(行不踰方)

다닐 行 아니 不 말미암을 由 지름길 徑
길을 가는데 지름길을 취하지 않는다는 뜻으로, 행동을 공명정대(公明正大)하게 함을 비유하여 가리키는 말. 출전 | 논어(論語)-옹야편

行秘書
행 비 서

다닐 行 숨길 秘 글 書
걸어 다니는 비서라는 뜻으로, 아는 것이 많고 기억력이 뛰어난 사람을 이르는 말. 출전 | 세설신어(世說新語)

行尸走肉
행 시 주 육
⊕ 주시행육(走尸行肉)

다닐 行 주검 尸 달릴 走 고기 肉
살아있는 송장과 달리는 고깃덩이라는 뜻으로, 배운 것이 없어서 아무 쓸모가 없는 사람을 이르는 말. 출전 | 습유기(拾遺記)

向陽花木 (향양화목)

향할 向 볕 陽 꽃 花 나무 木
볕을 잘 받은 꽃나무라는 뜻으로, 입신출세하기 좋은 여건을 갖춘 사람을 일컫는 말.

獻芹之誠 (헌근지성)

바칠 獻 미나리 芹 갈 之 정성 誠
미나리를 바치는 정성이라는 뜻으로, 정성을 다하여 올리는 마음을 이르는 말.

⑨ 헌근지의(獻芹之意)

懸鶉百結 (현순백결)

매달 懸 메추라기 鶉 일백 百 맺을 結
누덕누덕 여러 번 기운 아주 낡은 옷. '현순'은 옷이 해져서 너덜너덜한 것이 메추리의 꽁지깃이 빠진 것과 같다는 뜻으로, 해진 옷을 말함.

참 백결선생(百結先生)

懸河口辯 (현하구변)

매달 懸 물 河 입 口 말잘할 辯
급히 흐르는 물과 같은 말재주라는 뜻으로, 도도히 흐르는 물과 같이 거침없이 잘 하는 말의 의미함. 출전 | 진서(晉書)

⑨ 현하지변(懸河之辯)
　 현하웅변(懸河雄辯)

形單影隻 (형단영척)

모양 形 홑 單 그림자 影 외짝 隻
형체가 하나이므로 그림자도 하나라는 뜻으로, 의지할 곳 없는 외로운 처지를 이르는 말.

⑨ 혈혈무의(孑孑無依)
　 사고무친(四顧無親)

形影相同 (형영상동)

모양 形 그림자 影 서로 相 한가지 同

형체의 곧고 굽음에 따라 그림자도 곧고 굽는다는 뜻으로, 마음의 선악이 그대로 행동으로 드러남을 이르는 말.

출전 | 열자(列子)

形枉影曲 (형왕영곡)

모양 形 굽을 枉 그림자 影 굽을 曲

물체가 구부러지면 그림자도 구부러진다는 뜻으로, 원인과 결과가 반드시 일치한다는 말.

虎狼之心 (호랑지심)

참 잔인무도(殘忍無道)
극악무도(極惡無道)

범 虎 이리 狼 갈 之 마음 心

호랑이나 이리의 마음이라는 뜻으로, 호랑이나 이리와 같이 사납고 무자비한 사람의 마음을 비유하여 가리키는 말.

출전 | 설원(說苑)

虎尾難放 (호미난방)

유 기호지세(騎虎之勢)

범 虎 꼬리 尾 어려울 難 놓을 放

범의 꼬리를 놓기도 어렵고 안 놓으려니 난감하다는 뜻으로, 이러지도 저러지도 못할 처지에 놓임을 이르는 말.

출전 | 서경(書經)

虎父犬子 (호부견자)

참 호부무견자(虎父無犬子)

범 虎 아비 父 개 犬 아들 子

아비는 범인데 새끼는 개라는 뜻으로, 훌륭한 아버지에 비하여 자식은 그렇지 못함을 비유함.

好事多魔 (호사다마)

좋을 好 일 事 많을 多 마귀 魔

좋은 일에는 나쁜 일도 많이 뒤따른다는 뜻으로, 좋은 일이 성취되기 위해서는 그만큼 노력과 고충이 뒤따른다는 말.

유) 시어다골(鰣魚多骨)

출전 | 홍루몽(紅樓夢)

狐死免泣 (호사토읍)

여우 狐 죽을 死 토끼 免 울 泣

여우의 죽음에 토끼가 운다는 뜻으로, 동료의 불행을 슬퍼함을 이르는 말.

유) 호사토비(狐死免悲)
토사호비(免死狐悲)

출전 | 송사(宋史)

虎視牛步 (호시우보)

범 虎 볼 視 소 牛 걸음 步

호랑이같이 예리하고 무섭게 사물을 보고 소같이 신중하게 행동한다는 뜻으로, 모든 일에 신중을 기함을 뜻함.

豪言壯談 (호언장담)

호걸 豪 말씀 言 씩씩할 壯 말씀 談

호기스러운 말과 씩씩한 이야기라는 뜻으로, 의기양양하게 큰 소리로 장담하는 말이나, 제 분수에 맞지 않는 말로 지껄이는 큰 소리.

유) 대언장담(大言壯談)

昊天罔極 (호천망극)

하늘 昊 하늘 天 그물 罔 다할 極

하늘이 끝이 없다는 뜻으로, 하늘이 넓고 크며 끝이 없음과 같이 부모의 은혜가 넓고 커서 다함이 없음을 가리키는 말.

참) 불승영모(不勝永慕)
망극지은(罔極之恩)

출전 | 시경(詩經)

呼兄呼弟
호 형 호 제

부를 呼 맏 兄 부를 呼 아우 弟

서로 형이니 아우니 하고 부른다는 뜻으로, 매우 가까운 친구로 지낸다는 말.

⑨ 왈형왈제(曰兄曰弟)
  여형약제(如兄若弟)

渾然一體
혼 연 일 체

흐릴 渾 그러할 然 한 一 몸 體

혼연히 자연스럽게 융화되어 한 몸이 된다는 뜻으로, 조그마한 차별이나 균열도 없이 한 몸이 됨을 가리키는 말.

⑨ 혼연일치(渾然一致)
  혼연천성(渾然天性)

鴻雁哀鳴
홍 안 애 명

기러기 鴻 기러기 雁 슬플 哀 울 鳴

기러기의 슬피 우는 소리란 뜻으로, 가난한 백성들이 비참한 경지에 처한 상태를 이르는 말.

紅 一 點
홍 일 점

붉을 紅 한 一 점 點

푸른 것이 여럿 있는 가운데 붉은 것 하나라는 뜻으로, 많은 남자들 사이에 여자 한 명을 이르는 말.

⑨ 일점홍(一點紅)
⑪ 청일점(靑一點)

출전 | 왕안석(王安石)-영석류시(詠石榴詩)

和氣靄靄
화 기 애 애

화할 和 기운 氣 아지랑이 靄 아지랑이 靄

따뜻한 기운이 포근하다는 뜻으로, 따스하고 부드러운 기운이 넘쳐흐르는 듯, 온화하고 화목한 분위기가 가득함을 말함.

和而不同
화 이 부(불) 동
(반) 동이불화(同而不和)

화할 和 말이을 而 아닐 不 한가지 同

화합하지만 같지는 않다는 뜻으로, 남과 화친하기는 하나 아첨하면서까지 따르는 부화뇌동하지는 않는다는 뜻.

출전 | 논어(論語)

花田衝火
화 전 충 화
(유) 화하쇄곤(花下曬褌)

꽃 花 밭 田 찌를 衝 불 火

꽃밭에 불을 지른다는 뜻으로, 젊은이의 앞길을 그르치게 한다는 말.

출전 | 순오지(旬五志)

花朝月夕
화 조 월 석
(유) 조화월석(朝花月夕)

꽃 花 아침 朝 달 月 저녁 夕

꽃 피는 아침과 달뜨는 저녁이라는 뜻으로, 봄 아침과 가을밤의 즐거운 한 때를 가리킴.

출전 | 구당서(舊唐書)

畵虎類狗
화 호 유 구
(유) 화룡유구(畵龍類狗)

그림 畵 범 虎 무리 類 개 狗

범을 그리다가 개와 비슷하게 된다는 뜻으로, 소질이 없는 사람이 호걸인 체하다가 도리어 망신을 당한다는 말.

출전 | 후한서(後漢書)-마원전(馬援傳)

歡天喜地
환 천 희 지

기쁠 歡 하늘 天 기쁠 喜 땅 地

하늘을 우러르고 기뻐하고 땅을 굽어보고 기뻐한다는 뜻으로, 매우 기뻐하고 즐거워함을 이르는 말.

출전 | 수호전(水滸傳)

回賓作主
회 빈 작 주

[유] 주객전도(主客顚倒)

돌 回 손님 賓 지을 作 주인 主

손님을 바꿔 주인이 된다는 뜻으로, 손님으로 온 사람이 도리어 주인 행세를 하는 것처럼, 어떤 일에 대하여 주장하는 사람을 무시하고 자기 마음대로 행동함을 말함.

效顰
효 빈

[유] 서시봉심(西施捧心) 부화뇌동(附和雷同)

본받을 效 찡그릴 顰

무언지도 모르고 덩달아 흉내 내거나 남의 결점을 장점인 줄로 알고 본뜨는 것을 이르는 말.

출전 | 장자(莊子)

毁瓦畫墁
훼 와 획 만

[준] 훼획(毁畫)

헐 毁 기와 瓦 그을 畫 흙손 墁

기와를 헐고 흙손질한 벽에 금을 긋는다는 뜻으로, 남의 집에 해를 끼침을 이르는 말.

3단계

고사성어(故事成語) + 숙어

부록

- 한자(漢字)에 대하여
- 부수(部首)일람표
- 두음법칙(頭音法則) 한자
- 동자이음(同字異音) 한자
- 약자(略字)·속자(俗字)
- 기초한자(중·고등학교) 1800자
- 출전 해제

한자(漢字)에 대하여

1. 한자(漢字)의 필요성

지구상에서 한자가 통용되는 인구는 줄잡아 14억을 넘고 있다. 최근 글로벌 시대를 맞이하여 한자를 사용하고 있는 한국·중국·일본을 중심으로 한 동아시아의 경제와 문화가 급격히 부상하면서 한자 학습의 중요성이 더욱 강조되고 있다.

2. 한자(漢字)의 생성 원리

한글은 말소리를 나타내는 소리글자 즉, 표음문자(表音文字)이지만, 한자는 그림이나 사물의 형상을 본떠서 시각적으로 의미를 전달하는 뜻글자로 표의문자(表意文字)이다. 대부분의 사람들은 한자를 공부하는 데 우선 어렵다고 느껴지겠지만 한자의 기본 원칙인 육서(六書)를 익혀두고, 기본 부수풀이를 익힌다면 한자를 이해하는 데 많은 도움이 될 것이다.

(가) 한자(漢字)의 세 가지 요소

모든 한자는 고유한 모양 '형(形)'과 소리 '음(音)'과 뜻 '의(義)'의 세 가지 요소로 이루어져 있으며, 일반적으로 뜻을 먼저 읽고 나중에 음을 읽는다.

모양	天	地	日	月	山	川
소리	천	지	일	월	산	천
뜻	하늘	땅	해·날	달	메	내

(나) 한자(漢字)를 만든 원리

❶ 상형문자(象形文字) : 구체적인 사물의 모양을 본떠 만든 것.
 (예 : ☉ → 日 , → 山 , → 川)
 日 : 해의 모양을 본뜬 글자로 '해'를 뜻한다.

❷ 지사문자(指事文字) : 그 추상적인 뜻을 점이나 선으로 표시하여 발전한 글자.
 (예 : 上, 下, 一, 二, 三)

❸ 회의문자(會意文字) : 상형이나 지사의 원리에 의하여 두 글자의 뜻을 합쳐 결합하여 새로운 뜻을 나타내는 글자.
 (예 : 日 + 月 → 明, 田 + 力 → 男)

❹ 형성문자(形聲文字) : 상형이나 지사문자들을 서로 결합하여 뜻 부분과 음 부분 나타내도록 만든 글자.
 (예 : 工 + 力 → 功)

❺ 전주문자(轉注文字) : 이미 만들어진 글자를 최대한으로 다른 뜻으로 유추하여 늘여서 쓰는 것.
 (예 : 樂 → 풍류 악, 즐거울 락, 좋아할 요 惡 → 악할 악, 미워할 오)

❻ 가차문자(假借文字) : 이미 있는 글자의 뜻에 관계 없이 음이나 형태를 빌어다 쓰는 글자.
 (예 : 自 → 처음에는 코(鼻 : 코 비)라는 글자였으나 그 음을 빌려서 '자기'라는 뜻으로 사용.

한자(漢字)에 대하여

(다) 부수(部首)의 위치와 명칭

❶ 머리(冠)·두(頭)

부수가 글자의 위에 있는 것.

대표부수: 亠, 宀, 竹, 艸(艹)

宀 갓머리(집면) : 官(벼슬 관)

艹(艸) 초두머리(풀초) : 花(꽃 화), 苦(쓸 고)

❷ 변(邊)

부수가 글자의 왼쪽에 있는 것.

대표부수: 人(亻), 彳, 心(忄), 手(扌), 木, 水(氵), 石

亻(人) 사람인변 : 仁(어질 인), 代(대신 대)

禾 벼화변 : 科(과목 과), 秋(가을 추)

❸ 발·다리(脚)

부수가 글자의 아래에 있는 것.

대표부수: 儿, 火(灬), 皿

儿 어진사람인 : 兄(형 형), 光(빛 광)

灬(火) 연화발(불화) : 烈(매울 열), 無(없을 무)

❹ 방(傍)

부수가 글자의 오른쪽에 있는 것.

대표부수: 刀(刂), 攴(攵), 欠, 見, 邑(阝)

刂(刀) 선칼도방 : 刻(새길 각), 刑(형벌 형)

阝(邑) 우부방 : 郡(고을 군), 邦(나라 방)

❺ 엄(广)

부수가 글자의 위에서 왼쪽으로 덮여 있는 것.

대표부수: 厂, 广, 疒, 虍

广 엄호(집엄) : 序(차례 서), 度(법도 도)
尸 (주검시) : 居(살 거), 局(판 국)

❻ 받침

부수가 왼쪽에서 밑으로 있는 것.

대표부수: 廴, 走, 辵(辶)

廴 민책받침(길게걸을인) : 廷(조정 정), 建(세울 건)
辶(辵) 책받침(쉬엄쉬엄갈착) : 近(가까울 근), 追(따를 추)

❼ 몸

부수가 글자를 에워싸고 있는 것.

대표부수: 凵, 口, 門

凵 위튼입구몸(입벌릴감) : 凶(흉할 흉), 出(날 출)

匸 감출혜 : 匹(짝 필), 區(구분할 구)
匚 튼입구몸(상자방) : 匠(장인 장), 匣(갑 갑)

門 문문 : 開(열 개), 間(사이 간)

口 큰입구몸(에운담) :
四(넉 사), 困(곤할 곤), 國(나라 국)

❽ 제부수

부수가 그대로 한 글자를 구성한다.

木(나무목) : 本(근본 본), 末(끝 말)
車(수레거) : 軍(군사 군), 較(비교할 교)
馬(말마) : 驛(역마 역), 騎(말탈 기)

부수(部首)일람표

부수	설명
一 [한 일]	가로의 한 획으로 수(數)의 '하나'의 뜻을 나타냄 (지사자)
丨 [뚫을 곤]	세로의 한 획으로, 상하(上下)로 통하는 뜻을 지님 (지사자)
丶 [점 주(점)]	불타고 있어 움직이지 않는 불꽃을 본뜬 모양 (지사자)
丿 [삐칠 별(삐침)]	오른쪽에서 왼쪽으로 삐쳐 나간 모습을 그린 글자 (상형자)
乙(乚) [새 을]	갈지자형을 본떠, 사물이 원활히 나아가지 않는 상태를 나타냄 (상형자)
亅 [갈고리 궐]	거꾸로 휘어진 갈고리 모양을 본뜬 글자 (상형자)
二 [두 이]	두 개의 가로획으로 수사(數詞)의 '둘'의 뜻을 나타냄 (상형자)
亠 [머리 두(돼지해머리)]	亥에서 亠을 따 왔기 때문에 돼지해밑이라고 함 (상형자)
人(亻) [사람 인(인변)]	사람, 백성 등이 팔을 뻗쳐 서있는 것을 옆에서 본 모양 (상형자)
儿 [어진사람 인]	사람 두 다리를 뻗치고 서있는 모습 (상형자)
入 [들 입]	하나의 줄기가 갈라져 땅속으로 들어가는 모양 (상형자)
八 [여덟 팔]	사물이 둘로 나뉘어 등지고 있는 모습 (지사자)
冂 [멀 경(멀경몸)]	세로의 두 줄에 가로 줄을 그어, 멀리 떨어진 막다른 곳을 뜻함 (상형자)
冖 [덮을 멱(민갓머리)]	집 또는 지붕을 본떠 그린 글자 (상형자)
冫 [얼음 빙(이수변)]	얼음이 언 모양을 그린 글자 (상형자)
几 [안석 궤(책상궤)]	발이 붙어 있는 대의 모양 (상형자)
凵 [입벌릴 감(위터진입구)]	땅이 움푹 들어간 모양 (상형자)
刀(刂) [칼 도]	날이 구부정하게 굽은 칼 모양 (상형자)

力 [힘 력]	팔이 힘을 주었을 때 근육이 불거진 모습 (상형자)
勹 [쌀 포]	사람이 몸을 구부리고 보따리를 싸서 안고 있는 모양 (상형자)
匕 [비수 비]	끝이 뾰족한 숟가락 모양 (상형자)
匚 [상자 방(터진입구)]	네모난 상자의 모양을 본뜸 (상형자)
匸 [감출 혜(터진에운담)]	물건을 넣고 뚜껑을 덮어 가린다는 뜻 (회의자)
十 [열 십]	동서남북이 모두 추어진 모양
卜 [점 복]	점을 치기 위하여 소뼈나 거북의 등딱지를 태워서 갈라진 모양
卩(㔾) [병부 절]	사람이 무릎을 꿇은 모양을 본떠, '무릎 관절'의 뜻을 나타냄 (상형자)
厂 [굴바위 엄(민엄호)]	언덕의 위부분이 튀어나와 그 밑에서 사람이 살 수 있는 곳 (상형자)
厶 [사사로울 사(마늘모)]	자신의 소유품을 묶어 싸놓고 있음을 본뜸 (지사자)
又 [또 우]	오른손의 옆모습을 본뜬 글자 (상형자)
口 [입 구]	사람의 입모양을 나타냄 (상형자)
囗 [에울 위(큰입구)]	둘레를 에워싼 선에서, '에워싸다', '두루다'의 뜻을 나타냄 (지사자)
土 [흙 토]	초목의 새싹이 땅 위로 솟아오르며 자라는 모양을 본뜬 글자 (상형자)
士 [선비 사]	一에서 十까지의 기수(基數)로 선비가 학업에 입문하는 것 (상형자)
夂 [뒤져올 치]	아래를 향한 발의 상형으로, '내려가다'의 뜻을 나타냄 (상형자)
夊 [천천히걸을 쇠]	아래를 향한 발자국의 모양으로, 가파른 언덕을 머뭇거리며 내려다는 뜻을 나타냄 (상형자)

부수(部首)일람표

夕 [저녁 석]	달이 반쯤 보이기 시작할 때 즉 황혼 무렵의 저녁을 말함 (상형자)
大 [큰 대]	정면에서 바라 본 사람의 머리, 팔, 머리를 본뜸 (상형자)
女 [계집 녀]	여자가 무릎을 굽히고 얌전히 앉아 있는 모습 (상형자)
子 [아들 자]	사람의 머리와 수족을 본뜸 (상형자)
宀 [집 면(갓머리)]	지붕이 사방으로 둘러싸인 집 (상형자)
寸 [마디 촌]	손가락 하나 굵기의 폭 (지사자)
小 [작을 소]	작은 점의 상형으로 '작다'의 뜻 (상형자)
尢(尣) [절름발이 왕]	한쪽 정강이뼈가 굽은 모양을 본뜸 (상형자)
尸 [주검 시]	사람이 배를 깔고 드러누운 모양 (상형자)
屮(中) [싹날 철]	풀의 싹이 튼 모양을 본뜸 (상형자)
山 [메 산]	산모양을 본더, '산'의 뜻을 나타냄 (상형자)
巛(川) [개미허리(내 천)]	물이 굽이쳐 흐르는 모양 (상형자)
工 [장인 공]	천지 사이에 대목이 먹줄로 줄을 튕기고 있는 모습 (상형자)
己 [몸 기]	사람이 자기 몸을 굽히고 있는 모양을 본뜬 글자 (상형자)
巾 [수건 건]	허리띠에 천을 드리우고 있는 모양 (상형자)
干 [방패 간]	끝이 쌍갈래진 무기의 상형으로, '범하다', '막다'의 뜻을 나타냄 (상형자)
幺 [작을 요]	갓 태어난 아이를 본뜸 (상형자)
广 [집 엄(엄호)]	가옥의 덮개에 상당하는 지붕의 모습을 본뜸 (상형자)
廴 [길게 걸을 인(민책받침)]	길게 뻗은 길을 간다는 뜻 (지사자)

廾 [손맞잡을 공(밑스물입)]	두 손으로 받들 공 왼손과 오른손을 모아 떠받들고 있는 모습 (회의자)
弋 [주살 익]	작은 가지에 지주(支柱)를 받친 모양 (상형자)
弓 [활 궁]	화살을 먹이지 않은 활의 모양을 본뜸 (상형자)
彐(ヨ) [돼지머리 계(터진가로왈)]	돼지머리의 모양을 본뜬 모양 (상형자)
彡 [터럭 삼(삐친석삼)]	터럭을 빗질하여 놓은 모양 (상형자)
彳 [조금걸을 척(중인변)]	넓적다리, 정강이, 발의 세 부분을 그려서 처음 걷기 시작함을 나타냄 (상형자)
心(忄·㣺) [마음 심(심방변)]	사람의 심장의 모양을 본뜬 모양 (상형자)
戈 [창 과]	주살 익(弋)에 一을 덧붙인 날이 옆에 있는 주살 (상형자)
戶 [지게 호]	지게문의 상형으로, '문', '가옥'의 뜻을 지님 (상형자)
手(扌) [손 수(재방변)]	다섯 손가락을 펼치고 있는 손의 모양 (상형자)
支 [지탱할 지]	대나무의 한 쪽 가지를 나누어 손으로 쥐고 있는 모양 (상형자)
攴(攵) [칠 복(등글월문)]	손으로 북소리가 나게 두드린다는 뜻 (상형자)
文 [글월 문]	사람의 가슴을 열어, 거기에 먹으로 표시한 모양 (상형자)
斗 [말 두]	자루가 달린 용량을 계측하는 말을 본뜸 (상형자)
斤 [도끼 근(날근)]	날이 선, 자루가 달린 도끼로 그 밑에 놓인 물건을 자르려는 모양 (상형자)
方 [모 방]	두 척의 조각배를 나란히 하여 놓고 그 이름을 붙여 놓은 모양 (상형자)

부수(部首)일람표

无(旡) [없을 무(이미기방)]	사람의 머리 위에 一의 부호를 더하여 머리를 보이지 않게 한 것 (지사자)
日 [날 일]	태양의 모양을 본뜸 (상형자)
曰 [가로 왈]	입과 날숨을 본뜸 (상형자)
月 [달 월]	달의 모양을 본뜸 (상형자)
木 [나무 목]	나무의 줄기와 가지와 뿌리가 있는 서 있는 나무를 본뜸 (상형자)
欠 [하품 흠]	사람의 립에서 입김이 나오는 모양 (상형자)
止 [그칠 지]	초목에서 싹이 돋아날 무렵의 뿌리 부분의 모양 (상형자)
歹(歺) [뼈앙상할 알 (죽을사변)]	살이 깎여 없어진 사람의 백골 시체의 모양 (상형자)
殳 [칠 수(갖은등글월문)]	오른손에 들고 있는 긴 막대기의 무기 모양 (상형자)
毋 [말 무]	毋말무 여자를 함부로 범하지 못하도록 막아 지킨다는 뜻 (상형자)
比 [견줄 비]	人을 반대 방향으로 나란히 세워 놓은 모양 (상형자)
毛 [터럭 모]	사람이나 짐승의 비터밀을 본뜸 (상형자)
氏 [각시 씨]	산기슭에 튀어나와 있는 허물어져가는 언덕의 모양 (상형자)
气 [기운 기]	구름이 피어오르는 모양. 또는 김이 곡선을 그으면서 솟아오르는 모양 (상형자)
水(氵) [물 수(삼수변)]	물이 끊임없이 흐르는 모양 (상형자)
火(灬) [불 화]	불이 활활 타오르는 모양 (상형자)
爪(爫) [손톱 조]	손으로 아래쪽의 물건을 집으려는 모양 (상형자)

父 [아비 부]	손으로 채찍을 들고 가족을 거느리며 가르친다는 뜻 (상형자)
爻 [점괘 효]	육효(六爻)의 머리가 엇갈린 모양을 본뜸 (상형자)
爿 [조각널 장(장수장변)]	나무의 한 가운데를 세로로 자른 그 왼쪽 반의 모양 (상형자)
片 [조각 편]	나무의 한 가운데를 세로로 자른 그 오른 쪽 반의 모양 (상형·지사자)
牙 [어금니 아]	입을 다물었을 때 아래 위의 어금니가 맞닿은 모양 (상형자)
牛(牜) [소 우]	머리와 두 뿔이 솟고, 꼬리를 늘어뜨리고 있는 소의 모양 (상형자)
犬(犭) [개 견]	개가 옆으로 보고 있는 모양 (상형자)
老(耂) [늙을 로]	늙어서 머리털이 변한 모양 (상형자)
玉(王) [구슬 옥]	가로 획은 세 개의 옥돌, 세로 획은 옥 줄을 꿴 끈을 뜻함 (상형자)
艸(艹) [풀 초(초두)]	초목이 처음 돋아나오는 모양 (상형자)
辵(辶) [쉬엄쉬엄갈 착(책받침)]	가다가는 쉬고 쉬다가는 간다는 뜻 (회의자)
玄 [검을 현]	'ㅗ'과 '幺'이 합하여 그윽하고 멀다는 의미를 지님 (상형자)
瓜 [오이 과]	'八'는 오이의 덩굴을, 'ㅿ'는 오이의 열매를 본뜸 (상형자)
瓦 [기와 와]	진흙으로 구운 질그릇의 모양 (상형자)
甘 [달 감]	'ㅁ'와 'ㅡ'을 합한 것으로 입 안에 맛있는 것이 들어있음을 뜻함 (지사자)
生 [날 생]	초목이 나고 차츰 자라서 땅 위에 나온 모양 (상형자)
田 [밭 전]	'ㅁ'은 사방의 경계선을 '十'은 동서남북으로 통하는 길을 본뜸 (상형자)

부수(部首)일람표

疋 [필 필]	무릎 아래의 다리 모양 (상형자)
疒 [병들 녁(병질엄)]	사람이 병들어 침대에 기댄 모양 (회의자)
癶 [걸을 발(필발머리)]	두 다리를 뻗친 모양 (상형자)
白 [흰 백]	저녁의 어스레한 물색을 희다고 본데서 '희다'의 뜻을 나타냄 (상형자)
皮 [가죽 피]	손으로 가죽을 벗기는 모습 (상형자)
皿 [그릇 명]	그릇의 모양 (상형자)
目(罒) [눈 목]	사람의 눈의 모양 (상형자)
矛 [창 모]	병거(兵車)에 세우는 장식이 달리고 자루가 긴 창의 모양 (상형자)
矢 [화살 시]	화살의 모양 (상형자)
石 [돌 석]	언덕 아래 굴러있는 돌멩이 모양 (상형자)
示(礻) [보일 시]	인간에게 길흉을 보여 알림을 뜻함 (상형자)
禸 [짐승발자국 유]	짐승의 뒷발이 땅을 밟고 있는 모양 (상형자)
禾 [벼 화]	줄기와 이삭이 드리워진 모양 (상형자)
穴 [구멍 혈]	움을 파서 그 속에서 살 혈거주택을 본 뜬 모양 (상형자)
立 [설 립]	사람이 땅 위에 서 있는 모양 (상형자)
衣(衤) [옷 의]	사람의 윗도리를 가리는 옷이라는 뜻 (상형자)
竹 [대 죽]	대나무의 줄기와 대나무의 잎이 아래로 드리워진 모양 (상형자)
米 [쌀 미]	네 개의 점은 낟알을 뜻하고 十은 낟알이 따로따로 있음을 뜻함 (상형자)

糸 [실 사]	실타래를 본뜬 모양 (상형자)
缶 [장군 부]	장군을 본뜬 모양 (상형자)
网(冖·罒) [그물 망]	그물을 본뜬 모양 (상형자)
羊 [양 양]	양의 뿔과 네 다리를 나타낸 모양 (상형자)
羽 [깃 우]	새의 날개를 본뜬 모양 (상형자)
而 [말이을 이]	코 밑 수염을 본뜬 모양 (상형자)
耒 [쟁기 뢰]	우거진 풀을 나무로 만든 연장으로 갈아 넘긴다는 뜻으로 쟁기를 의미함 (상형자)
耳 [귀 이]	귀를 본뜬 모양 (상형자)
聿 [붓 율]	대쪽에 재빠르게 쓰는 물건 곧 붓을 뜻함 (상형자)
肉(月) [고기 육(육달월변)]	잘라낸 고기 덩어리를 본뜬 모양 (상형자)
臣 [신하 신]	임금 앞에 굴복하고 있는 모양 (상형자)
自 [스스로 자]	코를 본뜬 모양 (상형자)
至 [이를 지]	새가 날아 내려 땅에 닿음을 나타냄 (지사자)
臼 [절구 구(확구)]	확을 본뜬 모양 (상형자)
舌 [혀 설]	口와 干을 합하여 혀를 나타냄 (상형자)
舛(𣥂) [어그러질 천]	사람과 사람이 서로 등지고 반대 된다는 뜻 (상형·회의자)
舟 [배 주]	배의 모양을 본뜬 모양 (상형자)
艮 [그칠 간]	눈이 나란하여 서로 물러섬이 없다는 뜻 (회의자)
色 [빛 색]	사람의 심정이 얼굴빛에 나타난 모양 (회의자)

부수(部首)일람표

부수	설명
虍 [범의문채 호(범호)]	호피의 무늬를 본뜬 모양 (상형자)
虫 [벌레 충(훼)]	살무사가 몸을 도사리고 있는 모양 (상형자)
血 [피 혈]	제기에 담아서 신에게 바치는 희생의 피를 나타냄 (상형자)
行 [다닐 행]	좌우의 발을 차례로 옮겨 걸어감을 의미함 (상형자)
襾 [덮을 아]	그릇의 뚜껑을 본뜬 모양 (지사자)
見 [볼 견]	사람이 눈으로 보는 것을 뜻함 (회의자)
角 [뿔 각]	짐승의 뿔을 본뜬 모양 (상형자)
言 [말씀 언]	불신(不信)이 있을 대는 죄를 받을 것을 맹세한다는 뜻
谷 [골 곡]	샘물이 솟아 산 사이를 지나 바다에 흘러들어 가기까지의 사이를 뜻함 (회의자)
豆 [콩 두]	굽이 높은 제기를 본뜬 모양 (상형자)
豕 [돼지 시]	돼지가 꼬리를 흔드는 모양 (상형자)
豸 [발없는벌레 치(갖은돼지시변)]	짐승이 먹이를 노려 몸을 낮추어 이제 곧 덮치려 하고 있는 모양 (상형자)
貝 [조개 패]	조개를 본뜬 모양 (상형자)
赤 [붉을 적]	불타 밝은데서 밝게 드러낸다는 뜻 (회의자)
走 [달아날 주]	사람이 다리를 굽혔다 폈다 하면서 달리는 모양 (회의자)
足 [발 족]	무릎부터 다리까지를 본뜬 모양 (상형자)
身 [몸 신]	아이가 뱃속에서 움직이는 모양 (상형자)
車 [수레 거]	외바퀴차를 본뜬 모양 (상형자)
辛 [매울 신]	문신을 하기 위한 바늘을 본뜬 모양 (상형자)

辰 [별 진]	조개가 조가비를 벌리고 살을 내놓은 모양 (상형자)
邑(阝) [고을 읍(우부방)]	사람이 모여 사는 마을을 뜻함 (회의자)
酉 [닭 유]	술두루미를 본뜬 모양 (상형자)
釆 [분별할 변]	짐승의 발톱이 갈라져 있는 모양 (상형자)
里 [마을 리]	밭도 있고 흙도 있어서 사람이 살만한 곳을 뜻함 (회의자)
金 [쇠 금]	땅 속에 묻혔으면서 빛을 가진 광석에서 가장 귀한 것을 뜻함 (상형·형성자)
長(镸) [길 장]	사람의 긴 머리를 본뜬 모양 (상형자)
門 [문 문]	두 개의 문짝을 달아놓은 모양 (상형자)
阜(阝) [언덕 부(좌부방)]	층이 진 흙산을 본뜬 모양 (상형자)
隶 [미칠 이]	손으로 꼬리를 붙잡기 위해 뒤에서 미친다는 뜻 (회의자)
隹 [새 추]	꽁지가 짧은 새를 본뜬 모양 (상형자)
雨 [비 우]	하늘의 구름에서 물방울이 뚝뚝 떨어지는 모양 (상형자)
靑 [푸를 청]	싹도 우물물도 맑은 푸른빛을 뜻함 (형성자)
非 [아닐 비]	새가 날아 내릴 때 날개를 좌우로 날아 드리운 모양 (상형자)
面 [낯 면]	사람의 머리에 얼굴의 윤곽을 본뜬 모양 (지사자)
革 [가죽 혁]	두 손으로 짐승의 털을 뽑는 모양 (상형자)
韋 [다룸가죽 위]	어떤 장소에서 다른 방향으로 발걸음을 내디디는 모양 (회의자)
韭 [부추 구]	땅 위에 무리지어 나있는 부추의 모양 (상형자)
音 [소리 음]	말이 입 밖에 나올 때 성대를 울려 가락이 있는 소리를 내는 모양 (지사자)

부수(部首)일람표

頁 [머리 혈]	사람의 머리를 강조한 모양 (상형자)
風 [바람 풍]	공기가 널리 퍼져 움직임을 따라 동물이 깨어나 움직인다는 뜻 (상형·형성자)
飛 [날 비]	새가 하늘을 날 때 양쪽 날개를 쭉 펴고 있는 모양 (상형자)
食 [밥 식(변)]	식기에 음식을 담고 뚜껑을 덮은 모양 (상형자)
首 [머리 수]	머리털이 나있는 머리를 본뜬 모양 (상형자)
香 [향기 향]	기장을 잘 익혔을 때 나는 냄새를 뜻함 (회의자)
馬 [말 마]	말을 본뜬 모양 (상형자)
骨 [뼈 골]	고기에서 살을 발라내고 남은 뼈를 뜻함 (회의자)
高 [높을 고]	출입문 보다 누대는 엄청 높다는 뜻 (상형자)
髟 [머리털늘어질 표(터럭발)]	긴 머리털을 뜻함 (회의자)
鬥 [싸울 투]	두 사람이 손에 병장기를 들고 서로 대항하는 모양 (상형자)
鬯 [술 창]	곡식의 낟알이 그릇에 담겨 괴어 액체가 된 것을 숟가락으로 뜬다는 뜻 (회의자)
鬲 [솥 력]	솥과 비슷한 다리 굽은 솥의 모양 (상형자)
鬼 [귀신 귀]	사람을 해치는 망령 곧 귀신을 뜻함 (상형자)
魚 [물고기 어]	물고기를 본뜬 모양 (상형자)
鳥 [새 조]	새를 본뜬 모양 (상형자)
鹵 [소금밭 로]	서쪽의 소금밭을 가리킴 (상형자)
鹿 [사슴 록]	사슴의 머리, 뿔, 네 발을 본뜬 모양 (상형자)

麥 [보리 맥]	겨울에 뿌리가 땅속에 깊이 박힌 모양 (회의자)
麻 [삼 마]	삼의 껍질을 가늘게 삼은 것을 뜻함 (회의자)
黃 [누를 황]	밭의 색은 황토색이기 때문에 '노랗다'는 것을 뜻함 (상형자)
黍 [기장 서]	술의 재료로 알맞은 기장을 뜻함 (상형·회의자)
黑 [검을 흑]	불이 활활 타올라 나가는 창인 검은 굴뚝을 뜻함 (상형자)
黹 [바느질할 치]	바늘에 꿴 실로서 수를 놓는 옷감을 그린 모양 (상형자)
黽 [맹꽁이 맹]	맹꽁이를 본뜬 모양 (상형자)
鼎 [솥 정]	발이 세 개, 귀가 두개인 솥의 모양 (상형자)
鼓 [북 고]	장식이 달린 악기를 오른손으로 친다는 뜻 (회의자)
鼠 [쥐 서]	쥐의 이와 배, 발톱과 꼬리의 모양 (상형자)
鼻 [코 비]	공기를 통하는 '코'를 뜻함 (회의·형성자)
齊 [가지런할 제]	곡식의 이삭이 피어 끝이 가지런한 모양 (상형자)
齒 [이 치]	이가 나란히 서 있는 모양
龍 [용 룡]	끝이 뾰족한 뿔과 입을 벌린 기다란 몸뚱이를 가진 용의 모양 (상형자)
龜 [거북 귀(구)]	거북이를 본뜬 모양 (상형자)
龠 [피리 약]	부는 구멍이 있는 관(管)을 나란히 엮은 모양 (상형자)

두음법칙(頭音法則) 한자

한자음에서 첫머리나 음절의 첫소리에서 발음되는 것을 피하기 위해 다른 소리로 바꾸어 발음하는 것으로 즉, 'ㅣ, ㅑ, ㅕ, ㅛ, ㅠ' 앞에서 'ㄹ과 ㄴ'이 'ㅇ'이 되고, 'ㅏ, ㅓ, ㅗ, ㅜ, ㅡ, ㅐ, ㅔ, ㅚ' 앞의 'ㄹ'은 'ㄴ'으로 변하는 것을 말한다.

ㄴ ➡ ㅇ로 발음

尿(뇨)	뇨-糖尿病(당뇨병) 요-尿素肥料(요소비료)	尼(니)	니-比丘尼(비구니) 이-尼僧(이승)	泥(니)	니-雲泥(운니) 이-泥土(이토)
溺(닉)	닉-眈溺(탐닉) 익-溺死(익사)	女(녀)	여-女子(여자) 녀-小女(소녀)	匿(닉)	닉-隱匿(은닉) 익-匿名(익명)
紐(뉴)	뉴-結紐(결뉴) 유-紐帶(유대)	念(념)	념-理念(이념) 염-念佛(염불)	年(년)	년-數十年(수십년) 연-年代(연대)

ㄹ ➡ ㄴ,ㅇ로 발음

洛(락)	락-京洛(경락) 낙-洛東江(낙동강)	蘭(란)	란-香蘭(향란) 난-蘭草(난초)	欄(란)	란-空欄(공란) 난-欄干(난간)
藍(람)	람-甘藍(감람) 남-藍色(남색)	濫(람)	람-氾濫(범람) 남-濫發(남발)	拉(랍)	랍-被拉(피랍) 납-拉致(납치)
浪(랑)	랑-放浪(방랑) 낭-浪說(낭설)	廊(랑)	랑-舍廊(사랑) 낭-廊下(낭하)	涼(량)	량-淸涼里(청량리) 양-涼秋(양추)
諒(량)	량-海諒(해량) 양-諒解(양해)	慮(려)	려-憂慮(우려) 여-慮外(여외)	勵(려)	려-獎勵(장려) 여-勵行(여행)
曆(력)	력-陽曆(양력) 역-曆書(역서)	蓮(련)	련-水蓮(수련) 연-蓮根(연근)	戀(련)	련-悲戀(비련) 연-戀情(연정)
劣(렬)	렬-拙劣(졸렬) 열-劣等(열등)	廉(렴)	렴-淸廉(청렴) 염-廉恥(염치)	嶺(령)	령-大關嶺(대관령) 영-嶺東(영동)

露(로)	로-白露(백로) 노-露出(노출)	爐(로)	로-火爐(화로) 노-爐邊(노변)	祿(록)	록-國祿(국록) 녹-祿俸(녹봉)
弄(롱)	롱-戲弄(희롱) 농-弄談(농담)	雷(뢰)	뢰-地雷(지뢰) 뇌-雷聲(뇌성)	陵(릉)	릉-丘陵(구릉) 능-陵墓(능묘)
療(료)	료-治療(치료) 요-療養(요양)	龍(룡)	룡-靑龍(청룡) 용-龍床(용상)	倫(륜)	륜-人倫(인륜) 윤-倫理(윤리)
隆(륭)	륭-興隆(흥륭) 융-隆盛(융성)	梨(리)	리-山梨(산리) 이-梨花(이화)	裏(리)	리-表裏(표리) 이-裏面(이면)
吏(리)	리-官吏(관리) 이-吏讀(이두)	理(리)	리-倫理(윤리) 이-理解(이해)	臨(림)	림-君臨(군림) 임-臨席(임석)

동자이음(同字異音) 한자

降	내릴	강	降雨(강우)	更	다시	갱	갱생(更生)
	항복할	항	降伏(항복)		고칠	경	경장(更張)
車	수레	거	車馬(거마)	乾	하늘, 마를	건	乾燥(건조)
	수레	차	車票(차표)		마를	간	乾物(간물)
見	볼	견	見聞(견문)	串	버릇	관	串童(관동)
	나타날, 뵐	현	謁見(알현)		땅이름	곶	甲串(갑곶)
告	알릴	고	告示(고시)	奈	나락	나	奈落(나락)
	뵙고청할	곡	告寧(곡녕)		어찌	내	奈何(내하)
帑	처자	노	妻帑(처노)	茶	차	다	茶菓(다과)
	나라곳집	탕	帑庫(탕고)		차	차	茶禮(차례)
宅	댁	댁	宅內(댁내)	度	법도	도	度數(도수)
	집	택	宅地(택지)		헤아릴	탁	忖度(촌탁)
讀	읽을	독	讀書(독서)	洞	마을	동	洞里(동리)
	구절	두	吏讀(이두)		통할	통	洞察(통찰)
屯	모일	둔	屯田(둔전)	反	돌이킬	반	反亂(반란)
	어려울	준	屯困(준곤)		뒤집을	번	反田(번전)
魄	넋	백	魂魄(혼백)	便	똥오줌	변	便所(변소)
	넋잃을	탁/박	落魄(낙탁)		편할	편	便利(편리)
復	회복할	복	復歸(복귀)	父	아비	부	父母(부모)
	다시	부	復活(부활)		남자미칭	보	尙父(상보)
否	아닐	부	否決(부결)	北	북녘	북	北進(북진)
	막힐	비	否塞(비색)		달아날	패	敗北(패배)
分	나눌	분	分裂(분열)	不	아니	불	不能(불능)
	단위	푼	分錢(푼전)		아닐	부	不在(부재)

한자	뜻	음	예	한자	뜻	음	예
沸	끓을 물용솟음칠	비 불	沸騰(비등) 沸水(불수)	寺	절 내시, 관청	사 시	寺刹(사찰) 寺人(시인)
殺	죽일 감할	살 쇄	殺生(살생) 殺到(쇄도)	狀	모양 문서	상 장	狀況(상황) 狀啓(장계)
索	찾을 쓸쓸할	색 삭	索引(색인) 索莫(삭막)	塞	막을 변방	색 새	塞源(색원) 要塞(요새)
說	말씀 달랠 기뻐할	설 세 열	說得(설득) 說客(세객) 說喜(열희)	省	살필 덜	성 생	省墓(성묘) 省略(생략)
率	거느릴 비율	솔 률/율	率先(솔선) 率身(율신)	衰	쇠할 상복	쇠 최	衰退(쇠퇴) 衰服(최복)
數	셀 자주 촘촘할	수 삭 촉	數學(수학) 數窮(삭궁) 數罟(촉고)	宿	잘 별	숙 수	宿泊(숙박) 宿曜(수요)
拾	주울 열	습 십	拾得(습득) 拾萬(십만)	瑟	악기이름 악기이름	슬 실	瑟居(슬거) 琴瑟(금실)
食	밥 먹일	식 사	食堂(식당) 簞食(단사)	識	알 기록할	식 지	識見(식견) 標識(표지)
什	열사람 세간	십 집	什長(십장) 什器(집기)	十	열	십 시	十干(십간) 十月(시월)
惡	악할 미워할	악 오	惡漢(악한) 惡寒(오한)	樂	풍류 즐길 좋아할	악 낙/락 요	樂聖(악성) 樂園(낙원)
若	만약 반야	약 야	若干(약간) 般若(반야)	於	어조사 탄식할	어 오	於是乎(어시호) 於兔(오토)

동자이음(同字異音) 한자

厭	싫어할	염	厭世(염세)	葉	잎	엽	葉書(엽서)
	누를	엽	厭然(엽연)		성씨	섭	葉氏(섭씨)

六	여섯	육/륙	六年(육년)	易	쉬울	이	易慢(이만)
	여섯	유/뉴	六月(유월)		바꿀, 주역	역	易學(역학)

咽	목구멍	인	咽喉(인후)	刺	찌를	자	刺戟(자극)
	목멜	열	嗚咽(오열)		수라	라	水刺(수라)
					찌를	척	刺殺(척살)

炙	구울	자	炙背(자배)	著	지을	저	著述(저술)
	고기구이	적	炙鐵(적철)		붙을	착	著近(착근)

抵	막을	저	抵抗(저항)	切	끊을	절	切迫(절박)
	칠	지	抵掌(지장)		모두	체	一切(일체)

提	끌	제	提携(제휴)	辰	지지	진	辰時(진시)
	보리수	리	菩提樹(보리수)		일월성	신	生辰(생신)
	떼지어날	시	提提(시시)				

斟	술따를	짐	斟酌(짐작)	徵	부를	징	徵兵(징병)
	짐작할	침	斟量(침량)		음률이름	치	

差	어긋날	차	差別(차별)	帖	문서	첩	帖着(첩착)
	층질	치	參差(참치)		체지	체	帖文(체문)

諦	살필	체	諦念(체념)	丑	소	축	丑時(축시)
	울	제	眞諦(진제)		추		公孫丑(공손추)

則	법	칙	則效(칙효)	沈	가라앉을	침	沈沒(침몰)
	곧	즉	然則(연즉)		성씨	심	沈氏(심씨)

拓	박을	탁	拓本(탁본)	罷	그만둘	파	罷業(파업)
	넓힐	척	拓殖(척식)		고달플	피	罷勞(피로)

編	엮을 땋을	편 변	編輯(편집) 編髮(변발)	布	베 베풀	포 보	布木(포목) 布施(보시)
暴	사나울 사나울	폭 포	暴動(폭동) 暴惡(포악)	曝	볕쬘 볕쬘	폭 포	曝衣(폭의) 曝白(포백)
皮	가죽 가죽	피 비	皮革(피혁) 鹿皮(녹비)	行	다닐 항렬·줄	행 항	行樂(행락) 行列(항렬)
陜	좁을 땅이름	협 합	陜隘(협애) 陜川(합천)	滑	미끄러울 어지러울	활 골	滑降(활강) 滑稽(골계)

약자(略字)·속자(俗字)

假=仮 (거짓 가)
價=価 (값 가)
覺=覚 (깨달을 각)
擧=挙 (들 거)
據=拠 (의지할 거)
輕=軽 (가벼울 경)
經=経 (경서 경)
徑=径 (지름길 경)
鷄=雞 (닭 계)
繼=継 (이를 계)
館=舘 (집 관)
關=関 (빗장 관)
廣=広 (넓을 광)
敎=教 (가르칠 교)
區=区 (구역 구)
舊=旧 (예 구)
驅=駆 (몰 구)
國=国 (나라 국)
權=権 (권세 권)
勸=勧 (권할 권)
龜=亀 (거북 귀)
氣=気 (기운 기)
旣=既 (이미 기)
內=内 (안 내)
單=単 (홑 단)
團=団 (둥글 단)
斷=断 (끊을 단)
擔=担 (멜 담)
當=当 (당할 당)
黨=党 (무리 당)

對=対 (대할 대)
德=徳 (큰 덕)
圖=図 (그림 도)
讀=読 (읽을 독)
獨=独 (홀로 독)
樂=楽 (즐길 락)
亂=乱 (어지러울 란)
覽=覧 (볼 람)
來=来 (올 래)
兩=両 (두 량)
凉=涼 (서늘할 량)
勵=励 (힘쓸 려)
歷=歴 (지날 력)
練=練 (익힐 련)
戀=恋 (사모할 련)
靈=灵 (신령 령)
禮=礼 (예도 례)
勞=労 (수고로울 로)
爐=炉 (화로 로)
綠=緑 (푸를 록)
賴=頼 (의지할 뢰)
龍=竜 (용 룡)
樓=楼 (다락 루)
稟=禀 (삼갈·사뢸 품)
萬=万 (일만 만)
滿=満 (찰 만)
蠻=蛮 (오랑캐 만)
賣=売 (팔 매)
麥=麦 (보리 맥)
半=半 (반 반)

發=発 (필 발)
拜=拝 (절 배)
變=変 (변할 변)
辯=弁 (말잘할 변)
邊=辺 (가 변)
竝=並 (아우를 병)
寶=宝 (보배 보)
拂=払 (떨칠 불)
佛=仏 (부처 불)
冰=氷 (어름 빙)
絲=糸 (실 사)
寫=写 (베낄 사)
辭=辞 (말씀 사)
雙=双 (짝 쌍)
敍=叙 (펼 서)
潟=渴 (개펄 석)
釋=釈 (풀 석)
聲=声 (소리 성)
續=続 (이을 속)
屬=属 (붙을 속)
收=収 (거둘 수)
數=数 (수 수)
輸=輸 (보낼 수)
肅=粛 (삼갈 숙)
濕=湿 (젖을 습)
乘=乗 (탈 승)
實=実 (열매 실)
兒=児 (아이 아)
亞=亜 (버금 아)
惡=悪 (악할 악)

巖=岩 (바위 암)
壓=圧 (누를 압)
藥=薬 (약 약)
讓=譲 (사양할 양)
嚴=厳 (엄할 엄)
餘=余 (남을 여)
與=与 (줄 여)
驛=駅 (정거장 역)
譯=訳 (통역할 역)
鹽=塩 (소금 염)
榮=栄 (영화 영)
豫=予 (미리 예)
藝=芸 (재주 예)
溫=温 (따뜻할 온)
圓=円 (둥글 원)
圍=囲 (둘레 위)
爲=為 (하 위)
陰=陰 (그늘 음)
應=応 (응할 응)
醫=医 (의원 의)
貳=弐 (두 이)
壹=壱 (하나 일)
姊=姉 (누이 자)
殘=残 (남을 잔)
潛=潜 (잠길 잠)
雜=雑 (섞일 잡)
壯=壮 (씩씩할 장)
莊=庄 (별장 장)
爭=争 (다툴 쟁)
戰=戦 (싸움 전)

錢=銭 (돈 전)
傳=伝 (전할 전)
轉=転 (구를 전)
點=点 (점 점)
靜=静 (고요 정)
淨=浄 (깨끗할 정)
濟=済 (건널 제)
齊=斉 (다스릴 제)
條=条 (가지 조)
弔=吊 (조상할 조)
從=従 (좇을 종)
晝=昼 (낮 주)
卽=即 (곧 즉)
增=増 (더할 증)
證=証 (증거 증)
眞=真 (참 진)
盡=尽 (다할 진)
晉=晋 (나라 진)
贊=賛 (찬성할 찬)
讚=讃 (칭찬할 찬)
參=参 (참여할 참)
册=冊 (책 책)
處=処 (곳 처)
淺=浅 (얕을 천)
鐵=鉄 (쇠 철)
廳=庁 (관청 청)
體=体 (몸 체)
觸=触 (닿을 촉)
總=総 (다 총)
蟲=虫 (벌레 충)

齒=歯 (이 치)
恥=耻 (부끄러울 치)
稱=称 (일컬을 칭)
彈=弾 (탄할 탄)
澤=沢 (못 택)
擇=択 (가릴 택)
廢=廃 (폐할 폐)
豐=豊 (풍성할 풍)
學=学 (배울 학)
解=解 (풀 해)
鄕=郷 (고을 향)
虛=虚 (빌 허)
獻=献 (드릴 헌)
驗=験 (증험할 험)
顯=顕 (나타날 현)
螢=蛍 (반딧불 형)
號=号 (부르짖을 호)
畫=画 (그림 화)
擴=拡 (늘릴 확)
歡=歓 (기쁠 환)
黃=黄 (누를 황)
會=会 (모을 회)
回=回 (돌아올 회)
效=効 (본받을 효)
黑=黒 (검을 흑)
戲=戯 (희롱할 희)

기초한자(중·고등학교) 1800자

*는 고등학교 기초한자입니다.

ㄱ

佳 아름다울 가
假 거짓 가
價 값 가
加 더할 가
可 옳을 가
家 집 가
*暇 겨를 가
*架 시렁 가
歌 노래 가
街 거리 가
刻 새길 각
*却 물리칠 각
各 각각 각
脚 다리 각
*覺 깨달을 각
角 뿔 각
*閣 누각 각
*刊 새길 간
*姦 간음할 간
干 방패 간
*幹 줄기 간
*懇 간절할 간
看 볼 간
*簡 대쪽 간
*肝 긴 간
間 사이 간
渴 목마를 갈
感 느낄 감
敢 굳셀 감
減 덜 감
甘 달 감
*監 볼 감
*鑑 거울 감
甲 갑옷 갑
*剛 굳셀 강
*康 편안할 강

江 물 강
*綱 벼리 강
講 욀 강
*鋼 강철 강
降 내릴 강
降 항복할 항
强 강할, 힘쓸 강
*介 끼일 개
個 낱 개
*慨 슬퍼할 개
改 고칠 개
槪 대개 개
皆 다 개
蓋 덮을 개
開 열 개
客 손 객
更 다시 갱
更 고칠 경
去 갈 거
居 살 거
巨 클 거
*拒 막을 거
*據 의지할 거
擧 들 거
*距 떨어질 거
車 수레 거(차)
乾 하늘 건
乾 마를 건(간)
*件 물건 건
*健 굳셀 건
建 세울 건
*乞 빌 걸
*傑 뛰어날 걸
*儉 검소할 검
*劍 칼 검
*檢 검사할 검
*擊 칠 격

*格 격식 격
*激 과격할 격
*隔 사이 뜰 격
堅 굳을 견
*牽 끌, 별이름 견
犬 개 견
*絹 비단 견
*肩 어깨 견
見 볼 견
見 나타날 현
遣 보낼 견
決 결단할 결
潔 깨끗할 결
結 맺을 결
*缺 빠질 결
*兼 겸할 겸
*謙 겸손할 겸
京 서울 경
傾 기울어질 경
*卿 벼슬 경
*境 지경 경
庚 별 경
*徑 지름길 경
慶 경사 경
敬 공경할 경
景 볕·우리륵 경
*硬 굳을 경
竟 마칠 경
競 다툴 경
經 날 경
經 지날 경
耕 갈 경
*警 경계할 경
輕 가벼울 경
*鏡 거울 경
*頃 잠시 경
驚 놀랄 경

*係 맬 계
*啓 열 계
*契 계약할 계
季 끝, 철 계
*戒 경계할 계
*桂 계수나무 계
*械 기계 계
溪 시내 계
界 경계 계
癸 북방 계
*系 계통 계
*繫 맬 계
*繼 이을 계
計 헤아릴 계
階 섬돌 계
鷄 닭 계
孤 외로울 고
古 옛, 예 고
告 고할, 아뢸 고
固 굳을 고
姑 시어머니 고
*庫 곳집 고
故 연고 고
*枯 마를 고
*稿 원고 고
考 생각할 고
苦 쓸 고
*顧 돌아볼 고
高 높을 고
*鼓 북 고
*哭 울 곡
曲 굽을 곡
穀 낟알, 곡식 곡
谷 골 곡
困 곤할 곤
坤 따(땅) 곤
骨 뼈 골

空 빌 공	*巧 교묘할 교	*宮 집 궁	*企 꾀할 기
*供 이바지할 공	敎 가르칠 교	弓 활 궁	其 그 기
公 공변될 공	校 학교 교	*窮 다할 궁	*器 그릇 기
共 한가지 공	橋 다리 교	勸 권할 권	基 터 기
功 공 공	*矯 바로잡을 교	卷 책 권	*奇 기이할 기
*孔 구멍 공	*較 비교할 교	*拳 주먹 권	*寄 부칠 기
工 장인 공	*郊 들 교	權 권세 권	己 몸 기
*恐 두려울 공	*丘 언덕 구	*券 문서 권	幾 몇 기
*恭 공손 공	久 오랠 구	厥 그 궐	*忌 꺼릴 기
*攻 칠 공	九 아홉 구	軌 차바퀴 궤	技 재주 기
*貢 바칠 공	*俱 함께 구	*鬼 귀신 귀	*旗 기 기
*寡 적을 과	具 갖출 구	歸 돌아갈 귀	旣 이미 기
果 열매 과	*區 구역 구	貴 귀할 귀	期 기약할 기
科 과목 과	口 입 구	規 법 규	棄 버릴 기
*誇 자랑할 과	句 글귀 구	*叫 부르짖을 규	機 베틀 기
課 과정 과	*懼 두려울 구	*糾 살필 규	*欺 속일 기
過 지날, 허물 과	*拘 거리낄 구	均 고를 균	氣 기운 기
郭 성곽 곽	救 구원할 구	*菌 버섯 균	*畿 경기 기
*冠 갓 관	構 얽을 구	*劇 심할 극	*祈 빌 기
官 벼슬 관	求 구할 구	克 이길 극	*紀 벼리 기
*寬 너그러울 관	狗 개 구	極 극진할 극	記 기록할 기
*慣 버릇 관	球 구슬 구	謹 삼갈 근	豈 어찌 기
*管 대롱 관	究 궁구할 구	僅 겨우 근	起 일어날 기
觀 볼 관	舊 옛 구	勤 부지런할 근	*飢 주릴 기
*貫 꿸 관	*苟 진실로 구	斤 근 근	*騎 말탈 기
關 관계할 관	驅 몰 구	根 뿌리 근	緊 요긴할 긴
*館 집 관	*龜 땅이름 구	近 가까울 근	吉 길할 길
光 빛 광	*龜 터질 균	*錦 비단 금	金 쇠 금
廣 넓을 광	*龜 거북 귀	今 이제 금	金 성 김
*狂 미칠 광	國 나라 국	*琴 거문고 금	
*鑛 쇳돌 광	*局 판 국	禁 금할 금	ㄴ
*掛 걸 괘	*菊 국화 국	*禽 새 금	*那 어찌 나
*塊 흙덩어리 괴	君 임금 군	及 미칠 급	暖 따뜻할 난
*壞 무너뜨릴 괴	*群 무리 군	急 급할 급	難 어려울 난
*怪 괴이할 괴	軍 군사, 진칠 군	*級 등급 급	南 남녘 남
*愧 부끄러울 괴	郡 고을 군	給 줄 급	男 사내 남
交 사귈 교	*屈 굽을 굴	*肯 즐길 궁	*納 들일 납

기초한자(중·고등학교) 1800자

*는 고등학교 기초한자입니다.

*娘 처녀 낭
乃 이에 내
內 안 내
*奈 어찌 내
*耐 견딜 내
年 해 년
念 생각 념
*寧 편안할 녕(령)
*努 힘쓸 노(로)
勞 수고할 로(노)
奴 종 노
怒 노할 노(로)
老 늙을 로(노)
農 농사 농
*惱 번뇌할 뇌
*腦 뇌 뇌
能 능할 능
*泥 진흙 니

ㄷ

多 많을 다
*茶 차 다
丹 붉을 단
但 다만 단
單 홀 단
*團 둥글 단
*壇 단 단
*斷 끊을 단
*旦 아침 단
檀 박달나무 단
*段 조각 단
短 짧을 단
端 끝 단
達 통달할 달
*擔 멜 담
*淡 맑을 담
談 말씀 담

畓 논 답
答 답할 답
*踏 밟을 답
*唐 당나라 당
堂 집 당
當 마땅 당
糖 사탕 당
黨 무리 당
代 대신할 대
大 큰 대
對 대할 대
*帶 띠 대
待 기다릴 대
臺 집, 대 대
*貸 빌릴 대
*隊 떼 대
德 큰 덕
*倒 넘어질 도
刀 칼 도
到 이를 도
圖 그림 도
*塗 칠할 도
*導 인도할 도
島 섬 도
度 법도 도
徒 무리 도
*挑 끌어낼 도
*桃 복숭아 도
*渡 건널 도
*盜 도둑 도
*稻 벼 도
*跳 뛸 도
*逃 달아날 도
*途 길 도
道 길 도
都 도읍 도
*陶 질그릇 도

*毒 독 독
獨 홀로 독
*督 감독할 독
*篤 도타울 독
讀 읽을 독
讀 구두점 두
*敦 도타울 돈
*豚 돼지 돈
*突 부딪칠 돌
冬 겨울 동
*凍 얼 동
動 움직일 동
同 한가지 동
東 동녘 동
洞 골 동
洞 밝을 통
童 아이 동
*銅 구리 동
斗 말 두
豆 콩 두
頭 머리 두
*屯 모일 둔
*鈍 둔할 둔
得 얻을 득
燈 등불 등
登 오를 등
等 무리 등
*騰 오를 등

ㄹ

*羅 벌일 라(나)
樂 즐길 락(낙)
樂 풍악 악(낙)
樂 좋아할 요(낙)
*絡 연락 락(낙)
落 떨어질 락(낙)
*諾 승낙할 락(낙)

*亂 어지러울 란(난)
卵 알 란(난)
*欄 난간 란(난)
*蘭 난초 란(난)
*濫 넘칠 람(남)
*覽 볼 람(남)
廊 행랑 랑(낭)
浪 물결 랑(낭)
郞 사내 랑(낭)
來 올 래(내)
冷 찰 랭(냉)
*掠 노략질할 략(약)
*略 간략할 략(약)
兩 두 량(양)
梁 들보 량(양)
糧 양식 량(양)
良 어질 량(양)
諒 살필 량(양)
量 헤아릴 량(양)
涼 서늘할 량(양)
勵 힘쓸 려(여)
*慮 생각 려(여)
旅 나그네 려(여)
麗 고울 려(여)
力 힘 력(역)
*曆 책력 력(역)
歷 지날 력(역)
*憐 불쌍히 여길 련(연)
*戀 사모할 련(연)
練 익힐 련(연)
*聯 잇닿을 련(연)
連 이을 련(연)
*鍊 쇠불릴 련(연)
*劣 용렬할 렬(열)
*裂 찢을 렬(열)
*廉 청렴할 렴(염)
*獵 사냥 렵(엽)

令 하여금 령(영)	*吏 관리 리(이)	*盲 소경 맹	務 힘쓸 무
*嶺 재 령(영)	理 다스릴 리(이)	*盟 맹세할 맹	戊 다섯째 천간 무
*零 떨어질 령(영)	里 마을 리(이)	免 면할 면	武 호반 무
*靈 신령 령(영)	*離 떠날 리(이)	勉 힘쓸 면	無 없을 무
領 거느릴 령(영)	*臨 임할 림(임)	眠 졸 면	舞 춤출 무
*爐 화로 로(노)		*綿 솜 면	茂 무성할 무
路 길 로(노)	ㅁ	面 낯 면	*貿 무역할 무
露 이슬 로(노)	*磨 갈 마	*滅 멸할 멸	*霧 안개 무
*祿 녹 록(녹)	馬 말 마	*冥 어두울 명	墨 먹 묵
綠 푸를 록(녹)	*麻 삼 마	名 이름 명	*默 잠잠할 묵
*錄 기록할 록(녹)	*幕 장막 막	命 목숨 명	問 물을 문
鹿 사슴 록(녹)	*漠 아득할 막	明 밝을 명	文 글월 문
論 논할 론(논)	莫 말 막	*銘 새길 명	聞 들을 문
弄 희롱할 롱(농)	*慢 교만할 만	鳴 울 명	門 문 문
*賴 힘입을 뢰(뇌)	晩 늦을 만	*侮 업신여길 모	勿 말 물
雷 천둥 뢰(뇌)	滿 찰 만	冒 가릴 모	物 물건 물
了 마칠 료(요)	*漫 부질없을 만	*募 모집할 모	味 맛 미
*僚 동료 료(요)	萬 일만 만	慕 사모할 모	尾 꼬리 미
料 헤아릴 료(요)	末 끝 말	暮 저물 모	*微 작을 미
*屢 자주 루(누)	亡 망할 망	某 아무 모	未 아닐 미
*樓 다락 루(누)	*妄 망령될 망	模 본뜰 모	眉 눈썹 미
*淚 눈물 루(누)	忘 잊을 망	母 어미 모	米 쌀 미
*漏 샐 루(누)	忙 바쁠 망	毛 터럭 모	美 아름다울 미
*累 여러 루(누)	望 바라볼 망	*謀 꾀 모	*迷 미혹할 미
柳 버들 류(유)	*罔 없을 망	*貌 모양 모	*憫 불쌍히 여길 민
流 흐를 류(유)	*茫 아득할 망	木 나무 목	*敏 민첩할 민
留 머무를 류(유)	埋 묻을 매	*牧 칠 목	民 백성 민
*類 무리 류(유)	妹 누이 매	目 눈 목	密 빽빽할 밀
*輪 바퀴 륜(윤)	*媒 중매할 매	*睦 화목할 목	*蜜 꿀 밀
律 법칙 률(율)	*梅 매화 매	*沒 빠질 몰	
*栗 밤 률(율)	每 매양 매	*夢 꿈 몽	ㅂ
*率 거느릴 률(율)(솔)	買 살 매	*蒙 어릴 몽	*博 넓을 박
*率 비례 률(율)	賣 팔 매	*卯 토끼 묘	*拍 손뼉칠 박
*隆 높을 륭(융)	*脈 맥 맥	*墓 무덤 묘	朴 순박할 박
*陵 무덤 릉(능)	麥 보리 맥	妙 묘할 묘	*泊 배댈 박
利 이로울 리(이)	孟 맏 맹	廟 사당 묘	*薄 엷을 박
	*猛 사나울 맹	*苗 싹 묘	*迫 핍박할 박

부록 | 515

기초한자(중·고등학교) 1800자

*는 고등학교 기초한자입니다.

*伴 짝 반
半 반 반
反 돌이킬 반
*叛 모반할 반
*班 나눌, 얼룩질 반
*盤 소반 반
般 일반 반
*返 돌아올 반
飯 밥 반
*拔 뺄 발
發 필 발
髮 터럭 발
*倣 본받을 방
*傍 곁 방
*妨 방해할 방
房 방 방
放 놓을 방
方 모 방
*芳 꽃다울 방
訪 찾을 방
*邦 나라 방
防 막을 방
*倍 곱할 배
*培 북돋울 배
拜 절 배
*排 물리칠 배
杯 잔 배
*背 등 배
*輩 무리 배
*配 짝 배
*伯 맏 백
白 흰 백
百 일백 백
*煩 번거로울 번
番 차례 번
*繁 번성할 번
*飜 번역할 번

伐 칠 벌
*罰 벌 벌
凡 무릇 범
犯 범할 범
*範 법 범
法 법 법
*壁 벽 벽
*碧 푸를 벽
變 변할 변
*辨 분별할 변
辯 말 잘할 변
*邊 가장자리 변
別 나눌 별
丙 남녘 병
兵 병사 병
*屛 병풍 병
病 병 병
竝 아우를 병
保 보호할 보
報 갚을 보
寶 보배 보
普 넓을 보
步 걸음 보
*補 도울 보
譜 문서 보
伏 엎드릴 복
*卜 점칠 복
服 입을 복
福 복 복
*腹 배 복
*複 거듭 복
*覆 뒤집힐 복
*覆 덮을 부
本 근본 본
奉 받들 봉
*封 봉할 봉
*峯 산봉우리 봉

*蜂 벌 봉
逢 만날 봉
*鳳 새 봉
不 아닐 불
*付 부탁할 부
*副 버금 부
否 아닐 부
夫 지아비 부
婦 며느리 부
富 부자 부
*府 마을 부
復 회복할 복
復 다시 부
扶 도울 부
浮 뜰 부
父 아비 부
符 부적 부
*簿 장부 부
*腐 썩을 부
負 질 부
*賦 구실 부
赴 다다를 부
部 떼 부
附 붙일 부
北 북녘 북
北 달아날 배
分 나눌 분
*墳 봉분 분
*奔 달아날 분
*奮 떨칠 분
*憤 분할 분
粉 가루 분
*紛 어지러울 분
佛 부처 불
*拂 떨칠 불
*崩 무너질 붕
朋 벗 붕

備 갖출 비
*卑 낮을 비
*妃 왕비 비
*婢 계집종 비
悲 슬플 비
*批 비평할 비
比 견줄 비
*碑 비석 비
*肥 살찔 비
*費 소비할 비
非 아닐 비
飛 날 비
鼻 코 비
*祕 비밀 비
貧 가난할 빈
賓 손 빈
*頻 자주 빈
*聘 부를 빙
冰(氷) 얼음 빙

人

事 일 사
仕 벼슬 사
*似 같을 사
使 하여금 사
此 역사 사
*司 맡을 사
四 넉 사
士 선비 사
*寫 베낄 사
寺 절 사
射 쏠 사
巳 뱀 사
師 스승 사
思 생각 사
*捨 버릴 사
*斜 비낄 사

*斯 이 사	想 생각 상	先 먼저 선	所 바 소
*査 조사할 사	*桑 뽕나무 상	善 착할 선	*掃 쓸 소
死 죽을 사	*狀 형상 상	*宣 베풀 선	*昭 밝을 소
*沙 모래 사	*狀 문서 장	*旋 돌 선	消 사라질 소
*社 모일 사	相 서로 상	*禪 참선할 선	*燒 불사를 소
*祀 제사 사	*祥 상서로울 상	線 줄 선	笑 웃음 소
私 사사로울 사	*裳 치마 상	船 배 선	素 흴 소
絲 실 사	*詳 상세할 상	選 가릴 선	*蔬 나물 소
舍 집 사	*象 코끼리 상	鮮 고울 선	*蘇 깨어날 소
*蛇 뱀 사	賞 상줄 상	舌 혀 설	*訴 하소연할 소
*詐 속일 사	霜 서리 상	設 베풀 설	*騷 시끄러울 소
*詞 말 사	*塞 변방 새	說 말씀 설	*疏(疎) 트일 소
謝 사례 사	*塞 막을 색	說 달랠 세	俗 풍속 속
*賜 줄 사	*索 동아줄 삭	說 기쁠 열	*屬 무리 속
*辭 말씀 사	*索 찾을 색	雪 눈 설	*屬 붙을 촉
*邪 간사할 사	色 빛 색	*攝 조섭할 섭	*束 묶을 속
*削 깎을 삭	生 날 생	*涉 건널 섭	*粟 조 속
*朔 초하루 삭	序 차례 서	城 재 성	續 이을 속
山 메 산	*庶 뭇 서	姓 성 성	速 빠를 속
散 흩어질 산	*徐 천천히할 서	性 성품 성	孫 손자 손
産 낳을 산	*恕 용서할 서	成 이룰 성	*損 덜 손
算 헤아릴 산	*敍 펼 서	星 별 성	松 소나무 송
殺 죽일 살	暑 더울 서	盛 성할 성	*訟 송사할 송
殺 감할 쇄	書 쓸, 글 서	省 줄일 생	*誦 욀 송
三 석 삼	*緖 실마리 서	省 살필 성	送 보낼 송
*參 석 삼	*署 관청 서	聖 성인 성	*頌 칭송할 송
參 참여할 참	西 서녘 서	聲 소리 성	*刷 인쇄할 쇄
上 윗 상	*誓 맹세할 서	誠 정성 성	*鎖 쇠사슬 쇄
傷 다칠 상	*逝 갈 서	世 인간 세	*衰 쇠할 쇠
*像 형상 상	夕 저녁 석	勢 형세 세	修 닦을 수
*償 갚을 상	席 자리 석	歲 해 세	受 받을 수
商 장사 상	惜 아낄 석	洗 씻을 세	*囚 가둘 수
喪 잃을 상	昔 옛 석	稅 구실 세	*垂 드리울 수
*嘗 맛볼 상	*析 쪼갤 석	細 가늘 세	壽 목숨 수
尙 오히려 상	石 돌 석	*召 부를 소	守 지킬 수
常 떳떳할 상	*釋 풀 석	小 작을 소	*帥 장수 수
*床 평상 상	仙 신선 선	少 적을 소	愁 근심 수

기초한자(중·고등학교) 1800자

*는 고등학교 기초한자입니다.

手 손 수
授 줄 수
*搜 찾을 수
收 거둘 수
數 셀 수
樹 나무 수
*殊 다를 수
水 물 수
*獸 짐승 수
*睡 잠잘 수
秀 빼어날 수
誰 누구 수
輸 보낼 수
*遂 이룰 수
*隨 따를 수
雖 비록 수
*需 쓸 수
須 모름지기 수
首 머리 수
叔 아재비 숙
*孰 누구 숙
宿 별자리 수
宿 잘 숙
淑 맑을 숙
*熟 익을 숙
*肅 엄숙할 숙
*巡 순행할 순
*循 돌 순
*旬 열흘 순
*殉 따라 죽을 순
*瞬 잠깐 순
純 순수할 순
*脣 입술 순
順 순할 순
戌 개 술
*術 꾀 술
*述 지을 술

崇 높일 숭
*濕 젖을 습
拾 주울 습
拾 열 십
習 익힐 습
*襲 엄습할 습
乘 탈 승
*僧 중 승
勝 이길 승
承 이을 승
*昇 오를 승
*侍 모실 시
始 비로소 시
市 저자 시
施 베풀 시
是 이 시
時 때 시
矢 화살 시
示 보일 시
視 볼 시
試 시험할 시
詩 글 시
式 법 식
*息 숨쉴 식
植 심을 식
識 안 식
食 밥 식(사)
*飾 꾸밀 식
*伸 펼 신
信 믿을 신
*愼 삼갈 신
新 새 신
*晨 새벽 신
申 납 신
神 귀신 신
臣 신하 신
身 몸 신

辛 매울 신
失 잃을 실
室 집 실
實 열매 실
*審 살필 심
*尋 찾을 심
心 마음 심
深 깊을 심
甚 심할 심
十 열 십
*雙 짝 쌍
氏 각시 씨

ㅇ

*亞 버금 아
兒 아이 아
我 나 아
*牙 어금니 아
*芽 싹 아
*雅 맑을 아
*餓 주릴 아
*岳 메뿌리 악
惡 악할 악
惡 미워할 오
安 편안 안
*岸 언덕 안
案 생각 안
眼 눈 안
顔 낯 안
*鴈(雁) 기러기 안
*謁 아뢸 알
巖 바위 암
暗 어두울 암
*壓 누를 압
*押 찍을 압
仰 우러를 앙
*央 가운데 앙

*殃 재앙 앙
哀 슬플 애
愛 사랑 애
*涯 물가 애
*厄 재앙 액
*額 이마 액
也 어조사 야
也 잇기 야
夜 밤 야
*耶 어조사 야
野 들 야
弱 약할 약
約 약속 약
若 같을 약
若 반야 야
藥 약 약
*躍 뛸 약
壤 토양 양
揚 드날릴 양
楊 버들 양
樣 모양 양
洋 큰바다 양
羊 양 양
讓 사양할 양
陽 볕 양
養 기를 양
*御 어거할 어
於 어조사 어
於 탄식할 오
漁 고기잡을 어
語 말씀 어
魚 고기 어
億 억 억
憶 생각할 억
*抑 누를 억
*焉 어찌 언
言 말씀 언

3단계 고사성어·숙어

嚴 엄할 엄	*染 물들일 염	瓦 기와 와	雨 비 우
業 업 업	炎 더울 염	臥 누울 와	云 이를 운
*予 나 여	*鹽 소금 염	完 완전할 완	運 운전할 운
余 나 여	葉 잎 엽	*緩 늦을 완	雲 구름 운
女 계집 녀	葉 성 섭	曰 가로되 왈	*韻 운 운
如 같을 여	*影 그림자 영	往 갈 왕	雄 수컷 웅
汝 너 여	*映 비칠 영	王 임금 왕	元 으뜸 원
與 줄 여	榮 영화 영	外 밖 외	原 근원 원
*輿 수레 여	永 길 영	*畏 두려울 외	*員 인원 원
餘 남을 여	*泳 헤엄칠 영	*搖 흔들 요	圓 둥글 원
亦 또 역	*營 경영할 영	*腰 허리 요	園 동산 원
*域 지경 역	英 꽃부리 영	要 요긴할 요	怨 원망할 원
*役 일 역	詠 읊을 영	*謠 노래 요	*援 도울 원
易 바꿀 역	迎 맞을 영	遙 멀 요	*源 근원 원
易 쉬울 이	例 보기 례(예)	*慾 욕심낼 욕	遠 멀 원
疫 염병 역	藝 재주 예	欲 하고자 할 욕	*院 집 원
*譯 통역할 역	禮 예도 례(예)	浴 목욕 욕	願 원할 원
逆 거스를 역	譽 기릴 예	辱 욕될 욕	月 달 월
*驛 역말 역	豫 미리 예	勇 날랠 용	*越 넘을 월
*宴 잔치 연	*銳 날카로울 예	容 얼굴 용	位 자리 위
*延 끌 연	*隷 종, 붙들 례(예)	庸 떳떳할 용	偉 클 위
*沿 물 따라 갈 연	五 다섯 오	用 쓸 용	僞 거짓 위
*演 펼 연	*傲 거만할 오	龍 용 룡(용)	危 위태로울 위
然 그럴 연	午 낮 오	于 어조사 우	圍 둘레 위
煙 연기 연	吾 나 오	*偶 짝 우	*委 맡길 위
燃 불탈 연	嗚 탄식할 오	優 넉넉할 우	威 위엄 위
*燕 제비 연	娛 즐길 오	又 또 우	*慰 위로할 위
硏 갈 연	悟 깨달을 오	友 벗 우	爲 할 위
*緣 인연 연	汚 더러울 오	右 오른쪽 우	*緯 씨 위
軟 연할 연	烏 까마귀 오	宇 집 우	*胃 밥통 위
蓮 연꽃 련(연)	誤 그르칠 오	尤 더욱 우	*謂 이를 위
鉛 납 연	屋 집 옥	*愚 어리석을 우	*違 어길 위
列 벌일 렬(열)	獄 감옥 옥	憂 근심할 우	*衛(衞) 호위할 위
悅 기쁠 열	玉 구슬 옥	牛 소 우	乳 젖 유
烈 매울 렬(열)	溫 따뜻할 온	*羽 깃 우	*儒 선비 유
熱 더울 열	*擁 안을 옹	遇 만날 우	唯 오직 유
*閱 살펴볼 열	*翁 늙은이 옹	*郵 역말 우	幼 어릴 유

기초한자(중·고등학교) 1800자

*는 고등학교 기초한자입니다.

*幽 그윽할 유
*悠 멀 유
*惟 생각할 유
*愈 나을 유
有 있을 유
柔 부드러울 유
油 기름 유
猶 오히려 유
由 말미암을 유
維 맬 유
*裕 넉넉할 유
*誘 꾈 유
遊 놀 유
遺 남길 유
酉 닭 유
六 여섯 륙(육)
肉 고기 육
育 기를 육
陸 뭍 륙(육)
倫 인륜 륜(윤)
*潤 윤택할 윤
*閏 윤달 윤
恩 은혜 은
銀 은 은
*隱 숨을 은
乙 새 을
吟 읊을 음
*淫 음란할 음
陰 그늘 음
音 소리 음
飮 마실 음
泣 울 읍
邑 고을 읍
*凝 엉길 응
應 응할 응
依 의지할 의
*儀 거동 의

*宜 마땅할 의
意 뜻 의
*疑 의심할 의
矣 어조사 의
義 옳을·뜻 의
衣 옷 의
議 의논할 의
醫 의원 의
二 두 이
以 써 이
夷 오랑캐 이
*履 신 리(이)
已 이미 이
李 오얏 리(이)
梨 배 리(이)
異 다를 이
移 옮길 이
而 말이을 이
耳 귀 이
*裏 속 리(이)
益 더할 익
翼 날개 익
人 사람 인
仁 어질 인
印 도장 인
因 인할 인
*姻 혼인할 인
寅 동방, 범 인
引 끌 인
忍 참을 인
認 알 인
*隣 이웃 린(인)
一 한 일
日 날 일
*逸 잃을 일
*任 맡길 임
壬 북방 임

林 수풀 림(임)
*賃 품삯 임
入 들 입
立 설 립(입)

ㅈ

*刺 찌를 자
*刺 찌를 척
*刺 나무랄 체
*姿 태도 자
子 아들 자
字 글자 자
*恣 방자할 자
慈 자비로울 자
兹 이 자
*紫 자줏빛 자
者 놈 자
自 스스로 자
*資 재물 자
姉(姊) 큰누이 자
作 지을 작
昨 어제 작
*爵 벼슬 작
*酌 잔질할 작
*殘 남을 잔
暫 잠깐 잠
*潛 잠길 잠
*雜 섞을 잡
*丈 어른 장
場 마당 장
壯 장할 장
將 장수 장
*帳 휘장 장
*張 베풀 장
*掌 손바닥 장
章 글 장
*粧 단장할 장

*腸 창자 장
*臟 오장 장
莊 장중할 장
葬 장사 장
*藏 감출 장
*裝 쌀 장
長 길 장
*障 막힐 장
*獎 권면할 장
*牆(墻) 담 장
再 두 재
哉 어조사 재
在 있을 재
*宰 재상 재
才 재주 재
材 재목 재
栽 심을 재
災 재앙 재
*裁 마를 재
財 재물 재
*載 실을 재
爭 다툴 쟁
低 낮을 저
*底 밑 저
*抵 막을 저
著 나타날 저
貯 쌓을 저
*寂 고요할 적
*摘 딸 적
敵 대적할 적
*滴 물방울 적
的 과녁, 적실할 적
*積 쌓을 적
*籍 호적, 서적 적
*績 길쌈 적
*賊 도둑 적
赤 붉을 적

*跡 발자취 적	*整 가지런할 정	造 지을 조	*俊 준걸 준
適 알맞을 적	正 바를 정	鳥 새 조	*準 법도 준
傳 전할 전	淨 깨끗할 정	族 겨레 족	遵 좇을 준
全 온전할 전	*程 법, 한도 정	足 발 족	中 가운데 중
典 법 전	精 정미할 정	存 있을 존	*仲 버금 중
前 앞 전	*訂 고칠 정	尊 높일 존	衆 무리 중
*專 오로지 전	貞 곧을 정	卒 마칠 졸	重 무거울 중
展 펼 전	靜 고요할 정	*拙 못날 졸	卽(即) 곧 즉
戰 싸움 전	頂 이마 정	宗 마루 종	增 더할 증
*殿 대궐 전	制 억제할 제	從 좇을 종	憎 미워할 증
田 밭 전	*堤 둑·제방 제	種 씨 종	曾 일찍이 증
*轉 구를 전	帝 임금 제	終 마칠 종	*症 병·증세 증
錢 돈 전	弟 아우 제	縱 세로 종	*蒸 찔 증
電 전기 전	提 제출할 제	鐘 쇠북 종	證 증거 증
*切 끊을 절	*濟 건널 제	佐 도울 좌	*贈 줄 증
*切 모두 체	祭 제사 제	坐 앉을 좌	之 갈, 어조사 지
*折 꺾을 절	第 차례 제	左 왼 좌	只 다만 지
*竊 도둑질 절	製 지을 제	座 자리 좌	地 따(땅) 지
節 마디 절	諸 모을, 여러 제	罪 죄 죄	志 뜻 지
絶 뛰어날 절	除 덜 제	主 임금, 주인 주	持 가질 지
絶 끊을 절	*際 교제할 제	住 살 주	指 가리킬 지
*占 점칠 점	題 제목 제	*周 두루 주	支 지탱할 지
店 가게 점	*齊 가지런할 제	*奏 아뢸 주	*智 지혜 지
*漸 점점 점	兆 조짐 조	宙 집 주	枝 가지 지
*點 점 점	助 도울 조	*州 고을 주	止 그칠 지
接 닿을 접	*弔 조상할 조	晝 낮 주	*池 못 지
*蝶 나비 접	*操 잡을 조	朱 붉을 주	知 알 지
丁 장정 정	早 이를 조	*柱 기둥 주	紙 종이 지
井 우물 정	朝 아침 조	*株 그루 주	至 이를 지
*亭 정자 정	條 가지 조	注 물댈 주	*誌 기록할 지
停 머무를 정	*潮 조수 조	*洲 물가 주	*遲 더딜 지
定 정할 정	*照 비칠 조	*珠 구슬 주	直 곧을 직
庭 뜰 정	*燥 마를 조	*舟 배 주	*織 짤 직
*廷 조정 정	祖 할아비 조	走 달아날 주	*職 맡을 직
*征 칠 정	租 구실 조	酒 술 주	*振 떨칠 진
情 정 정	*組 인끈, 짤 조	*鑄 부어만들 주	珍 보배 진
政 정사 정	調 고를 조	竹 대 죽	盡 다할 진

기초한자(중·고등학교) 1800자

*는 고등학교 기초한자입니다.

眞 참 진
辰 별 진(신)
進 나아갈 진
*鎭 진압할 진
*陣 진칠 진
*陳 늘어놓을 진
*震 진동할 진
*姪 조카 질
*疾 병 질
*秩 차례 질
質 바탕 질
質 폐백 지
執 잡을 집
集 모을 집
徵 징험할 징
*懲 징계할 징

ㅊ
且 또 차
借 버릴 차
*差 어긋날 차
*差 층질 치
次 버금 차
此 이 차
*錯 섞일 착
*捉 잡을 착
着 붙을 착
*讚 기릴, 칭찬할 찬
*贊 찬성할 찬
察 살필 찰
*慘 참혹할 참
*慙 부끄러워할 참
*倉 곳집 창
*創 비롯할 창
唱 부를 창
昌 창성할 창
*暢 화창할 창

窓 창 창
*蒼 푸를 창
*債 빚 채
*彩 채색 채
採 캘 채
菜 나물 채
策 꾀 책
責 꾸짖을 책
冊(册) 책 책
妻 아내 처
處 곳 처
尺 자 척
戚 겨레 척
*拓 넓힐 척
*拓 박을 탁
斥 쫓을 척
千 일천 천
天 하늘 천
川 내 천
泉 샘 천
淺 얕을 천
*薦 천거할 천
*賤 천할 천
*踐 밟을 천
*遷 옮길 천
*哲 밝을 철
*徹 통할 철
鐵 쇠 철
*尖 뾰족할 첨
*添 더할 첨
*妾 첩 첩
*廳 관청 청
晴 갤 청
淸 맑을 청
聽 들을 청
請 청할 청
靑 푸를 청

*替 바꿀 체
*滯 막힐 체
*逮 잡을 체
*遞 역말 체
體 몸 체
初 처음 초
*抄 베낄 초
招 부를 초
*礎 주춧돌 초
*秒 초 초(묘)
*肖 닮을 초
草 풀 초
*超 뛰어넘을 초
*促 재촉할 촉
*燭 촛불 촉
*觸 닿을 촉
寸 마디 촌
村 마을 촌
總 다 총
*聰 귀 밝을 총
銃 총 총
*催 재촉할 최
最 가장 최
*抽 뺄, 뽑을 추
推 옮을 추
推 밀 퇴
秋 가을 추
追 쫓을 추
*醜 추할 추
丑 소 축
*畜 가축 축
祝 빌 축
*築 쌓을 축
*縮 오그라질 축
*蓄 쌓을 축
*逐 쫓을 축
春 봄 춘

出 날 출
充 찰 충
忠 충성 충
蟲 벌레 충
*衝 찌를 충
取 취할 취
吹 불 취
就 나아갈 취
*臭 냄새 취
*趣 취미 취
*醉 취할 취
*側 곁 측
*測 측량할 측
*層 층층 층
*値 값 치
*恥 부끄러울 치
治 다스릴 치
*置 둘 치
致 이를 치
齒 이 치
則 법칙 칙
則 곧 즉
親 친할 친
七 일곱 칠
*漆 옻 칠
*侵 침노할 침
寢 잠잘 침
枕 베개 침
沈 잠길 침
沈 성 심
*浸 잠길 침
針 바늘 침
*稱 일컬을 칭

ㅋ
快 시원할 쾌

ㅌ

他 남 타
*墮 떨어질 타
*妥 온당할 타
打 칠 타
*卓 높을 탁
*托 받칠 탁
*濁 흐릴 탁
*濯 빨래할 탁
*彈 탄환 탄
*歎 탄식할 탄
*炭 숯 탄
*誕 태어날 탄
*奪 빼앗을 탈
脫 벗을 탈
探 찾을 탐
貪 탐할 탐
*塔 탑 탑
*湯 끓일 탕
太 클, 콩 태
*怠 게으를 태
*態 태도 태
*殆 위태로울 태
泰 클, 편안할 태
宅 집 택
宅 댁 댁
*擇 가릴 택
*澤 못 택
*吐 토할 토
土 흙 토
*討 칠 토
*痛 아플 통
統 거느릴 통
通 통할 통
退 물러갈 퇴
投 던질 투
*透 통할 투

*鬪 싸울 투
特 특별할 특

ㅍ

*把 쥘 파
*播 씨뿌릴 파
波 물결 파
*派 물갈래 파
破 깨뜨릴 파
*罷 파할 파
*頗 자못, 치우칠 파
判 판단할 판
板 널조각 판
*版 판목, 조각 판
*販 팔 판
八 여덟 팔
敗 패할 패
貝 조개 패
便 편할 편
便 똥오줌 변
*偏 치우칠 편
片 조각 편
篇 책 편
*編 엮을 편
*遍 두루 편
平 평평할 평
*評 평할 평
*幣 폐백 폐
*廢 폐할 폐
*弊 폐단 폐
*肺 허파 폐
*蔽 가릴 폐
閉 닫을 폐
*包 쌀 포
布 베, 펼 포
抱 안을 포
*捕 잡을 포

*浦 갯가 포
*胞 태보 포
*飽 배부를 포
*幅 폭 폭
暴 사나울 폭(포)
*爆 폭발할 폭
*標 표 표
*漂 뜰 표
票 표 표
品 품수 품
風 바람 풍
豐(豊) 풍성할 풍
彼 저 피
*疲 피곤할 피
皮 가죽 피
*被 입을 피
*避 피할 피
匹 짝 필
必 반드시 필
*畢 마칠 필
*筆 붓 필

ㅎ

下 아래 하
何 어찌 하
夏 여름 하
河 물 하
*荷 멜·연꽃 하
賀 하례할 하
學 배울 학
*鶴 두루미 학
寒 찰 한
恨 원한 한
*旱 가물 한
*汗 땀 한
漢 한수 한

閑 한가할 한
限 한할 한
韓 나라 한
*割 나눌 할
含 머금을 함
*咸 다 함
*陷 빠질 함
合 합할 합
*巷 거리 항
恒 항상 항
*抗 대항할 항
港 항구 항
航 배 항
項 목 항
亥 돼지 해
奚 어찌 해
害 해할 해
海 바다 해
解 풀 해
該 갖출 해
*核 씨 핵
幸 다행 행
行 갈 행
行 행위 행
行 줄 항
*享 누릴 향
向 향할 향
鄕 시골 향
*響 울릴 향
香 향기 향
虛 빌 허
許 허락할 허
*憲 법 헌
*獻 드릴 헌
*軒 초헌 헌
*險 험할 험
*驗 시험할 험

기초한자(중·고등학교) 1800자

*는 고등학교 기초한자입니다.

革 가죽 혁
*懸 매달 현
*玄 검을 현
現 나타날 현
*絃 줄 현
*縣 고을 현
賢 어질 현
顯 나타날 현
*穴 구멍 혈
血 피 혈
*嫌 싫어할 혐
協 화할 협
*脅 위협할 협
*亨 형통할 형
兄 형 형
刑 형벌 형
形 얼굴 형
*螢 반딧불 형
*衡 저울대 형
*兮 어조사 혜
惠 은혜 혜
*慧 지혜 혜
乎 어조사 호
*互 서로 호
呼 부를 호
好 좋을 호
*毫 털 호
*浩 넓을 호
湖 호수 호
*胡 오랑캐 호
虎 범 호
號 부르짖을 호
*護 보호할 호
*豪 호걸 호
戶 지게 호
*惑 미혹할 혹
或 혹 혹

婚 혼인할 혼
*昏 어두울 혼
混 섞일 혼
*魂 넋 혼
*忽 문득 홀
*弘 클 홍
*洪 넓을 홍
紅 붉을 홍
*鴻 기러기 홍
化 될 화
和 화목할 화
火 불 화
*禍 재앙 화
禾 벼 화
花 꽃 화
華 빛날 화
話 말씀 화
貨 재화 화
畫 그림 화
畫 그을 획
*擴 넓힐 확
*確 확실할 확
*穫 거둘 확
*丸 둥글 환
患 근심할 환
*換 바꿀 환
歡 기쁠 환
*環 고리 환
*還 돌아올 환
活 살 활
*況 하물며 황
皇 임금 황
*荒 거칠 황
黃 누를 황
回 돌 회
*悔 뉘우칠 회
*懷 품을 회

會 모을, 모임 회
*獲 얻을 획
*劃(畫) 그을 획
*橫 가로 횡
孝 효도 효
*曉 새벽 효
效(効) 본받을 효
*侯 제후 후
*候 기후 후
厚 두터울 후
後 뒤 후
訓 가르칠 훈
*毁 헐 훼
*揮 휘두를 휘
*輝 빛날 휘
休 쉴 휴
*携 가질 휴
凶 흉할 흉
胸 가슴 흉
黑 검을 흑
*吸 빨아들일 흡
興 흥할 흥
喜 기쁠 희
希 바랄 희
*稀 드물 희
*戱(戲) 희롱할 희

출전 해제

맹자(孟子)

맹자[孟子 ; 이름은 가(軻), 자는 자여(子輿)·자거(子車), 기원전 372?~289?. 산동성(山東省) 출생]의 언행을 기록한 책이다. 편찬된 것은 기원전 325년경이다. 이것은 양혜왕편(梁惠王篇)·공손추편(公孫丑篇)·박문공편(博文公篇)·이루편(離婁篇)·만장편(萬章篇)·고자편(告子篇)·진심편(盡心篇)의 7편 260장으로 이루어져 있다. 각 편을 상, 하로 나누어서 14편으로 한 것도 있다. 7편 중 앞의 3편은 주로 맹자가 각국을 유세했을 때의 언행을 기록한 것이고, 뒤의 4편은 그가 은퇴한 뒤에 남긴 말을 기록한 것이다. 맹자의 사상은 공자의 천명설(天命說)을 계승·발전시킨 성선설(性善說)이 중심이지만, 그가 생존하던 시대는 바야흐로 전국시대(기원전 403~220)로서 각지에 제후(諸侯)가 발호하여 서로 패(覇)를 다투던 때인만큼『맹자』는 심오한 학설이라기보다도 상대방을 설득하거나 또는 설파(說破)하는 변설의 통쾌함에 그 묘미가 깃들여 있다.

논어(論語)

공자[孔子 ; 이름은 구(丘), 자(字)는 중니(仲尼), 기원전 551~479]와 제자들의 언행(言行)을 그의 제자들이 편찬한 유교의 경서(經書) 중 하나이다. 약 500개의 매우 짤막한 문장으로 기술되어 있으며, 내용은 학이편(學而篇)에서 요왈편(堯曰篇)까지 모두 상·하 20편으로 되어 있고, 기원전 475년경에 완성되었다.

유교의 기본적인 경전으로, 때에 따라서 언급된 언동(言動)을 기록한 것으로, 개인적인 수양으로부터 정치문제에 이르기까지 서술되어 있다. 이는 체계적인 학문이라기보다는 처세술이나 진퇴(進退)의 국면에서 생각해야 하는 것을 단편적으로 기술한 것이다. 그러나 인간이 살아가는 방법에 대한 깊은 통찰이 있으니 한 번 음미하고 연구해 볼 만하다.

우리나라에는 신라 신문왕 때 설총이 이미 이두(吏讀)로 해석했고 고려 때 정몽주·권근 등이 애독했다. 조선조 세조가 유신들에게 명하여 한글로 풀

출전 해제

이하게 했고, 이 퇴계·이 율곡 등이 언해(諺解)를 수정하여 완성되었다. 서기 285년에 일본에 『논어』와 『천자문』을 전한 것은 백제의 왕인(王仁)이다.

노자(老子)

노자[老子; 본명은 이이(李耳), 자는 담(聃), 기원전 604~531, 초(楚)나라 사람]는 공자보다 반세기가량 앞선 사람이다. 기원전 425년경에 완성된 그의 저서를 『노자』 또는 『노자도덕경(老子道德經)』이라고 한다. 후세에 도교의 시조로 추앙되었으며, 사적은 거의 알려지지 않았다.

노자는 우주의 본체를 도(道)·무(無)·일(一)·대(大)로 이름짓고, 유(有)의 세계는 무(無)로부터 나온다고 하였다. 따라서 무위자연(無爲自然) 상태로 돌아갈 것을 주장하면서 사람은 개개현상에 구애받거나 희로애락(喜怒哀樂)에 연연해 하지 말고 도에 따라서 살아나가야 한다고 설교하였다.

장자(莊子)

장자[莊子; 이름은 주(周), 자는 자휴(子休), 기원전 365~290, 송나라 사람]가 노자와 그의 이념을 계승하여 노장사상(老莊思想)으로 발전시켰는데, 이것은 공(孔)·맹(孟)의 유가(儒家)사상과 함께 중국 사상의 2대 산맥을 이루어 왔다.

열자(列子)

춘추시대(기원전 403~220) 정(鄭)나라 사람인 열어구(列禦寇)가 저술한 책이라고 일컬어지지만, 이것을 전적으로 위진(魏晉) 때에 가탁(仮託)한 위서(僞書)로 보는 설이 유력한 것 같고, 또 그 인물의 실재성조차 의심하고 있다.

이 책을 마지막으로 완성시킨 것은 동진(東晉)의 장담(張湛)이다.

내용은 장기간에 걸친 노장사상의 도가계통 사상가들의 문장이 수록된 것이라고 한다. 이들 내용은 거의가 우화인데 '기우(杞憂)'라든가 '우공이산

(愚公移山)'과 같은 널리 알려진 내용이나 낱말이 여기서 나온 것이다.
여기서는 인간이란 천지청탁(天地淸濁)의 기의 충화를 받았으므로 허무자연(虛無自然)의 생활이야말로 인간 본연의 자세라고 주장하였다.

묵자(墨子)

춘추시대의 철학자 묵적(墨翟, 기원전 480~390)의 사상체계 중 71편(현재는 55편)을 수록한 책이다. 그의 학설은 유가의 영향을 받았으나 경제문제를 중요시했고, 하늘의 의지로서 박애주의를 설교했고, 또 절약을 강조했다. 이리하여 이 학파는 전쟁을 반대하고 상제(喪祭)와 예악(禮樂)의 간소화를 역설하는 등 매우 현실적이어서 한때 지지자가 많았다.

장자(莊子)

전국시대 송나라의 사상가인 장주[莊周 ; 자는 자휴(子休), 기원전 365~290]가 지은 책으로 『남화진경(南華眞經)』이라고 불리며, 내편(內篇)·외편(外篇)·잡편(雜篇)으로 구성되는데, 이 중에서 내편의 7편만을 장자가 지었다고 한다. 그는 노자의 사상을 이어받아 모든 현상은 하나의 도(道)의 표현에 지나지 않으므로 시비의 판단을 버리고, 자기 자신을 무(無)로 하여 도와 일체화해야 한다고 설교하였다. 그의 문장은 활달하면서도 자유로워 사람들의 의표를 찌른다. 우화와 신화를 바탕으로 투철한 논리, 명쾌한 사상으로 후세 문인들에게 커다란 영향을 주었다.

손자(孫子)

보통 『손자병법』으로 일컬어지며, 춘추시대 제(齊)나라 사람 손무(孫武)가 기원전 352년경에 지은 것으로 전해지지만 문장에 통일성이 없는 것으로 보아 여러 사람이 가필한 것으로 판단되고 있다. 그러나 중국의 유명한 병서(兵書)로서, 오늘날의 모든 전략에도 많이 활용되고 있다.
현재 남아 있는 것은 6천 수백 자인데 시계편(始計篇)에서 시작되어 용간편

출전 해제

(用間篇)까지 13개 편으로 구성되어 있다. 각편은 모두가 「손자왈(孫子曰)…」로 시작되어 손자의 말을 모은 형태로 이루어져 있다.

여기에 수록된 전쟁의 승패에 관한 분석은 도(道)·천(天)·지(地)·장(將)·법(法)의 5사를 연구하고, 다시 7계에 의하여 필승을 기한 깊은 통찰로 가득차 있다. 전쟁뿐만 아니라 인생에서의 승패의 기미도 시사하는 것이 많으므로 오늘날에 이르러서도 많은 독자층을 가지고 있다.

순자(荀子)

전국시대 말기의 조(趙)나라 유학자인 순황(筍況)이 쓴 책이다.

맹자가 사람들의 성(性)을 선으로 보고 그것으로써 덕을 쌓아야 한다고 주장한 데 대해, 순자는 성악설(性惡說)을 제창하였다. 즉, 예(禮)로써 사람들을 규제하여 정도(正道)를 지키게 외부에서 통제해야 한다고 주장했다. 이 외적인 법으로 통제해야 한다는 생각이 법가사상(法家思想)을 발전시켰다. 이리하여 그의 문하에서 유명한 한비자(韓非子)와 이사(李斯)가 나왔다.

한비자(韓非子)

한비자(?~기원전 233)는 전국시대 한(韓)나라에서 태어났다. 뒷날 천하를 통일한 진(秦)나라에서 재상에 오른 이사와 순자 밑에서 동문수학하고 쇠약해진 한나라를 중흥시키기 위하여 『한비자』라는 책을 지었다. 그러나 한나라 왕의 시선을 끌지 못하고 오히려 진나라의 시황제에게 인정을 받아 그를 섬기게 되었으나, 이사의 시샘을 받아 옥사하는 비운의 주인공이 되었다.

성악설에 입각하여 법치주의를 강조하면서 유가의 도덕주의적 이상주의를 배격하고, 힘에 의한 현실주의 정치를 주장했다. 이 사상은 중국의 모택동과 4인방[장춘교(張春橋)·강청(江青)·왕홍문(王洪文)·요문원(姚文元)]이 문화대혁명(1966~1976) 기간 중에 '비림비공(批林批孔)'·'존법반유(存法反儒)' 운동을 벌였을 때 잠깐 부활되었다.

춘추좌씨전(春秋左氏傳)

기원전 622~481년간에 걸친 노국(魯國)의 기록 『춘추(春秋)』를 공자가 교열하여 역사의 평가를 내린 것으로서 유학자의 필독서 중 하나로 되었으나, 워낙 간결하게 서술되었기 때문에 그 후 주석책이 많이 나왔다.

주석책으로는 『춘추좌씨전』외 『춘추공양전(春秋公羊傳)』, 『춘추곡량전(春秋穀梁傳)』이 있다. 이것을 춘추삼전(春秋三傳)이라고 하는데, 『춘추공양전』과 『춘추곡량전』에 비해 『춘추좌씨전』은 간결하게 쓰여진 기사의 배경을 상세히 설명한 역사 이야기로 되어 있는 것이 특색이다. 저자는 공자의 제자인 좌구명(左丘明)이라고 하는데 사실 여부는 알 수 없다.

초사(楚辭)

『초사』는 초나라의 시가(詩歌)라는 뜻이다. 시가를 모은 것이 책 제목이 된 것이다. 『초사』를 편찬한 사람은 전한(前韓)의 유향(劉向)이라고 전해진다.

여기에 올라 있는 작품의 작가는 한(漢)나라의 가의(賈誼) 등도 포함되어 있지만 대표적 작가는 굴원(屈原)이다. 굴원은 전국시대 초나라 사람으로서, 삼려대부(三閭大夫)라는 벼슬을 받고 회왕(懷王)을 섬겼으나 회왕이 진(秦)나라와의 싸움에서 포로로 잡혀 처형된 후 항양왕(項襄王)이 등극하자, 그는 수도에서 쫓겨나 낙향 중 우국충정으로 몹시 고민하다가 끝내 멱라수(汨羅水)에 빠져 죽고 말았다.

『초사』를 흔히 『시경(詩經)』과 대비시킨다. 이 양서의 특징을 간단히 비교하면 양자강 이북 땅에서 나온 『시경』이 현실적이고도 온화하며 소박하게 표현된 데 대해, 남쪽 초나라는 기후가 따뜻하고 숲과 늪이 많을 뿐만 아니라 무속 신앙도 성행하여 대체로 격정적이면서도 신비스런 면이 많다는 점이다.

회남자(淮南子)

전한 때 회남왕인 유안(劉安)이 신하로 있는 여러 학자들의 여러 사상·학

출전 해제

설·지식을 종합적으로 기록·편집한 논문집이다. 제가(諸子) 중의 잡가(雜家)로 분류되어 있지만, 여기서 전개된 사상이념은 대체로 도가(노자·장자를 중심으로 한 학파)적 경향으로 기울어져 있다. 내용은 천문·지리 등의 자연현상으로부터 정치·처세술 등 인사(人事) 일반과 각국의 풍속습관, 고금의 신화전설 등 폭넓은 분야에 걸쳐 있다.
원명은 『회남홍렬(淮南鴻烈)』이지만 옛날부터 『회남자』로 불리어 왔다.

사기(史記)

중국 한나라 사마천(司馬遷)이 황제(黃帝)에서 한나라 무제(武帝)까지의 역대 왕조의 사적을 기전체로 쓴 역사책이다.
전한(前漢) 초기에 완성되었으며, 본기(本紀) 12권, 세가(世家) 30권, 열전(列傳) 70권, 연표 10권, 서(書) 8권 등 모두 130권이다. 재래의 전설 외에 기록, 사료(史料) 등을 수집하여 사서(史書) 및 문학적 가치로 높이 평가되며 중국 정사와 기전체의 시초라고 한다.

전국책(戰國策)

주(周)의 원왕(元王)으로부터 진나라의 시황제(始皇帝)에 이르는 전국시대에 책모·변론으로 활약한 소진(蘇秦)·장의(張儀) 등 유세가들의 활약을 나라별로 기술한 책이다. 전국시대에 쟁패전을 벌였던 7강(强)[진(秦)·제(齊)·조(趙)·초(楚)·한(韓)·위(魏)·연(燕)]과 12개국(東周(동주)·서주(西周)·송(宋)·위(衛)·중산(中山) 등]으로 나누어 한데 묶어 놓은 것이다.
원저자는 알려지지 않았으나 이것을 편집한 사람은 한나라 때 『홍범오행전』·『설원』·『신서』 등을 지은 유향(劉向)이다.

논형(論衡)

후한의 왕충(王充)이 지은 책이다. 그는 시국(時局)을 비판하여 이 책을 썼다. 그는 불우한 가운데 생을 마쳤는데, 합리주의와 실증주의 정신으로 도가(道家)·유가(儒家)·법가(法家)의 사상을 비판하였다.
그러나 그의 논조가 너무도 과격한 것이 문제되기도 했다. 특히 문공편과 자맹편이 그런데 이것은 너무도 편견과 억측이 심하여 정당한 논의가 아니라는 평을 받고 있다.

한서(漢書)

중국 전한(前漢)의 정사(正史). 후한의 반고(班固)가 지은 것으로, 반표(班彪)가 짓기 시작한 것을 반고가 대성했고, 누이동생 반소(班昭)가 보수했다. 한(漢)의 고조 유방으로부터 평제까지 12대 229년간의 사실(史實)을 기술했고, 체제는 사마천(司馬遷)의 『사기』를 본받았으며, 내용은 12제기(帝紀), 8표(表), 16지(志), 70열전으로 되어 있다.
기사의 확실성과 평론의 공정성은 그의 냉철한 서술 태도와 더불어 후에 역사가들의 모범으로 되었다. 이것은 『후한서』에 대해 『전한서』 또는 『서한서』라고도 일컬어진다.

삼국지(三國志)

6조 때 진(晋)나라의 진수(陳壽)가 찬술한 책이다. 후한이 멸망한 후 위(魏)·촉(蜀)·오(吳)가 천하의 패권을 다툰 삼국정립 시대에서 진(晋)의 통일천하까지를 기록한 역사서인데, 『위지(魏志)』 30권, 『촉지(蜀志)』 15권, 『오지(吳志)』 20권 등 모두 65권이다. 『위지』에만 제기 4권을 할당하고 있는데, 이것은 3국 중에서 위가 한의 법통을 이은 나라라고 본 저자의 사관(史觀)에 입각한 것이다. 그리고 송나라의 배송지(裵松之)가 주(註)를 달았다.
『삼국지』를 흔히 『삼국지연의』와 같은 책으로 알고 혼동하는 사람이 있으나, 전자는 정사(正史)이고, 후자는 『삼국지』를 바탕으로 한 일종의 역사소설이다.

출전 해제

세설신어(世說新語)
송(宋)나라 사람 유의경이 지은 일화집이다. 즉, 후한에서 동진에 이르는 동안에 귀족·학자·문인·승려들의 언행을 그 내용에 따라 덕행·언어·문학 등에 관한 일화를 38부문으로 나누어서 수록했다.
이 책에 인용된 참고서적은 무려 400여 종에 이르지만 태반은 없으므로 『세설신어』는 고증학상 중요한 자료로 취급되고 있다.

후한서(後漢書)
남조 때 송(宋)의 범엽(范曄)이 지은 후한의 역사서이다. 기전체의 형식으로, 본기(本紀) 10권, 열전 80권, 지(志) 30권으로 되어 있는데, 지는 진(晉)나라의 사마표(司馬彪)가 지었다.

대당서역기(大唐西域記)
당나라의 중 현장(玄奘)이 17년간에 걸쳐서 인도 및 중앙아시아를 여행한 견문록이다. 귀국한 후 그의 제자인 변기(辯機)의 협력을 받아 완성했는데, 모두 12권으로 되어 있다. 이것은 그가 635년 중부 인도에 있는 나란다 사원에 도착한 후 인도와 144개국에 이르렀던 각지의 기후·풍토·지리·역사·언어·습관·전설·물산 등을 기록한 것이다. 7세기 당시 중앙아시아·인도에 관한 문헌사(佛敎史)의 근본사료이다.

근사록(近思錄)
송나라의 대학자 주희(朱熹)와 여조겸(呂祖謙)이 함께 엮은 책이다. 이 책은 주무숙(周茂淑)·정명도(程明道)·정이천(程伊川)·장횡거(張橫渠) 등의 저서나 어록 중에서 수신(修身)·제가(齊家)·치국(治國)·일상 생활에서 가장 긴요한 622개 조항을 14개 부문으로 나누었다.

삼국지연의(三國志演義)
후한 말기와 삼국시대를 배경으로 위·촉·오 3개국의 쟁패사를 쓴 소설이다. 그러나 중국에서는 '문화대혁명' 기간 중 4대 고전소설의 금서 중 하나로 된 적이 있다. 작가는 명나라 초엽의 나관중(羅貫中)이다. 그는 진수(陳壽)가 쓴 정서 『삼국지』와 송나라 사람 배송지가 단 주석에 기초했고, 이에 다시 3국 쟁패에 관한 민간의 이야기를 적절히 배합하여 소설로 썼다.

십팔사략(十八史略)
원나라의 증선지(曾先之)가 쓴 책이다. 중국 태고(太古)로부터 송나라 말기까지의 사실(史實)을 18사로 하고, 이것을 취사선택하여 편년사적으로 종합 기술하였다. 초학자(初學者)도 읽을 수 있는 적절한 중국사의 입문서로 되어 있다. 여러 문헌이 『십팔사략』을 자주 인용하는 것도 이 때문이다.

수호지(水湖誌)
중국 사대기서(四大奇書)의 하나이다. 이 책의 작가가 나관중(羅貫中)이라는 설과 시내암(施耐庵)이라는 설이 있는가 하면, 70회까지는 시내암이 쓰고 그 뒤는 나관중이 썼다는 설이 있으나 사실은 아직 밝혀지지 않았다. 그리고 원문도 120회본, 115회본, 100회본 등 여러 가지가 있다. 명조말에는 김성탄이 꼬리 잘린 잠자리 격의 70회본을 내놓았다.
소설의 줄거리는 송나라 휘종(徽宗)의 선화(宣和) 연간에, 송강 등이 양산박(梁山泊)에서 관군에 저항하여 활약한 사실을 바탕으로 엮은 것이다. 처음에는 의적 36명 일당에 관한 이야기로 시작되지만, 여기에 다른 의적들의 이야기가 붙여져 등장인물 수가 증가하게 된다. 70회까지는 108명의 의적이 양산박에 집결하고 뒤에 조정에 귀순하여 요나라와의 싸움과 반란 토벌에 활약하는 것으로 되어 있다.

출전 해제

전습록(傳習錄)
명나라 때의 대학자 왕양명의 어록으로서, 그의 사위이며 문하생인 서애 등이 편찬한 것이며 모두 3권으로 되어 있다.
왕양명이 창도한 지행합일, 격물치지의 깊은 철학이 이 책에 수록되어 있다고 한다. 우리나라에는 조선조 중종 때 『전습록』이 들어왔으나, 이 퇴계가 『전습록변』을 지어 이를 공박한 이래 양명학은 별로 빛을 보지 못했다.

서유기(西遊記)
명나라 오승은(吳承恩)의 작품이다. 당나라 태종 때의 중이었던 현장의 인도 여행에 관한 전설에서 취재하였다.
손오공·저팔계·사오정이 삼장법사를 수호하여 여러 가지 곤란을 이겨 내고 천축(天竺)에 이르러 무사히 불경(佛經)을 가지고 돌아온다는 이야기이다.

당시선(唐詩選)
당나라 때의 시인 127명의 시 작품 465수를 뽑아서 모은 책이다. 이 시집의 맨 첫머리에 있는 것이 태종 이세민을 도와 '정관의 치'를 이룩하는 데 큰 몫을 했고, 또 『수서』의 저자인 위징의 '술회(述懷)'라는 시다.
이백, 두보와 함께 '이두한백'이라 일컫는 당나라 때의 한유의 시는 한 편뿐이고, 백거이의 시도 한 편뿐이기 때문에 객관적인 평가가 이루어지지 않았다고 알려져 있으며, 청나라 때는 고문사파(古文辭派)가 쇠퇴함과 동시에 인기를 잃었다.

금병매(金瓶梅)
중국 사대기서의 하나인 명나라 때에 나온 장편소설로서 작자는 알 수가 없다. 주인공인 서문경(西門慶)이 여섯 아내와의 관계에서, 그 가정의 음탕하고 문란한 생활을 재치 있게 묘사하여 명나라 때의 부패정치와 부자들의 퇴폐함을 그렸다.

금고기관(今古奇觀)

명나라 때의 백화체(白話體) 단편 소설이다. 송·원·명 나라에 걸쳐 전해 내려오는 이야기책을 모은 『삼언이박』의 200편 중에서 40편을 골라 한 편을 1권으로 묶어 모두 40권으로 만든 것이다. 편집자는 포옹 노인으로 되어 있을 뿐 본명은 알려지지 않았다. 이 책의 소재는 세상 이야기가 태반을 차지하는데 읽을거리로서의 흥미 외에 당시 서민의 처세철학이나 윤리, 생활감정 등을 엿볼 수 있는 좋은 자료이다.

요제지이(聊齊志異)

청나라 때에 포송령이 지은 괴담을 모은 것으로서 8권 또는 16권으로 되어 있고, 거기에는 모두 431편의 이야기가 수록되어 있다.
전국시대에 시작된 지괴서(志怪書) 계통을 이어받은 것이다. 지괴서가 원칙적으로 사실을 기록한다는 것을 견지하여 가급적 윤색하는 것을 배제하고 있는데 대해 『요제지이』는 생생하게 정경을 묘사하였다. 또 문헌에 나타난 글을 구사하여 작가 특유의 간결한 표현과 소설적인 묘사기법을 통하여 세밀하게 선인·여우·유령·도깨비 기타 괴물과 인간이 연출하는 독특한 세계를 묘사하고 전개시킨 데 성공한 작품들을 적지 않게 수록하고 있다.
포송령이 이 책을 '호분서(狐憤書)'라고 불러 각 편에 등장하는 여우·유령·도깨비 등을 현실적인 인간 이상으로 사랑스런 인간성을 가진 것으로 형상화했는데, 그는 이러한 것들이야말로 불우한 환경 속에서 이런 괴이담(怪異譚) 집필에 열중하는 자기를 참되게 이해하는 것들이라고 스스로 위안했다.

홍루몽(紅樓夢)

청나라 때에 조설근(曹雪芹)이 지은 장편소설이다. 작품은 모두 120회인데 그 중 80회까지는 조설근이 쓰고, 그 후의 것도 집필했으나 다른 사람이 빌려 갔다가 그만 잃어버려서 속간이 안 되고 80회본으로 얼마 동안 출판되었다. 그 후 고악(高鶚)이 40회분을 속작하여 120회분으로 완성시켰다.

출전 해제

이 책의 내용은 가가(賈家)라는 대귀족 가정의 영고성쇠 경위를 가가가 귀공자 가보옥과 그의 4촌 누이동생 임대옥과의 비련을 중심으로 묘사한, 보기드문 화려하고도 심미적인 수법으로 쓴 소설이다.

이 책이 오랫동안 인기를 끌자, 무려 30종 가까운 소작품들이 쏟아져 나왔는데, 이런 것은 대부분이 가보옥과 임경옥의 비련에 불만을 품고 두 사람을 원만하게 결혼시켰을 뿐 문학적 가치는 없는 것들이다.

노잔유기(老殘遊記)

청나라 말기에 나온 정치소설로 작가는 유악(劉鶚)이다.

내용은 자(字)를 노잔(老殘)이라고 하는 주인공 철영(鐵英)이 각지를 돌아다니면서 그 속에 당시의 정치를 풍자·비판한 것이다. 사상적으로는 혁명을 반대하고 개량주의를 신봉하지만, 고정적인 도덕관념에 구속된 나머지 깊은 통찰을 하지 못하여 실정에 맞지 않는 지방행정을 펴나가면서도 자만 자족하고 있는 어리석은 지방관리를 비판 공격한 것이 특색이다.

관장현형기(官場現形記)

청나라 말기 때의 이보가(李寶嘉)가 쓴 소설이다. 『유림외사(儒林外史)』의 기법을 모방하여 주인공을 계속 바꾸어 가는 형식의 소설인데, 내용은 당시 관계의 부패를 풍자적으로 비판한 것이다.

『관장현형기』라는 제목은 관계의 현상을 폭로하는 책이라는 뜻이다. 작자는 120회분을 쓸 예정이었으나 60회분을 쓰고 그만 세상을 떠났기 때문에 계속해서 나오지 못했다.

노신은 이 소설을 『노잔유기』·『얼해화』 등과 더불어 견책소설(譴責小說)이라고 규정하면서 당시의 부패상을 폭로한 현실적 의의를 높이 평가했다.

ㄱ

가가대소(呵呵大笑) 110
가가호호(家家戶戶) 8
가계야치(家鷄野雉) 110
가고가하(可高可下) 110
가구향리폐(家狗向裏吠) 292
가급인족(家給人足) 292
가담항설(街談巷說) 8
가담항어(街談巷語) 8
가도벽립(家徒壁立) 110
가도사벽(家徒四壁) 292
가동주졸(街童走卒) 111
가렴주구(苛斂誅求) 8
가롱성진(假弄成眞) 111
가부소족취(家富疎族聚) 292
가부지친(葭莩之親) 293
가빈사양처(家貧思良妻) 293
가빈사처(家貧思妻) 111
가빈친로(家貧親老) 111
가이동가이서(可以東可以西) 293
가인박명(佳人薄命) 9
가정맹어호(苛政猛於虎) 111
가화만사성(家和萬事成) 293
각고면려(刻苦勉勵) 112
각곡유목(刻鵠類鶩) 112
각골난망(刻骨難忘) 112
각골명심(刻骨銘心) 112
각골통한(刻骨痛恨) 9
각답실지(脚踏實地) 293
각박성가(刻薄成家) 294
각양각색(各樣各色) 112
각자도생(各自圖生) 113
각자무치(角者無齒) 113
각자위정(各自爲政) 113
각주구검(刻舟求劍) 9

각하조고(脚下照顧) 294
각화무염(刻畫無鹽) 294
간간대소(衎衎大笑) 294
간경하사(干卿何事) 294
간난신고(艱難辛苦) 113
간뇌도지(肝腦塗地) 113
간단명료(簡單明瞭) 114
간담상조(肝膽相照) 9
간담초월(肝膽楚越) 114
간두지세(竿頭之勢) 114
간발이즐(簡髮而櫛) 114
간불소향(揀佛燒香) 114
간불용발(間不容髮) 115
간성지재(干城之材) 115
간세지재(間世之材) 295
간시간비(間是間非) 295
간신적자(奸臣賊子) 115
간악무도(奸惡無道) 115
간어제초(間於齊楚) 115
간운보월(看雲步月) 9
간이불역(諫而不逆) 295
간장막야(干將莫耶) 116
갈기분천(渴驥奔泉) 295
갈민대우(渴民待雨) 116
갈불음도천수(渴不飮盜泉水) 295
갈이천정(渴而穿井) 10
갈자이음(渴者易飮) 296
갈충보국(竭忠報國) 116
갈택이어(竭澤而魚) 116
감개무량(感慨無量) 116
감당지애(甘棠之愛) 117
감불생심(敢不生心) 117
감사도배(減死島配) 117
감언이설(甘言利說) 10
감언지지(敢言之地) 296

감정선갈(甘井先竭) 117
감정지와(坎井之蛙) 117
감지덕지(感之德之) 118
감지봉양(甘旨奉養) 118
감천동지(憾天動地) 118
감탄고토(甘呑苦吐) 10
갑검유등(匣劍帷燈) 118
갑남을녀(甲男乙女) 118
갑론을박(甲論乙駁) 10
강개지사(慷慨之士) 119
강구연월(康衢煙月) 10
강남일지춘(江南一枝春) 296
강노지말(强弩之末) 119
강목수생(剛木水生) 296
강심보루(江心補漏) 296
강안(强顔) 297
강안여자(强顔女子) 119
강태공(姜太公) 297
강팍자용(剛愎自用) 297
강호연파(江湖煙波) 297
강호지락(江湖之樂) 119
개과불린(改過不吝) 119
개과천선(改過遷善) 11
개관사정(蓋棺事定) 120
개권유익(開卷有益) 11
개두환면(改頭換面) 120
개문납적(開門納賊) 120
개선광정(改善匡正) 120
개선장군(凱旋將軍) 120
개세지재(蓋世之才) 11
개수일촉(鎧袖一觸) 297
개옥개행(改玉改行) 298
객반위주(客反爲主) 121
객창한등(客窓寒燈) 121
거관유독(居官留犢) 121

거국일치(擧國一致) 121	견권지정(繾綣之情) 300	겸인지용(兼人之勇) 128
거두절미(去頭截尾) 121	견금여석(見金如石) 124	경개여구(傾蓋如舊) 128
거문불납(拒門不納) 298	견기이작(見機而作) 125	경거망동(輕擧妄動) 15
거부중석(居不重席) 298	견기지재(見機之才) 300	경경불매(耿耿不寐) 128
거세개탁(擧世皆濁) 122	견란구계(見卵求鷄) 300	경광도협(傾筐倒篋) 302
거수마룡(車水馬龍) 298	견리망의(見利忘義) 13	경구비마(輕裘肥馬) 302
거안사위(居安思危) 11	견리사의(見利思義) 13	경국지색(傾國之色) 15
거안제미(擧案齊眉) 122	견마지년(犬馬之年) 125	경국지재(經國之才) 128
거이기양이체(居移氣養體) 298	견마지로(犬馬之勞) 13	경낙과신(輕諾寡信) 302
거자막추(去者莫追) 122	견마지성(犬馬之誠) 13	경단급심(綆短汲深) 303
거자일소(去者日疎) 122	견문발검(見蚊拔劍) 14	경당문노(耕當問奴) 128
거재두량(車載斗量) 11	견물생심(見物生心) 125	경산조수(耕山釣水) 15
거주양난(去住兩難) 299	견백동이(堅白同異) 125	경성지미(傾城地味) 129
거중조정(居中調整) 122	견사생풍(見事生風) 301	경세제민(經世濟民) 129
거폐생폐(去弊生弊) 299	견상지빙(見霜知氷) 301	경원시(敬遠視) 303
건곤일색(乾坤一色) 12	견선여갈(見善如渴) 301	경의비마(輕衣肥馬) 129
건곤일척(乾坤一擲) 12	견선종지(見善從之) 14	경이원지(敬而遠之) 129
건달(乾達) 299	견설고골(犬齧枯骨) 125	경적필패(輕敵必敗) 129
건답직파(乾畓直播) 123	견아상제(犬牙相制) 126	경전착정(耕田鑿井) 130
건목수생(乾木水生) 123	견아설(見我舌) 301	경전하사(鯨戰蝦死) 15
건양다경(建陽多慶) 12	견양지질(犬羊之質) 301	경조부박(輕佻浮薄) 130
걸견폐요(桀犬吠堯) 123	견여금석(堅如金石) 126	경조상문(慶吊相問) 130
걸불병행(乞不竝行) 123	견원지간(犬猿之間) 126	경중미인(鏡中美人) 130
걸아득금(乞兒得錦) 299	견위치명(見危致命) 126	경천근민(敬天勤民) 130
걸인연천(乞人憐天) 123	견이불식(見而不食) 302	경천동지(驚天動地) 131
걸해골(乞骸骨) 12	견인불발(堅忍不拔) 126	경천애인(敬天愛人) 131
검려지기(黔驢之技) 124	견토지쟁(犬兎之爭) 14	경천위지(經天緯地) 131
격물치지(格物致知) 124	결가부좌(結跏趺坐) 302	경화수월(鏡花水月) 131
격세지감(隔世之感) 12	결사보국(決死報國) 127	경화자제(京華子弟) 131
격양가(擊壤歌) 299	결의형제(結義兄弟) 127	경황망조(驚惶罔措) 132
격양노인(擊壤老人) 124	결자해지(結者解之) 14	경희작약(驚喜雀躍) 303
격장지린(隔墻之隣) 300	결초보은(結草報恩) 14	계견상문(鷄犬相聞) 303
격탁양청(激濁揚淸) 300	결하지세(決河之勢) 127	계고(稽古) 132
격화소양(隔靴搔痒) 13	겸사겸사(兼事兼事) 127	계구우후(鷄口牛後) 15
견강부회(牽强附會) 124	겸양지덕(謙讓之德) 127	계군일학(鷄群一鶴) 132

계궁역진(計窮力盡) 132	고색창연(古色蒼然) 136	공명정대(公明正大) 139
계란유골(鷄卵有骨) 16	고성낙일(孤城落日) 136	공보지기(公輔之器) 308
계륵(鷄肋) 16	고성방가(高聲放歌) 136	공산명월(空山明月) 139
계명구도(鷄鳴狗盜) 16	고식지계(姑息之計) 136	공서양속(公序良俗) 139
계영포풍(繫影捕風) 303	고심참담(苦心慘憺) 305	공성신퇴(功成身退) 308
계옥지탄(桂玉之嘆) 132	고양생제(枯楊生梯) 137	공수래공수거(空手來空手去) 308
계주생면(契酒生面) 133	고운야학(孤雲野鶴) 137	공옥이석(攻玉以石) 308
계포일낙(락)(季布一諾) 133	고육지계(苦肉之計) 137	공전절후(空前絶後) 140
고가대족(故家大族) 304	고육지책(苦肉之策) 305	공존공영(共存共榮) 140
고고지성(呱呱之聲) 133	고장난명(孤掌難鳴) 17	공죄상보(功罪相補) 309
고관대작(高官大爵) 133	고정관념(固定觀念) 137	공중누각(空中樓閣) 18
고굉지신(股肱之臣) 16	고진감래(苦盡甘來) 18	공치사(功致辭) 309
고군분투(孤軍奮鬪) 133	고집불통(固執不通) 137	공평무사(公平無私) 19
고궁독서(固窮讀書) 134	고침단금(孤枕單衾) 138	공행공반(空行空返) 309
고근약식(孤根弱植) 134	고침사지(高枕肆志) 138	공휴일궤(功虧一簣) 140
고금동서(古今東西) 134	고침안면(高枕安眠) 18	과공비례(過恭非禮) 140
고금천지(古今天地) 134	고침한등(孤枕寒燈) 138	과대망상(誇大妄想) 140
고담방언(高談放言) 134	고하재심(高下在心) 305	과문불입(過門不入) 309
고담준론(高談峻論) 135	고혈단신(孤子單身) 138	과문천식(寡聞淺識) 309
고대광실(高臺廣室) 135	고희(古稀) 18	과실상규(過失相規) 310
고두사죄(叩頭謝罪) 135	곡격견마(轂擊肩摩) 306	과약기언(果若其言) 310
고량자제(膏粱子弟) 16	곡고화과(曲高和寡) 306	과유불급(過猶不及) 19
고량진미(膏粱珍味) 17	곡굉지락(曲肱之樂) 138	과전불납리(瓜田不納履) 310
고려공사삼일(高麗公事三日) 304	곡기읍련(哭岐泣練) 306	과전이하(瓜田李下) 141
고립무원(孤立無援) 17	곡무호선생토(谷無虎先生兎) 306	과즉물탄개(過則勿憚改) 310
고립무의(孤立無依) 17	곡학아세(曲學阿世) 18	과하숙식(過火熟食) 310
고마문령(瞽馬聞鈴) 304	곤수유투(困獸猶鬪) 306	관견(管見) 141
고망착호(藁網捉虎) 304	골동품(骨董品) 307	관규추지(管窺錐指) 311
고명사의(顧名思義) 135	골육상잔(骨肉相殘) 139	관맹상제(寬猛相濟) 311
고목사회(枯木死灰) 304	골육지친(骨肉之親) 139	관상가관(冠上加冠) 311
고목생화(枯木生花) 135	공경대부(公卿大夫) 307	관인대도(寬仁大度) 141
고복격양(鼓腹擊壤) 17	공곡공음(空谷跫音) 307	관존민비(官尊民卑) 141
고복지은(顧復之恩) 305	공도동망(共倒同亡) 307	관중규표(管中窺豹) 311
고분지탄(叩盆之嘆) 136	공득지물(空得之物) 307	관포지교(管鮑之交) 19
고비원주(高飛遠走) 305	공명수죽백(功名垂竹帛) 308	관형찰색(觀形察色) 311

괄목상대(刮目相對) 19	구로지은(劬勞之恩) 314	군계일학(群鷄一鶴) 22
광담패설(狂談悖說) 312	구명도생(苟命徒生) 314	군맹무상(群盲撫象) 317
광명정대(光明正大) 141	구무완인(口無完人) 314	군맹상평(群盲象評) 147
광세지재(曠世之才) 142	구미속초(狗尾續貂) 144	군명불수(君命不受) 147
광음여류(光陰如流) 142	구밀복검(口蜜腹劍) 21	군문효수(軍門梟首) 147
광음여전(光陰如箭) 142	구분증닉(救焚拯溺) 315	군신유의(君臣有義) 22
광인기여여하(匡其如予何) 312	구사일생(九死一生) 21	군욕신사(君辱臣死) 317
광풍제월(光風霽月) 142	구상유취(口尙乳臭) 22	군웅할거(群雄割據) 147
괘관(掛冠) 312	구색친구(具色親舊) 315	군위신강(君爲臣綱) 22
괴력난신(怪力亂神) 19	구수회의(鳩首會議) 315	군의부전(群蟻附羶) 318
교각살우(矯角殺牛) 19	구시심비(口是心非) 315	군자대로행(君子大路行) 148
교각살우(矯角殺牛) 142	구실재아(咎實在我) 315	군자불기(君子不器) 148
교룡운우(蛟龍雲雨) 312	구안지사(具眼之士) 316	군자삼락(君子三樂) 23
교언영색(巧言令色) 20	구안투생(苟安偸生) 144	군자표변(君子豹變) 148
교왕과정(矯枉過正) 312	구약현하(口若懸河) 316	군책군력(群策群力) 318
교왕과직(矯枉過直) 143	구우일모(九牛一毛) 144	굴묘편시(掘墓鞭屍) 148
교외별전(敎外別傳) 20	구이지학(口耳之學) 144	굴정취수(堀井取水) 148
교우이신(交友以信) 20	구전문사(求田問舍) 145	궁구막추(窮寇莫追) 149
교자채신(敎子採薪) 313	구전심수(口傳心授) 316	궁사남위(窮思濫爲) 318
교주고슬(膠柱鼓瑟) 143	구전지훼(求全之毁) 145	궁서설묘(窮鼠囓猫) 149
교천언심(交淺言深) 313	구절양장(九折羊腸) 22	궁여일책(窮餘一策) 149
교취호탈(巧取豪奪) 313	구족제철(狗足蹄鐵) 316	궁여지책(窮餘之策) 149
교칠지교(膠漆之交) 143	구중궁궐(九重宮闕) 145	궁원투림(窮猿投林) 318
교칠지심(膠漆之心) 20	구척장신(九尺長身) 145	궁인모사(窮人謀事) 149
교토삼굴(狡兎三窟) 143	구태의연(舊態依然) 145	궁적상적(弓的相適) 318
교편지마(嚙鞭之馬) 313	구한감우(久旱甘雨) 146	궁절전진(弓折箭盡) 319
교학상장(敎學相長) 20	구화지문(口禍之門) 146	궁조입회(窮鳥入懷) 150
구각춘풍(口角春風) 143	구화투신(救火投薪) 316	궁통각유명(窮通各有命) 319
구강지화(口講指畵) 313	국궁진췌(鞠躬盡瘁) 317	권독종일(券讀終日) 150
구거작소(鳩居鵲巢) 314	국리민복(國利民福) 146	권모술수(權謀術數) 150
구곡간장(九曲肝腸) 21	국사무쌍(國士無雙) 146	권불십년(權不十年) 150
구관명관(舊官名官) 144	국인개왈가살(國人皆曰可殺) 317	권상요목(勸上搖木) 319
구구절절(句句節節) 21	국천척지(跼天蹐地) 146	권선징악(勸善懲惡) 23
구년지수(九年之水) 314	국태민안(國泰民安) 147	권토중래(捲土重來) 23
구동존이(求同存異) 21	국파산하재(國破山河在) 317	궤범(軌範) 319

궤변(詭辯) 319
궤함절비(詭銜竊轡) 320
귀거래(歸去來) 320
귀거래사(歸去來辭) 150
귀곡천계(貴鵠賤鷄) 320
귀마방우(歸馬放牛) 151
귀모토각(龜毛兔角) 151
귀배괄모(龜背刮毛) 151
귀불망천(貴不忘賤) 320
귀주출천방(貴珠出賤蚌) 320
귤화위지(橘化爲枳) 151
극곡광음(隙駒光陰) 151
극기복례(克己復禮) 23
극락왕생(極樂往生) 152
극락정토(極樂淨土) 152
극악무도(極惡無道) 152
근묵자흑(近墨者黑) 23
근화일조몽(槿花一朝夢) 152
금곤복거(禽困覆車) 321
금과옥조(金科玉條) 24
금구무결(金甌無缺) 321
금란지계(金蘭之契) 24
금란지교(金蘭之交) 24
금린옥척(錦鱗玉尺) 152
금상첨화(錦上添花) 24
금석맹약(金石盟約) 153
금석지감(今昔之感) 24
금석지교(金石之交) 25
금성철벽(金城鐵壁) 321
금성탕지(金城湯池) 153
금수강산(錦繡江山) 153
금슬상화(琴瑟相和) 153
금슬지락(琴瑟之樂) 153
금시초문(今始初聞) 154
금오옥토(金烏玉兔) 154

금옥군자(金玉君子) 321
금의야행(錦衣夜行) 25
금의옥식(錦衣玉食) 154
금의일식(錦衣一食) 321
금의환향(錦衣還鄕) 25
금지옥엽(金枝玉葉) 25
금환탄작(金丸彈雀) 322
급과이대(及瓜而代) 322
급심경단(汲深綆短) 322
급어성화(急於星火) 154
급전직하(急轉直下) 322
기각지세(掎角之勢) 154
기고만장(氣高萬丈) 155
기라성(綺羅星) 322
기린아(麒麟兒) 323
기마욕솔노(騎馬欲率奴) 155
기변지교(機變之巧) 323
기복염거(驥服鹽車) 155
기사회생(起死回生) 25
기산지절(箕山之節) 155
기상천외(奇想天外) 155
기성안혼(技成眼昏) 323
기세도명(欺世盜名) 323
기승전결(起承轉結) 25
기왕불구(旣往不咎) 156
기우(杞憂) 323
기인지우(杞人之憂) 26
기자감식(飢者甘食) 324
기장지무(旣張之舞) 324
기절초풍(氣絶焦瘋) 324
기진맥진(氣盡脈盡) 156
기호지세(騎虎之勢) 26
기화가거(奇貨可居) 26

ㄴ

나작굴서(羅雀掘鼠) 324
낙극애생(樂極哀生) 156
낙담상혼(落膽喪魂) 156
낙락장송(落落長松) 157
낙목공산(落木空山) 324
낙목한천(落木寒天) 157
낙미지액(落眉之厄) 157
낙백(落魄) 325
낙생어우(樂生於憂) 157
낙양지귀(洛陽紙貴) 157
낙이불음(樂而不淫) 158
낙정하석(落井下石) 158
낙화난상지(落花難上枝) 325
낙화유수(落花流水) 158
난공불락(難攻不落) 158
난득자형제(難得者兄弟) 325
난상지목(難上之木) 325
난신적자(亂臣賊子) 158
난의포식(暖衣飽食) 159
난형난제(難兄難弟) 26
남가일몽(南柯一夢) 325
남가지몽(南柯之夢) 26
남귤북지(南橘北枳) 27
남남북녀(南男北女) 159
남녀노(로)소(男女老少) 27
남녀유별(男女有別) 326
남녀유별(男女有別) 326
남부여대(男負女戴) 27
남비징청(攬轡澄淸) 326
남산가이(南山可移) 326
남상(濫觴) 159
남선북마(南船北馬) 159
남아수독오거서(男兒須讀五車書) 159
남원북철(南轅北轍) 326
남전북답(南田北畓) 326

남존여비(男尊女卑) 160
남창여수(男唱女隨) 327
남취(濫吹) 327
남풍불경(南風不競) 327
남혼여가(男婚女嫁) 327
납전삼백(臘前三白) 327
낭자야심(狼子野心) 160
낭중지추(囊中之錐) 27
낭중취물(囊中取物) 160
낭패(狼狽) 328
내우외환(內憂外患) 27
내유외강(內柔外剛) 160
내자가추(來者可追) 328
내전보살(內殿菩薩) 328
내정간섭(內政干涉) 160
내조지공(內助之功) 161
냉난자지(冷暖自知) 328
노(로)마지지(老馬之智) 28
노갑이을(怒甲移乙) 328
노구능해(老嫗能解) 329
노류장화(路柳墻花) 161
노마십가(駑馬十駕) 329
노반지교(魯盤之巧) 161
노발대발(怒發大發) 161
노발충관(怒髮衝冠) 161
노방잔읍(路傍殘邑) 329
노불습유(路不拾遺) 329
노사일음(勞思逸淫) 329
노생상담(老生常譚) 330
노소부정(老少不定) 330
노승발검(怒蠅拔劍) 162
노심초사(勞心焦思) 28
노안비슬(奴顔婢膝) 162
노우지독(老牛舐犢) 330
노이무공(勞而無功) 162

노익장(老益壯) 330
노홍소청(老紅少靑) 330
녹림(綠林) 331
녹림호걸(綠林豪傑) 162
녹빈홍안(綠鬢紅顔) 331
녹사수수(鹿死誰手) 331
녹엽성음(綠葉成陰) 331
녹음방초(綠陰芳草) 162
녹의홍상(綠衣紅裳) 163
논공행상(論功行賞) 28
농교성졸(弄巧成拙) 331
농(롱)단(壟斷) 28
농가성진(弄假成眞) 163
농와지경(弄瓦之慶) 28
농와지희(弄瓦之喜) 29
농조연운(籠鳥戀雲) 163
뇌란물계리(賴亂勿計利) 332
누란지세(累卵之勢) 332
누란지위(累卵之危) 28
누포충기(漏脯充饑) 332
눌언민행(訥言敏行) 332
능(릉)지처참(陵遲處斬) 35
능곡지변(陵谷之變) 163
능대능소(能大能小) 332
능서불택필(能書不擇筆) 333
능수능란(能手能爛) 163
능운지지(陵雲之志) 164
능지처참(陵遲處斬) 164

ㄷ

다기망양(多岐亡羊) 29
다난흥방(多難興邦) 333
다다익선(多多益善) 29
다문박식(多聞博識) 164
다반사(茶飯事) 333

다사다난(多事多難) 29
다사다망(多事多忙) 164
다사제제(多士濟濟) 164
다소불계(多少不計) 333
다언혹중(多言或中) 333
다재다능(多才多能) 165
다재다병(多才多病) 165
다전선고(多錢善賈) 165
다정다감(多情多感) 165
다정불심(多情佛心) 165
단금지교(斷金之交) 30
단기지계(斷機之戒) 30
단단무타(斷斷無他) 334
단도직입(單刀直入) 30
단말마(斷末魔) 334
단사표음(簞食瓢飮) 30
단사호장(簞食壺漿) 334
단순호치(丹脣皓齒) 166
단장(斷腸) 30
달인대관(達人大觀) 166
담소자약(談笑自若) 166
담수지교(淡水之交) 334
담호호지(談虎虎至) 166
답호미(踏虎尾) 334
당구풍월(堂狗風月) 31
당동벌이(黨同伐異) 31
당랑거철(螳螂拒轍) 31
당랑재후(螳螂在後) 166
당리당략(黨利黨略) 167
대간사충(大奸似忠) 167
대갈일성(大喝一聲) 167
대경실색(大驚失色) 167
대공무사(大公無私) 335
대교약졸(大巧若拙) 167
대기만성(大器晚成) 31

대대손손(代代孫孫) 168	도청도설(道聽塗說) 32	동선하로(冬扇夏爐) 173
대도무문(大道無門) 168	도탄(塗炭) 338	동섬서홀(東閃西忽) 341
대동단결(大同團結) 168	도탄지고(塗炭之苦) 32	동시효빈(東施效顰) 341
대동소이(大同小異) 168	도행역시(倒行逆施) 338	동심동덕(同心同德) 341
대명천지(大明天地) 168	독당일면(獨當一面) 338	동온하정(冬溫夏凊) 34
대분망천(大盆望天) 335	독로시하(篤老侍下) 338	동절최붕(棟折榱崩) 341
대서특필(大書特筆) 169	독불장군(獨不將軍) 32	동정서벌(東征西伐) 174
대성지행(戴星之行) 169	독서망양(讀書亡羊) 171	동족방뇨(凍足放尿) 174
대성통곡(大聲痛哭) 169	독서백편의자현(讀書百遍義自見) 171	동족상잔(同族相殘) 174
대악무도(大惡無道) 169	독서삼도(讀書三到) 172	동주상구(同舟相救) 174
대오각성(大悟覺醒) 31	독서삼매(讀書三昧) 33	동호지필(董狐之筆) 341
대우탄금(對牛彈琴) 169	독서삼여(讀書三餘) 172	두문불출(杜門不出) 174
대의멸친(大義滅親) 170	독서상우(讀書尚友) 33	두주불사(斗酒不辭) 342
대의명분(大義名分) 32	독선기신(獨善其身) 338	두찬(杜撰) 342
대인군자(大人君子) 170	독야청청(獨也靑靑) 339	둔필승총(鈍筆勝聰) 342
대자대비(大慈大悲) 170	독청독성(獨淸獨醒) 339	득기소재(得其所哉) 342
대장부(大丈夫) 335	돈수재배(頓首再拜) 172	득롱망촉(得隴望蜀) 175
대재소용(大材小用) 335	돌돌괴사(咄咄怪事) 339	득소실다(得少失多) 342
대한불갈(大旱不渴) 170	동가식서가숙(東家食西家宿) 339	득실상반(得失相半) 343
덕불고(德不孤) 335	동가지구(東家之丘) 339	득어망전(得魚忘筌) 175
도견상부(道見桑婦) 336	동가홍상(同價紅裳) 172	등고자비(登高自卑) 34
도둔부득(逃遁不得) 336	동거춘래(冬去春來) 33	등용(룡)문(登龍門) 34
도량(盜糧) 336	동고동락(同苦同樂) 172	등하불명(燈下不明) 34
도로무익(徒勞無益) 170	동공이곡(同工異曲) 340	등화가친(燈火可親) 35
도로이목(道路以目) 336	동두철신(銅頭鐵身) 340	등화지희(燈火之喜) 35
도룡지기(屠龍之技) 336	동량지재(棟梁之材) 173	등황귤록(橙黃橘綠) 35
도모시용(道謀是用) 337	동문서답(東問西答) 33	
도불습유(道不拾遺) 171	동문수학(同門修學) 173	■
도삼이사(桃三李四) 171	동병상련(同病相憐) 33	마각노출(馬脚露出) 343
도영화기(導迎和氣) 337	동분서주(東奔西走) 173	마고소양(麻姑搔痒) 35
도외시(度外視) 337	동빙가절(凍氷可折) 340	마권찰장(摩拳擦掌) 35
도원결의(桃園結義) 32	동빙한설(凍氷寒雪) 173	마부작침(磨斧作針) 36
도원경(桃源境) 337	동상이몽(同床異夢) 34	마수시첨(馬首是瞻) 343
도지태아(倒持泰阿) 337	동서고금(東西古今) 340	마우금거(馬牛襟裾) 36
도처춘풍(到處春風) 171	동서불변(東西不變) 340	마이동풍(馬耳東風) 36

마중지봉(麻中之蓬) 36	망매해갈(望梅解渴) 348	면종복배(面從腹背) 38
마혁과시(馬革裹屍) 175	망문투식(望門投食) 348	면종후언(面從後言) 178
막무가내(莫無可奈) 175	망양보뢰(亡羊補牢) 177	멸사봉공(滅私奉公) 178
막상막하(莫上莫下) 175	망양지탄(望洋之嘆) 37	멸차조식(滅此朝食) 352
막역지간(莫逆之間) 36	망연자실(茫然自失) 348	명강리쇄(名繮利鎖) 352
막역지우(莫逆之友) 176	망우지물(忘憂之物) 177	명경지수(明鏡止水) 179
만가(輓歌) 176	망운지정(望雲之情) 37	명명백백(明明白白) 38
만경창파(萬頃蒼波) 343	망자계치(亡子計齒) 37	명모호치(明眸皓齒) 39
만경출사(萬頃出師) 343	망자존대(妄自尊大) 348	명불허전(名不虛傳) 179
만고불변(萬古不變) 344	망중투한(忙中偸閑) 349	명산대천(名山大川) 39
만고절담(萬古絕談) 344	망지소조(罔知所措) 349	명세지재(命世之才) 352
만고풍상(萬古風霜) 344	망진불급(望塵不及) 349	명실상부(名實相符) 39
만구성비(萬口成碑) 344	매관매직(賣官賣職) 177	명심불망(銘心不忘) 353
만뢰구적(萬籟俱寂) 344	매두몰신(埋頭沒身) 349	명약관화(明若觀火) 39
만반진수(滿盤珍羞) 345	매란국죽(梅蘭菊竹) 37	명재경각(命在頃刻) 179
만발공양(萬鉢供養) 345	매문매필(賣文賣筆) 349	명주호동(明主好同) 39
만부지망(萬夫之望) 345	매사불성(每事不成) 350	명지적견(明智的見) 353
만사휴의(萬事休矣) 345	매염봉우(賣鹽逢雨) 350	명찰추호(明察秋毫) 353
만성풍우(滿城風雨) 345	매황유하(每況愈下) 350	명창정궤(明窓淨机) 353
만수무강(萬壽無疆) 176	맥수지탄(麥秀之嘆) 38	명철보신(明哲保身) 179
만시지탄(晩時之歎) 37	맹귀우목(盲龜遇木) 350	모몰염치(冒沒廉恥) 353
만식당육(晩食當肉) 346	맹모단기(孟母斷機) 177	모수자천(毛遂自薦) 40
만우난회(萬牛難回) 346	맹모삼천(孟母三遷) 38	모순(矛盾) 179
만전지책(萬全之策) 346	맹인모상(盲人摸象) 38	모야무지(暮夜無知) 354
만절필동(萬折必東) 346	맹인직문(盲人直門) 351	모우미성(毛羽未成) 180
만학천봉(萬壑千峰) 346	맹인할마(盲人瞎馬) 351	모피지부(毛皮之附) 354
만항하사(萬恒河沙) 347	맹자단청(盲者丹靑) 178	목불식정(目不識丁) 40
말대필절(末大必折) 347	맹자정문(盲者正門) 351	목불인견(目不忍見) 40
말마이병(秣馬利兵) 347	맹호복초(猛虎伏草) 351	목석간장(木石肝腸) 354
망거목수(網擧目隨) 176	맹호출림(猛虎出林) 351	목인석심(木人石心) 354
망국지음(亡國之音) 176	면관돈수(免冠頓首) 351	목전지계(目前之計) 180
망극지은(罔極之恩) 347	면리장침(綿裏藏針) 352	목후이관(沐猴而冠) 354
망극지통(罔極之痛) 347	면무인색(面無人色) 352	몽중설몽(夢中說夢) 355
망년지우(忘年之友) 177	면벽구년(面壁九年) 178	몽진(蒙塵) 355
망라(網羅) 348	면장우피(面張牛皮) 178	몽학훈장(蒙學訓長) 355

묘기백출(妙技百出) 180
묘두현령(猫頭懸鈴) 40
무가무불가(無可無不可) 355
무고지민(無告之民) 180
무골호인(無骨好人) 180
무념무상(無念無想) 181
무릉도원(武陵桃源) 40
무면도강동(無面渡江東) 355
무물불성(無物不成) 356
무미건조(無味乾燥) 181
무법천지(無法天地) 181
무병자구(無病自灸) 356
무본대상(無本大商) 356
무불간섭(無不干涉) 356
무불통지(無不通知) 41
무산지몽(巫山之夢) 181
무상백성일인(無傷百姓一人) 356
무소불위(無所不爲) 41
무아도취(無我陶醉) 181
무아지경(無我之境) 182
무안(無顔) 357
무용지물(無用之物) 182
무용지용(無用之用) 182
무위도식(無爲徒食) 41
무위이치(無爲而治) 182
무위이화(無爲而化) 357
무일불성(無一不成) 357
무장공자(無腸公子) 357
무주공산(無主空山) 182
무지몽매(無知蒙昧) 357
무진장(無盡藏) 358
무침불인선(無針不引線) 358
무한불성(無汗不成) 41
무호동중(無虎洞中) 358
묵돌불검(墨突不黔) 358

묵수(墨守) 358
묵수(墨守) 41
문경지교(刎頸之交) 42
문과식비(文過飾非) 358
문과즉희(聞過則喜) 359
문도어맹(問道於盲) 359
문방사우(文房四友) 42
문외한(門外漢) 359
문일득삼(問一得三) 359
문일지십(聞一知十) 183
문전성시(門前成市) 183
문전작라(門前雀羅) 359
문정경중(問鼎輕重) 360
문질빈빈(文質彬彬) 183
물극필반(物極必反) 360
물부충생(物腐蟲生) 360
물색(物色) 360
물실호기(勿失好機) 42
물아일체(物我一體) 360
물외한인(物外閒人) 361
물의(物議) 361
물이유취(物以類聚) 361
미능면속(未能免俗) 361
미대난도(尾大難掉) 361
미도지반(迷途知返) 362
미망인(未亡人) 362
미봉책(彌縫策) 183
미생지신(尾生之信) 183
미사여구(美辭麗句) 42
미수(米壽) 42
미증유(未曾有) 43
민간질고(民間疾苦) 362
밀운불우(密雲不雨) 43

ㅂ
박람강기(博覽强記) 184
박리다매(薄利多賣) 184
박문약례(博文約禮) 362
박물군자(博物君子) 362
박삭미리(撲朔迷離) 363
박옥혼금(璞玉渾金) 363
박이부정(博而不精) 43
박장대소(拍掌大笑) 184
박학다식(博學多識) 184
반계곡경(盤溪曲徑) 363
반골(反骨) 363
반구제기(反求諸己) 43
반근착절(盤根錯節) 184
반노환동(返老還童) 363
반룡부봉(攀龍附鳳) 364
반면교사(反面敎師) 185
반면지분(半面之分) 364
반목질시(反目嫉視) 185
반복무상(叛服無常) 364
반상낙하(半上落下) 364
반생반숙(半生半熟) 364
반식대관(伴食大官) 185
반식재상(伴食宰相) 365
반신반의(半信半疑) 43
반의지희(斑衣之戲) 365
반자지명(半子之名) 365
반포보은(反哺報恩) 185
반포지효(反哺之孝) 44
발간적복(發奸摘伏) 365
발본색원(拔本塞源) 44
발분망식(發憤忘食) 365
발산개세(拔山蓋世) 44
발호(跋扈) 366
발호장군(跋扈將軍) 185

방관자명(傍觀者明) 366	백발백중(百發百中) 189	병종구입(病從口入) 193
방기곡경(旁岐曲徑) 186	백발환흑(白髮還黑) 368	병주고향(幷州故鄕) 371
방모두단(房謀杜斷) 366	백배사죄(百拜謝罪) 189	병풍상서(病風傷暑) 371
방방곡곡(坊坊曲曲) 186	백벽미하(白璧微瑕) 368	병행불패(並行不悖) 371
방약무인(傍若無人) 44	백사불성(百事不成) 368	보거상의(輔車相依) 193
방예원조(方枘圓鑿) 186	백세지사(百世之師) 369	보국안민(輔國安民) 193
방장부절(方長不折) 366	백수(白壽) 45	보무당당(步武堂堂) 46
방저원개(方底圓蓋) 186	백수건달(白手乾達) 190	보보생연화(步步生蓮花) 371
방휼지세(蚌鷸之勢) 186	백수북면(白首北面) 190	보원이덕(報怨以德) 193
방휼지쟁(蚌鷸之爭) 44	백아절현(伯牙絶絃) 46	복경호우(福輕乎羽) 371
배난해분(排難解紛) 366	백안시(白眼視) 46	복과재생(福過災生) 372
배달민족(倍達民族) 187	백옥무하(白玉無瑕) 369	복배지수(覆杯之水) 372
배반낭자(杯盤狼藉) 367	백옥부조(白玉不彫) 190	복소파란(覆巢破卵) 372
배수지진(背水之陣) 45	백왕흑귀(白往黑歸) 369	복수불수(覆水不收) 193
배은망덕(背恩忘德) 187	백운고비(白雲叩扉) 190	복지부동(伏地不動) 194
배중사영(杯中蛇影) 45	백유지효(伯兪之孝) 190	본래무일물(本來無一物) 372
백가쟁명(百家爭鳴) 187	백의민족(白衣民族) 191	본말전도(本末顚倒) 194
백계무책(百計無策) 187	백의종군(白衣從軍) 191	본연지성(本然之性) 372
백골난망(白骨難忘) 187	백전노장(百戰老將) 191	본제입납(本第入納) 194
백구과극(白駒過隙) 188	백전백승(百戰百勝) 369	봉고파직(封庫罷職) 47
백귀야행(百鬼夜行) 367	백절불굴(百折不屈) 46	봉두구면(蓬頭垢面) 373
백금지사(百金之士) 188	백주지조(栢舟之操) 369	봉두난발(蓬頭亂髮) 373
백년가약(百年佳約) 188	백중지간(伯仲之間) 370	봉모인각(鳳毛麟角) 373
백년대계(百年大計) 45	백중지세(伯仲之勢) 191	봉시장사(封豕長蛇) 373
백년지객(百年之客) 188	백척간두(百尺竿頭) 46	봉의군신(蜂蟻君臣) 373
백년하청(百年河淸) 45	백팔번뇌(百八煩惱) 191	봉접수향(蜂蝶隨香) 374
백년해로(百年偕老) 188	백해무익(百害無益) 192	봉필생휘(蓬華生輝) 374
백대지친(百代之親) 367	백화제방(百花齊放) 192	부귀공명(富貴功名) 374
백락일고(伯樂一顧) 367	번문욕례(繁文縟禮) 370	부귀영화(富貴榮華) 194
백룡어복(白龍魚服) 367	벌제위명(伐齊爲名) 370	부귀재천(富貴在天) 374
백면서생(白面書生) 189	법삼장(法三章) 370	부기미(付驥尾) 374
백무일취(百無一取) 368	변화무상(變化無常) 192	부답복철(不踏覆轍) 375
백문불여일견(百聞不如一見) 368	병가상사(兵家常事) 192	부득요령(不得要領) 194
백문일견(百聞一見) 189	병불혈인(兵不血刃) 370	부랑패류(浮浪悖類) 375
백미(白眉) 189	병입고황(病入膏肓) 192	부로위고(婦老爲姑) 375

부복장주(剖腹藏珠) 375
부부유별(夫婦有別) 47
부신입화(負薪入火) 47
부앙불괴(俯仰不愧) 195
부위부강(夫爲婦綱) 47
부위자강(父爲子綱) 47
부자유친(父子有親) 48
부재지족(富在知足) 375
부전자전(父傳子傳) 376
부조지전(不祧之典) 376
부족현치아(不足懸齒牙) 376
부족회선(不足回旋) 376
부중생어(釜中生魚) 195
부중지어(釜中之魚) 195
부지기수(不知其數) 195
부진칙퇴(不進則退) 48
부창부수(夫唱婦隨) 195
부탕도화(赴湯蹈火) 376
부형청죄(負荊請罪) 377
부화뇌동(附和雷同) 48
북망산천(北邙山川) 377
북풍한설(北風寒雪) 196
분골쇄신(粉骨碎身) 196
분기충천(憤氣衝天) 196
분도양표(分道揚鑣) 377
분시갱유(焚書坑儒) 40
불가구약(不可救藥) 377
불가사의(不可思議) 196
불가항력(不可抗力) 196
불감출성(不敢出聲) 377
불계지주(不繫之舟) 378
불괴옥루(不愧屋漏) 378
불구대천(不俱戴天) 48
불두착분(佛頭着糞) 378
불로장생(不老長生) 197

불립문자(不立文字) 378
불면불휴(不眠不休) 378
불문가지(不問可知) 49
불문곡직(不問曲直) 197
불변숙맥(不辨菽麥) 379
불비불명(不蜚不鳴) 197
불사이군(不事二君) 197
불세지재(不世之才) 379
불수진(拂鬚塵) 379
불실척촌(不失尺寸) 379
불야성(不夜城) 379
불요불굴(不撓不屈) 197
불용위축(不用萎縮) 49
불원천리(不遠千里) 198
불유여력(不遺餘力) 380
불철주야(不撤晝夜) 198
불초(不肖) 380
불취동성(不娶同姓) 380
불치하문(不恥下問) 198
불쾌지수(不快指數) 198
불편부당(不偏不黨) 198
불한이율(不寒而栗) 380
불혹(不惑) 380
붕성지통(崩城之痛) 380
붕우유신(朋友有信) 49
붕정만리(鵬程萬里) 199
비례물시(非禮勿視) 381
비룡승운(飛龍乘雲) 199
비명횡사(非命橫死) 199
비몽사몽(非夢似夢) 199
비방지목(誹謗之木) 381
비백불난(非帛不煖) 381
비부감수(蚍蜉撼樹) 381
비분강개(悲憤慷慨) 49
비불외곡(臂不外曲) 381

비아부화(飛蛾赴火) 382
비육불포(非肉不飽) 382
비육지탄(髀肉之嘆) 50
비일비재(非一非再) 50
비장수기(飛將數奇) 382
비조즉석(非朝卽夕) 382
빈계사신(牝鷄司晨) 382
빈계지신(牝鷄之晨) 199
빈익빈부익부(貧益貧富益富) 383
빈자소인(貧者小人) 383
빈자일등(貧者一燈) 200
빈즉다사(貧則多事) 383
빈천지교(貧賤之交) 383
빙공영사(憑公營私) 200
빙산일각(氷山一角) 50
빙심옥호(氷心玉壺) 383
빙자옥질(氷姿玉質) 384
빙정옥결(氷貞玉潔) 384
빙탄불상용(氷炭不相容) 200
빙탄상애(氷炭相愛) 200
빙탄지간(氷炭之間) 200

ㅅ

사가망처(徙家忘妻) 384
사간의심(辭簡意深) 50
사고무친(四顧無親) 50
사공견관(司空見慣) 384
사공중곡(射空中鵠) 384
사군자(四君子) 385
사기종인(舍己從人) 51
사농공상(士農工商) 201
사단(四端) 51
사량침주(捨量沈舟) 385
사리사욕(私利私慾) 201
사마소지심(司馬昭之心) 385

사면초가(四面楚歌) 51	사친이효(事親以孝) 52	삼여지공(三餘之功) 204
사면춘풍(四面春風) 201	사택망처(徙宅忘妻) 390	삼인성호(三人成虎) 54
사무사(思無邪) 51	사통팔달(四通八達) 52	삼일천하(三日天下) 54
사무이성(事無二成) 385	사필귀정(事必歸正) 53	삼종지의(三從之義) 205
사문난적(斯文亂賊) 201	사해형제(四海兄弟) 202	삼척동자(三尺童子) 55
사반공배(事半功倍) 385	사행삭질(射倖數跌) 390	삼천지교(三遷之敎) 55
사발통문(沙鉢通文) 201	사회부연(死灰復燃) 203	상가지구(喪家之狗) 205
사분오열(四分五裂) 202	사후약방문(死後藥方文) 390	상궁지조(傷弓之鳥) 55
사불급설(駟不及舌) 202	삭탈관직(削奪官職) 203	상덕부덕(上德不德) 393
사불명목(死不瞑目) 386	산계야목(山鷄野鶩) 390	상루하습(上漏下濕) 393
사불범정(邪不犯正) 386	산고수장(山高水長) 53	상리공생(相利共生) 205
사불여의(事不如意) 51	산고수청(山高水淸) 390	상부상조(相扶相助) 55
사상누각(砂上樓閣) 52	산궁수진(山窮水盡) 391	상분지도(嘗糞之徒) 393
사색불변(辭色不變) 386	산명수려(山明水麗) 391	상사병(相思病) 393
사생결단(死生決斷) 386	산수(傘壽) 203	상사불망(相思不忘) 205
사생관두(死生關頭) 386	산자수명(山紫水明) 203	상산사세(常山蛇勢) 205
사생유명(死生有命) 387	산전수전(山戰水戰) 53	상전벽해(桑田碧海) 55
사생취의(捨生取義) 387	산지사방(散之四方) 391	상탁하부정(上濁下不淨) 393
사석위호(射石爲虎) 387	산해진미(山海珍味) 203	상하탱석(上下撑石) 206
사숙(私淑) 387	살생유택(殺生有擇) 391	상화하택(上火下澤) 56
사숙제인(私淑諸人) 202	살신성인(殺身成仁) 53	새옹지마(塞翁之馬) 56
사승습장(死僧習杖) 387	살지무석(殺之無惜) 391	생구불망(生口不網) 394
사심불구(蛇心佛口) 388	삼고초려(三顧草廬) 53	생로병사(生老病死) 206
사이비(似而非) 388	삼년불비(三年不飛) 392	생면부지(生面不知) 206
사인선사마(射人先射馬) 388	삼라만상(森羅萬象) 204	생무살인(生巫殺人) 394
사자분신(獅子奮迅) 388	삼마태수(三馬太守) 54	생불여사(生不如死) 394
사자신중충(獅子身中蟲) 388	삼매경(三昧境) 392	생살여탈(生殺與奪) 206
사자후(獅子吼) 389	삼면육비(三面六臂) 392	생지안행(生知安行) 394
사제동행(師弟同行) 52	삼불후(三不朽) 392	생탄활박(生呑活剝) 394
사제사초(事齊事楚) 389	삼사일언(三思一言) 54	서간충비(鼠肝蟲臂) 395
사제삼세(師弟三世) 389	삼삼오오(三三五五) 204	서견불로치(噬犬不露齒) 395
사족(蛇足) 202	삼성오신(三省吾身) 392	서리지탄(黍離之嘆) 206
사지(四知) 389	삼수갑산(三水甲山) 204	서시빈목(西施矉目) 207
사직지신(社稷之臣) 52	삼순구식(三旬九食) 54	서자서아자아(書自書我自我) 207
사차불후(死且不朽) 389	삼십육계(三十六計) 204	서절구투(鼠竊狗偸) 395

서제막급(噬臍莫及) 395	성자필쇠(盛者必衰) 399	송무백열(松茂栢悅) 210
서중이기성명(書足以記姓名) 395	성죽흉중(成竹胸中) 399	송양지인(宋襄之仁) 210
서중자유천종속(書中自有千鍾栗) 207	성중형외(誠中形外) 400	송죽지절(松竹之節) 404
석고대죄(席藁待罪) 207	성하지맹(城下之盟) 209	수구여병(守口如瓶) 404
석과불식(碩果不食) 396	성현군자(聖賢君子) 400	수구초심(首丘初心) 58
석권(席卷) 396	성호사서(城狐社鼠) 209	수도호손산(樹倒猢猻散) 405
석권지세(席卷之勢) 207	세답족백(洗踏足白) 400	수락석출(水落石出) 405
석불가난(席不暇暖) 396	세도인심(世道人心) 400	수렴청정(垂簾聽政) 210
석수침류(石漱枕流) 396	세불양립(勢不兩立) 400	수류운공(水流雲空) 405
석전경우(石田耕牛) 396	세속오계(世俗五戒) 209	수미일관(首尾一貫) 58
선견지명(先見之明) 56	세여파죽(勢如破竹) 401	수복강녕(壽福康寧) 59
선공무덕(善供無德) 397	세월부대인(歲月不待人) 401	수불석권(手不釋卷) 59
선공후사(先公後私) 56	세월여류(歲月如流) 401	수서양단(首鼠兩端) 210
선기자타(善騎者墮) 397	세한삼우(歲寒三友) 209	수석침류(漱石枕流) 59
선발제인(先發制人) 397	소견다괴(少見多怪) 401	수설불통(水泄不通) 405
선우후락(先憂後樂) 56	소리장도(笑裏藏刀) 401	수성지주(守成之主) 405
선의순지(先意順旨) 397	소복단장(素服丹粧) 402	수수방관(袖手傍觀) 59
선인선과(善因善果) 208	소불간친(疏不間親) 402	수식변폭(修飾邊幅) 406
선입견(先入見) 397	소불개의(少不介意) 402	수신제가(修身齊家) 211
선즉제인(先則制人) 57	소양지판(霄壤之判) 402	수어지교(水魚之交) 59
선착편(先着鞭) 398	소염다산(小鹽多酸) 57	수오지심(羞惡之心) 406
선풍도골(仙風道骨) 208	소의한식(宵衣旱食) 402	수원수구(誰怨誰咎) 211
선화후과(先花後果) 398	소인묵객(騷人墨客) 403	수의야행(繡衣夜行) 406
설니홍조(雪泥鴻爪) 398	소지무여(掃地無餘) 403	수자부족여모(豎子不足與謀) 406
설부화용(雪膚花容) 57	소탐대실(小貪大失) 58	수적천석(水滴穿石) 60
설상가상(雪上加霜) 57	소혼단장(消魂斷腸) 403	수주대토(守株待兎) 60
설왕설래(說往說來) 57	소훼란파(巢毀卵破) 403	수주탄작(隨珠彈雀) 406
설중송백(雪中松柏) 398	속등이전(速登易顚) 403	수즉다욕(壽則多辱) 211
섬섬옥수(纖纖玉手) 208	속수무책(束手無策) 58	수지오지자웅(誰知烏之雌雄) 407
성공자퇴(成功者退) 208	속전속결(速戰速決) 404	수처작주(隨處作主) 60
성군작당(成群作黨) 398	속지고각(束之高閣) 404	수청무어(水淸無魚) 211
성동격서(聲東擊西) 208	손자삼요(損者三樂) 404	수화불통(水火不通) 407
성쇠지리(盛衰之理) 399	손자삼우(損者三友) 209	숙맥불변(菽麥不辨) 407
성수불루(盛水不漏) 399	솔선수범(率先垂範) 210	숙불환생(熟不還生) 407
성인지미(成人之美) 399	송구영신(送舊迎新) 58	숙수지공(菽水之供) 407

숙습난당(熟習難當) 408
숙호충비(宿虎衝鼻) 60
숙흥야매(夙興夜寐) 408
순결무구(純潔無垢) 211
순망치한(脣亡齒寒) 60
순치지국(脣齒之國) 408
순풍이호(順風而呼) 408
술이부작(述而不作) 212
술자지능(述者之能) 408
승당입실(升堂入室) 409
승두지리(升斗之利) 409
승망풍지(乘望風旨) 409
승상접하(承上接下) 409
승우독서(乘牛讀書) 212
승천입지(昇天入地) 409
승풍파랑(乘風破浪) 410
시랑당도(豺狼當道) 410
시사여귀(視死如歸) 410
시산혈해(屍山血海) 410
시시비비(是是非非) 61
시어다골(鰣魚多骨) 410
시위소찬(尸位素餐) 212
시이불견(視而不見) 411
시종불투(始終不渝) 411
시종여일(始終如一) 61
시종일관(始終一貫) 212
시화연풍(時和年豊) 212
식소사번(食少事煩) 213
식언이비(食言而肥) 411
식자우환(識字憂患) 61
신상필벌(信賞必罰) 61
신수지로(薪水之勞) 411
신신당부(申申當付) 411
신심직행(信心直行) 412
신언서판(身言書判) 61

신외무물(身外無物) 412
신원설치(伸冤雪恥) 412
신진대사(新陳代謝) 412
신체발부(身體髮膚) 213
신출귀몰(神出鬼沒) 213
신토불이(身土不二) 213
실부의린(失斧疑隣) 412
실사구시(實事求是) 213
실언(失言) 413
실질숭상(實質崇尙) 413
심기일전(心機一轉) 214
심복지환(心腹之患) 413
심사숙고(深思熟考) 214
심심상인(心心相印) 62
심원의마(心猿意馬) 214
십년감수(十年減壽) 214
십년지기(十年知己) 214
십맹일장(十盲一杖) 215
십목소시(十目所視) 215
십벌지목(十伐之木) 62
십시일반(十匙一飯) 62
십인십색(十人十色) 215
십전구도(十顚九倒) 215
십중팔구(十中八九) 62
쌍관제하(雙管齊下) 413
쌍리어출(雙鯉魚出) 62

ㅇ

아가사창(我歌査唱) 215
아동주졸(兒童走卒) 216
아부영합(阿附迎合) 216
아비규환(阿鼻叫喚) 63
아수라장(阿修羅場) 63
아심여칭(我心如秤) 413
아연실색(啞然失色) 216

아유구용(阿諛苟容) 216
아전인수(我田引水) 63
아호지혜(餓虎之蹊) 414
악목도천(惡木盜泉) 216
악사천리(惡事千里) 217
악인악과(惡因惡果) 414
악전고투(惡戰苦鬪) 414
안거낙업(安居樂業) 414
안거위사(安居危思) 217
안검상시(按劍相視) 414
안고수비(眼高手卑) 217
안공일세(眼空一世) 415
안광투지(眼光投止) 217
안도(安堵) 415
안도색기(按圖索驥) 415
안분지족(安分知足) 217
안빈낙도(安貧樂道) 63
안서(雁書) 63
안석불출(安石不出) 415
안심입명(安心立命) 415
안전막동(眼前莫同) 416
안중지정(眼中之釘) 218
안투지배(眼透紙背) 416
안하무인(眼下無人) 64
알묘조장(揠苗助長) 416
암전상인(暗箭傷人) 416
암중모색(暗中摸索) 64
압권(壓卷) 416
앙급지어(殃及池魚) 218
앙인비식(仰人鼻息) 417
앙천대소(仰天大笑) 417
애걸복걸(哀乞伏乞) 218
애옥급오(愛屋及烏) 417
애이불비(哀而不悲) 64
애이불상(哀而不傷) 218

애인여기(愛人如己) 64	어두육미(魚頭肉尾) 66	여어득수(如魚得水) 426
애지중지(愛之重之) 64	어로불변(魚魯不辨) 422	여옥기인(如玉其人) 426
야가무식도(冶家無食刀) 417	어망홍리(魚網鴻離) 422	여장절각(汝墻折角) 426
야단법석(野壇法席) 65	어목혼주(魚目混珠) 422	여족여수(如足如手) 221
야반무례(夜半無禮) 417	어변성룡(魚變成龍) 422	여좌침석(如坐針席) 221
야불폐문(夜不閉門) 418	어부지리(漁夫之利) 66	여출일구(如出一口) 426
야용지회(冶容之誨) 418	어불성설(語不成說) 66	여필종부(女必從夫) 426
약관(弱冠) 418	어불택발(語不擇發) 422	여호모피(與狐謨皮) 427
약롱중물(藥籠中物) 418	어염시수(魚鹽柴水) 423	역린(逆鱗) 427
약마복중(弱馬卜重) 418	어이아이(於異阿異) 66	역발산기개세(力拔山氣蓋世) 427
약방감초(藥房甘草) 65	억강부약(抑强扶弱) 219	역성혁명(易姓革命) 221
약석지언(藥石之言) 419	억조창생(億兆蒼生) 66	역지개연(易地皆然) 427
약육강식(弱肉强食) 218	억하심정(抑何心情) 423	역지사지(易地思之) 67
양(량)약고구(良藥苦口) 35	언감생심(焉敢生心) 423	연모지정(戀慕之情) 222
양고심장(良賈深藏) 419	언문일치(言文一致) 423	연목구어(緣木求魚) 67
양궁난장(良弓難張) 419	언비천리(言飛千里) 423	연미지액(燃眉之厄) 427
양궁상합(兩窮相合) 419	언어도단(言語道斷) 220	연옹지치(吮癰舐痔) 428
양금택목(良禽擇木) 65	언중유골(言中有骨) 67	연작홍곡(燕雀鴻鵠) 222
양두구육(羊頭狗肉) 65	언청계용(言聽計用) 424	연장접옥(連墻接屋) 428
양봉제비(兩鳳齊飛) 419	언행일치(言行一致) 424	연저지인(吮疽之仁) 222
양사주석(揚沙走石) 420	엄이도령(掩耳盜鈴) 220	연하고질(煙霞痼疾) 67
양상군자(梁上君子) 65	엄처시하(嚴妻侍下) 220	연홍지탄(燕鴻之歎) 428
양상도회(梁上塗灰) 420	여(려)진여퇴(旅進旅退) 220	염량세태(炎凉世態) 68
양상화매(兩相和賣) 420	여광여취(如狂如醉) 424	염부한기(炎附寒棄) 428
양송견정자(養松見亭子) 420	여구식약과(如狗食藥果) 424	염차지감(鹽車之憾) 428
양수집병(兩手執餠) 219	여단수족(如斷手足) 424	염화미소(拈華微笑) 68
양시쌍비(兩是雙非) 420	여도지죄(餘桃之罪) 220	염화시중(拈華示衆) 68
양약고구(良藥苦口) 219	여리박빙(如履薄氷) 221	영고성쇠(榮枯盛衰) 68
양자택일(兩者擇一) 421	여무가론(餘無可論) 425	영과후진(盈𥥉後進) 222
양지지효(養志之孝) 219	여민동락(與民同樂) 67	영해향진(影駭響震) 429
양질호피(羊質虎皮) 421	여발통치(如拔痛齒) 425	예미도중(曳尾塗中) 222
양포지구(楊布之狗) 421	여세추이(與世推移) 221	예의상선(禮儀相先) 68
양호유환(養虎遺患) 219	여수동죄(與受同罪) 425	오곡백과(五穀百果) 223
어궤조산(魚潰鳥散) 421	여수투수(如水投水) 425	오로지쟁(烏鷺之爭) 429
어두귀면(魚頭鬼面) 421	여아부화(如蛾赴火) 425	오리무중(五里霧中) 69

오만무도(傲慢無道) 223
오매불망(寤寐不忘) 223
오밀조밀(奧密稠密) 429
오병이어(五餠二魚) 69
오불관언(吾不關焉) 69
오비삼척(吾鼻三尺) 69
오비이락(烏飛梨落) 69
오비일색(烏飛一色) 429
오상고절(傲霜孤節) 70
오서지기(鼫鼠之技) 429
오설상재(吾舌尙在) 223
오십보백보(五十步百步) 70
오우천월(吳牛喘月) 223
오월동주(吳越同舟) 70
오지자웅(烏之雌雄) 430
오풍십우(五風十雨) 430
오합지졸(烏合之卒) 224
옥골선풍(玉骨仙風) 430
옥불마무광(玉不磨無光) 430
옥상가옥(屋上架屋) 224
옥석구분(玉石俱焚) 224
옥석혼효(玉石混淆) 224
옥오지애(屋烏之愛) 224
온고지신(溫故知新) 70
온유돈후(溫柔敦厚) 70
옹산화병(甕算畵餠) 430
와각지쟁(蝸角之爭) 225
와석종신(臥席終身) 431
와신상담(臥薪嘗膽) 71
와우각상(蝸牛角上) 431
완벽(完璧) 71
완석점두(頑石點頭) 431
왈가왈부(曰可曰否) 431
왕척직심(枉尺直尋) 431
왕형불형(王兄佛兄) 71

왜자간희(矮子看戱) 432
외유내강(外柔內剛) 71
외친내소(外親內疏) 432
외허내실(外虛內實) 432
외화내빈(外華內貧) 71
요동지시(遼東之豕) 225
요두전목(搖頭轉目) 432
요령부득(要領不得) 225
요미걸련(搖尾乞憐) 432
요산요수(樂山樂水) 72
요원지화(燎原之火) 225
요조숙녀(窈窕淑女) 225
요지부동(搖之不動) 72
욕교반졸(欲巧反拙) 433
욕사무지(欲死無地) 433
욕속부달(欲速不達) 72
욕언미토(欲言未吐) 433
용두사미(龍頭蛇尾) 72
용사비등(龍蛇飛騰) 226
용의주도(用意周到) 72
용호상박(龍虎相搏) 73
우공이산(愚公移山) 73
우도할계(牛刀割鷄) 226
우문우답(愚問愚答) 73
우수마발(牛溲馬勃) 226
우순풍조(雨順風調) 433
우여곡절(迂餘曲折) 73
우왕좌왕(右往左往) 433
우유부단(優柔不斷) 226
우이독경(牛耳讀經) 73
우자일득(愚者一得) 226
우직지계(迂直之計) 227
우화등선(羽化登仙) 227
우후죽순(雨後竹筍) 227
욱일승천(旭日昇天) 227

운니지차(雲泥之差) 74
운상기품(雲上氣稟) 434
운심월성(雲心月性) 434
운연과안(雲煙過眼) 434
운용지묘(運用之妙) 227
운우지락(雲雨之樂) 228
운주유장(運籌帷帳) 228
운증용변(雲蒸龍變) 434
원교근공(遠交近攻) 228
원상회복(原狀回復) 434
원수불구근화(遠水不救近火) 435
원앙지계(鴛鴦之契) 228
원입골수(怨入骨髓) 228
원조방예(圓鑿方枘) 229
원화소복(遠禍召福) 229
월단평(月旦評) 435
월만즉휴(月滿則虧) 229
월명성희(月明星稀) 229
월장성구(月章星句) 435
월태화용(月態花容) 435
월하빙인(月下氷人) 74
위국충절(爲國忠節) 435
위기일발(危機一髮) 229
위민부모(爲民父母) 436
위법자폐(爲法自弊) 436
위여누란(危如累卵) 230
위인설관(爲人設官) 436
위정척사(衛正斥邪) 74
위편삼절(韋編三絶) 74
위풍당당(威風堂堂) 436
유교무류(有敎無類) 230
유구무언(有口無言) 74
유구불언(有口不言) 436
유능제강(柔能制剛) 230
유록화홍(柳綠花紅) 437

유리걸식(流離乞食) 437	이구동성(異口同聲) 77	인명재천(人命在天) 235
유만부동(類萬不同) 230	이덕복인(以德服人) 77	인사불성(人事不省) 236
유명무실(有名無實) 75	이도살삼사(二桃殺三士) 439	인사유명(人死留名) 442
유무상통(有無相通) 230	이란투석(以卵投石) 233	인산인해(人山人海) 442
유방백세(流芳百世) 231	이린위학(以隣爲壑) 439	인생조로(人生朝露) 236
유비무환(有備無患) 75	이립(而立) 233	인순고식(因循姑息) 442
유시무종(有始無終) 437	이목지신(移木之信) 233	인신공격(人身攻擊) 236
유아독존(唯我獨尊) 231	이문회우(以文會友) 77	인인성사(因人成事) 442
유암화명(柳暗花明) 231	이발지시(已發之矢) 439	인자무적(仁者無敵) 236
유언비어(流言蜚語) 231	이사위한(以死爲限) 234	인자불우(仁者不憂) 236
유유상종(類類相從) 231	이순(耳順) 234	인자요산(仁者樂山) 237
유유자적(悠悠自適) 437	이시목청(耳視目聽) 440	인적미답(人跡未踏) 442
유일무이(唯一無二) 75	이식위천(以食爲天) 440	인중승천(人衆勝天) 443
유종지미(有終之美) 232	이실직고(以實直告) 234	인지상정(人之常情) 79
유지사성(有志事成) 437	이심전심(以心傳心) 77	일각여삼추(一刻如三秋) 237
유해무익(有害無益) 232	이여반장(易如反掌) 440	일각천금(一刻千金) 79
육지행선(陸地行船) 438	이열치열(以熱治熱) 77	일간풍월(一竿風月) 443
은감불원(殷鑑不遠) 232	이용후생(利用厚生) 234	일거수일투족(一擧手一投足) 443
은인자중(隱忍自重) 75	이율배반(二律背反) 234	일거양득(一擧兩得) 79
음덕양보(陰德陽報) 75	이이제이(以夷制夷) 235	일거월저(日居月諸) 237
음풍농월(吟風弄月) 76	이일대로(以佚待勞) 235	일구월심(日久月深) 237
음하만복(飮河滿腹) 438	이전투구(泥田鬪狗) 235	일구이언(一口二言) 443
음회세위(飮灰洗胃) 438	이판사판(理判事判) 440	일구지학(一丘之貉) 443
읍아수유(泣兒授乳) 76	이포역포(以暴易暴) 440	일기당천(一騎當千) 237
읍참마속(泣斬馬謖) 76	이하부정관(李下不整冠) 78	일기지욕(一己之慾) 238
응성충(應聲蟲) 438	이합집산(離合集散) 78	일도양단(一刀兩斷) 238
응접불가(應接不暇) 232	이해득실(利害得失) 78	일득일실(一得一失) 444
의가반낭(衣架飯囊) 438	이현령비현령(耳懸鈴鼻懸鈴) 441	일로영일(一勞永逸) 79
의관장세(依官仗勢) 232	이화구화(以火救火) 441	일립만배(一粒萬倍) 444
의기소침(意氣銷沈) 76	익불사숙(弋不射宿) 441	일망타진(一網打盡) 79
의기양양(意氣揚揚) 76	익자삼우(益者三友) 78	일맥상통(一脈相通) 238
의기충천(意氣衝天) 439	인과응보(因果應報) 78	일면여구(一面如舊) 444
의마지재(倚馬之才) 439	인구회자(人口膾炙) 441	일명경인(一鳴警人) 238
의미심장(意味深長) 233	인귀상반(人鬼相半) 442	일모도원(日暮途遠) 238
의심암귀(疑心暗鬼) 233	인면수심(人面獸心) 235	일목요연(一目瞭然) 239

일무차착(一無差錯) 444
일박서산(日薄西山) 444
일반지보(一般之報) 445
일벌백계(一罰百戒) 80
일부종신(一夫終身) 445
일빈일소(一嚬一笑) 445
일사불란(一絲不亂) 239
일사천리(一瀉千里) 239
일석이조(一石二鳥) 80
일수백확(一樹百穫) 445
일시동인(一視同仁) 239
일심동체(一心同體) 445
일어탁수(一魚濁水) 80
일언반구(一言半句) 446
일언지하(一言之下) 239
일엽지추(一葉知秋) 240
일이관지(一以貫之) 240
일일삼추(一日三秋) 240
일일지장(一日之長) 446
일자무식(一字無識) 80
일자천금(一字千金) 240
일장일단(一長一短) 240
일장춘몽(一場春夢) 241
일조일석(一朝一夕) 241
일지반해(一知半解) 446
일진일퇴(一進一退) 80
일촉즉발(一觸卽發) 81
일촌광음(一寸光陰) 81
일취월장(日就月將) 81
일파만파(一波萬波) 241
일패도지(一敗塗地) 241
일편단심(一片丹心) 81
일필휘지(一筆揮之) 241
일확천금(一攫千金) 242
일희일비(一喜一悲) 81

임갈굴정(臨渴掘井) 242
임기응변(臨機應變) 242
임전무퇴(臨戰無退) 242
임진역장(臨陣易將) 446
입(립)신양명(立身揚名) 81
입경문금(入境問禁) 242
입추지지(立錐之地) 82
입향순속(入鄕循俗) 243

ㅈ

자가당착(自家撞着) 82
자가약농중물(自家藥籠中物) 446
자강불식(自强不息) 82
자격지심(自激之心) 243
자과부지(自過不知) 82
자광(慈光) 447
자구다복(自求多福) 243
자기기인(自欺欺人) 82
자두연기(煮豆燃萁) 243
자수성가(自手成家) 243
자승자강(自勝者强) 244
자승자박(自繩自縛) 83
자업자득(自業自得) 244
자위부은(子爲父隱) 447
자자손손(子子孫孫) 83
자중지란(自中之亂) 244
자초지종(自初至終) 244
자타공인(自他共認) 244
자포자기(自暴自棄) 245
자행자지(自行自止) 245
자화자찬(自畵自讚) 245
작법자폐(作法自斃) 245
작비금시(昨非今是) 245
작사도방(作舍道傍) 246
작수불입(勺水不入) 246

작수성례(酌水成禮) 246
작심삼일(作心三日) 83
작학관보(雀學鸛步) 447
잔두지련(棧豆之戀) 246
잔배냉적(殘杯冷炙) 246
잡시방약(雜施方藥) 447
장경오훼(長頸烏喙) 247
장계취계(將計就計) 247
장관이대(張冠李戴) 247
장광설(長廣舌) 447
장두상련(腸肚相連) 247
장두은미(藏頭隱尾) 247
장립대령(長立待令) 248
장삼이사(張三李四) 248
장수선무(長袖善舞) 248
장유유서(長幼有序) 83
장주지몽(莊周之夢) 248
장중득실(場中得失) 448
장중보옥(掌中寶玉) 248
장침대금(長枕大衾) 249
재대난용(材大難用) 448
재자가인(才子佳人) 448
저구지교(杵臼之交) 249
저력지재(樗櫟之材) 448
적공지탑불휴(積功之塔不隳) 448
적반하장(賊反荷杖) 83
적수공권(赤手空拳) 84
적수단신(赤手單身) 249
적우침주(積羽沈舟) 449
적재적소(適材適所) 249
적피구교(賊被狗咬) 449
전가통신(錢可通神) 449
전거복철(前車覆轍) 249
전광석화(電光石火) 84
전대미문(前代未聞) 250

전대지재(專對之材) 449	제세지재(濟世之才) 253	좌지우지(左之右之) 256
전도유망(前途有望) 84	제이면명(提耳面命) 451	좌충우돌(左衝右突) 256
전무후무(前無後無) 250	조강지처(糟糠之妻) 86	죄중벌경(罪重罰輕) 453
전시효과(展示效果) 250	조궁즉탁(鳥窮則啄) 451	주객전도(主客顚倒) 88
전심전력(全心全力) 250	조동모서(朝東暮西) 253	주객지세(主客之勢) 453
전인미답(前人未踏) 84	조득모실(朝得暮失) 451	주경야독(晝耕夜讀) 88
전일회천(轉日回天) 449	조령모개(朝令暮改) 86	주낭반대(酒囊飯袋) 454
전전긍긍(戰戰兢兢) 84	조명시리(朝名市利) 253	주마가편(走馬加鞭) 89
전전반측(輾轉反側) 85	조문석사(朝聞夕死) 254	주마간산(走馬看山) 89
전전불매(輾轉不寐) 250	조반석죽(朝飯夕粥) 87	주사야몽(晝思夜夢) 256
전정만리(前程萬里) 251	조변석개(朝變夕改) 87	주석지신(柱石地臣) 256
전지전능(全知全能) 251	조불려석(朝不慮夕) 254	주시행육(走尸行肉) 454
전첨후고(前瞻後顧) 450	조삼모사(朝三暮四) 87	주야장천(晝夜長川) 256
전호후랑(前虎後狼) 251	조생모몰(朝生暮沒) 451	주장낙토(走獐落兎) 454
전화위복(轉禍爲福) 85	조실부모(早失父母) 87	주주객반(主酒客飯) 454
전후곡절(前後曲折) 450	조심누골(彫心鏤骨) 254	주지육림(酒池肉林) 89
절각(折角) 450	조이불강(釣而不綱) 452	주판지세(走坂之勢) 454
절골지통(折骨之痛) 251	조장(助長) 87	죽두목설(竹頭木屑) 455
절세가인(絕世佳人) 251	조족지혈(鳥足之血) 87	죽마고우(竹馬故友) 89
절장보단(絕長補短) 85	족탈불급(足脫不及) 452	죽장망혜(竹杖芒鞋) 89
절지지이(折枝之易) 450	존망지추(存亡之秋) 254	준조절충(樽俎折衝) 257
절차탁마(切磋琢磨) 85	존비귀천(尊卑貴賤) 255	중과부적(衆寡不敵) 257
절체절명(絕體絕命) 252	존심양성(存心養性) 255	중구난방(衆口難防) 90
절치부심(切齒腐心) 85	종과득과(種瓜得瓜) 255	중구삭금(衆口鑠金) 257
절함(折檻) 450	종수일별(終須一別) 452	중언부언(重言復言) 257
점석성금(點石成金) 451	종심(從心) 255	중용지도(中庸之道) 257
점입가경(漸入佳境) 86	좌고우면(左顧右眄) 255	중원축록(中原逐鹿) 258
정구지역(井臼之役) 252	좌단(左袒) 452	즐풍목우(櫛風沐雨) 455
정금미옥(精金美玉) 252	좌불안석(坐不安席) 88	지기지우(知己之友) 90
정문일침(頂門一針) 86	좌석미난(座席未煖) 452	지독지애(舐犢之愛) 258
정저지와(井底之蛙) 252	좌수우봉(左授右捧) 453	지독지정(舐犢之情) 455
정정당당(正正堂堂) 86	좌식산공(坐食山空) 453	지동지서(之東之西) 90
정족이거(鼎足而居) 252	좌우명(座右銘) 88	지란지교(芝蘭之交) 90
정중지와(井中之蛙) 253	좌이대사(坐而待死) 453	지록위마(指鹿爲馬) 90
제궤의혈(堤潰蟻穴) 253	좌정관천(坐井觀天) 88	지리멸렬(支離滅裂) 258

지상천국(地上天國) 455
지성감천(至誠感天) 258
지어농조(池魚籠鳥) 455
지어지선(至於至善) 258
지어지앙(池魚之殃) 259
지음(知音) 259
지자불언(知者不言) 456
지자요수(知者樂水) 259
지재천리(志在千里) 91
지족불욕(知足不辱) 259
지족자부(知足者富) 259
지척지간(咫尺之間) 260
지척지지(咫尺之地) 91
지천명(知天命) 91
지피지기(知彼知己) 91
지필연묵(紙筆硯墨) 91
지학(志學) 260
지학지년(志學之年) 260
지행합일(知行合一) 260
지호지간(指呼之間) 92
직언정론(直言正論) 456
진경고현(秦鏡高懸) 456
진금부도(眞金不鍍) 456
진선진미(盡善盡美) 260
진수성찬(珍羞盛饌) 92
진인사대천명(盡人事待天命) 456
진천동지(震天動地) 261
진충보국(盡忠報國) 261
진퇴양난(進退兩難) 92
진퇴유곡(進退維谷) 92
질풍경초(疾風勁草) 261
질풍노도(疾風怒濤) 261
질풍신뢰(疾風迅雷) 261
집소성대(集小成大) 92
집우이(執牛耳) 457

징갱취제(懲羹吹虀) 457
징전비후(懲前毖後) 262

ㅊ

차도살인(借刀殺人) 262
차래지식(嗟來之食) 457
차일피일(此日彼日) 262
차적병(借賊兵) 457
차청입실(借廳入室) 262
차청차규(借聽借閨) 93
착벽인광(鑿壁引光) 457
착족무처(着足無處) 458
찰나(刹那) 458
참정절철(斬釘截鐵) 262
창랑자취(滄浪自取) 458
창업수성(創業守成) 263
창해상전(滄海桑田) 263
창해일속(滄海一粟) 93
채미가(采薇歌) 458
책상퇴물(冊床退物) 458
책인즉명(責人則明) 263
처성자옥(妻城子獄) 459
천고마비(天高馬肥) 263
천공해활(天空海闊) 459
천금매소(千金買笑) 263
천라지망(天羅地網) 459
천려일득(千慮一得) 459
천려일실(千慮一失) 264
천리동풍(千里同風) 264
천리송아모(千里送鵝毛) 459
천리안(千里眼) 460
천만부당(千萬不當) 460
천무이일(天無二日) 264
천방지축(天方地軸) 264
천붕지통(天崩之痛) 93

천생연분(天生緣分) 264
천석고황(泉石膏肓) 93
천선지전(天旋地轉) 265
천신만고(千辛萬苦) 265
천애지각(天涯地角) 265
천양지차(天壤之差) 265
천우신조(天佑神助) 265
천읍지애(天泣地哀) 266
천의무봉(天衣無縫) 93
천인공노(天人共怒) 266
천자만홍(千紫萬紅) 266
천장지구(天長地久) 94
천장지비(天藏地秘) 266
천재일우(千載一遇) 94
천재지변(天災地變) 266
천정부지(天井不知) 267
천지개벽(天地開闢) 267
천지신명(天地神明) 267
천진난만(天眞爛漫) 267
천차만별(千差萬別) 460
천태만상(千態萬象) 460
천편일률(千篇一律) 94
천학비재(淺學菲才) 460
철두철미(徹頭徹尾) 267
철면무사(鐵面無私) 94
철면피(鐵面皮) 94
철부지급(轍鮒之急) 268
철심석장(鐵心石腸) 461
철저마침(鐵杵磨針) 268
철중쟁쟁(鐵中錚錚) 268
철천지원(徹天之寃) 461
첩첩불휴(喋喋不休) 461
청경우독(晴耕雨讀) 268
청담(淸談) 461
청백리(淸白吏) 95

청산유수(靑山流水) 268
청송녹(록)죽(靑松綠竹) 95
청운지지(靑雲之志) 95
청이불문(聽而不聞) 269
청천백일(靑天白日) 269
청천벽력(靑天霹靂) 95
청출어람(靑出於藍) 95
청풍명월(淸風明月) 96
초근목피(草根木皮) 269
초동급부(樵童汲婦) 461
초두난액(焦頭爛額) 462
초로인생(草露人生) 462
초록동색(草綠同色) 96
초망지신(草莽之臣) 462
초망착호(草網着虎) 462
초목개병(草木皆兵) 269
초목동부(草木同腐) 462
초미지급(焦眉之急) 269
초부득삼(初不得三) 463
초윤이우(礎潤而雨) 463
초재진용(楚材晉用) 463
초지불변(初志不變) 96
초지일관(初志一貫) 270
촌철살인(寸鐵殺人) 96
최후발악(最後發惡) 463
최후수단(最後千段) 463
추고마비(秋高馬肥) 96
추기급인(推己及人) 97
추부의뢰(趨附依賴) 464
추상열일(秋霜烈日) 270
추선자(秋扇子) 464
추원보본(追遠報本) 97
추월한강(秋月寒江) 270
추풍낙엽(秋風落葉) 97
추풍선(秋風扇) 464
추호불범(秋毫不犯) 464
축록(逐鹿) 464
축록자불견산(逐鹿者不見山) 465
춘란추국(春蘭秋菊) 270
춘수모운(春樹暮雲) 270
춘와추선(春蛙秋蟬) 465
춘추필법(春秋筆法) 271
춘치자명(春雉自鳴) 465
춘풍추우(春風秋雨) 271
출가외인(出嫁外人) 97
출고반면(出告反面) 97
출장입상(出將入相) 465
출중(出衆) 271
출천지효(出天之孝) 465
출필고반필면(出必告反必面) 271
충년(冲年) 271
충목지장(衝目之杖) 466
충언역이(忠言逆耳) 98
취모멱자(吹毛覓疵) 272
취문성뢰(聚蚊成雷) 466
취사선택(取捨選擇) 272
취생몽사(醉生夢死) 272
취식지계(取食之計) 466
측은지심(惻隱之心) 466
치망설존(齒亡舌存) 466
치인설몽(痴人說夢) 272
치지도외(置之度外) 272
칠거지악(七去之惡) 98
칠보지시(七步之詩) 467
칠보지재(七步之才) 98
칠전팔기(七顚八起) 273
칠전팔도(七顚八倒) 98
칠종칠금(七縱七擒) 273
침소봉대(針小棒大) 98
침어낙안(沈魚落雁) 273
침윤지참(沈潤之譖) 273

ㅋ

쾌도난마(快刀亂麻) 273
쾌독파차(快犢破車) 467
쾌인쾌사(快人快事) 274
쾌행무호보(快行無好步) 467

ㅌ

타산지석(他山之石) 99
타상하설(他尙何說) 467
타수가득(唾手可得) 467
타초경사(打草驚蛇) 274
탁발난수(擢髮難數) 468
탁상공론(卓上空論) 99
탄지지간(彈指之間) 274
탈토지세(脫兎之勢) 274
탐관오리(貪官汚吏) 99
탐화봉접(探花蜂蝶) 274
탕척서용(蕩滌敍用) 275
탕탕평평(蕩蕩平平) 468
태강즉절(太剛則折) 275
태공망(太公望) 468
태두(泰斗) 275
태산북두(泰山北斗) 99
태산압란(泰山壓卵) 468
태연자약(泰然自若) 468
태평성대(太平聖代) 469
토각귀모(兎角龜毛) 469
토미양화(土美養禾) 469
토붕와해(土崩瓦解) 275
토사구팽(兎死狗烹) 99
토영삼굴(兎營三窟) 275
토진간담(吐盡肝膽) 276
토우목마(土牛木馬) 276

토포악발(吐哺握髮) 469
통관규천(通管窺天) 276
퇴경정용(槌輕釘聳) 469
퇴고(推敲) 470
투필성자(投筆成字) 276
특립독행(特立獨行) 470

ㅍ

파가저택(破家瀦宅) 470
파경(破鏡) 470
파경부재조(破鏡不再照) 276
파과지년(破瓜之年) 100
파기상접(破器相接) 470
파라척결(爬羅剔抉) 277
파락호(破落戶) 471
파란곡절(波瀾曲折) 471
파란만장(波瀾萬丈) 277
파란중첩(波瀾重疊) 471
파렴치한(破廉恥漢) 277
파벽비거(破壁飛去) 277
파부침선(破釜沈船) 471
파사현정(破邪顯正) 100
파안대소(破顔大笑) 100
파죽지세(破竹之勢) 100
파증불고(破甑不顧) 471
파천황(破天荒) 277
팔년병화(八年兵火) 472
팔면육비(八面六臂) 472
팔방미인(八方美人) 278
패가망신(敗家亡身) 278
팽두이숙(烹頭耳熟) 472
편고지역(偏苦之役) 472
편언절옥(片言折獄) 472
편의종사(便宜從事) 473
평사낙안(平沙落雁) 473

평수상봉(萍水相逢) 473
평지낙상(平地落傷) 473
평지돌출(平地突出) 473
평지풍파(平地風波) 278
폐의파관(弊衣破冠) 474
폐포파립(敝袍破笠) 100
포두서찬(抱頭鼠竄) 474
포락지형(炮烙之刑) 101
포류지질(蒲柳之質) 474
포벽유죄(抱璧有罪) 474
포복절도(抱腹絶倒) 278
포불각(抱佛脚) 474
포식난의(飽食煖衣) 101
포신구화(抱薪救火) 475
포연탄우(砲煙彈雨) 475
포의지교(布衣之交) 475
포진천물(暴珍天物) 475
포탄희량(抱炭希凉) 101
포풍착영(捕風捉影) 475
포호빙하(暴虎馮河) 278
포호함포(咆虎陷浦) 476
폭주병진(輻輳幷臻) 476
표리부동(表裏不同) 101
표사유피(豹死留皮) 279
풍비박산(風飛雹散) 101
풍상지임(風霜之任) 476
풍성학려(風聲鶴唳) 279
풍수지탄(風樹之嘆) 102
풍운아(風雲兒) 476
풍운조화(風雲造化) 476
풍월주인(風月主人) 477
풍전등화(風前燈火) 102
풍전세류(風前細柳) 477
풍전지진(風前之塵) 477
풍정낭식(風定浪息) 477

풍찬노숙(風餐露宿) 279
풍타낭타(風打浪打) 477
피마불경편(疲馬不驚鞭) 478
필마단창(匹馬單槍) 279
필부지용(匹夫之勇) 279
필부필부(匹夫匹婦) 102
필유곡절(必有曲折) 102

ㅎ

하갈동구(夏葛冬裘) 280
하당영지(下堂迎之) 280
하로동선(夏爐冬扇) 280
하석상대(下石上臺) 280
하우불이(下愚不移) 478
하청난사(河淸難俟) 280
하청해안(河淸海晏) 281
하학상달(下學上達) 281
하해지택(河海之澤) 281
하후하박(何厚何薄) 478
학수고대(鶴首苦待) 102
학여불급(學如不及) 103
학여역수(學如逆水) 103
학이시습(學而時習) 281
학철부어(涸轍鮒魚) 103
한강투석(漢江投石) 103
한단지몽(邯鄲之夢) 103
한단지보(邯鄲之步) 281
한마지로(汗馬之勞) 478
한시태출(旱時太出) 478
한신포복(韓信匍匐) 479
한우충동(汗牛充棟) 479
한천작우(旱天作雨) 282
한출첨배(汗出沾背) 479
할계언용우도(割鷄焉用牛刀) 479
할반지통(割半之痛) 479

할육충복(割肉充腹) 480
함분축원(含憤蓄怨) 282
함포고복(含哺鼓腹) 104
함흥차사(咸興差使) 104
합종연횡(合縱連衡) 282
항룡유회(亢龍有悔) 282
해로동혈(偕老同穴) 282
해망구실(蟹網具失) 283
해어지화(解語之花) 283
해어화(解語花) 480
해의추식(解衣推食) 283
행로지인(行路之人) 283
행방불명(行方不明) 283
행불유경(行不由徑) 480
행비서(行秘書) 480
행시주육(行尸走肉) 480
행운유(류)수(行雲流水) 104
향양화목(向陽花木) 481
허례허식(虛禮虛飾) 284
허심탄회(虛心坦懷) 284
허장성세(虛張聲勢) 104
허허실실(虛虛實實) 284
헌근지성(獻芹之誠) 481
현순백결(懸鶉百結) 481
현하구변(懸河口辯) 481
혈구지도(絜矩之道) 284
혈혈단신(孑孑單身) 104
형단영척(形單影隻) 481
형설지공(螢雪之功) 105
형영상동(形影相同) 482
형왕영곡(形枉影曲) 482
형제위수족(兄弟爲手足) 284
형제투금(兄弟投金) 105
형창설안(螢窓雪案) 285
형형색색(形形色色) 105

호가호위(狐假虎威) 105
호각지세(互角之勢) 285
호구지책(糊口之策) 105
호랑지심(虎狼之心) 482
호리건곤(壺裏乾坤) 285
호미난방(虎尾難放) 482
호부견자(虎父犬子) 482
호사다마(好事多魔) 483
호사수구(狐死首丘) 285
호사유피(虎死留皮) 106
호사토읍(狐死兔泣) 483
호시우보(虎視牛步) 483
호시탐탐(虎視耽耽) 285
호언장담(豪言壯談) 483
호연지기(浩然之氣) 106
호의호식(好衣好食) 286
호접지몽(胡蝶之夢) 106
호질기의(護疾忌醫) 286
호천망극(昊天罔極) 483
호형호제(呼兄呼弟) 484
혹세무민(惑世誣民) 286
혼비백산(魂飛魄散) 286
혼연일체(渾然一體) 484
혼정신성(昏定晨省) 106
홍로점설(紅爐點雪) 286
홍안애명(鴻雁哀鳴) 484
홍익인간(弘益人間) 287
홍일점(紅一點) 484
화광동진(和光同塵) 287
화기애애(和氣靄靄) 484
화룡(용)점정(畫龍點睛) 106
화무십일홍(花無十日紅) 287
화복무문(禍福無門) 287
화사첨족(畫蛇添足) 107
화서지몽(華胥之夢) 287

화씨지벽(和氏之璧) 288
화용월태(花容月態) 288
화이부(불)동(和而不同) 485
화전충화(花田衝火) 485
화조월석(花朝月夕) 485
화중지병(畫中之餠) 107
화호유구(畫虎類狗) 485
환골탈태(換骨奪胎) 288
환과고독(鰥寡孤獨) 288
환난상구(患難相救) 288
환천희지(歡天喜地) 485
환해풍파(宦海風波) 289
황당무계(荒唐無稽) 289
회빈작주(回賓作主) 486
회자인구(膾炙人口) 107
회자정리(會者定離) 107
횡설수설(橫說竪說) 107
효빈(效顰) 486
효시(嚆矢) 289
후목분장(朽木糞牆) 289
후생가외(後生可畏) 108
후안무치(厚顔無恥) 108
후회막급(後悔莫及) 289
훼와획만(毁瓦畫墁) 486
훼장삼척(喙長三尺) 290
흉악무도(凶惡無道) 290
흥망성쇠(興亡盛衰) 108
흥미진진(興味津津) 290
흥진비래(興盡悲來) 108
희대미문(稀代未聞) 290
희로애락(喜怒哀樂) 108
희수(喜壽) 290